Kohlhammer

Die Autorin

Prof. Dr. Annette Boeger hat den Lehrstuhl für Entwicklungspsychologie am Fachbereich Bildungswissenschaften der Universität Duisburg-Essen inne. Sie ist approbierte Psychotherapeutin mit einer Ausbildung in Gesprächspsychotherapie und in systemisch-psychoanalytischer Familientherapie.

Annette Boeger

Entwicklungspsychologie: Von der Geburt bis zum Hohen Alter

Ein Lehrbuch für Bachelor-Studierende

Verlag W. Kohlhammer

Dieses Werk einschließlich aller seiner Teile ist urheberrechtlich geschützt. Jede Verwendung außerhalb der engen Grenzen des Urheberrechts ist ohne Zustimmung des Verlags unzulässig und strafbar. Das gilt insbesondere für Vervielfältigungen, Übersetzungen und für die Einspeicherung und Verarbeitung in elektronischen Systemen.

Pharmakologische Daten verändern sich ständig. Verlag und Autoren tragen dafür Sorge, dass alle gemachten Angaben dem derzeitigen Wissensstand entsprechen. Eine Haftung hierfür kann jedoch nicht übernommen werden. Es empfiehlt sich, die Angaben anhand des Beipackzettels und der entsprechenden Fachinformationen zu überprüfen. Aufgrund der Auswahl häufig angewendeter Arzneimittel besteht kein Anspruch auf Vollständigkeit.

Die Wiedergabe von Warenbezeichnungen, Handelsnamen und sonstigen Kennzeichen berechtigt nicht zu der Annahme, dass diese frei benutzt werden dürfen. Vielmehr kann es sich auch dann um eingetragene Warenzeichen oder sonstige geschützte Kennzeichen handeln, wenn sie nicht eigens als solche gekennzeichnet sind.

Es konnten nicht alle Rechtsinhaber von Abbildungen ermittelt werden. Sollte dem Verlag gegenüber der Nachweis der Rechtsinhaberschaft geführt werden, wird das branchenübliche Honorar nachträglich gezahlt.

Dieses Werk enthält Hinweise/Links zu externen Websites Dritter, auf deren Inhalt der Verlag keinen Einfluss hat und die der Haftung der jeweiligen Seitenanbieter oder -betreiber unterliegen. Zum Zeitpunkt der Verlinkung wurden die externen Websites auf mögliche Rechtsverstöße überprüft und dabei keine Rechtsverletzung festgestellt. Ohne konkrete Hinweise auf eine solche Rechtsverletzung ist eine permanente inhaltliche Kontrolle der verlinkten Seiten nicht zumutbar. Sollten jedoch Rechtsverletzungen bekannt werden, werden die betroffenen externen Links soweit möglich unverzüglich entfernt.

1. Auflage 2022

Alle Rechte vorbehalten
© W. Kohlhammer GmbH, Stuttgart
Gesamtherstellung: W. Kohlhammer GmbH, Heßbrühlstr. 69, 70565 Stuttgart
produktsicherheit@kohlhammer.de

Print:
ISBN 978-3-17-040350-5

E-Book-Formate:
pdf: ISBN 978-3-17-040351-2
epub: ISBN 978-3-17-040352-9

Inhalt

Vorwort		**9**
1	**Grundlegende Konzepte der Entwicklungspsychologie**	**11**
1.1	Historischer Abriss: Anfänge und erste Konzeptionen der Entwicklungspsychologie	13
1.2	Was ist Entwicklung?	14
	1.2.1 Entwicklung als Stufenfolge	15
	1.2.2 Entwicklung als Reifung und Reifestand	17
	1.2.3 Entwicklung durch die Nutzung sensibler Phasen bzw. Zeitfenster	18
	1.2.4 Entwicklung durch Erziehung und Sozialisation	20
	1.2.5 Entwicklung durch die Eigenaktivität des Individuums	21
	1.2.6 Entwicklung als lebenslanger Prozess	21
1.3	Anlage und Umwelt	25
	1.3.1 Anlagen	25
	1.3.2 Umwelt	27
	1.3.3 Das Zusammenspiel von Anlage und Umwelt	27
	1.3.4 Wechselwirkung von Umwelt, Verhalten und Gehirnaktivität	28
	1.3.5 Anlage und Umwelt am Beispiel Intelligenz	30
1.4	Das Konzept der Entwicklungsaufgaben	32
	1.4.1 Was sind Entwicklungsaufgaben?	32
	1.4.2 Entwicklungsaufgaben-Modelle	35
1.5	Stress und Bewältigung	41
	1.5.1 Was ist Stress und was ist Stressbewältigung?	41
	1.5.2 Wann sind Bewältigungsstrategien hilfreich, wann nicht?	45
1.6	Das Resilienz-Konzept: Risiko- und Schutzfaktoren	47
	1.6.1 Risikofaktoren	49
	1.6.2 Schutzfaktoren	50
	1.6.3 Selbstwirksamkeit und wahrgenommene Kontrolle	55
	1.6.4 Die Umweltressource »Soziale Unterstützung«	58
2	**Frühe Kindheit**	**60**
2.1	Die frühe Kindheit	60

		2.1.1	Vorgeburtliche Phase und Geburt	61
		2.1.2	Der »kompetente« Säugling	65
		2.1.3	Welche »Aufgaben« hat das Neugeborene?	71
	2.2	Die kognitive Entwicklung nach Piaget		75
		2.2.1	Die zentralen Annahmen der Theorie	75
		2.2.2	Sensumotorisches Denken (von der Geburt bis zwei Jahre)	79
		2.2.3	Das präoperationale Stadium (von zwei bis sieben Jahre)	82
		2.2.4	Das konkret-operationale Stadium (sieben bis zwölf Jahre)	90
		2.2.5	Das formal-operationale Stadium (zwölf Jahre und älter)	92
		2.2.6	Kritische Bewertung der Theorie Piagets	93
	2.3	Sozial-kognitive Entwicklung		96
		2.3.1	Die Theory of Mind (ToM)	96
		2.3.2	Der Beitrag der Umwelt zur Sprachentwicklung	100
	2.4	Sozial-emotionale Entwicklung		103
		2.4.1	Die differenzierte Interaktion zwischen Kind und Eltern	103
		2.4.2	Wenn die frühe Entwicklung problematisch verläuft	108
	2.5	Bindungsaufbau: Eine Entwicklungsaufgabe der frühen Kindheit		111
		2.5.1	Das erste Lebensjahr: Abhängigkeit und Bindungswunsch	112
		2.5.2	Der Aufbau von Bindung	116
		2.5.3	Der Beitrag der Bezugsperson: Feinfühligkeit	119
		2.5.4	Auswirkungen frühkindlicher Bindungsstile im Lebenslauf	124
		2.5.5	Was geschieht mit der Bindungsentwicklung bei Hortkindern?	127
		2.5.6	Die Rolle des Vaters als »andere« Bindungsperson	127
3	**Jugendalter**			**131**
	3.1	Jugend und Identitätsentwicklung		131
	3.2	Die sozialen Beziehungen im Jugendalter		139
		3.2.1	Eltern-Kind-Beziehungen	140
		3.2.2	Die Peergroup	142
		3.2.3	Romantische Beziehungen	144
	3.3	Wenn die Bewältigung der Entwicklungsaufgaben scheitert		146
		3.3.1	Warum sind psychische Störungen im Jugendalter so verbreitet?	148
		3.3.2	Warum sind Jugendliche so risikoaffin?	150
		3.3.3	Präventionsmaßnahmen im Jugendalter	151
	3.4	Die Auseinandersetzung mit dem Körper als zentrale Entwicklungsaufgabe des Jugendalters		154

		3.4.1	Der Körper als ein wichtiger Teil der Identität	155
		3.4.2	Die pubertäre Reifeentwicklung bei Jungen und Mädchen	157
		3.4.3	Körpererleben und Selbstwert	160
		3.4.4	Körpererleben und Depression	161
		3.4.5	Körpererleben und soziokulturelle Einflüsse: Medien, Eltern, Peers	161
		3.4.6	Zentrale Faktoren der Verursachung von Essstörungen	162
		3.4.7	Körpererleben und Sport: Sport als Ausweg?	164

4 Familie — 166

	4.1	Familienentwicklungspsychologie	166
		4.1.1 Was ist Familie	167
		4.1.2 Wie »funktioniert« Familie? Familienentwicklungsaufgaben und Familientheorien	171
	4.2	Die Umweltressource Erziehung: Was Kinder brauchen	180
		4.2.1 Die wichtigsten Erziehungsstile	181
		4.2.2 Einflussfaktoren auf den Erziehungsstil	188
	4.3	Scheidung und neue Familiensysteme	192
		4.3.1 Scheidung als Prozess	193
		4.3.2 Scheidungsfolgen	194
		4.3.3 Co-Parenting und Hochstrittigkeit	198
		4.3.4 Nach der Scheidung: Folgefamilien	201

5 Frühes und mittleres Erwachsenenalter — 205

	5.1	Themen des frühen Erwachsenenalters	205
		5.1.1 Die Rushhour des frühen Erwachsenenalters	206
		5.1.2 Der Übergang zur Elternschaft	211
	5.2	Das mittlere Erwachsenenalter	224
		5.2.1 »Typische« Krisen im Erwachsenenalter?	226
		5.2.2 Gesundheit im mittleren Erwachsenenalter	229
	5.3	Lebensstile im Erwachsenenalter	238
		5.3.1 Ehe und Familie	238
		5.3.2 Alleinwohnende Menschen, alleinlebende Menschen und Living-Apart-Together	243
		5.3.3 Gleichgeschlechtliche Ehen und Regenbogenfamilien	245
		5.3.4 Inseminationsfamilien	248
	5.4	Soziale Beziehungen im Erwachsenenalter	250
		5.4.1 Die Paarbeziehung	250
		5.4.2 Was hält Paare zusammen?	252
		5.4.3 Konstruktive Konfliktlösung nach Gordon	257
	5.5	Weitere wichtige Beziehungen im mittleren Erwachsenenalter	260
		5.5.1 Eltern und ihre erwachsenen Kinder	260
		5.5.2 Die Großeltern	261

	5.5.3	Die Geschwisterbeziehung über den Lebenslauf	264
	5.5.4	Beziehung zu den alten Eltern	266
6	**Hohes Alter**		**268**
	6.1	Das hohe Alter	268
	6.2	Merkmale des Alters	270
	6.3	Theorien zum Alter	274
	6.4	Der Umgang mit Verlusten	276
	6.5	Erfolgreiches Altern: ein Gewinn	286
7	**Untersuchungsmethoden der Entwicklungspsychologie**		**293**
	7.1	Längsschnitt- und Querschnittsuntersuchungen	293
	7.2	Weitere Methoden der Entwicklungspsychologie	294

Literaturverzeichnis **297**

Glossar **324**

Stichwortverzeichnis **331**

Vorwort

Die wissenschaftliche Erforschung des menschlichen Lebenslaufs aus der Perspektive der Entwicklungspsychologie bietet eine schier unendliche Fülle an interessanten Befunden. All diese in einem einzigen Lehrbuch darzustellen, ist ein unmögliches Unterfangen. Eine der wichtigsten Aufgaben war also eine Schwerpunktsetzung durch eine sinnvolle Auswahl. Es werden deshalb zentrale Theorien der Entwicklungspsychologie ausgewählt und exemplarisch vorgestellt. Sie sollen sowohl die wissenschaftliche Vorgehensweise als auch relevante Erkenntnisse verdeutlichen.

Für die Präsentation des gesamten Lebenslaufs benötigt man einen oder mehrere rote Fäden. Ein roter Faden, in dessen Rahmen relevante entwicklungspsychologische Befunde dargestellt werden, ist der chronologische Aufbau des *Lebenslaufs* und seine Einteilung in altersbezogene Entwicklungsabschnitte. Im vorliegenden Buch widmen sich die Kapitel 2, 3, 5 und 6 jeweils einer Lebensphase. Den Methoden der Entwicklungspsychologie (▶ Kap. 7) ist nur ein kurzes Kapitel gewidmet, da im Psychologiestudium die Methodenlehre ein eigenes Fach bildet. Im vorliegenden Lehrbuch wird sehr deutlich, dass sich der Mensch[1] als ein Beziehungswesen im Rahmen von Beziehungen entwickelt.

Da also Entwicklungsprozesse einer Person nur in ihrem sozialen Kontext verstehbar sind, wird der Familienentwicklungspsychologie ein eigenes Kapitel (▶ Kap. 4) gewidmet. In diesem Kapitel wird die Familie als die wichtigste Sozialisationsinstanz für Kinder und Jugendliche thematisiert. In Kapitel 5 wird das Thema Familie erneut beleuchtet, diesmal aus der Perspektive der Erwachsenen (das Hineinwachsen in die Elternschaft, die Paarbeziehung innerhalb der Familie, die Rollen- und Aufgabenverteilung des Elternpaares, die veränderten Beziehungen zwischen Eltern und erwachsenen Kindern). Sie begegnen dem Thema Familie immer wieder im vorliegenden Buch – aus unterschiedlichen Perspektiven und unterschiedlichen Altersstufen betrachtet.

Ein weiterer roter Faden ist das Konzept der *Entwicklungsaufgaben*. Sie sind als für jede Lebensphase typische Krisen konzipiert. Ihre Bewältigung treibt die Entwicklung voran. Die Entwicklungsaufgaben werden in Kapitel 1 (▶ Kap. 1.4) aufgelistet und erläutert. Im weiteren Verlauf wird auf sie immer wieder Bezug genommen.

Der Mensch ist ein kognitives, ein körperliches, ein emotionales und ein soziales Wesen. In allen Lebensphasen kommen diese Dimensionen der Entwicklung und

---

[1] Die Leser*innenschaft besteht aus Frauen, Männern und nichtbinären Menschen. Dieser Tatsache wird durch die Schreibweise mit dem sogenannten Genderstern Rechnung getragen.

ihr Zusammenspiel zum Tragen. Welche Kompetenzen, Fähigkeiten und Einstellungen bringen Menschen mit und welche erwerben sie im Laufe des Lebens und wie lässt sich das Zusammenspiel zwischen Persönlichkeit und Umwelt beschreiben? Befunde zu dieser zentralen Thematik durchziehen als ein weiterer roter Faden das Lehrbuch.

Wann immer möglich wird der Bezug der jeweiligen Theorie zur beruflichen Arbeit unter dem Stichwort *Berufsbezug* hergestellt. Dort verdeutlichen zahlreiche Beispiele aus dem Berufsleben die Anwendung psychologischer Erkenntnisse auf den Berufsalltag.

Natürlich grübelt man bei der Auseinandersetzung mit psychologischen Themen darüber nach, was diese mit einem selbst zu tun haben. Unter dem Stichwort *Übung* finden Sie dazu kleine Vorschläge zur Selbstreflexion.

Nicht zuletzt ist die Psychologie eine empirische Wissenschaft, d. h. sie hat viele Erkenntnisse aus *Experimenten* gewonnen. Einige bedeutsame lernen Sie in den *Exkursen* kennen. Die Exkurse dienen auch dazu, den entwicklungspsychologischen Horizont zu erweitern: In ihnen werden u. a. Präventionsprogramme vorgestellt, kulturelle Werthaltungen verglichen und familienrechtliche Grundlagen aufgeführt. Alle wichtigen Begriffe sind unter dem Begriff *Definition* erläutert. *Merksätze* ergänzen die Definitionen mit prägnanten, anwendungsorientierten Schlagworten und weisen kritisch oder ergänzend auf Anwendungsmöglichkeiten der geschilderten Theorien hin. *Zusammenfassungen* und *Verständnisfragen* am Ende der einzelnen Kapitel dienen der eigenen Lernkontrolle.

Abschließend gilt mein herzlicher Dank für wertvolle Unterstützung Frau Sabrina Hilz, die alle Tabellen und Abbildungen erstellte und ihre Kreativität bei der Entwicklung von Cartoons zeigte sowie Herrn Justin Kügl, der beim Korrekturlesen half. Frau Katrin Kastl und Herr Fabio Freiberg vom Kohlhammer Verlag standen mit Rat und Tat und Geduld zur Seite. Herzlichen Dank!

1 Grundlegende Konzepte der Entwicklungspsychologie

Einleitung

Das erste Kapitel gibt Ihnen einen Überblick über die grundlegenden Konzepte und Themenbereiche der Entwicklungspsychologie: Wie entwickeln sich Menschen und warum unterscheiden sie sich voneinander? Das Zusammenspiel von *Anlage, Umwelt* und *Selbststeuerung* als Grundlage aller Entwicklungsprozesse wird erläutert. Die relevanten Entwicklungsaufgaben und ihre erfolgreiche Bewältigung werden dargestellt. Wie Menschen Stress verarbeiten und welche Faktoren dazu beitragen, dass Menschen gute Chancen haben, erfolgreich den Widrigkeiten des Lebens zu begegnen, gehört ebenfalls zu den Grundlagen der Entwicklungspsychologie.

Als Einstieg in die Entwicklungspsychologie lassen Sie zunächst den Lebenslauf von Ray auf sich wirken:

> Ray wurde 1930 als Raymond Charles Robinson in Albany, Georgia geboren. Er wuchs bei seiner alleinerziehenden Mutter auf, die als Baumwollpflückerin arbeitete. Seinen Vater lernte er nie kennen. Die Familie war sehr arm. Im Alter von sieben Jahren erblindete er aufgrund eines Glaukoms. Die Erblindung hätte man vermutlich durch medizinische Behandlung verhindern können, aber seine Mutter konnte sich diese nicht leisten. Kurz vor seiner Erblindung hatte Ray hilflos mit ansehen müssen, wie sein jüngerer Bruder in einem kochend heißen Waschzuber ertrank. Die Erinnerung daran quälte ihn sein Leben lang und er litt Zeit seines Lebens unter Alpträumen.
>
> Schon in seiner Kindheit suchte er regelmäßig benachbarte Kneipen auf, um dort den Bluesmelodien zu lauschen. Seine Mutter ermunterte ihn, trotz seiner Blindheit möglichst selbstständig zu leben und schärfte ihm ein: »Lass Dich niemals zum Krüppel machen«. Dank seines hervorragenden Gehörs konnte er sich schon bald gut in seiner Welt bewegen. Seine Mutter schickte ihn auf eine Blindenschule, auf der er auch Musikunterricht hatte: Er lernte Klavier, Saxofon und Klarinette und war Mitglied eines Gospelchors; die Musik wurde zu seinem wichtigsten Lebensinhalt. Als er 14 Jahre alt war, starb seine Mutter, die wichtigste Bezugsperson in seinem Leben.
>
> Ray brach daraufhin die Schule ab und zog nach Florida. Als schwarzer, blinder Jugendlicher ohne Schulabschluss und ohne Fürsprecher*innen hatte er in einer Welt der Rassentrennung und der Rassendiskriminierung einen schweren Stand. Sein Leben war geprägt von großer Armut, Rassenkonflikten und musikalischen Rückschlägen. Schließlich zog er nach Seattle, wo es Bars gab, die die ganze Nacht aufhatten, und wo er sich als Klavierspieler über Wasser halten

konnte. Gleichzeitig arbeitete er fortwährend an der Verbesserung seiner musikalischen Fähigkeiten; schließlich gelang es ihm, eine Band zu gründen, mit der er durch die Bars tourte. Er legte sich den Künstlernamen Ray Charles zu, der aus seinen beiden Vornamen bestand.

Schon bald kamen seine Songs beim Publikum gut an: Er war ein Perfektionist, der sehr hart zu seinen Mitmusikern und Sängerinnen sein konnte, wenn sie seinen Ansprüchen nicht genügten. Die ersten Schallplatten verkauften sich so gut, dass große Schallplattenfirmen auf ihn aufmerksam wurden. Das war der Beginn einer großen Karriere. Ray startete Welttourneen, entwickelte einen eigenen Musikstil, bei dem er Gospel, Blues und Country mischte und stürmte zunächst landesweit, später auch international die Hitparaden. Er revolutionierte mit seinem Musikstil die gesamte Musikwelt und gewann auch die weiße Zuhörerschaft. Bei seinen Konzerten duldete er keine Sitztrennung nach Hautfarbe. Es war ein Triumph für ihn, als er in Georgia, wo er ein jahrzehntelanges Auftrittsverbot hatte, eine Medaille für das Lied »Georgia on my mind« bekam, das zur Landeshymne wurde.

Im Laufe seiner Musikerkarriere entwickelte er neben einer Alkoholsucht eine schwere Heroinsucht, wegen der er sich mehrfach Entziehungskuren unterzog. Es gelang ihm schließlich, abstinent zu bleiben. Er fand zum Glauben und wurde sehr fromm. Er heiratete zweimal und ließ sich beide Male scheiden. Mit seiner zweiten Ehefrau bekam er drei Kinder und darüber hinaus hatte er mindestens neun Kinder aus Nebenbeziehungen. Seine Hits »What I said« und »Georgia on my mind« wurden Millionenseller, als Soul-Legende wurde er auf der ganzen Welt gefeiert. Er war der erfolgreichste Jazzmusiker seiner Zeit (Charles & Ritz, 2005).

Rays Geschichte wirft zahlreiche Fragen auf:

- Wodurch wird die Entwicklung von Merkmalen, Fähigkeiten, Interessen und Verhalten ausgelöst?
- Welchen Anteil haben angeborene Eigenschaften, welchen Anteil hat die Umwelt an den oben genannten Punkten?
- Was brachte Ray dazu, die zielstrebige, hartnäckige Verfolgung seiner Musikerlaufbahn lebenslang beizubehalten, sich aber in anderen Verhaltensweisen grundlegend zu verändern? Läuft also Entwicklung eher diskontinuierlich, d. h. willkürlich, ohne Zusammenhang ab, oder ist sie unter bestimmten Bedingungen kontinuierlich?
- Wie wirken sich zeitgeschichtliche und kulturelle Bedingungen – im Falle von Ray die Hautfarbe und die damit verbundene Armut, schlechte Bildung und Diskriminierung – auf das Wohlergehen eines Menschen im Laufe seines Lebens aus?

Diese exemplarisch aufgelisteten Fragen sind zentrale Fragestellungen der Entwicklungspsychologie.

1.1 Historischer Abriss: Anfänge und erste Konzeptionen der Entwicklungspsychologie

Die »Eltern« der wissenschaftlichen Entwicklungspsychologie waren Karl und Charlotte Bühler. Beide waren in den 1920er und 1930er Jahren an der Wiener Universität in der Sprachforschung tätig und machten das psychologische Institut zu einem Mittelpunkt kinder- und jugendpsychologischer Forschung. Ausgangspunkt war die Weltwirtschaftskrise, in deren Folge viele Familien in Wien in so große finanzielle Not gerieten, dass die Eltern ihre Kinder in öffentliche Obhut geben mussten: Für Tausende von Kindern mussten Heimplätze oder Pflegefamilien gefunden werden. Die Stadt Wien beauftragte das Ehepaar Bühler sowie die Kinderhortnerin Hildegard Hetzer, jedes einzelne Kind, das das Milieu wechselte, bezüglich seines Entwicklungsstandes zu untersuchen.

Da es zu der damaligen Zeit keinerlei Testverfahren für eine solche Fragestellung gab, entwickelte das Team ein Instrumentarium, das den Entwicklungsstand von Kindern ab der Geburt bis zum Alter von 12 Jahren untersuchte (Bühler & Hetzer, 1932). Zunächst wurden dazu alle Kinder in Altersstufen eingeteilt und bezüglich ihrer Fähigkeiten im sozial-emotionalen, motorischen, visuellen, sprachlichen und kognitiven Bereich sowie im Bereich Gedächtnis getestet. Auch der Körperstatus wurde festgestellt. Für alle Bereiche wurde eine Vielzahl von Aufgaben – abgestimmt auf das Alter der Kinder – entwickelt (Hetzer, 1982).

Jeder Altersstufe wurden diejenigen Aufgaben zugeordnet, die die Mehrzahl der Kinder dieser Altersstufe lösen konnte. Kinder, die die Aufgaben ihrer Altersstufe nicht lösen konnten, wurden als entwicklungsverzögert eingestuft, im anderen Fall wurden sie als altersgerecht oder sogar ihrer Entwicklung voraus eingestuft.

Bühler und Hetzer hatten damit nicht nur den ersten Entwicklungstest entwickelt, sondern auch die zentralen Bereiche, in denen Entwicklung stattfindet, abgesteckt:

- physiologische (biologische) Dimension (alles, was den Körper umfasst)
- kognitive Dimension (alles, was das Denken, das Gedächtnis und den Erkenntnisgewinn umfasst)
- soziale Dimension (alles, was die Interaktion mit anderen Personen umfasst)
- emotionale Dimension (alles, was die Gefühle umfasst)

Beispiel: Messung des Sozialkontakts im ersten Lebensjahr

Die Versuchsleiterin rollt dem auf dem Boden sitzenden Kind einen Ball zu. Das Kind soll den Ball zur Versuchsleiterin zurückrollen. Es soll sich eine Interaktion entwickeln mit mehrmaligem Hin- und Herrollen des Balles und das Kind soll eine Beziehung zum Gegenüber aufbauen.

- Erfolgreiche Lösung: Das Kind rollte den Ball zurück, hat Spaß am Spiel, nimmt Kontakt auf.

- Keine erfolgreiche Lösung: Das Kind versteht die Aufforderung nicht, behält den Ball, nimmt keinen Kontakt zum Gegenüber auf, meidet Blickkontakt.

1.2 Was ist Entwicklung?

Zahlreiche Einflussfaktoren wirken auf die menschliche Entwicklung ein; deshalb ist Entwicklung kein vorhersehbarer, festgelegter Prozess. Solche Einflussfaktoren sind z. B. der Eintritt in den Kindergarten, ein Umzug oder der Auszug aus dem Elternhaus. Es können aber auch besondere Vorkommnisse sein wie das Auftreten einer schweren Krankheit oder das Aufwachsen in einem Kriegsgebiet. Menschen reagieren je nach ihrer Persönlichkeit, ihren Bewältigungsstrategien, ihrer Umwelt und weiteren Faktoren höchst unterschiedlich auf diese. Dabei können Menschen weder ausschließlich über ihre gesammelten Erfahrungen beschrieben werden noch nur über ihre genetische Veranlagung.

Vielmehr versucht die Entwicklungspsychologie herauszufinden, wie sich Menschen unter bestimmten Bedingungen entwickeln und wie sich dabei Persönlichkeitsaspekte und Umweltaspekte gegenseitig beeinflussen. Sie berücksichtigt zugleich verschiedene Dimensionen der Entwicklung: die emotionale, kognitive, körperliche und die soziale Entwicklung. Das Ziel ist, allgemeine Gesetzmäßigkeiten der Entwicklung aufzustellen, aber auch davon abweichende Entwicklungen zu beschreiben (Entwicklungspsychopathologie).

> **Berufsbezug**
>
> Liebe Leser*innen,
>
> Sie wollen später mit Menschen unterschiedlicher Altersstufen psychologisch und psychotherapeutisch arbeiten. Dafür sind entwicklungspsychologische Kenntnisse sehr hilfreich. So gibt die Entwicklungspsychologie z. B. mit ihrem Konzept der Entwicklungsaufgaben (▶ Kap. 1.4) eine hilfreiche Orientierung über eine altersgerechte Entwicklung. Die Resilienz- und Risikoforschung (▶ Kap. 1.6) ebenso wie die Stress- und Bewältigungsforschung (▶ Kap. 1.5) stellen eine gute Grundlage für die Entwicklung von präventiven Programmen für alle Altersstufen dar. Das Bindungskonzept (▶ Kap. 2.5) ist eine der bedeutsamsten Grundlagen für psychotherapeutisches Arbeiten. Dies sind nur einige wenige Schlaglichter auf die praktische Anwendung entwicklungspsychologischer Erkenntnisse für Ihre spätere Arbeit.

1.2.1 Entwicklung als Stufenfolge

Eins der ersten Konzepte von Entwicklung ist das oben erwähnte Phasen- oder Stufenmodell (Bühler & Hetzer, 1932; ▶ Kap. 1.1). Stufenmodelle beschreiben Entwicklungsprozesse als eine Abfolge von aufeinanderfolgenden Stufen, die bei allen Menschen in der gleichen Reihenfolge eintreten. Wie etwa eine Blume nach einem inneren Bauplan heranwächst, erblüht und anschließend verwelkt, so erfolgt nach dem Stufenkonzept die menschliche Entwicklung. Es beinhaltet die Vorstellung, dass es im Rahmen eines Veränderungsprozesses immer einen Endzustand, einen Reifezustand gibt. Die Stufenschritte sind unumkehrbar (irreversibel) und stellen sowohl einen quantitativen als auch einen qualitativen Zuwachs dar. Dabei ist die Bewältigung früherer Stufen die Voraussetzung für die Bewältigung späterer Stufen und die Entwicklungsleistungen in den jeweiligen Stufen sind an ein festgelegtes Alter gebunden. Stufenmodelle sehen die Entwicklung als einen universellen Prozess an, der in allen Kulturen ähnlich verläuft.

> **Übung**
>
> Finden Sie Beispiele menschlicher Entwicklung, auf die diese Blumenmetapher der Entfaltung zutrifft.

Abb. 1.1: Blumenmetapher (angefertigt von Sabrina Hilz)

Ein Beispiel für ein Stufenmodell mit einem festgelegten Ablauf von Entwicklungsbereichen ist das Modell der kognitiven Entwicklung nach Piaget: Das Denken entwickelt sich nach Piaget beim Kind vom konkreten Denken zum abstrakten Denken (▶ Kap. 2.2). Ein weiteres Beispiel ist das psychosoziale Stufenmodell nach Erikson nach dem altersgemäße, thematisch festgelegte Krisen Stufe für Stufe gelöst werden (▶ Kap. 1.4.2).

Stufenmodelle erklären wichtige Dimensionen menschlichen Verhaltens. Sie gehen davon aus, dass ein genetisch festgelegtes Programm abläuft, das häufig einen Prozess der Differenzierung darstellt (▶ Abb. 1.2).

Es gibt jedoch einige bedeutsame Kritikpunkte an Stufenmodellen. So ist die Annahme einer ausschließlichen Entwicklung zu einem höheren Stadium, zu einem Aufbau, zu eng. Man spricht in der Entwicklungspsychologie auch bei einem Abbau von Entwicklung, z. B. beim Nachlassen kognitiver Fähigkeiten im Alter oder bei einer Abnahme von Leistungsmotivation bei schulischen Leistungen. Auch die Annahme, dass Entwicklungsprozesse universell sind, ist problematisch. Menschen

1 Grundlegende Konzepte der Entwicklungspsychologie

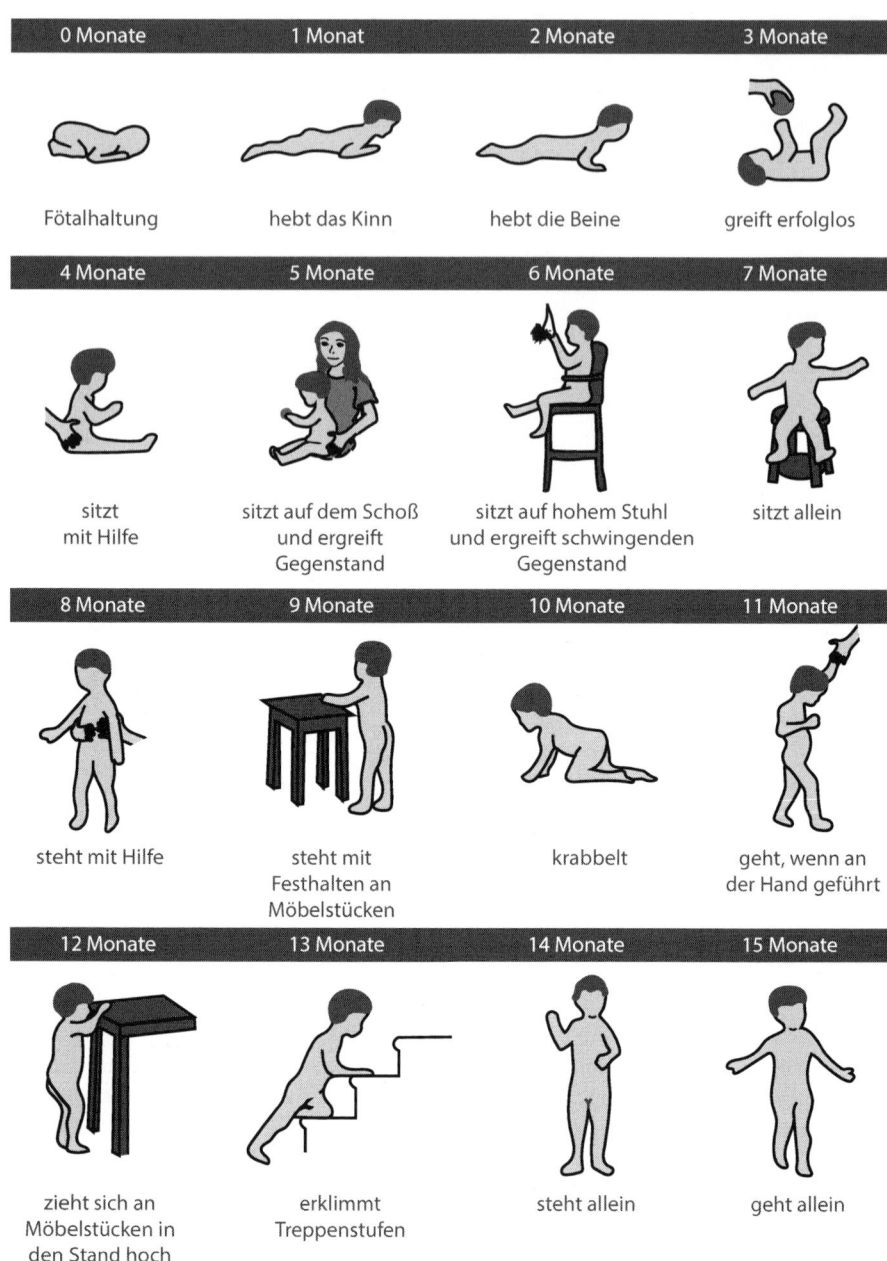

Abb. 1.2: Entwicklung der Motorik (angelehnt an Schwarzer, 2015a, S. 122)

unterscheiden sich durch unterschiedliche Anlagen, kulturspezifische Anforderungen, vielfältige Einflüsse der Umwelt und selbstmitgestaltete Erfahrungen. Aus diesen Gründen muss Entwicklung als sehr individueller Prozess gesehen werden.

1.2.2 Entwicklung als Reifung und Reifestand

Reifung meint die altersbezogenen Wachstumsprozesse von Funktionen der Organe, des Zentralnervensystems, der hormonellen Systeme und der Körperformen. So verschlankt und verlängert sich z.B. der Körper mit zunehmendem Alter (▶ Abb. 1.3) Die Reifung ist genetisch ausgelöst und stellt einen wichtigen Aspekt von Entwicklung dar (Montada, Lindenberger & Schneider, 2018, S. 45). Sie findet häufig in den besagten Stufen (▶ Kap. 1.2.1) statt.

> **Definition: Reifung**
>
> *Reifung* ist die gengesteuerte Entfaltung biologischer Strukturen und Funktionen. Die spezifischen organischen Veränderungen machen neue, spezifische Fähigkeiten möglich. Sie werden dann auf Reifung zurückgeführt, wenn sie universell in einer Altersperiode auftreten und weitgehend ohne Lernen stattfinden. Zum biologischen Erbe zählen z. B. das körperliche Wachstum, die motorische Entwicklung, die Sprachentwicklung, Denken und Gedächtnis.

Reifung wird nicht auf Lernen, Erfahrung, Übung, Erziehung oder Sozialisation zurückgeführt. Jedoch werden Reifungsvorgänge in der Folge sofort von Lernvorgängen abgelöst: Das Kind übt mit Begeisterung die neue Fähigkeit, es will z. B. nur noch laufen, nicht mehr krabbeln. Und manchmal lassen sich solche von innen gesteuerte Vorgänge doch durch Umwelteinflüsse beeinflussen (▶ Abb. 1.2).

Die Abbildung zeigt die stufenweise Differenzierung, die typisch ist für viele Entwicklungsprozesse. Die Entwicklung der Motorik galt lange Zeit als Reifungsprozess und damit als nicht beeinflussbar. Heute wissen wir, dass es zur Ausübung von Motorik Anreize aus der Umwelt braucht (▶ Beispiel: Kaspar-Hauser-Kinder). Motorische Meilensteine wie Sitzen oder Gehen lassen sich durch regelmäßige motorische Übungen deutlich vorverlegen. Die motorische Entwicklung ist also durch Umwelteinflüsse und die Eigenaktivität des Menschen beeinflussbar (Pinquart, Schwarzer & Zimmermann, 2019, S. 79).

> **Merke!**
>
> Entwicklungstabellen (▶ Abb. 1.2) suggerieren, dass Entwicklungsschritte auf bestimmte Altersstufen einheitlich und zeitlich eng festgelegt sind. Damit wäre Entwicklung universell und nicht individuell. Entwicklungsprozesse zeigen aber eine große Variationsbreite. So krabbeln manche Kleinkinder bereits mit fünf Monaten, andere erst mit 14 Monaten, wieder andere überspringen die Krabbelphase ganz und gehen vom Stehen direkt zum Laufen über. Entwicklungstabellen stellen also nur eine grobe Orientierung dar.

> **Beispiel: Reifungsprozesse**
>
> Ein Kind, das stehen oder laufen kann, möchte nur noch stehen oder laufen und übt dieses ständig. Die Fähigkeit zu gehen ist herangereift, das Einüben der neuen Fähigkeit wird jedoch durch Lernprozesse übernommen. *Reifungsprozesse* und Lernprozesse gehen also Hand in Hand.

Zur Reifung gehört auch der Reifestand. Hiermit ist gemeint, dass ein bestimmter Entwicklungsstand gegeben sein muss, damit neue Fähigkeiten erworben werden können.

Definition: Reifestand

Der *Reifestand* ist die emotionale, kognitive und biologische Voraussetzung für den Erwerb bestimmter Fähigkeiten.

> **Beispiel: Reifestand**
>
> **Sauberkeitserziehung**
>
> Das Kind aufs Töpfchen zu setzen, ergibt erst dann Sinn, wenn es in der Lage ist, seine Schließmuskeln zu kontrollieren. Der Reifestand für diese Fähigkeit ist in einem Alterszeitraum von 18 bis 36 Monaten gegeben (Largo & Jenni, 2005). *Reifestand* bedeutet nur, dass das Kind biologisch in der Lage ist, neue Fähigkeiten zu erwerben. Es ist aber gerade bei der Sauberkeitserziehung aus entwicklungspsychologischer Sicht sinnvoll zu warten, bis das Kind Eigeninitiative und Interesse daran zeigt. In diesem Fall erfolgt die Sauberkeitserziehung sehr schnell und konfliktfrei (a. a. O.).

Sowohl Stufenkonzepte als auch Reifungskonzepte vernachlässigen einen bedeutenden Einflussfaktor auf die menschliche Entwicklung: die Umwelt. Entwicklung bleibt bei diesen Modellen ein von innen gesteuerter Prozess, der individuelle Unterschiede unberücksichtigt lässt und Umweltbedingungen wie der Erziehung oder dem soziokulturellen Herkunftsmilieu nur eine geringe Bedeutung beimisst. Wichtige Chancen und Optionen auf Veränderungen im Lebenslauf werden damit nicht gesehen und genutzt. Das folgende Konzept der sensiblen Phasen nimmt eine Zwischenstellung zwischen Reifungskonzepten und Umweltkonzepten ein, weil es der Umwelt einen gewissen Einfluss in einer zeitlich umschriebenen Phase zubilligt.

1.2.3 Entwicklung durch die Nutzung sensibler Phasen bzw. Zeitfenster

Wenn mit dem Reifestand die Voraussetzungen für das Erlernen einer Fähigkeit gegeben ist, beginnt eine zeitlich festgelegte Phase, in der eine erhöhte Plastizität,

d. h. Durchlässigkeit für spezifische Erfahrungen und Einflüsse besteht. Diese Zeitfenster werden als *sensible Phasen* bezeichnet. Bestimmte sensible Phasen wie die des Spracherwerbs und des Bindungsaufbaus sind nachgewiesen; über andere ist wenig bekannt. Sensible Phasen sind wahrscheinlich durch Stadien der Hirnreifung bedingt, aber über die Funktionsweise des Gehirns wissen wir noch nicht alles.

Exkurs: Sensible Phasen

Der Begriff der sensiblen Phase bzw. der sensiblen Periode stammt von Konrad Lorenz, einem berühmten Verhaltensforscher und Nobelpreisträger. Besonders berühmt sind seine Forschungen an Graugänsen, in denen er feststellen konnte, dass Jungvögel in einer eng umschriebenen zeitlichen Phase nach der Geburt dem ersten sich bewegenden Objekt überall hin folgen (Lorenz, 1988). In der Regel ist das die Mutter. Die Prägung auf die Mutter ist sinnvoll, da diese sie vor Gefahren schützt und mit Nahrung versorgt. Lorenz konnte die Jungtiere auch auf sich prägen oder sogar auf einen rollenden Ball. Allein von Bedeutung war die Nutzung der umgrenzten Zeitspanne (sensiblen Phase).

Definition: Sensible Phase

Die *sensible Phase*, auch als Zeitfenster bezeichnet, ist eine Phase, in der bestimmte Erfahrungen besonders große Auswirkungen auf den Menschen haben, weil genau in dieser Zeitspanne die Empfänglichkeit für diese Erfahrung sehr hoch ist (Trautner, 2007, S. 117).

Beispiel: Sensible Phase

Sprechen lernen

Die sensible Phase des aktiven Spracherwerbs liegt zwischen 18 Monaten und vier Jahren. In dieser Zeit können Kinder sogar parallel mehrere Sprachen fehlerfrei lernen. Wird diese Phase verpasst und nicht zum Spracherwerb genutzt, weil das sprachliche Vorbild fehlt, ist es später sehr schwer, den Spracherwerb nachzuholen.

Anhand der Beobachtung sogenannter »wilder Kinder« oder »Kaspar-Hauser-Kinder« lässt sich zeigen, wie Entwicklung verläuft, wenn die sensiblen Phasen ungenutzt bleiben, es also zur richtigen Zeit an angemessener Unterstützung und Anregung fehlt.

Beispiel: »Kaspar-Hauser-Kinder«

Eine spannende Fallstudie stammt von Singh (1961). Er betreute und förderte jahrelang zwei Mädchen, die im Urwald gefunden und offensichtlich von einer Wölfin aufgezogen worden waren. Ihn interessierte, welche Fähigkeiten noch nachträglich aufgebaut werden konnten und welche nicht. Eine andere Studie von Curtiss (1977) beschreibt die Entwicklungserfolge des »Wolfskinds« Genie, nachdem es von seinen Eltern in absoluter Isolation gehalten worden war und viele Jahre auf einen Stuhl geschnallt verbracht hatte.

Die Ergebnisse der jahrelangen nachträglichen Sozialisierungsversuche sind in all diesen Fällen sehr ernüchternd. Offensichtlich können die verpassten Chancen gar nicht oder nur in sehr begrenztem Maße nachgeholt werden. So erwarb Genie niemals eine normale Sprache und die beiden Wolfsmädchen lernten nie auf zwei Beinen zu laufen. Bei ehemaligen »Wolfskindern« ist offensichtlich das nachträgliche Erlernen von Sprache, die Fortbewegung auf zwei Beinen oder ein Bindungsaufbau zu anderen Menschen gar nicht oder nur sehr reduziert möglich. Die Umstände, unter denen diese Kinder aufwuchsen, nennt man Deprivation.

> **Definition: Deprivation**
>
> Im Zusammenhang mit kindlicher Entwicklung meint *Deprivation* das Fehlen von notwendigen Umweltbedingungen für eine gute Entwicklung. Dazu zählen kognitive und soziale Anregungen, emotionale Zuwendung, Beschütztwerden und die Befriedigung der körperlichen Grundbedürfnisse wie Essen, Trinken, Wärme und Schlaf. Deprivation ist in der Regel die Folge schwerster Vernachlässigung, die häufig mit Misshandlung einhergeht.

1.2.4 Entwicklung durch Erziehung und Sozialisation

Der Bedeutung von Umwelteinflüssen auf den Menschen trägt das Konzept der Sozialisation und Erziehung Rechnung. Durch Sozialisation und Erziehung lernt ein Mensch all das, was er benötigt, um in seiner Kultur zu leben: Sitten, Gebräuche, Sprache, Symbole, Regeln des sozialen Umgangs, Funktion von Werkzeugen, Funktion von Institutionen, einen Beruf, eine Religion und vieles mehr. Der Prozess der Aneignung erfolgt durch Anleitung, Anforderung, Information, Belehrung, Beobachtung, Nachahmung sowie durch Strafe und Belohnung. Daran sind die Familie, die Schule, der Freundeskreis, der Beruf und die Medien beteiligt.

Sozialisation bedeutet lebenslanges Lernen, da sich die Gesellschaft mitt ihren Wertsystemen verändert. Auch übernimmt das Individuum lebenslang neue Rollen, die wiederum neue Anpassungsprozesse verlangen. Sozialisation und Erziehung sind Umweltfaktoren, die auf das Individuum einwirken. Das Individuum lernt durch sie die Spielregeln der Gesellschaft.

> **Definition: Sozialisation und Erziehung**
>
> *Sozialisation* meint das Hineinwachsen und damit Eingliedern und Anpassen des Kindes in die Gesellschaft. Unbeabsichtigt, vielleicht sogar unerwünscht, beeinflusst das gesellschaftliche Milieu das Verhalten und die Entwicklung des Kindes.
>
> Im Gegensatz dazu nehmen Erwachsene durch *Erziehung* bewusst und beabsichtigt Einfluss auf das Verhalten des Kindes und auf seine Persönlichkeitsentwicklung. Das Ziel ist, erwünschtes Verhalten auszulösen und zu verstärken. Erziehung ist ein Bestandteil des umfassenden Sozialisationsprozesses (Hurrelmann & Bauer, 2018, S. 15 f.).

1.2.5 Entwicklung durch die Eigenaktivität des Individuums

Entwicklung enthält einen Spielraum, den Menschen je nach Entwicklungsstand selbst nutzen können. Sie sind also auch Mitgestaltende ihrer eigenen Entwicklung (vgl. auch das Konzept der Entwicklungsaufgaben in ▶ Kap. 1.4). Während diese Entwicklungsmöglichkeiten in der Kindheit noch relativ gering sind und die Steuerung im Wesentlichen durch die Eltern erfolgt, setzen sich Menschen mit zunehmendem Alter immer mehr mit eigenen Lebensplänen auseinander. Die auf die eigene Entwicklung bezogene Zielesetzung und -verfolgung wird auch intentionale Selbstentwicklung genannt (Pinquart, Schwarzer & Zimmermann, 2019, S. 35).

Zur aktiven Gestaltung des eigenen Lebens ist nicht nur Wissen nötig, wie man diese Ziele erreicht, es müssen auch Überzeugungen vorhanden sein, diese Ziele überhaupt erreichen zu können. Solche Kontrollüberzeugungen und Selbstwirksamkeitserwartungen (▶ Kap. 1.6.3) sowie selbstregulatorische Fähigkeiten setzen Handeln in Gang. Überzeugungen und selbstregulatorische Fähigkeiten werden im Laufe der Kindheit durch familiäre Sozialisation erworben. So können Eltern selbstregulatorische Fähigkeiten wie die Impulskontrolle, d. h. das Aufschieben von Bedürfnissen durch äußere Regulationshilfen wie einen regelmäßigen Tagesablauf, Ermutigung und Anleitung fördern (Pinquart, Schwarzer & Zimmermann, 2019, S. 169).

Umweltfaktoren (z. B. das Aufwachsen in einem Wohnwagen statt in einer Villa oder die geringe Verfügbarkeit von Lehrstellen) und individuelle Voraussetzungen (z. B. das Scheitern bei einer Bewerbung für eine Kunsthochschule) können der eigenen Mitgestaltung enge Grenzen setzen.

1.2.6 Entwicklung als lebenslanger Prozess

Die Entwicklungspsychologie sieht Entwicklung als einen lebenslangen Prozess an (Baltes et al., 2006). Alle menschlichen Verhaltensweisen werden von der Zeugung bis zum Tod betrachtet. Durch die Bewältigung von Entwicklungsaufgaben entwickelt und verändert sich das Individuum ein Leben lang. Diese Veränderungen gehen sowohl vom Individuum selbst aus, seinen eigenen Wünschen und Zielen als auch von äußeren Einflüssen wie z. B. Aufgaben, die die Gesellschaft stellt. Auch prognostische Fragen, wie etwa die nach den Auswirkungen bestimmter Ereignisse im Kindesalter auf das Erwachsenenalter, können bei einer solchen Betrachtung des Lebenslaufs beantwortet werden. Als Ziel gilt, herauszufinden, wodurch Veränderungen, aber auch Stabilitäten im Lebenslauf bewirkt werden, und diese Faktoren genauer zu beschreiben (Lerner, 2006).

> **Übung**
>
> Betrachten Sie Ihr bisheriges Leben. Vergleichen Sie sich mit dem Menschen, der Sie mit 15 Jahren waren. In welchen Bereichen haben Sie sich seitdem verändert? Wodurch wurden diese Veränderungen ausgelöst? Was waren Phasen großer Entwicklung (also großer Veränderung) in Ihrem bisherigen Leben und wodurch wurden diese ausgelöst?

Im folgenden Absatz wird aufgezeigt, dass Entwicklung sehr unterschiedlich verläuft. Das betrifft das einzelne Individuum, das sich im Laufe seines Lebens verändert; das betrifft aber auch Unterschiede zwischen Menschen. Die Entwicklungspsychologie interessiert sich nicht nur für die Gesetzmäßigkeiten, die alle Menschen in gleichem Masse betreffen, sondern auch für die differenziellen Verläufe von Entwicklung, die die Fülle und Unterschiedlichkeit von Entwicklungsprozessen zwischen Personen widerspiegeln.

Die *differenzielle Entwicklung* kann intraindividuell sein. Das heißt, Veränderungen finden im Laufe des Lebens bei ein und derselben Person statt. Die differenzielle Entwicklung kann auch interindividuell sein. Damit sind Unterschiede zwischen Personen gemeint: Unterschiede zwischen den Geschlechtern, zwischen jungen und alten Menschen, zwischen Hochschulabsolvent*innen und Hauptschulabsolvent*innen usw.

> **Beispiele: Interindividuelle und intraindividuelle Unterschiede**
>
> **Interindividuell**
>
> Der Drittklässler Sam kann nur langsam und stockend lesen. Dass er ein ganzes Buch selbstständig liest, ist undenkbar. Sein Klassenfreund Leon dagegen verschlingt jeden Abend vor dem Einschlafen ein ganzes Buch. Die Lehrerin ist der Ansicht, dass jedes Kind im dritten Schuljahr zügig lesen können muss. Andernfalls müssen Lösungen gesucht werden (Wechsel auf die Förderschule, Klasse wiederholen).
>
> Der normative Ansatz der Lehrerin ist in diesem Fall nicht zielführend. Richtig ist der differenzielle Ansatz: Jedes Kind entwickelt sich unterschiedlich (schnell). Das hängt in der Grundschule mit dem individuell unterschiedlich schnellen Wachstum des Gehirns zusammen, das erst in der Pubertät ausgewachsen ist.

Vermutlich wächst Sams Gehirn langsamer als Leons. Er wird wahrscheinlich erst im 4. Schuljahr zügig lesen können. Das Gehirnwachstum ist ein Anlagefaktor.

Genauso bedeutsam ist es, die unterschiedlichen Umwelten beider Jungen zu betrachten. Möglicherweise kommt Leon aus einer Familie, in der das Lesen von Büchern einen hohen Stellenwert hat. Leon wurde deshalb von klein auf vorgelesen. Dagegen kommt Sam vielleicht aus einer Familie, in der Bücher wenig Bedeutung haben; Vorlesestunden sind ihm unbekannt. Der Faktor »bildungsferne familiäre Umwelt« kann durch den Faktor »Fördermaßnahmen« kompensiert werden. Weiterhin kann er durch Eigeninitiative beeinflusst werden: Sam hat ein großes Interesse an der Welt der Ritter entwickelt. Er möchte mehr darüber erfahren und leiht sich in der Schulbücherei alles zu diesem Thema aus. Sein Interesse an Büchern wächst.

Intraindividuell

Mira ist als Kleinkind sehr schüchtern: Bei Anfragen fremder Personen (»Wie heißt du denn«?) versteckt sie sich hinter ihrer Mutter und schweigt. Im Kindergarten spielt sie meist allein, schaut aber sehnsüchtig zu den anderen Kindern in der Bastelecke. Die 20-jährige Mira ist eine fröhliche junge Frau mit einem großen Freundeskreis. Der Einstieg in das Studium in einer vom Elternhaus weit entfernten Stadt gelingt ihr leicht. Sie schließt Kontakte, indem sie ohne Mühe ihr sympathische Gleichaltrige im Hörsaal, in der Mensa und auf dem Campus anspricht. Weiterhin belegt sie zahlreiche Freizeitkurse. In kurzer Zeit hat sie einen neuen Freundeskreis gewonnen, der dafür sorgt, dass Heimwehgefühle nicht aufkommen.

Übung

Spekulieren Sie, welche Gründe es für Miras Entwicklung geben könnte und schreiben Sie einen kleinen Absatz dazu. Lassen Sie Ihre Fantasie spielen!

Die Beispiele stammen aus unterschiedlichen Entwicklungsbereichen. Das erste Beispiel bezieht sich auf den kognitiven Bereich, das zweite auf den sozialen Bereich. Wie Sie bereits wissen, findet Entwicklung darüber hinaus auch im emotionalen Bereich und im körperlichen Bereich statt. In der entwicklungspsychologischen Forschung werden diese Dimensionen der Entwicklung getrennt voneinander betrachtet und untersucht. In der Praxis hängen sie jedoch eng zusammen und beeinflussen sich gegenseitig.

Merke!

Entwicklung ist immer multidimensional. Sie findet auf den vier Dimensionen des Denkens (das meint kognitiv), des Fühlens (das meint emotional, affektiv, psychisch), der Interaktion (das meint sozial) und der Biologie (das meint körperlich oder physisch) statt.

Beispiel: Multidimensionale Entwicklung

Die elfjährige Nora befindet sich in der Pubertät, einer Phase des gewaltigen körperlichen Umbruchs. Der Einschuss der Hormone, speziell des Hormons Östrogen, hat zu einer Gewichtszunahme geführt, sie hat bereits die Menstruation und weibliche Körperformen (körperliche Entwicklung). Mit all diesen Veränderungen ist sie sehr unzufrieden (emotionale Entwicklung). Ihre Freundinnen sind körperlich noch nicht so weit entwickelt und schließen Nora aus.

Aber auch Nora fühlt sich als Jugendliche in dem Kreis der kindlicheren Altersgenossinnen unwohl und schließt sich älteren Mädchen an, die bereits rauchen und sich mit Jungen treffen (soziale Entwicklung). Das führt zu Konflikten mit ihren Eltern, von denen sich Nora deshalb ebenfalls distanziert. Sie fühlt sich jetzt oft einsam, vermisst vertraute Freundinnen und ist unglücklich. Ein weiterer Faktor für ihre schlechte Stimmung sind ihre nachlassenden Schulleistungen: Es fällt ihr schwerer, sich zu konzentrieren, und das Interesse an den Schulfächern hat ebenfalls nachgelassen (emotionale, kognitive Entwicklung).

Fazit: Der Auslöser für Noras Krise ist die körperliche Entwicklung (Veränderung). Sie zieht weitere Entwicklungen (Veränderungen) im sozialen, emotionalen und kognitiven Bereich nach sich.

Auf Grundlage der bisherigen Erklärungskonzepte lässt sich folgende Definition für Entwicklung festhalten.

Definition: Entwicklung

Entwicklung heißt Veränderung und ist ein lebenslanger Prozess. Die Veränderungen resultieren aus dem Zusammenspiel von Umwelt, Anlage und dem aktiv handelnden Individuum. Entwicklungspsychologie beschreibt und erklärt diese Entwicklungsprozesse. Menschen entwickeln sich in verschiedenen Bereichen (multidimensional): kognitiv, emotional, sozial, körperlich und in unterschiedliche Richtungen (multidirektional). Entwicklung ist auch individuell, d. h. Menschen entwickeln sich nicht alle in der gleichen Weise sondern unterschiedlich. Entwicklung unter der Lebenslaufperspektive zu betrachten bedeutet auch, bei jedem Entwicklungsaspekt immer Gewinne (Aufbau, Wachstum) und Verluste (Abbau) zu betrachten.

Zusammenfassung

Entwicklung ist ein Prozess der lebenslangen Veränderung. Diese Veränderungen geschehen durch ein Zusammenspiel von Person und Umwelt. Die Entwicklungspsychologie untersucht sowohl diese feststellbaren Unterschiede innerhalb eines Menschen zu verschiedenen Zeitpunkten seines Lebens als auch Unterschiede zwischen Menschen. Entwicklungsprozesse finden auf der sozialen, körperlichen, kognitiven und emotionalen Dimension statt.

Verständnisfragen

- Was ist eine sensible Phase?
- Entwicklung findet u. a. durch Reifung und Sozialisation statt. Was ist der zentrale Unterschied zwischen beiden Prozessen?
- Definieren Sie »intraindividuelle Entwicklung« und »interindividuelle Entwicklung«.

1.3 Anlage und Umwelt

Die Vielfalt von Entwicklungsverläufen ergibt sich aus dem Zusammenspiel von individuellen, z. T. anlagebedingten und z. T. umweltbedingten Faktoren. Wie diese Faktoren zusammenwirken, ist eine der grundlegenden Fragen der Entwicklungspsychologie. Die *Anlage-Umwelt-Frage* ist deshalb so zentral, weil der gesellschaftliche Erfolg von individuellen Fähigkeiten, Leistungen und Eigenschaften abhängt. In dem Ausmaß, in dem sie durch Förderung von außen und durch Lernen beeinflusst werden können, können Ungleichheit und Ungerechtigkeit gemindert werden. Sollten aber alle Eigenschaften genetisch festgelegt sein, können Fördermaßnahmen unterbleiben, ebenso wie Appelle an die Anstrengungsbereitschaft.

1.3.1 Anlagen

Anlagen beruhen auf Genen. Sie sind mit der Konzeption jedem Individuum gegeben und nicht veränderbar; sie können sich jedoch über Generationen durch Mutation und Selektion verändern. Vererbt ist, was in der Genstruktur festgelegt ist. Die meisten Merkmale (wie Gewicht, Größe, Haarfarbe, Intelligenz, Persönlichkeitsfaktoren) werden nicht durch einzelne, sondern durch mehrere Gene determiniert. Über 3.000 verschiedene Krankheiten mit anlagebedingtem erhöhtem Erkrankungsrisiko sind bis heute bekannt (Asendorpf & Kandler, 2018, S. 85). Anlagebedingt ist dabei aber lediglich ein erhöhtes Risiko, das je nach Entwicklungsumständen, Umwelt und Lebensführung eintritt. Anlagen sind also kein Schicksal, sondern können durch diese Faktoren am Ausbruch gehindert werden. Man unterscheidet strukturell-genetische und individuell-genetische Faktoren.

Zu den vererbten Anlagen gehören weiterhin die beim Menschen nicht sehr zahlreichen *Instinkte*. Dazu zählen verschiedene angeborene Reflexe des Neugeborenen,

1 Grundlegende Konzepte der Entwicklungspsychologie

die durch Schlüsselreize aus der Umwelt ausgelöst werden. So löst das Berühren von Wange und Lippen beim Neugeborenen den Saugreflex aus. Das Weinen des Kindes ist ein weiterer Schlüsselreiz für den Pflegeinstinkt der Mutter.

Ein Beispiel für einen evolutionär wichtigen Instinkt ist das Verhalten auf das Kindchenschema (▶ Abb. 1.3).

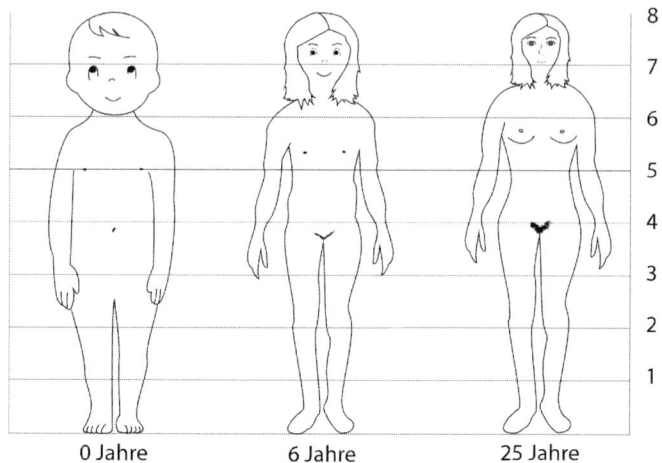

Abb. 1.3: Merkmale des Kindchenschemas des Kleinkindes im Vergleich zu älteren Menschen (angefertigt von Sabrina Hilz in Anlehnung an Schwarzer, 2015a, S. 115)

Das Kindchenschema ist eine Kombination von Merkmalen, die beim Menschen als Auslöser für den Brutpflegetrieb wirkt. Dabei rufen vor allem die Körperproportionen bestimmte instinktive Verhaltensweisen hervor. Zu dem kindlichen Äußeren gehören (nach Julius et al., 2014):

- große Augen
- ein im Verhältnis zum übrigen Körper großer Kopf
- eine kleine Körpergestalt und kurze dicke Extremitäten
- eine hohe vorgewölbte Stirn
- Pausbacken und Patschhändchen

Diese Merkmale des Neugeborenen lösen bereits bei Menschen ab dem Alter von neun Jahren den Beschützerinstinkt aus, der Fürsorgeverhalten zur Folge hat. Das Kindchenschema ist evolutionär gesehen ein sehr altes Signal und für ein Baby überlebensnotwendig, ist es doch aufgrund seiner Hilfsbedürftigkeit in den ersten Lebensmonaten auf die Fürsorge von Erwachsenen angewiesen.

1.3.2 Umwelt

Umweltfaktoren wirken nicht einseitig aktiv auf ein Individuum ein. Auch das Individuum selbst ist aktiv: Es nimmt seine Umwelt wahr, bewertet und deutet sie. In der Art der Interpretation unterscheiden sich Menschen. Objektiv identische Umwelten können daher unterschiedliche Bedeutung für Personen haben, je nach Veranlagung der einzelnen Person.

Beispiel: Umweltwahrnehmung

Dieselbe Umgebung, ein Oldtimermuseum, kann eine an Autos interessierte Person reizen und anregen, eine andere aber zu Tode langweilen.

Die Art der Interaktion kann sich aber auch bei ein und demselben Individuum verändern: Gestern war das Automuseum noch langweilig, als der Lehrer ausführliche Vorträge dazu hielt, morgen ist der gemeinsame Besuch mit einem Freund spannend.

Ein Konzept, welches sowohl von Vererbungs- als auch Lernprozessen ausgeht, ist das bereits vorgestellte Modell der sensiblen Phase (▶ Kap. 1.2.3): Angeborene Kompetenzen kommen demzufolge nur zur Wirkung, wenn die Umweltanregungen zur rechten Zeit erfolgen.

1.3.3 Das Zusammenspiel von Anlage und Umwelt

Es lassen sich drei Arten der lebenslangen Anlage-Umwelt Interaktionen unterscheiden (Montada, Lindenberger & Schneider, 2018, S. 43):

- **Passive Kovariation:** Der Genotyp der Eltern führt zu einer bestimmten Gestaltung des Familienlebens. Diese Umwelt beeinflusst das Leben des Kindes. Auch wenn das Angebot dem Genotyp des Kindes nicht entspricht, kann es sich dem nicht entziehen und wird sich teilweise anpassen.
- **Reaktive Kovariation:** Es liegt eine reaktive Passung zur Umwelt vor, wenn Eltern den Genotyp des Kindes erkennen und auf seine Interessen und Talente eingehen: Das Kind erhält entsprechende Angebote.
- **Aktive Kovariation:** Eine aktive Passung zur Umwelt liegt vor, wenn das Kind selbst aus den Umweltangeboten das auswählt, was seinem Genotyp entspricht.

Beispiel: Zusammenspiel Anlage und Umwelt

Passive Kovariation

Die musikalischen Eltern singen und spielen Musikinstrumente den ganzen Tag lang; dem kann sich das Kind nicht entziehen: Das Kind macht mit.

Reaktive Kovariation

Das sportliche Kind wird im Sportverein angemeldet, das freundliche Kind erhält besonders viel Zuwendung, das wissbegierige Kind erhält zahlreiche Erklärungen.

Aktive Kovariation

Der eingangs vorgestellte Ray Charles sucht sich ein Klavier in einer benachbarten Kneipe und beginnt darauf mit ersten Improvisationen.

Über das Lebensalter hinweg ändert sich die Bedeutung dieser drei Arten der Anlage-Umwelt-Interaktion. Reaktiver und aktiver Einfluss des Kindes gewinnen mit zunehmendem Alter an Bedeutung, weil Autonomie und Mobilität zunehmen. So kann es sich z. B. leichter aus einem problematischen familiären Milieu lösen.

> **Merke!**
>
> Die kontroverse Diskussion, ob eher Anlage- oder eher Umweltfaktoren maßgeblich für die menschliche Entwicklung sind, wird heute in der Entwicklungspsychologie nicht mehr geführt. Vielmehr wird das Zusammenspiel beider Faktoren untersucht, denn Forschungsergebnisse belegen, dass es keine »Einbahnstraße« vom Genom zur Entwicklung des Menschen gibt. Eine Veranlagung muss nicht ausbrechen, sie kann das ganze Leben lang latent bleiben. Oft sind Umwelteinflüsse für den Ausbruch verantwortlich.

1.3.4 Wechselwirkung von Umwelt, Verhalten und Gehirnaktivität

Umwelten können aktiv ausgesucht und gestaltet werden; umgekehrt können aber auch Umweltbedingungen das Verhalten direkt beeinflussen, wodurch sich neuronale Aktivität und vermutlich auch die genetische Aktivität selbst verändern (Asendorpf & Kandler, 2012, S. 165 f.). Deshalb ist die Vorstellung falsch, dass das Genom Entwicklung bewirkt oder ein Programm enthält, das die Entwicklung eines Kindes steuert. Asendorpf und Kandler (a. a. O.) vergleichen das Genom mit einem Text. Dieser Text begrenzt das, was insgesamt gelesen werden kann, legt aber nicht fest, welcher Teil des Textes gelesen wird und zu welchem Zeitpunkt. Außerdem spielt es eine Rolle, welche Textstellen vorher gelesen wurden.

Die Genaktivität variiert im Laufe der Entwicklung. Gene können unter bestimmten Bedingungen »eingeschaltet« und »abgeschaltet« werden. Das wird als Epigenetik bezeichnet. Gene sind demnach dynamische Bausteine, die nicht nach einem unveränderlichen Muster funktionieren. Es ist nachgewiesen, dass die Genaktivierung und -expression von Proteinen auch von Umwelterfahrungen abhängt. Nicht nur Gene, auch Umweltereignisse, Gedanken, Gefühle und Verhaltensweisen erhöhen die neuronale Aktivität und führen dadurch zu vermehrter Ausschüttung von Botenstoffen. Solche Umwelterfahrungen können z. B. Eltern-Kind-Beziehungen sein. Folgende Experimente belegen die Auswirkung von Umwelterfahrungen auf das Gehirn (vgl. Brisch, 2005).

Experimente: Epigenetik

Experiment 1:

Auf experimentellem Weg wurden trächtige Mäuse unter Stress gesetzt. Die Kinder dieser ehemals gestressten Mütter zeigten Veränderungen in den zerebralen Konzentrationen von Dopamin und Glutamat. Wurden nun diese Kinder von anderen, nicht gestressten Mäusemüttern »adoptiert« und aufgezogen, verschwanden diese zerebralen Veränderungen wieder. Die Ergebnisse beweisen die hohe Empfänglichkeit des reifenden Gehirns für Umwelt- und Interaktionserfahrungen. Diese Fähigkeit des Gehirns sich zu verändern, wird als *Plastizität* bezeichnet.

Experiment 2:

Aus einem Wurf genetisch identischer Mäuse wurde eine Teilgruppe entnommen und unter Stress gesetzt, indem man sie täglich 15 Minuten lang von der Mutter trennte und allein in einen Käfig setzte (Stress durch Deprivation). Obwohl sie danach von ihren Müttern intensiv geleckt wurden (Beruhigung durch Pflege), hatten sie im Vergleich zu ihren genetisch identischen Geschwistern einen lebenslang erhöhten Cortisolspiegel (Cortisol = Stresshormon). Bekamen nun diese früh deprivierten Mäuse Kinder, wiesen diese ebenfalls einen erhöhten Cortisolspiegel auf, obwohl sie niemals eine Deprivationserfahrung gemacht hatten. Es wurde also ein *Stressgen*, dass durch die Deprivationserfahrung in der Muttergeneration entstanden war, *vererbt*.

Merke!

Kein Entwicklungsaspekt lässt sich nur auf den Genotyp oder nur auf die Umwelt zurückführen. Umwelt und Anlage können nie die alleinige Ursache für die Entwicklung des Menschen sein. Vielmehr gibt es ein kompliziertes Zusammenspiel beider Faktoren, bei dem mal der eine, mal der andere Faktor dominiert. Dieses komplizierte Wechselspiel zwischen Anlage und Umwelt wird als *dynamisch-interaktionistisches Wechselspiel* bezeichnet.

1.3.5 Anlage und Umwelt am Beispiel Intelligenz

Die Familienforschung konnte Ähnlichkeiten zwischen Familienmitgliedern hinsichtlich ihrer Intelligenz feststellen, was ein Hinweis auf die Vererbbarkeit von Intelligenz ist. Je näher der Verwandtschaftsgrad ist, desto höher ist die Korrelation des Merkmals Intelligenz. Das Problem besteht allerdings darin, Einflüsse von Vererbung und Umwelt zu trennen. Der gleiche *Phänotyp* (Erscheinungsbild) also z. B. ein bestimmter Intelligenzquotient (IQ), kann auf unterschiedliche Weise zustande kommen. Ein durchschnittlicher IQ kann z. B. durch die Kombination einer ausgeprägten Begabung mit einer ungünstigen Umwelt zustande kommen. Er kann aber auch Resultat einer schwachen Begabung kombiniert mit einer optimalen Umgebung sein. Einen Ausweg aus diesem Dilemma bieten *Zwillings- und Adoptionsstudien*.

Eineiige Zwillinge teilen 100 % ihrer Gene, zweieiige Zwillinge nur 50 %. Da eineiige Zwillinge über die gleichen Gene verfügen, führt man beobachtete Unterschiede zwischen ihnen auf Umwelteinflüsse zurück. Bei zweieiigen Zwillingen können Unterschiede auf Umweltbedingungen und auf genetischen Unterschieden beruhen. Wenn die Korrelation eines Merkmals zwischen eineiigen Zwillingen größer ist als bei zweieiigen, schließt man auf das Wirken genetischer Faktoren. Aber auch Umwelteinflüsse können sich auf die beobachteten Ähnlichkeiten von eineiigen und zweieiigen Zwillingen auswirken. Geschwister, die gemeinsam aufwachsen, teilen sich die Umwelteinflüsse wie z. B. den Bildungsstand der Eltern: Ein Faktor, der zur Ähnlichkeit gemeinsam aufwachsender Individuen beiträgt. Nichtgeteilte Umwelteinflüsse bezeichnen Faktoren, die zur Unähnlichkeit von Individuen beitragen. Diese gibt es bei eineiigen Zwillingen auch, z. B. getrennte Freundeskreise oder der Besuch getrennter Schulklassen (Kandler et al., 2019).

Eine weitere Methode sind *Adoptionsstudien*. Dabei wird aus den Unterschieden zwischen den biologischen Eltern und den nicht verwandten Adoptiveltern auf das Ausmaß der Erblichkeit eines Merkmals geschlossen. Durch den Vergleich der Ähnlichkeit zwischen leiblichen Eltern bzw. Geschwistern und dem Untersuchungskind auf der einen Seite mit der zwischen Adoptiveltern bzw. -geschwistern und Untersuchungskind auf der anderen Seite ist es möglich, die Erblichkeit von Verhaltens- und Persönlichkeitsmerkmalen abzuschätzen (Asendorpf, 2011 S. 151 ff.).

Untersuchungen zeigen, dass bei der Geburt adoptierte Kinder in ihren Persönlichkeitsmerkmalen ihrer leiblichen Familie ähnlicher sind und zum Teil sogar mit zunehmendem Alter noch ähnlicher werden als ihrer Adoptivfamilie. Die Adoptionsstudienmethode untersucht auch die Häufigkeit von psychischen Störungen bei adoptierten Nachkommen psychisch gestörter und nicht gestörter Menschen. Durch solche Adoptionsstudien lässt sich etwa die Erblichkeit von Erkrankungen wie der Schizophrenie bestätigen, denn Studien zeigen, dass das Risiko, an Schizophrenie zu erkranken, unabhängig davon ist, ob die Nachkommen betroffener Menschen bei ihren betroffenen Eltern aufwuchsen oder nicht (Hufer et al., 2020).

Bei Adoptionsstudien über die Entwicklung der Intelligenz stellte sich heraus, dass leibliche Geschwister untereinander ähnlicher sind als Geschwister und ihre Adoptivgeschwister. Der Grad an Übereinstimmung bei Intelligenzleistungen ist bei eineiigen Zwillingen sehr hoch und zwar auch dann noch, wenn sie getrennt aufwachsen. Der Anteil der Vererbung wird auf maximal 70–80 % geschätzt. Eine Obergrenze der Intelligenz ist also genetisch festgelegt. Diese Obergrenze zu erreichen, also die 20–30 %, die die Umwelt beiträgt, kann durch intensive Förderung geschehen (Montada, Lindenberger & Schneider, 2018, S. 44). Eine solche kognitive Förderung, die zu einer maximalen Entfaltung des angeborenen Potenzials führen würde, kann dann die Lücke füllen zwischen einem erreichten und einem auf Grund der Vererbung erreichbaren Intelligenzniveaus. Gerade das kann von entscheidender Bedeutung für die Bildungschancen eines Menschen sein.

> **Merke!**
>
> Menschliche Umwelten sollten so gestaltet werden, dass sich möglichst alle Menschen ihren Möglichkeiten gemäß entwickeln können; damit wird den beschriebenen Wechselwirkungen zwischen Umwelt und Anlage Rechnung getragen.

Einen zusammenfassenden Überblick über die bisher diskutierten Modelle zur menschlichen Entwicklung gibt ▶ Tab. 1.1. Die Modelle gewichten die Bedeutung von Individuum und Umwelt für die Entwicklung unterschiedlich. Sie sind als Bausteine zu verstehen, die Entwicklung erklären; sie schließen sich nicht aus, sondern ergänzen sich.

Tab. 1.1: Entwicklungsmodelle: Zusammenspiel von Umwelt und Person (gekürzt nach Faltermaier et al., 2014, S. 110)

Entwicklungsmodell	Person	Umwelt
Reifungsmodell (Anlage)	Aktiv	Passiv
Lerntheorien (Sozialisation durch die Umwelt)	Passiv	Aktiv
Dynamisch-interaktionisches Modell (Umwelt und Anlage: aktiver, dynamischer Austausch)	Aktiv	Aktiv

Sowohl die Lerntheorien (der Mensch wird durch externe Reize bestimmt und bleibt selbst passiv) als auch die Reifungstheorien (der Mensch reift von innen heraus und die Umwelt bleibt passiv) bilden Entwicklung nur teilweise ab.

Das gegenwärtig in der Entwicklungspsychologie vertretene Modell ist das dynamisch-interaktionistische Entwicklungsmodell. Es meint den fortwährenden Prozess gegenseitiger Beeinflussung von Person und Umwelt. Unsere Veranlagung (genetisch) und unsere Persönlichkeit (genetisch und erworben) bestimmen unser Verhalten, das auf die Umwelt wirkt. Die Umwelt verändert sich hierdurch und passt sich dem Verhalten an, worauf wiederum die Person in veränderter Weise reagiert. Sowohl die Person als auch die Umwelt befinden sich durch diesen Prozess in ständiger Veränderung. Das Modell beinhaltet, dass der Mensch seine Entwicklung aktiv mitgestaltet: Er setzt sich Ziele, trifft Entscheidungen und wählt seine Umwelten aus; er steuert sein Leben also (auch) selbst.

Zusammenfassung

Ein zentrales Thema der Entwicklungspsychologie ist die Erforschung des Zusammenspiels von Anlage und Umwelt. Dafür liefert das dynamisch-interaktionistische Modell den theoretischen Rahmen. Es versteht das Individuum sowohl als Produkt von Umwelteinflüssen als auch als handelndes Subjekt, ausgestattet mit seinem Erbgut, das sich aktiv Umwelten aussucht, die zu diesem Erbgut, seinen Anlagen, passen. Auf diese Weise steuert es seine Entwicklung.

Verständnisfragen

- Erläutern Sie die drei Anlage-Umwelt-Interaktionen.
- Der amerikanische Entwicklungspsychologie Lerner (2006) postuliert, dass der Mensch sowohl Produkt als auch Produzent seiner Entwicklung ist. Führen Sie dieses Postulat anhand des bisher Gelernten weiter aus. Überlegen Sie sich ein Beispiel dazu.

1.4 Das Konzept der Entwicklungsaufgaben

Einer Entwicklungspsychologie der Lebensspanne, die die Entwicklung des Menschen von der Zeugung bis zum Tod betrachtet, stellt sich die Frage, wie sie den Lebenslauf strukturiert. Als sinnvolle Vorgehensweise ist das Konzept der Entwicklungsaufgaben anzusehen, das den gesamten Lebenslauf in einzelne Phasen unterteilt, denen sie phasentypische Aufgaben zuordnet.

1.4.1 Was sind Entwicklungsaufgaben?

Die grundlegende Annahme des Entwicklungsaufgaben-Ansatzes ist, dass Menschen aufgrund ihrer körperlichen Entwicklung und der altersspezifischen sozialen Erwartungen in bestimmten Altersphasen mit ähnlichen Herausforderungen konfrontiert werden und zu ähnlichen Bewältigungsstrategien greifen. Im positiven Fall erwerben sie durch die Bewältigung der Entwicklungsaufgaben Kompetenzen; diese befähigen sie dazu, eine stabile und autonome Persönlichkeit aufzubauen und sich gleichzeitig als Mitglied einer Gesellschaft zu etablieren (vgl. Hurrelmann & Quenzel, 2013, S. 38).

Entwicklungsaufgaben als typische Herausforderungen in einer bestimmten Lebensphase werden auch als *kritische Lebensereignisse* bezeichnet. Der Lebenslauf lässt sich nach diesem Konzept als eine Folge solcher Herausforderungen, Belastungen, Übergänge und Wendepunkte strukturieren, die – sofern sie alterstypisch sind und der Norm entsprechen – als Entwicklungsaufgaben bezeichnet werden. Sie sind teilweise *kulturspezifisch* – so besteht z. B. nicht in jedem Land Schulpflicht oder ein gesetzlich festgelegtes Rentenalter – und sie sind *altersabhängig*.

Entwicklungsaufgaben sind in den meisten Fällen *normativ*, weil sie in einer großen Population fast jeden betreffen und an eine Altersstufe gebunden sind. Seltener sind *nicht-normative* Entwicklungsaufgaben, sie sind nicht an den Lebenslauf gebunden. Ein folgenschwerer Unfall, der Verlust der Eltern im Kindesalter, Scheidung oder Arbeitslosigkeit gehören dazu. Die Unterscheidung ist nicht trennscharf, denn Ereignisse wie Scheidung oder Arbeitslosigkeit sind zeitgeschichtlichen und gesellschaftlichen Veränderungen unterworfen und können deshalb von einem seltenen, nicht-normativen Ereignis zu einem häufigen und damit normativen Ereignis werden.

Die Bewältigung der Entwicklungsaufgaben setzt die individuelle Entwicklung in Gang und treibt sie voran. Die einzelnen Entwicklungsaufgaben sind keine isolierten Anforderungen, sondern hängen in mehrfacher Weise miteinander zusammen. Sie bauen auch aufeinander auf, denn die Bewältigung einer Aufgabe ist die Voraussetzung für die Bewältigung weiterer Aufgaben. Wer z. B. im Jugendalter die normative Aufgabe der Loslösung von den Eltern nicht erfolgreich bewältigt, wird im frühen Erwachsenenalter möglicherweise die Aufgabe der Suche nach einer Partnerschaft nicht selbsttätig in Angriff nehmen: Er bleibt an seine Eltern gebunden.

Entwicklungsaufgaben sind häufig Übergänge in neue Lebensphasen wie etwa der Schuleintritt, der Einstieg in den Beruf, der Renteneintritt oder die Geburt des ersten Kindes. Solche Übergangsphasen und ihre Bewältigung stellen »kritische« Ereignisse dar, weil sie Stress erzeugen. Es sind *vulnerable* Phasen, die Energie binden und das Individuum schwächen und die Gefahr, eine psychische Störung zu entwickeln, erhöhen. Wenn zu diesen normativen Aufgaben noch nicht-normative Aufgaben kommen (▶ Beispiel unten), kann es zu einer Überforderung des Individuums kommen.

> **Definition: Vulnerabilität**
>
> *Vulnerabilität* (von lat. vulnus, dt. Wunde) bedeutet eine erhöhte Verletzlichkeit und eine herabgesetzte Widerstandsfähigkeit gegenüber Belastungen. Sie kann ererbt (durch die Gene der Eltern, Vorfahren), angeboren (im Mutterleib oder bei der Geburt erworben) oder erworben sein (durch Umwelteinflüsse nach der Geburt).

Besonders wenn normative und nicht-normative Entwicklungsaufgaben zusammenauftreten, bedarf es konstruktiver Bewältigungsstrategien des Individuums und Hilfestellungen aus der Umwelt, um die vielfältigen Anforderungen zu meistern.

Beispiel: Zusammentreffen normativer und nicht normativer Entwicklungsaufgaben

Bei der 12-jährigen Lisa beginnt die Pubertät (normative Entwicklungsaufgabe), gleichzeitig wird bei ihr jugendlicher Diabetes diagnostiziert (nicht-normative Entwicklungsaufgabe).

Der 10-jährige Jan steht vor dem Übergang von Grundschule zur weiterführenden Schule (normative Entwicklungsaufgabe). Gleichzeitig trennen sich seine Eltern (nicht-normative Entwicklungsaufgabe). Dies löst weitere Entwicklungsaufgaben aus (Verlust des Vaters, Umzug, Verlust des alten Freundeskreises, Aufbau eines neuen Freundeskreises).

Definition: Entwicklungsaufgabe

Unter einer *Entwicklungsaufgabe* werden prototypische Anforderungen oder Lernaufgaben verstanden, die in einer bestimmten Lebensphase zu bewältigen sind. Ihre Bewältigung setzt individuelle Entwicklung in Gang. Neue Orientierungen und der Aufbau von Strukturen werden möglich, sodass das Individuum eine weitere Entwicklungsstufe erreicht.

Die Entwicklungsaufgaben haben ihren Ursprung

- in biologischen Veränderungen (z. B. Pubertät, Klimakterium),
- in gesellschaftlichen und kulturellen Erwartungen (z. B. Eintritt in die Schule, Berufsausbildung, Heirat),
- im Individuum selbst und seinen Lebenszielen (z. B. den Wunsch, Ärztin zu werden, um jeden Preis umzusetzen).

Die Bereiche spiegeln die biologische und soziale Dimension sowie die kognitive und emotionale Dimension, auf denen Entwicklung stattfindet, wider. Das Konzept der Entwicklungsaufgaben ist ein zentrales Konzept, das Individuum und Umwelt verbindet, indem es kulturelle (d. h. normative) Anforderungen mit individuellen Entwicklungsvoraussetzungen in Beziehung setzt. Es räumt zugleich dem Individuum eine aktive Rolle bei der Gestaltung der eigenen Entwicklung ein.

Übung

Wählen Sie sich aus Ihrer eigenen Kindheit oder dem Jugendalter eine Entwicklungsaufgabe aus, die für Sie besonders bedeutsam war, und beschreiben Sie, wie Sie diese gelöst haben.

Beispiel: Entwicklungsaufgaben biologischen Ursprungs

Die zentralen Entwicklungsaufgaben biologischen Ursprungs sind Pubertät, Schwangerschaft, Geburt, Wochenbett, Klimakterium und durch hohes Alter bedingte körperliche Einschränkungen. Es sind stark hormonell gesteuerte Übergangsphasen, die überwiegend das weibliche Geschlecht betreffen. So sinken etwa nach der Geburt die zuvor stark angestiegenen Hormone Östrogen und Progesteron wieder auf ein normales Niveau ab.

Damit einher geht in der Regel eine leichte depressive Verstimmung, die in der Alltagssprache »Heultage« oder »Baby Blues« genannt werden. Ein Zustand, der auf wenige Stunden begrenzt ist. Davon zu unterscheiden ist die Wochenbettdepression oder -psychose, die eine schwerwiegende psychiatrische Erkrankung darstellt. Auch die Pubertät und das Klimakterium gehen mit mehr oder weniger starken Stimmungsschwankungen einher. Man kann davon ausgehen, dass hormonelle Umbrüche sich sowohl direkt auf die psychische Verfassung auswirken als auch von psychosozialen Faktoren (Gefühle der Überforderung, Ausmaß der Partnerschaftszufriedenheit, Unterstützung durch den/die Partner*in und die Familie) abgefedert oder verstärkt werden können (Kühnert, 2007).

1.4.2 Entwicklungsaufgaben-Modelle

Die zwei bekanntesten Modelle stammen von Havighurst und Erikson. Der Amerikaner Robert Havighurst (1976) interviewte Amerikaner*innen unterschiedlicher Altersgruppen zu wichtigen Einschnitten in ihrem Leben und erstellte auf dieser Basis zentrale, allgemeingültige Themen, die er als alterstypische Aufgaben formulierte. Die folgende Auflistung zeigt die von Havighurst formulierten Entwicklungsaufgaben für den gesamten Lebenslauf. Deutsche Forscher*innen konnten die Relevanz der Aufgaben ebenfalls für deutsche Stichproben nachweisen (Dreher & Dreher, 1985). Die Entwicklungsaufgaben wurden im Laufe der Zeit überarbeitet und ergänzt (Hurrelmann & Quenzel, 2013; Fend, 2005; Waters & Sroufe, 1983); die Ergänzungen sind in den nachfolgenden Auflistungen bzw. im Text berücksichtigt.

Das Entwicklungsaufgabenmodell von Erik Erikson weist Parallelen zu Havighursts Konzept auf. Es ist jedoch globaler und weniger konkret in den zu bewältigenden Entwicklungsaufgaben. Für jede Lebensphase gibt Erikson nur eine einzige Aufgabe vor, die er als Entwicklungskrise bezeichnet (Erikson, 1988). Auf beide Modelle wird im weiteren Verlauf Bezug genommen. Die folgenden Entwicklungsaufgaben im Lebenslauf stammen von Havighurst (1976, S. 88ff.). Die Aufgaben des Jugendalters wurden mit den Überarbeitungen von Hurrelmann und Bauer (2018) und Fend (2005) ergänzt.

Alterstypische Entwicklungsaufgaben

Frühe Kindheit (0–6 Jahre)

- Fähigkeit zu laufen
- Fähigkeit, feste Nahrung aufzunehmen
- Fähigkeit zu sprechen
- Fähigkeit, die Ausscheidungsvorgänge zu kontrollieren
- Fähigkeit, Geschlechtsunterschiede wahrzunehmen, und sexuelle Scham
- Bildung von Konzepten und Erlernen sprachlicher Begriffe zur Beschreibung der physischen und sozialen Realität
- Bereitschaft, lesen zu lernen
- Fähigkeit, zwischen Recht und Unrecht zu unterscheiden, und Entwicklung eines Gewissens

Mittlere Kindheit (6–12 Jahre)

- Erlernen von Fähigkeiten, die für normales Spielen nötig sind
- Aufbau einer gesunden Einstellung zur eigenen Person als einem wachsenden Organismus
- Fähigkeit, mit Altersgenossen zurechtzukommen
- Erlernen einer passenden männlichen und weiblichen Rolle
- Entwicklung grundlegender Fertigkeiten im Lesen, Schreiben und Rechnen
- Entwicklung von Konzepten, die für das Verstehen des alltäglichen Lebens notwendig sind
- Weitere Entwicklung von Gewissen, Moral und Wertmaßstäben
- Erreichen persönlicher Unabhängigkeit
- Entwicklung einer Einstellung gegenüber sozialen Gruppen und Institutionen

Adoleszenz (12–18 Jahre)

- Aufbau neuer und reifer Beziehungen zu Gleichaltrigen
- Aufbau intimer Beziehungen zu Gleichaltrigen
- Klärung der Geschlechtsrolle
- Akzeptanz der körperlichen Veränderungen und effektive Nutzung des Körpers
- Emotionale Unabhängigkeit von den Eltern und anderen Erwachsenen
- Erwerb intellektueller Kompetenzen
- Erwerb sozialer Kompetenzen
- Entwicklung eines individuellen Lebensplans
- Verantwortungsvoller Umgang mit Konsum und Freizeit

Frühes Erwachsenenalter (18–35 Jahre)

- Wahl eines Partners/einer Partnerin
- Lernen in einer Liebesbeziehung zu leben
- Gründung einer Familie
- Erziehen von Kindern
- Führen eines Haushalts
- Beginn des Berufslebens
- Verantwortung als Bürger*in übernehmen

Mittleres Erwachsenenalter (ca. 35–65 Jahre)

- Eigene Kinder darin unterstützen, verantwortliche und glückliche Erwachsene zu werden
- Erreichen sozialer und öffentlicher Verantwortung als Erwachsener
- Erreichen und Aufrechterhalten befriedigender Leistungen im Beruf
- Entwicklung angemessener Freizeitaktivitäten
- Pflege der Partnerschaftsbeziehung
- Akzeptanz der und Anpassung an die physiologischen Veränderungen des mittleren Lebensalters
- Anpassung an alte Eltern

Späteres Erwachsenenalter (ab 60 Jahre)

- Anpassung an das Nachlassen der Kräfte und der Gesundheit
- Anpassung an den Ruhestand und ein vermindertes Einkommen
- Anpassung beim Tod der/des Partners*in
- Aufbau einer expliziten Angliederung an die eigene Altersgruppe
- Flexible Annahme und Anpassung der sozialen Rollen
- Aufbau befriedigender Lebensumstände

Eriksons *Acht-Stufen-Modell der Entwicklung* stellt die lebenslange Entwicklung der Identität in den Mittelpunkt. Das lebenslange Suchen und Finden von Identität ist für Erikson das zentrale Thema des Menschen. Eine Identität zu erwerben, im Sinne einer Vorstellung von sich selbst als Person, ist so bedeutsam, weil sie Struktur, Sinn und Handlungshilfe gibt.

Er formuliert für jede Lebensphase ein zentrales Thema, das einen Aspekt der Identität darstellt und einen Gegensatz beinhaltet. Der einzelne Mensch muss eine Balance zwischen diesen gegensätzlichen Polen finden. Dieser Konflikt stellt nach Erikson die Triebfeder für die Entwicklung dar. Erikson bezieht auch die Bezugspersonen und ihren Beitrag zum Gelingen der Aufgabe ein:

1. Säuglingsalter
    - Urvertrauen (▶ Kap. 2.5) gegen Urmisstrauen: »Ich bin, was man mir gibt« (1. Jahr)

2. Frühe Kindheit
   - Autonomie (▶ Kap. 2.4) gegen Scham und Zweifel: »Ich bin, was ich will« (1.–3. Lebensjahr)
3. Kindheit
   - Initiative gegen Schuldgefühl: »Ich bin, was ich mir vorstellen kann zu werden« (3.–5. Lebensjahr)
4. Schulalter
   - Werksinn gegen Minderwertigkeit: »Ich bin, was ich lerne« (6.–12. Lebensjahr).
5. Jugendalter
   - Ich-Identität (▶ Kap. 3.1) gegen Ich-Identitätsdiffusion: »Ich bin, was ich bin« (12.–18. Lebensjahr)
6. Frühes Erwachsenenalter
   - Intimität gegen Isolation: »Wir sind, was wir lieben« (18.–30. Lebensjahr)
7. Mittleres Erwachsenenalter
   - Generativität (▶ Kap. 5.2) gegen Stagnation: »Ich bin, was ich bereit bin zu geben« (30–60. Lebensjahr)
8. Hohes Erwachsenenalter
   - Ich-Integrität (▶ Kap. 6.5) gegen Verzweiflung: »Ich bin, was ich mir angeeignet habe« (ab 60. Lebensjahr)

Die Aufgabe der ersten Phase ist die Entwicklung von Urvertrauen: Ein Grundgefühl, dass die Welt ein sicherer Ort ist und Menschen verlässlich und liebevoll sind. Diese Lebenseinstellung entsteht aufgrund eines liebevollen und zuverlässigen Elternverhaltens. Eine optimistische Lebenseinstellung hat hier ihren Ursprung: Die Zuversicht, dass alles zu einem guten Ende kommt, auch wenn es im Moment noch recht finster aussieht.

In der darauffolgenden Autonomiephase beginnt das Kleinkind, das Wort »Ich« zu benutzen; es versucht, seinen eigenen Willen gegen den der Eltern durchzusetzen. Erste Erprobungen des eigenen Willens äußern sich in dem zu beobachtenden so genannten *Trotzverhalten* und stellen einen wichtigen Schritt in der Persönlichkeitsentwicklung dar. Das Kind lernt mit seinen Aggressionen umzugehen und sich auf angemessene Weise durchzusetzen. Damit findet ein bedeutsamer Fortschritt in der Selbststeuerung statt (▶ Abb. 1.4).

Die Konfrontation mit anderen Personen bedeutet Abgrenzung und das Entstehen von Selbstbestimmtheit: Das Kind beginnt, eine eigene Identität zu entwickeln. Es exploriert in dieser Phase mit großer Aktivität die Umwelt. Es entwickelt ein gutes Selbstwertgefühl, wenn die Eltern es bei seinem Drang, die Welt zu erobern, bestärken. Stellen sie es jedoch bei unweigerlichen Misserfolgen bloß und begrenzen seinen Explorationsdrang, entstehen nach Erikson beim Kind Scham und Zweifel.

In der nächsten Stufe entwickelt das Kind eine männliche oder weibliche Geschlechtsidentität. Das gleichgeschlechtliche Elternteil wird zum Vorbild, das in Fantasiespielen imitiert wird. Eltern sollten sich als Vorbild bereitstellen und das Kind nicht als Konkurrenz betrachten.

Abb. 1.4: Trotzphase (angefertigt von Sabrina Hilz)

In der dann folgenden Grundschulzeit erwirbt das Kind die Kulturtechniken Lesen, Schreiben und Rechnen. Das Ich wird gestärkt durch eigene Leistungen (Werksinn). Falls es entmutigt wird durch Misserfolge, die ihren Ursprung z. B. in einer Lese-Rechtschreib-Schwäche haben können, entsteht ein Minderwertigkeitsgefühl.

Im Jugendalter wird das Identitätsthema besonders aktuell, geht es in dieser Phase doch darum, die bisherigen Erfahrungen zu einer Ich-Identität zusammenzufügen und z. B. Fragen der Geschlechtsidentität, Zukunftsplanung und Berufswahl erfolgreich zu beantworten.

Nur auf der Basis einer gefestigten Identität gelingt im frühen Erwachsenenalter eine intime, vertrauensvolle Beziehung, in der ein Sich-Öffnen und Sich-im-Gegenüber-Verlieren und -Wiederfinden möglich wird.

Das weitere Erwachsenenalter ist von einer Fülle neuer Rollen (Elternrolle, Großelternrolle, Partner*in-sein, Berufskolleg*in-sein) geprägt und schafft somit neue Identitäten wie z. B. die Mutter- oder Vateridentität. Mit dem Konzept der *Generativität* stellt Erikson die Weitergabe von Wissen und Erfahrung an nachfolgende Generationen in den Mittelpunkt dieser Phase.

Im hohen Alter ist das Ziel ein Aussöhnen mit dem bisherigen Leben und eine daraus folgende Lebenszufriedenheit. Andernfalls entsteht Verbitterung.

Man kann davon ausgehen, dass viele Menschen in den westlichen Gesellschaften ähnlich wie soeben beschrieben ihren Lebensweg durchlaufen: Sie gewinnen Selbstvertrauen, das sie benötigen, um sich abzulösen und ihren eigenen Weg zu gehen. Sie erwerben vielfältige Kompetenzen, binden sich an eine Liebesbeziehung und bekommen Kinder. Später werden sie Großeltern und genießen nach einem langen Berufsleben ihren Ruhestand. Kritisch ist aber anzumerken, dass Entwicklungsaufgabenmodelle normativ sind, weil sie davon ausgehen, dass alle Menschen die beschriebenen Stufen durchlaufen. Abgesehen von gravierenden kulturellen Unterschieden unterscheiden sich aber auch Menschen derselben Kultur hinsichtlich ihrer Persönlichkeit und ihrer sozialen und zeitgeschichtlichen Rahmenbedingungen, die Entwicklungsoptionen einschränken. Insbesondere zu Havighursts Zeiten waren alternative Lebensmodelle (z. B. homosexuelle Ehen, homosexuelle Elternschaft, multiple Elternschaft, drittes Geschlecht) weder denkbar noch erlaubt. Deshalb bedarf dieses Modell in einigen Aspekten der Erweiterung.

> **Merke!**
>
> Entwicklungsaufgabenmodelle sind normativ. Sie werden als Maßstab, dem die Norm der Menschen (in der westlichen Welt) folgt, dargestellt. Die westliche Welt ist aber pluralistisch, d. h. sie hält eine Vielzahl an Lebensoptionen speziell für Erwachsene bereit. Singledasein, homosexuelle Elternschaft, Patchworkfamilien und vieles mehr sind gesellschaftlich anerkannte Lebenskonzepte. Auch diese Lebenskonzepte bedürfen der Bewältigung. Ihre Bewältigung ist sogar erheblich anspruchsvoller, weil die Gesellschaft nur wenige Lösungsvorgaben bereithält.

Exkurs: Kulturelle Werthaltungen beeinflussen die individuelle Identität

Eine bedeutende Dimension, in der sich Kulturen unterscheiden, ist die des Individualismus und Kollektivismus.

Die kollektivistische Kultur bewertet die Gruppe höher als das Individuum. Die Aufgabe an das Individuum lautet: »Füge Dich ein und verhalte Dich gemäß unseren Regeln. Unterstütze Deine Gruppe und denk an Dich selbst zuletzt. Bleib bei Deinem sozialen Umfeld und setze Dich für es ein. Zuerst kommt die Gruppe (die Familie), dann erst Du.«

In der individualistischen Kultur zählt das Individuum und dessen Selbstverwirklichung am höchsten. Sie gibt die Aufgabe an das Individuum: »Hebe Dich ab von anderen, sei einzigartig, trenne Dich vom sozialen Umfeld, realisiere Deine Fähigkeiten, verfolge Deine Ziele, verwirkliche Dich selbst« (nach Tesch-Römer & Albert, 2018).

Übung

Reflektieren Sie, welche Werthaltung in Ihrer Herkunftsfamilie vorherrschend war. Galten eher kollektivistische oder individualistische Werte? Sammeln Sie Pro- und Kontra-Argumente für beide Werthaltungen.

Zusammenfassung

Das Konzept der Entwicklungsaufgaben strukturiert den menschlichen Lebenslauf. Entwicklungsaufgaben sind relevante und altersangemessene Aufgaben, die jeweils bestimmten Altersphasen zugeordnet sind; ihre erfolgreiche Bewältigung treibt die individuelle Entwicklung voran und ermöglicht das Eintreten in die nächstfolgende Lebensphase.

Verständnisfragen

- Definieren Sie, was eine »Entwicklungsaufgabe« ist.
- Nennen Sie zwei Entwicklungsaufgaben Ihrer eigenen derzeitigen Lebensphase des frühen Erwachsenenalters und führen Sie diese näher aus.

1.5 Stress und Bewältigung

Eine neue Entwicklungsaufgabe ist eine Herausforderung, die Stress auslösen kann und die bewältigt werden muss. Es müssen Anpassungsstrategien entwickelt werden. Stehen dem Individuum keine hilfreichen Bewältigungsmöglichkeiten zur Verfügung, entsteht weiterer Stress. Dieser wiederum ist ein Risikofaktor für die Gesundheit und für die weitere Entwicklung.

1.5.1 Was ist Stress und was ist Stressbewältigung?

Stress kann einen gewaltigen Einfluss auf unser psychisches und körperliches Wohlbefinden nehmen. So ist nachgewiesen, dass Schicksalsschläge mit einem erhöhten Sterberisiko einhergehen (Morse, Marin & Moshonov, 1991). Dies gilt auch für Naturkatastrophen (Leor, Poole & Kloner, 1996) oder terroristische Anschläge und sogar auch dann, wenn man selbst nicht unmittelbar von diesen Ereignissen betroffen ist (Schlenger et al., 2002). Stress tritt auch in alltäglichen Situationen auf: Das Verpassen des morgendlichen Zuges zur Arbeit kann ebenso Stress auslösen.

Hans Selye (1976), der Vater der Stressforschung, unterscheidet zwischen *Eustress* (positiver Stress), der positive Gefühle hinterlässt, und *Distress* (negativer Stress), der negative Gefühle auslöst. Eustress liegt z. B. vor, wenn man sich freudig auf die eigene große Geburtstags- oder Hochzeitsfeier vorbereitet. Distress liegt z. B. vor, wenn eine geliebte Person an einer schweren Erkrankung leidet. Was als Eustress oder Distress empfunden wird, hängt wesentlich von der eigenen Bewertung ab. Aber nicht nur zahlreiche Faktoren der Umwelt, zu denen auch Armut, Rassismus oder das Wohnen an einer lauten Straße gehören, sind verantwortlich für Stresserleben (Gibbons et al., 2004); auch Persönlichkeitsmerkmale wie eine Neigung zu negativer Stimmung können Stress bewirken.

Das bekannteste *Stress- und Bewältigungskonzept* stammt von Lazarus (1991, 1999). Es ist ein kognitives Modell, weil es nicht die objektive Beschaffenheit der Situation als bedeutsam für die Reaktion der Person ansieht, sondern die subjektive Bewertung der Situation. Menschen unterscheiden sich sowohl in ihrer subjektiven Sichtweise eines Geschehens als auch im erfolgreichen Bearbeiten von problematischen Lebenssituationen. Menschen bewerten ein Ereignis, das sie grundsätzlich als gefährlich einstufen, auf drei Stufen der Bedrohlichkeit, entweder als

- Herausforderung,
- Bedrohung oder
- Verlust bzw. Schaden.

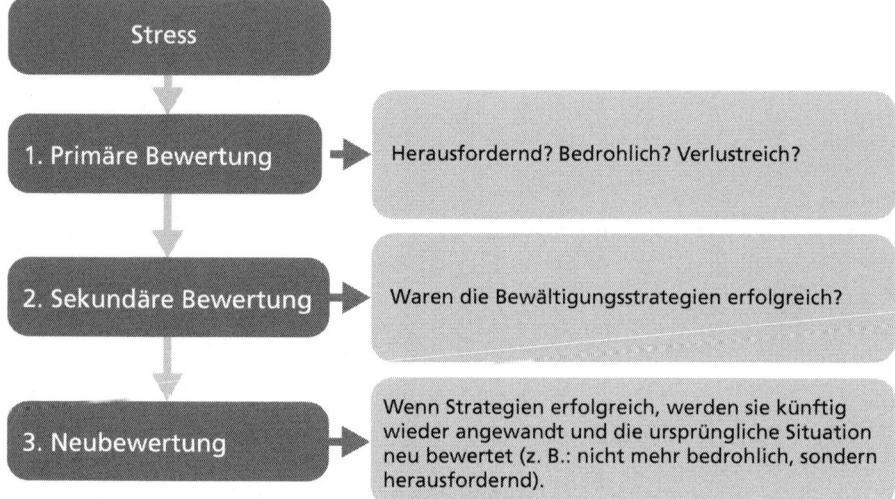

Abb. 1.5: Stressbewältigung nach Lazarus (1991, 1999, eigene Darstellung)

Beispiel: Herausfordernd, bedrohlich oder verlustreich?

Der Auszug aus dem Elternhaus wird von der jungen Erwachsenen Lisa als Herausforderung bewertet. In diesem Fall wird die Folge aktives Handeln sein. Bewertet sie ihn dagegen als bedrohlichen Vorgang, der mit zahlreichen Schwierigkeiten verbunden ist, ist die Folge Angst. Bei der Bewertung des Auszugs als Verlust entsteht Trauer. Je nach Bewertung fallen auch die Bewältigungsstrategien unterschiedlich aus.

Je nach Bewertung erfolgen unterschiedliche Bewältigungsstrategien. In einem zweiten Bewertungsschritt werden die eigenen Ressourcen überprüft: Stehen Strategien zur Verfügung, um die Situation zu bewältigen? Wird die Frage bejaht, werden angemessene Strategien zur Lösung eingesetzt. Wird die Frage verneint, entsteht Stress. Ist die Stressbewältigung erfolgt, kommt es zu einer Neubewertung der Situation: Wenn die Stressbewältigung erfolgreich war, wird die angewendete Strategie als gut bewertet und in der Zukunft bei Stresssituationen häufiger benutzt.

> **Definition: Stress**
>
> Nach dem Stressmodell von Lazarus & Folkman (1984) entsteht *Stress*, wenn die Umwelt Anforderungen an das Individuum stellt, die vom Individuum in Hinblick auf sein Wohlergehen als bedeutsam bewertet werden. Nach Einschätzung des Individuums beanspruchen oder überfordern aber die Anforderungen die eigenen Bewältigungsmöglichkeiten (Lazarus & Folkmann, 1986). In der Folge entstehen negative Gefühle und körperliche Belastungsreaktionen, die als Stress bezeichnet werden.

Was sind überfordernde Situationen?

Überforderungssituationen sind insbesondere

- unkontrollierbare Situationen: Ich erlebe Hilflosigkeit z. B. durch den Verlust des Arbeitsplatzes, den Tod einer nahen Person oder das plötzliche Auftreten einer schweren Krankheit.
- Unvorhersehbarkeit: Ich kann mich innerlich nicht vorbereiten.
- Überlastung: Die Grenzen der Belastungsfähigkeit werden überschritten. Ich muss mehrere Examensklausuren in kurzer Zeit bewältigen. Ich erlebe mehrere Schicksalsschläge in rascher Abfolge.

> **Definition: Bewältigung**
>
> *Bewältigung* ist das Bemühen, mit einer internen oder externen Anforderung, die die Mittel einer Person beanspruchen oder überfordern, fertig zu werden (Lazarus & Folkman, 1984, S. 141).

Lazarus (1991, 1999) unterscheidet drei Arten der Stressbewältigung:

1. *Problemorientiertes Bewältigen:* Das Individuum versucht, durch Informationssuche, direkte Handlungen oder auch durch Unterlassen von Handlungen Problemsituationen zu überwinden oder sich den Gegebenheiten anzupassen. Diese Bewältigungsstrategien sind auf die Situation ausgerichtet und damit problemorientiert.

1 Grundlegende Konzepte der Entwicklungspsychologie

> **Beispiel:**
>
> Die Ärztin teilt dem Patienten mit, dass sein Cholesterinspiegel sehr hoch sei. Der Patient recherchiert anschließend im Internet, was das bedeutet und was man dagegen tun kann. Er geht in die Bücherei und leiht sich entsprechende Bücher aus.

2. *Emotionsorientiertes Bewältigen:* Das emotionsorientierte Bewältigen wird auch »intrapsychisches Bewältigen« genannt. Hierbei wird in erster Linie versucht, die durch die Situation entstandene emotionale Erregung abzubauen, ohne sich mit der Ursache auseinanderzusetzen. Dies kann sich in einer resignativen Haltung oder in einem Gefühlsausbruch äußern.

> **Beispiel:**
>
> Die Mutter bekommt einen Wutanfall, weil ihre Kinder für die Vorbereitung einer Party ihre Küche durcheinandergebracht haben. Sie schimpft laut und knallt vor Ärger das schmutzige Geschirr so heftig in die Spülmaschine, dass zwei Gläser zerbrechen.

3. *Bewertungsorientiertes Bewältigen:* Die Stresssituation wird neu bewertet. Die betroffene Person bewertet ihr Verhältnis zur Umwelt kognitiv neu, um so adäquat damit umzugehen. Das Hauptziel beim bewertungsorientierten Bewältigen liegt darin, der Belastung positive Seiten abzugewinnen und auf diese Weise eine gute Stimmungslage zu gewinnen.

> **Beispiel:**
>
> Die schwerkranke Patientin sagt: »Seit meine Lebenszeit eng begrenzt ist, lebe ich viel intensiver. Ich nehme die Natur, die Vögel, die kleinen Alltagsdinge wahr und freue mich daran. Früher habe ich das alles nicht registriert, ich war immer in Eile und oft unzufrieden. Durch die Krankheit ist mein Leben reicher und schöner geworden.«

Die Psychologie hat zahlreiche *Stress-Präventionstrainings* für unterschiedliche Altersstufen entwickelt (z. B. Lohaus et al., 2017), die auf dem Stresskonzept von Lazarus aufgebaut sind (▶ Exkurs Anti-Stress-Programm).

> **Exkurs: Anti-Stress-Programm für Grundschulkinder**
>
> Hampel und Petermann (2003, S. 29 ff.) entwickelten ein Anti-Stress-Programm für Grundschulkinder, in dem ebenfalls günstige und ungünstige *Bewältigungsstrategien* besprochen werden. Als günstige Strategien (»Stresskiller«) nennen sie u. a.:

- Bagatellisierung (»Alles halb so schlimm.«)
- Ablenkung (»Ich denke an etwas Anderes.«)
- Positive Selbstinstruktion (»Ich mache mir Mut.«)
- Entspannung (»Ich entspanne erst mal.«)
- Suche nach sozialer Unterstützung (»Ich bitte jemanden um Hilfe.«)
- Erholung (»Nach einer Pause geht alles besser.«)

Ungünstige Strategien sind z. B.:

- Vermeidung (»Ich gehe dem Stress lieber aus dem Weg.«)
- Flucht (»Nichts wie weg.«)
- Soziale Abkapselung (»Ich igele mich ein.«)
- Resignation (»Ich schaffe das nie.«)

1.5.2 Wann sind Bewältigungsstrategien hilfreich, wann nicht?

Lazarus und Folkman (1984) bezeichnen einzelne Strategien wie die Informationssuche, die direkte Aktion (d. h. aktives Handeln), das Unterlassen von Handlung, die Suche nach sozialer Unterstützung und intrapsychische, emotionsorientierte Bewältigungsformen wie etwa eine emotionale Distanzierung als nützlich, weil sie Stress reduzieren oder vermeiden. Als ungünstig bewerten die Forscher Verleugnungs- und Vermeidungsstrategien, Gewaltanwendung oder den Gebrauch von Suchtmitteln.

> **Merke!**
>
> Bewältigungsstrategien sind hilfreich, wenn durch sie eine problematische Situation und/oder eine negative emotionale Befindlichkeit erfolgreich verändert wird.
>
> - Wenn Situationen verändert werden können, ist problemorientierte Bewältigung am effektivsten: Handle!
> - Wenn Situationen nicht verändert werden können, ist eine kognitive Neubewertung der Situation sinnvoll: Denke und bewerte positiv!
> - Wenn Menschen sich langanhaltend auf ihre negativen Emotionen konzentrieren, statt problemorientiert oder bewertungsorientiert zu reagieren, kann als Folge eine Depression eintreten: Ärgere Dich nicht (»Shit happens!«).

Insgesamt sind Lazarus und Folkman jedoch zurückhaltend bei der Bewertung von Bewältigungsstrategien nach ihrem Grad der Nützlichkeit. Der Erfolg einer Strategie ist nämlich vom Ereignis und den jeweiligen Ressourcen der einzelnen Person abhängig, weiterhin ist der Nutzen einer Strategie hochgradig situationsabhängig. Ist z. B. eine Situation durch Handeln nicht veränderbar wie etwa die Diagnose einer zum Tode führenden Krankheit oder der Verbleib im Rollstuhl nach einem Unfall, bewährt sich eine kognitive Neubewertung der Situation im Sinne des Hervorhebens positiver Aspekte der verbleibenden Lebenszeit. Es trägt zu einer positiven Stimmung und größerer Lebenszufriedenheit bei und ist deshalb eine günstige Strategie.

Bei der Mitteilung einer schweren Krankheit kann auch die vollständige Verleugnung der Diagnose zunächst günstig sein, nämlich dann, wenn sowohl eigene Ressourcen zur Bewältigung als auch soziale Unterstützung fehlen und beides erst aktiviert werden muss. Verleugnen kann aber auch verhängnisvoll sein, wenn eine Person z. B. Beschwerden lange Zeit verdrängt und kein medizinisches Fachpersonal aufsucht.

Beispiel: Situationsabhängige Bewältigungsstrategie »Verdrängen«

Die Krankenhauspsychologin sucht einen Patienten auf, dem soeben mitgeteilt wurde, dass seine Krebserkrankung inoperabel und damit unheilbar ist, und er nach Hause zum Sterben entlassen werde. Auf ihr vorsichtiges Nachfragen antwortet er in guter Stimmung, dass man bei ihm im Bauchraum zum Glück nichts gefunden habe, er also keiner Behandlung bedürfe, weshalb er baldmöglichst entlassen werde. Die Psychologin akzeptiert die Erklärung und geht. Einige Stunden später schaut sie erneut bei dem Patienten vorbei. Seine Frau sitzt am Bett, sie halten sich an den Händen und weinen.

Erst die Unterstützung durch die Anwesenheit seiner Frau erlaubte es dem Patienten seine *Verdrängung* aufzugeben und seine Trauer zuzulassen.

Übung

Vergegenwärtigen Sie sich eine konkrete Situation aus Ihrer Vergangenheit, die für Sie belastend war. Wie haben Sie diese gelöst? Welche Strategien haben Sie angewandt? Waren sie hilfreich oder würden Sie heute andere wählen?

Berufsbezug

Menschen in Krisensituationen sind häufig zunächst überfordert und wenden deshalb Bewältigungsstrategien an, die nicht erfolgversprechend sind. Ihre Strategien führen dazu, dass sie die Probleme verstärken, statt zu lösen. Je unlösbarer eine Situation erscheint, desto mehr wird sie verdrängt und ausgeblendet. Das trifft auf alle Lebensbereiche zu. So kann eine scheinbar aussichtslose finanzielle Situation mit hohen Schulden und drohender Insolvenz zu Verdrängung führen: Die eintreffende Post, die aus Rechnungen und Mahnungen besteht, bleibt ungeöffnet. Das Problem verschlimmert sich dadurch.

Ungünstige Erziehungsstile sind ebenfalls häufig untaugliche Lösungsversuche. Eltern versuchen z. B. den Jugendlichen, der sich vor ihnen in eine Clique zurückzieht und in der Schule in seinen Leistungen stark absinkt, mit Druck und

Strafen zu beeinflussen. Der Jugendliche reagiert mit Widerstand, darauf reagieren die Eltern mit mehr Druck, es beginnt eine Konfliktspirale, die in der Eskalation mündet. Das Gegenteil einer Lösung ist erreicht, die Eltern suchen schließlich Hilfe bei der Erziehungsberatungsstelle.

Um gemeinsam mit Klient*innen taugliche Lösungsstrategien zu entwickeln, besteht ein erster wesentlicher Schritt darin, die bisherigen Strategien zu erfragen und durchzusprechen. Warum sind sie gescheitert, welche Befürchtungen der Klient*innen sind die Ursache für die Anwendung dieser untauglichen Strategien. Es kann ein Durchspielen neuer Lösungsstrategien folgen: Was passiert schlimmstenfalls, wenn das Problem nicht mehr beiseitegeschoben wird? Im weiteren Verlauf können neue, konstruktive Strategien gemeinsam erarbeitet werden.

Zusammenfassung

Im kognitiven Stress- und Bewältigungskonzept von Lazarus und Folkman ist die individuelle, subjektive Einschätzung eines Erlebnisses als Stress von zentraler Bedeutung. Dasselbe Ereignis wird von unterschiedlichen Menschen als Herausforderung, als Bedrohung oder als Verlust erlebt. Je nach Bewertung unterscheiden sich die darauffolgenden Bewältigungsstrategien. Eine Bewältigungsstrategie ist erfolgreich, wenn sich durch sie eine problematische Situation zum Guten wendet oder wenn sich eine negative Stimmungslage zum Positiven verändert.

Verständnisfragen

- Fassen Sie in wenigen Sätzen die zentralen Aussagen des kognitiven Stress- und Bewältigungsansatzes von Lazarus zusammen. Begründen Sie, warum es ein kognitiver Ansatz ist.
- Was sind die drei Bewältigungsarten einer Stresssituation?
- Warum lassen sich Bewältigungsstrategien nicht einfach als gut oder schlecht bewerten?

1.6 Das Resilienz-Konzept: Risiko- und Schutzfaktoren

Life is not a matter of holding good cards, but of playing a poor hand well.
(R. L. Stevenson)

Bei der erfolgreichen Bewältigung von Stress helfen bestimmte Persönlichkeitseigenschaften wie etwa eine hohe Selbstwirksamkeitserwartung und Verhaltensweisen wie etwa die Bitte um Unterstützung. Das sind Resilienzfaktoren. Sie schützen eine Person in Krisen. Diesen Schutzfaktoren stehen Risikofaktoren gegenüber, die das erfolgreiche Bewältigen einer Krise erschweren. Die psychische Gesundheit einer Person ist von dem Vorhandensein und der Balance der Risiko- und Schutzfaktoren abhängig.

Kenntnisse über Risiko- und Schutzfaktoren sind für die psychologische Arbeit wichtig. Das Wissen um Schutzfaktoren ermöglicht Hilfestellungen aus einem ressourcenorientierten und weniger aus einem defizitorientierten Blickwinkel, den die betroffene Person selbst häufig haben. Die Einschätzung des individuellen Risiko- und Schutzfaktorenprofils ist auch von großer Bedeutung für die Prognose einer problematischen Entwicklung und damit auch für die Anwendung notwendiger psychologischer Interventionen. Für präventive Arbeit ist also ebenfalls die Kenntnis von Risiko- und Schutzfaktoren unerlässlich, denn nur dann ist eine gezielte Förderung möglich.

> **Definition: Risikofaktor und Schutzfaktor**
>
> Ein *Risikofaktor* ist ein Merkmal, das bei dem betroffenen Menschen das Risiko der Entstehung einer Störung erhöht. Damit ist er eine Gefährdung für eine gesunde Entwicklung.
>
> Ein *Schutzfaktor* ist im Gegensatz dazu ein Faktor, der die Entwicklung einer Störung vermindert.
>
> Beide Begriffe sind eng mit dem Konzept der Resilienz verbunden.
>
> **Definition: Resilienz**
>
> *Resilienz* (lat. resilire, dt. abprallen) ist die psychische Widerstandsfähigkeit gegenüber biologischen, psychischen und psychosozialen Entwicklungsrisiken. Resilienz setzt sich aus Merkmalen, die sich im Laufe des Lebens in Interaktion mit der Umwelt entwickeln (u. a. Selbstwert, Selbstwirksamkeit, soziale Kompetenzen) und aus Merkmalen, die weitgehend angeboren oder genetisch bedingt sind (u. a. Talente, Intelligenz, Geschlecht) zusammen. Resilienz ist also ein multidimensionales Konstrukt, welches aus erworbenen und angeborenen Anteilen besteht. Resilienz ist eine dynamische Eigenschaft, die im Laufe des Lebens Veränderungen unterworfen und z. B. in Übergangsphasen schwächer ausgeprägt ist.

1.6.1 Risikofaktoren

Das Risikofaktorenkonzept erforscht krankheitsbegünstigende und entwicklungshemmende Merkmale, die eine gesunde Entwicklung gefährden. Risikofaktoren erhöhen die Auftretenswahrscheinlichkeit einer Störung; sie sind das Gegenstück zu Resilienz- oder Schutzfaktoren. Die Risikoforschung zielt darauf ab, risikoerhöhende Lebensbedingungen in der Entwicklung zu identifizieren. Man unterscheidet angeborene und durch Interaktion mit der Umwelt erworbene Faktoren. Biologische Risiken wie z. B. eine Frühgeburt verlieren mit steigendem Alter an Bedeutung, während psychosoziale Risiken an Bedeutung zunehmen, besonders, weil sie chronisch Einfluss nehmen; das Kind ist ihnen in der Regel jahrelang ausgesetzt.

Folgende Faktoren sind eine Auswahl nachgewiesener bedeutender Risikofaktoren für die Entwicklung (Scheithauer & Petermann, 1999; Laucht, Schmidt & Esser, 2000; Brisch & Hellbrügge, 2015). Familiär bedingte Risikofaktoren sind u. a.:

- Niedriger sozioökonomischer Status
- Niedrige Bildung der Eltern
- Chronische Disharmonie
- Konfliktreiche Trennung/Scheidung
- Alleinerziehender Elternteil
- Alkohol-/Drogenmissbrauch der Eltern
- Kriminalität der Eltern
- Psychische Krankheit der Eltern
- Erziehungsdefizite der Eltern (körperliche Strafen, inkonsistentes Verhalten)
- Soziale Isolation
- Chronisch kranke, behinderte Geschwister
- Traumata wie Missbrauch, Gewalterleben, Naturkatastrophen
- Unsichere Bindung

Individuelle Risikofaktoren sind u. a.:

- Prä-, peri- oder postnatale Faktoren wie Frühgeburt
- Genetische Erkrankungen
- »Schwieriges« Temperament (Schreibaby, impulsiv, ablenkbar)

Etliche Risikofaktoren sind für sich genommen nicht schädigend, sondern begünstigen erst in Kombination mit weiteren Risikofaktoren eine nachteilige Wirkung auf die Entwicklung. So stellt eine Frühgeburt allein nicht unbedingt eine Bedingung für eine spätere Fehlanpassung dar. Erst in Kombination mit einem niedrigen familiären Status, einer alleinerziehenden Mutter, niedriger elterlicher Bildung oder emotionalen Störungen der Eltern steigt das Entwicklungsrisiko (Petermann, Niebank und Scheithauer, 2004, S. 331). Die Kumulation (Anhäufung) von Belastungen kommt aber häufig vor: Das Kind einer alleinerziehenden Mutter ist häufiger von Armut betroffen und Armut ist wiederum ein Risikofaktor, der zahlreiche weitere nach sich zieht. Beim gleichzeitigen Auftreten von vier Risikofaktoren ist die Wahrscheinlichkeit, eine psychische Störung zu entwickeln, zehnmal höher als wenn nur einer auftritt (Wustmann, 2016, S.21).

> **Beispiel: Armut als kumulativer Faktor**
>
> Armut ist kein einheitliches Merkmal, sondern eine Kombination belastender Bedingungen (Petermann, Niebank und Scheithauer, 2004, S. 338). Kinder aus sozial benachteiligten Familien haben ein geringeres Geburtsgewicht und ein geringeres Größenwachstum bedingt durch schlechtere Ernährung und Alkohol- und Nikotinkonsum der Eltern. Es besteht eine erhöhte Wahrscheinlichkeit weiterer widriger Umstände wie niedrige Bildung und ein größeres Risiko von psychischen Störungen der Eltern. Beengte Wohnverhältnisse und eine schlechte Wohngegend mit hoher Arbeitslosigkeit und hoher Kriminalität gehen mit wenig Freizeitmöglichkeiten für die Kinder einher. Niedrige elterliche Bildung wirkt sich negativ auf die Sprachentwicklung und die weitere kognitive Entwicklung des Kindes aus. Armut und Bildungsferne treten häufiger mit einem ungünstigen, d. h. inkonsistenten Erziehungsverhalten auf. Kinder aus armen Familien werden von Lehrkräften negativer wahrgenommen als andere Kinder. An sie werden geringere Leistungserwartungen gestellt.
> Fazit: Armut ist ein kumulativer und multidimensionaler Risikofaktor für die Entwicklung.

Ob ein Risikofaktor die Entwicklung eines Kindes beeinflusst, hängt nicht nur von der Häufung der Risikofaktoren ab, sondern auch davon, ob ein Kind besonders vulnerabel ist (▶ Kap. 1.4.1, Definition: Vulnerabilität). Die Verletzlichkeit ist in Übergangsphasen (z. B. der Übergang vom Kindergarten in die Schule oder der Übergang von einem kindlichen Körper zu einem erwachsenen Körper im Jugendalter) besonders hoch. Je früher Risikofaktoren im Leben auftreten, desto ungünstiger ist ihre Wirkung auf das Entwicklungsergebnis (Scheithauer & Petermann, 1999).

1.6.2 Schutzfaktoren

Die Gegenspieler der Risikofaktoren sind die Schutzfaktoren. Die Gesamtheit der Schutzfaktoren macht die Resilienz eines Menschen aus. Schutzfaktoren vermindern die Entwicklung einer Störung und können ein biologischer (Gesundheit), ein psychologischer (gute Kontaktfähigkeit, ausgeglichenes Temperament) oder ein sozialer Faktor (bildungsnahe Familie) sein.

Resilienz meint die generelle psychische Widerstandskraft gegenüber Belastungen, d. h.:

- eine positive Entwicklung trotz andauernder belastender und ungünstiger Lebensumstände (Bengel et al., 2009, S. 19; Wustmann, 2016, S. 18),
- die Kompetenz, unter akuten Stressbedingungen angemessen zu reagieren
- die schnelle Erholung von traumatischen Erlebnissen (Wustmann, 2016, S. 19).

Das Resilienz Konzept legt den Fokus auf *Ressourcen* und Entwicklungspotenziale, nicht auf Defizite.

Es ist eher selten, dass ein Mensch auf allen Gebieten und in allen Lebenslagen eine hohe Resilienz zeigt, vielmehr ist Resilienz häufig situationsspezifisch: Eine Person hat in bestimmten Lebensbereichen außerordentliche Kompetenzen, in anderen Bereichen zeichnet sie sich jedoch durch gravierende Probleme und Anpassungsschwierigkeiten aus.

Das Resilienz-Konzept beruht im Wesentlichen auf den Forschungsergebnissen von drei großen Studien:

- der Kauai Längsschnittstudie (Werner, 2000, 2008),
- der Mannheimer Risikokinderstudie (Laucht, Schmidt & Esser., 2000) und der
- Bielefelder Invulnerabilitätsstudie (Lösel & Bender, 1999).

Im Folgenden werden exemplarisch die zentralen Ergebnisse der Kauai Studie skizziert: Die bahnbrechende Studie ist zugleich die erste und umfangreichste Studie zum Thema. Erstmals wurden systematisch Risikokinder untersucht, die sich trotz ihrer zahlreichen Risikobedingungen zu kompetenten Erwachsenen entwickelten. Die beiden obengenannten Nachfolgestudien konnten die Ergebnisse bestätigen. Die von Werner ermittelten Merkmale sind inzwischen als bedeutsame Schutzfaktoren anerkannt.

Exkurs: Die Kauai-Studie

Die Kauai-Längsschnittstudie wurde von Emmy Werner auf Hawaii durchgeführt. Sie begleitete wissenschaftlich einen kompletten Geburtsjahrgang (insgesamt 603 Personen) von der Geburt bis zum 40. Lebensjahr. In regelmäßigen Abständen wurden die Teilnehmenden der Studie interviewt und anhand von psychologischen Fragebögen untersucht. Es fanden auch Verhaltensbeobachtungen und Fremdbefragungen (von Lehrkräften, kindermedizinischem Fachpersonal, Sozialarbeiter*innen, Erzieher*innen) statt; außerdem wurden u. a. Informationen von Gerichten, der Polizei und der Gesundheitsbehörde eingeholt.

Die Ergebnisse zeigten, dass 400 Teilnehmende der untersuchten Stichprobe unter durchschnittlichen Bedingungen aufwuchsen und sich unauffällig entwickelten. Die übrigen 203 Personen der Stichprobe waren jedoch ab Beginn ihres Lebens vielfältigen Risikobedingungen ausgesetzt. Dazu zählten chronische Armut, Geburtskomplikationen, geringe Bildung der Eltern, psychische Krankheiten der Eltern und chronische familiäre Disharmonie. Zwei Drittel dieser »Hochrisikokinder« zeigten bereits im Alter von 10 Jahren gravierende Verhaltensauffälligkeiten wie mangelnde Aggressionskontrolle, Lernschwierigkeiten und Suchtverhalten. Das restliche Drittel entwickelte sich jedoch trotz der erheblichen Risikobelastung zu zuversichtlichen, selbstsicheren und leistungsfähigen Erwachsenen. Werner interessierte sich besonders für diese Gruppe der »Widerstandsfähigen« und erforschte, durch welche besonderen Merkmale sie sich auszeichneten. Sie nannte sie die »resilienten« Kinder.

Im Verlauf ihrer Studie konnte Werner bei ihren Teilnehmenden eine Reihe von protektiven Merkmalen identifizieren, die später von Wustmann (2016, S. 115f.) unter Einbeziehung der Ergebnisse weiterer Studien (u. a. Laucht, Schmidt & Esser, 2000; Lösel & Bender, 1999) zusammengestellt und in folgende Kategorien eingeteilt wurden.

> **Definition: Ressourcen**
>
> *Persönliche Ressourcen* sind die Gesamtheit an Wissen, Kenntnissen, Fertigkeiten, Persönlichkeitsmerkmalen und Begabungen, die einer Person als Potenzial zur Verfügung stehen.
>
> *Soziale Ressourcen* umfassen das soziale Netzwerk einer Person, also ihre Beziehungen zur Familie, zu engen Vertrauenspersonen, zum engen und weiten Freundeskreis, Kolleg*innen, zur Nachbarschaft.

Personale Ressourcen

- positive Temperamentseigenschaften, die soziale Unterstützung und Aufmerksamkeit bei den Betreuungspersonen hervorrufen
- intellektuelle Fähigkeiten
- erstgeborenes Kind
- weibliches Geschlecht (in der Kindheit)
- Problemlösungsfähigkeiten
- Selbstwirksamkeitsüberzeugungen
- positives Selbstkonzept/Selbstvertrauen/hohes Selbstwertgefühl
- Fähigkeit zur Selbstregulation
- internale Kontrollüberzeugung
- realistischer Attributionsstil (▶ Kap.1.6.3)
- hohe Sozialkompetenz (Empathie, Kooperations- und Kontaktfähigkeit)
- aktives und flexibles Bewältigungsverhalten
- sicheres Bindungsverhalten
- Lernbegeisterung/schulisches Engagement
- optimistische, zuversichtliche Lebenseinstellung
- Talente, Interessen und Hobbies
- Planungskompetenzen/Zielorientierung
- körperliche Gesundheitsressourcen

Soziale Ressourcen

- Innerhalb der Familie:
  - mindestens eine stabile Bezugsperson, die Vertrauen und Autonomie fördert
  - demokratischer (autoritativer) Erziehungsstil (emotional positives, unterstützendes und strukturierendes Erziehungsverhalten, Feinfühligkeit)

- Zusammenhalt (Kohäsion), Stabilität und konstruktive Kommunikation in der Familie
- enge Geschwisterbindungen
- altersangemessene Verpflichtungen des Kindes im Haushalt
- hohes Bildungsniveau der Eltern
- harmonische Paarbeziehung der Eltern
- unterstützendes familiäres Netzwerk
- hoher sozioökonomischer Status
• In den Bildungsinstitutionen:
  - klare, transparente und konsistente Regeln und Strukturen
  - wertschätzendes Klima (Wärme, Respekt und Akzeptanz)
  - hoher, aber angemessener Leistungsstandard
  - positive Verstärkung der Leistung und Anstrengungsbereitschaft des Kindes
  - positive Peer-Kontakte/Freundschaftsbeziehungen
  - Förderung von Basiskompetenzen (Resilienzfaktoren)
  - Zusammenarbeit mit dem Elternhaus und anderen sozialen Institutionen
• Im weiteren sozialen Umfeld:
  - kompetente und fürsorgliche Erwachsene außerhalb der Familie, die Vertrauen fördern, Sicherheit vermitteln und als positive Rollenmodelle dienen
  - Ressourcen auf kommunaler Ebene (Angebote der Familienbildung, Beratungsstellen usw.)
  - gute Arbeits- und Beschäftigungsmöglichkeiten
  - Vorhandensein prosozialer Rollenmodelle, Normen und Werte in der Gesellschaft

Sind diese Schutzfaktoren das Gegenteil von Risikofaktoren? Teilweise ist das richtig: Eine positive Bezugsperson ist ein Schutzfaktor, das Fehlen einer solchen ein Risikofaktor. Wichtiger ist aber die Erforschung des Zusammenspiels von Risiko- und Schutzfaktoren. Schutzfaktoren sind besonders dann wirksam, wenn ein Risiko vorliegt, sie haben in diesem Fall Pufferfunktion. Risikofaktoren sind auch häufig nur Risikoindikatoren: Sie zeigen an, dass ein Entwicklungsrisiko bestehen könnte. So ist die Scheidung der Eltern nur dann ein Risikofaktor, wenn sie begleitet wird von chronischen Konflikten zwischen den Eltern, in die die Kinder einbezogen werden (Walper & Lux, 2016).

Insbesondere die Schutzfunktion einer stabilen Bezugsperson war nach der Beobachtung von Werner und Smith (1977) von zentraler Bedeutung: Eine einzige verlässliche Beziehung konnte nämlich die weitgehende Abwesenheit schützender Faktoren kompensieren, sie stellte einen der wichtigsten Puffer gegen die Wirkung von Risikofaktoren dar. Eine solche Beziehung konnte auch zu einer Person außerhalb der Familie bestehen, z. B. zu einer Lehrerin, einer Nachbarin oder einem guten Freund. Eine solche Beziehung ist der stabilste Prädiktor für eine resiliente Entwicklung (Fröhlich-Gildhoff, Becker & Fischer, 2020) und deshalb lebenslang von großer Bedeutung, um mit Krisen erfolgreich umzugehen.

Die *Kauai-Studie* zeigte, dass bereits bei Neugeborenen Resilienzfaktoren zum Tragen kommen: Säuglinge, die von ihren Bezugspersonen als pflegeleicht und sozial aufgeschlossen bezeichnet wurden, waren kontaktfreudig, anpassungsfähig, hatten früh einen regelmäßigen Tag-/Nacht-Rhythmus und ließen sich leicht beruhigen. Kinder mit einem solchen »einfachen« *Temperament* lösen bei der Bezugsperson positive Reaktionen aus wie Zuwendung, Aufmerksamkeit und Unterstützung (Fingerle, Freytag & Julius, 1999), wodurch ein positiver Person-Umwelt-Kreislauf in Gang kommt. Im Gegensatz dazu werden Säuglinge mit einem »schwierigen« Temperament als abweisend, leicht irritierbar und schwer zu beruhigen beschrieben (Elsner & Pauen, 2012, S. 170); sie lösen weniger positive Rückmeldungen aus.

Temperamentsfaktoren gelten als relativ stabile Eigenschaften, die in der Entwicklung schon sehr früh sichtbar sind und einen relativ hohen genetischen Anteil haben (Hannover & Greve, 2018, S. 553). Aber Änderungen sind durchaus möglich: Sind die Eltern wenig einfühlsam und herrscht eine disharmonische und unruhige Familiensituation, kann sich ein Säugling mit einem einfachen Temperament zu einem Säugling mit einem schwierigen kindlichen Temperament entwickeln. Weiterhin können ungünstige Anlagefaktoren mit ungünstigen Umweltfaktoren interagieren, sich gegenseitig verstärken und einen Teufelskreis negativer Reaktionen auslösen.

Neben den personalen Ressourcen tragen schützende Bedingungen der familiären Umwelt des Kindes entscheidend zur Entwicklung von Resilienz bei. Werner betont die Bedeutung eines emotional warmen, zugewandten Familienklimas und eines demokratischen Erziehungsstils als wichtige Resilienzfaktoren.

Personenmerkmale wie Talente, Hobbies und Interessen fördern das Selbstwertgefühl bei beiden Geschlechtern, machen eine gute Stimmung und schaffen soziale Beziehungen. Sie schaffen also weitere Resilienz.

Und wie entwickelt sich Resilienz im Lebenslauf?

Im Schulalter zeichneten sich die resilienten Kinder durch ein positives *Selbstkonzept* und besser entwickelte *Problem- und Kommunikationsfähigkeiten* aus (Werner & Smith, 1982, 1992). Sie waren sozial aufgeschlossener, gewannen leichter neue Freund*innen und schafften sich damit eine soziale Ressource. Die Kauai Studie und zahlreiche Nachfolgestudien fanden eine größere soziale Aufgeschlossenheit bei Mädchen im Vergleich zu Jungen, die zur Folge hatte, dass Mädchen sich in Stresssituationen eher Hilfe bei anderen Personen holten. Weiterhin unterscheiden sich die Geschlechter in der Kindheit durch ausgeprägtere körperliche Robustheit und eine geringere Anfälligkeit für psychische Störungen zugunsten der Mädchen. Vom Kleinkindalter bis zum Alter von 13 Jahren werden fast durchgehend höhere Gesamtprävalenzraten (Prävalenz: Krankheitshäufigkeit) bei Jungen gefunden (Ihle et al., 2007), wobei im Grundschulalter diese Geschlechtsunterschiede besonders markant sind. Dies sind Gründe dafür, das weibliche Geschlecht in der Kindheit als einen Resilienzfaktor anzusehen.

Im Jugend- und Erwachsenenalter zeichneten sich die ehemals resilienten Kinder der Kauai Studie durch wahrgenommene *Kontrollüberzeugungen*, eine höhere *Sozialkompetenz* und ein positives *Selbstkonzept* aus. Sie hatten eine optimistische, zuversichtliche Lebenseinstellung und besaßen wirksame Konfliktlösungsstrategien (Werner & Smith, 1982, 1992, 2001).

Insgesamt gelten viele der Schutzfaktoren, die sich im Kindes- und Jugendalter als wirksam herausgestellt haben, auch für das Erwachsenenalter. Die in der Kindheit erworbenen Schutzfaktoren sagen die Anwendung dieser Fähigkeiten im Erwachsenenalter voraus. So ist z. B. das in der Kindheit erworbene Selbstwertgefühl eine über den Lebenslauf wirkende weitgehend stabile Größe. Der Aufbau eines sicheren Bindungsmusters, das durch eine vertrauensvolle Beziehung zu einer Person in der Kindheit entstanden ist, ist ebenfalls eine gute Voraussetzung für stabile soziale Beziehungen im Erwachsenenalter (Simpson et al., 2007). Auch im hohen Alter, wenn massive Funktionseinschränkungen und Verluste in allen Lebensbereichen verarbeitet werden müssen, trägt ein hoher Resilienz-Status, der im früheren Leben erworben wurde, zum Wohlbefinden und zur Lebenszufriedenheit bei.

Resilienz besteht neben eher feststehenden Faktoren (z. B. Kontaktfreude, Intelligenz) aus dynamischen Fähigkeiten, die sich je nach Kontext und Erfahrungen über die Lebensspanne leichter verändern können. Große Belastungen in einem engen Zeitfenster können die vorhandenen Ressourcen überfordern; die sonst ausreichend vorhandene Resilienz ist erschöpft, der betreffende Mensch erkrankt.

> **Berufsbezug**
>
> Die Resilienzforschung liefert bedeutende Informationen für die psychologische und psychotherapeutische Arbeit, weil Resilienzfaktoren gezielt durch Psychotherapie und durch Präventionsprogramme gefördert werden können. Die Resilienzforschung ist ein wichtiger Forschungszweig in der Entwicklungspsychologie. Sie hat dazu beigetragen, benachteiligte Kinder zu entstigmatisieren, weil ungünstige Lebensbedingungen nicht mehr als Schicksal, sondern als veränderbar angesehen werden aufgrund von protektiven Kräften, die jeder Mensch in sich trägt. Weiterhin fördert diese ressourcenorientierte Sichtweise die Entwicklung von Maßnahmen zur Unterstützung und Förderung dieser Resilienzfaktoren.

Der Schutzfaktor »günstiges Bewältigungsverhalten bei Stress« wurde bereits in ▶ Kap. 1.5.1 erläutert. Weiterhin sind *Kontroll-* und *Attributionsstile* sowie *Selbstwirksamkeit* bedeutsame psychologische Konstrukte mit weitreichenden Auswirkungen auf die psychische und physische Gesundheit. Sie werden deshalb im Folgenden ausführlicher erläutert. Auch auf *soziale Unterstützung* wird eingegangen. Über die protektive Bedeutung der Familie erfahren Sie mehr in ▶ Kap. 4.

1.6.3 Selbstwirksamkeit und wahrgenommene Kontrolle

Eine hohe Selbstwirksamkeitserwartung beinhaltet die subjektive Überzeugung, schwierige Aufgaben aufgrund eigener Kompetenzen bewältigen zu können und damit selbst etwas bewirken zu können. Sie ist nicht nur Teil eines hohen Selbstwertgefühls, sondern führt auch zu einem aktivem Bewältigungsverhalten (Julius & Goetze, 2000). In der Auseinandersetzung mit Anforderungen stellen Selbstwirksamkeitserwartungen eine wichtige personale Ressource dar und tragen im Verbund mit sozialen Ressourcen zu einer erfolgreichen Bewältigung bei.

> **Definition: Selbstwirksamkeit**
>
> *Selbstwirksamkeit* ist die Überzeugung, durch eigene Fähigkeiten und Mittel Ziele zu erreichen und Hindernisse auf dem Weg dahin erfolgreich überwinden zu können (Bandura, 1997; Lazarus & Folkman, 1986; Schwarzer, 2000). Diese Überzeugung einer Person bezüglich ihrer eigenen Wirkkraft beeinflusst ihre Wahrnehmung, ihre Motivation und ihre Leistungen. Eine hohe Selbstwirksamkeitserwartung hat positive Auswirkungen auf die eigene Anstrengung, Ausdauer und das Durchhaltevermögen sowie auf ein aktives Bewältigungsverhalten (Schwarzer, 2000). Selbstwirksamkeit und Selbstwert sind Merkmale, die eng miteinander verbunden sind.

Exkurs: Messung von Selbstwirksamkeit

Schwarzer und Jerusalem (1999) entwickelten eine Skala zur Messung von Selbstwirksamkeit. Folgende Items daraus verdeutlichen beispielhaft eine selbstwirksame Einstellung:

- Wenn sich Widerstände auftun, finde ich Mittel und Wege, mich durchzusetzen.
- Die Lösung schwieriger Probleme gelingt mir immer, wenn ich mich darum bemühe.
- Es bereitet mir keine Schwierigkeiten, meine Absichten und Ziele zu verwirklichen.

Menschen mit hoher Selbstwirksamkeit sind optimistisch und selbstvertrauend. Sie bauen sich eher ein soziales Netz auf, sodass sie in Krisenzeiten Unterstützung bekommen. Sie sind ausdauernder bei der Bewältigung von Herausforderungen und neigen weniger zu Depressionen und Ängsten. Selbstwirksame Menschen können Hindernisse eher überwinden und erleiden weniger Rückfälle bei der Umsetzung selbstgesteckter Ziele (Hohmann & Schwarzer, 2009).

Wie fördert man Selbstwirksamkeit?

Die Förderung von Selbstwirksamkeit sollte bereits in der frühen Kindheit beginnen. Sie sollte Teil eines Erziehungsstils sein, der die Stärken und Erfolge betont, nicht die Defizite. Eine gute Methode ist z. B. die Verantwortungsübergabe. Die Eltern geben dem Kind altersangemessene Aufgaben etwa im Haushalt und loben die erfolgreiche Bewältigung. Zahlreiche Präventions- und Interventionsprogramme fördern ebenfalls Selbstwirksamkeit: Man bestimmt gemeinsam Nahziele, die eine Herausforderung darstellen, aber mit gewisser Anstrengung erreichbar sind. Die Erfolge werden der eigenen Anstrengung zugeschrieben. Der Erfolg fördert die Überzeugung, dass sich Anstrengung auszahlt.

> **Übung**
>
> Denken Sie an eine herausfordernde Situation, die Ihnen demnächst bevorsteht. Welche Ressourcen werden Sie zu ihrer Bewältigung nutzen? Welche davon sind personaler Art, welche kommen aus dem sozialen Umfeld?

Kontrollüberzeugung (Attribution)

Eng verbunden mit einem positiven Selbstkonzept und einer hohen Selbstwirksamkeitserwartung ist die wahrgenommene Kontrollierbarkeit einer Situation. Eine *internale Kontrollüberzeugung* (internale Attribution) (Rotter, 1966) ist die Überzeugung, Einfluss auf wichtige Ereignisse in seinem Leben nehmen zu können und damit »Schmied seines eigenen Glücks« zu sein. Sie wirkt sich positiv auf die Bewältigung kritischer Lebensereignisse und die psychische und physische Gesundheit aus (Twenge, Zhang & Im, 2004). Von ihr unterschieden wird die sogenannte externale Kontrolle (externale Attribution), die andere Personen, den Zufall oder das Schicksal für die Ereignisse im Leben verantwortlich macht.

Optimismus

Eine zuversichtliche und hoffnungsvolle Lebenseinstellung ist ebenfalls ein Schutzfaktor und geht einher mit Selbstwirksamkeit und internaler Kontrollüberzeugung. Optimismus als Persönlichkeitsmerkmal hat einen positiven Einfluss auf das Wohlbefinden. Er hängt eng mit anderen positiven Emotionen und mit einem positiven Selbstwert zusammen. Davon abzugrenzen ist ein unrealistischer Optimismus, der dazu führt, Risiken zu unterschätzen und Gefährdungen nicht ernst zu nehmen.

> **Merke!**
>
> Die Persönlichkeitsmerkmale
>
> - hohe Selbstwirksamkeit
> - hoher Selbstwert
> - hohe internale Kontrolle
> - optimistische Lebenseinstellung

bilden ein zusammenhängendes Bündel von Schutzfaktoren. Sie sind eine Ressource, weil sie mit aktivem Verhalten und hilfreichen Stressverarbeitungsstrategien einhergehen.

Beispiel: Traumabewältigung mit Hilfe einer optimistischen Grundeinstellung

Folgendes Beispiel zeigt eindrucksvoll, wie eine optimistische Grundhaltung dabei hilft, das Trauma eines andauernden familiären Missbrauchs erfolgreich zu überstehen.

Fabienne Berg (2014) beschreibt in der Einleitung ihres Buches »Übungsbuch Resilienz: 50 praktische Übungen, die der Seele helfen, vom Trauma zu heilen« ihre eigene optimistische Grundhaltung während eines familiären sexuellen Missbrauchs:

»Als Kind war ich lange Jahre seelischen Belastungen ausgesetzt, und ich war so allein damit, wie man nur allein sein kann. Trotzdem glaubte ich immer an das Gute im Menschen und daran, dass auch in meinem Leben irgendwann alles gut werden würde. Dieser Glaube an ein gutes Ende war zum damaligen Zeitpunkt durch nichts wirklich begründet. Es gab keinen konkreten Hoffnungsschimmer, kein reales Anzeichen dafür, dass all das Schlimme irgendwann zu Ende sein würde. Und trotzdem: Ich blieb dabei. Alles wird gut. Ich war eine neunjährige Optimistin in einer schrecklichen Realität. Heute glaube ich, dass dieser kindliche Gutglaube mir mein Leben gerettet hat« (Berg, 2014, S. 11).

1.6.4 Die Umweltressource »Soziale Unterstützung«

Soziale Unterstützung ist ein wichtiger Resilienzfaktor aus der Umwelt. Bereits das Wissen, dass andere unsere Bedürfnisse erkennen und sie unterstützen, ist hilfreich – besonders in Stresssituationen. Menschen, die eine Unterstützung durch ihre Mitmenschen erfahren, bewältigen ihre Probleme leichter und sind deutlich gesünder als Menschen ohne soziale Unterstützung (Helgeson & Cohen, 1996; Stroebe & Stroebe, 1996).

Soziale Unterstützung hat verschiedene Facetten. Emotionale Unterstützung zeigt sich in Verständnis und liebevollem Zuspruch. Informationssuche und Motivieren können eine hilfreiche und entlastende Wirkung haben. Bei der instrumentellen Unterstützung erfolgt die Unterstützung durch konkrete Maßnahmen wie z. B. durch finanzielle Zuwendung oder Tätigkeiten wie Nachhilfe oder Babysitting. Man kann weiterhin eine Person durch Ratschläge unterstützen und Entscheidungshilfen geben.

Die wichtigsten Unterstützungssysteme sind Liebesbeziehungen, die Ehe und die Familie, weil hier die emotionalen Bindungen besonders stark sind. Sie stellen einen besonders starken Resilienzfaktor im Falle von Krisen dar. Martire et al. (2004) konnten anhand einer Metastudie feststellen, dass Patient*innen, deren Familienmitglieder darin geschult worden waren, wie sie am besten soziale Unterstützung geben können, eine erhöhte Lebenserwartung aufwiesen.

Die Wahrnehmung von Unterstützung ist ein subjektiver Prozess. Die Überzeugung, dass man im Notfall Beistand bekommt, ist für das eigene Wohlbefinden bedeutsamer als die tatsächlich erhaltene Unterstützung.

Präventionsprogramme

In den letzten Jahren wurde eine Vielzahl von Präventionsprogrammen entwickelt, die bei der einzelnen Person ansetzen. Resilienz ist ein multidimensionales Konzept und besteht aus vielen Aspekten. Dementsprechend haben die Programme unterschiedliche Schwerpunkte. So zielt z. B. das Stresspräventionstraining »Bleib locker« (Klein-Heßling & Lohaus, 2015) auf das Erlernen konstruktiver Stressbewältigungsmechanismen, Entspannungstechniken und der Verbesserung des Selbstwertgefühls bei Grundschulkindern. Das Programm »FAUSTLOS« (Cierpka, 2011) verfolgt das Ziel der Gewaltprävention durch Empathieförderung und Steigerung von Impulskontrolle und Konfliktfähigkeit.

Das für Jugendliche konzipierte Programm »Erwachsen werden« (Wilms, 2004) orientiert sich an den Lebenskompetenzen (WHO, 1994) und gibt Hilfestellung bei der Entwicklung sozialer Kompetenzen). Fröhlich-Gildhoff, Becker & Fischer (2019, 2020) beziehen sich mit ihren Präventions- und Resilienzförderprogrammen in Grundschulen und Kindergärten explizit auf das Resilienzkonzept und wollen möglichst breit Aspekte von Resilienz fördern. Ein guter Überblick über entsprechende Präventionsprogramme findet sich bei Bengel et al. (2009).

Zusammenfassung

Die Resilienzforschung hat Schutzfaktoren identifiziert, die den Menschen widerstandsfähiger gegen Belastungen machen. Sie liegen in der Person und in der Umwelt begründet. Große Studien konnten eine Vielzahl von Schutzfaktoren, aber auch von der Gegenseite, den Risikofaktoren, herausfinden. Die Resilienzforschung liefert wichtige Informationen, um im psychologischen Arbeitsfeld Resilienzfaktoren gezielt fördern zu können. Das Resilienzkonzept ist die wissenschaftliche Grundlage für die Entwicklung von passgenauen Präventionsmaßnahmen.

Verständnisfragen

- Definieren Sie den Begriff Resilienz und führen Sie zwei Schutzfaktoren aus der Umwelt näher aus.
- Definieren Sie Selbstwirksamkeit.
- Was ist internale Kontrolle?

2 Frühe Kindheit

Einleitung

Nie mehr entwickelt und verändert sich der Mensch im späteren Leben so stark wie in der frühen Kindheit, speziell in seinem ersten Lebensjahr. Nicht nur die körperliche Veränderung ist enorm: Allein das Körpergewicht verdreifacht sich innerhalb der ersten 12 Lebensmonate. Auch in den kognitiven, emotionalen und sozialen Bereichen vollziehen sich große Fortschritte und es zeigen sich bereits erstaunliche Kompetenzen. Einige dieser Kompetenzen werden im folgenden Kapitel dargestellt (▶ Kap. 2.1.2). Eindrucksvoll ist in dieser Lebensphase auch die Wechselwirkung zwischen Anlage und Umwelt. Deshalb ist diese Lebensphase entwicklungspsychologisch besonders interessant.

Die kognitive Entwicklung nach Piaget ist eine der bedeutsamsten Theorien der Entwicklungspsychologie; sie wird ergänzt um weitere wichtige Meilensteine der kognitiven Entwicklung (▶ Kap. 2.3): Ab wann können sich Kinder in die Gedanken und Gefühle anderer einfühlen und in welchen Schritten verläuft die Sprachentwicklung? Denkprozesse sind nicht zu trennen vom sozial-emotionalen Kontext, der ebenfalls erläutert wird (▶ Kap. 2.4): Emotionen entstehen und finden ihren Ausdruck in Interaktion mit wichtigen anderen Personen. Ein weiterer Meilenstein der emotionalen Entwicklung ist die Entwicklung von Bindung im ersten Lebensjahr (▶ Kap. 2.5): Eine gelungene Bindungsentwicklung stellt eine wichtige Ressource im Leben dar.

Die Bindungstheorie ist eine einflussreiche Theorie. Sie hat Auswirkungen auf wichtige andere Gebiete der Psychologie wie etwa auf die Klinische Psychologie, die Psychotherapie und die Empathieforschung. Sie ist eine sehr gut erforschte Entwicklungstheorie, die Experimente, Testverfahren, Längsschnittstudien und interkulturelle Vergleiche vorweisen kann. Auch aus diesem Grund wird die Bindungstheorie beispielhaft für eine entwicklungspsychologische Theorie der frühen Kindheit vorgestellt.

2.1 Die frühe Kindheit

Die frühe Kindheit umfasst die pränatale Zeit und die ersten zwei bis drei Lebensjahre. Diese Zeitspanne heißt in der englischsprachigen Fachliteratur *Infancy*. Der

Begriff kommt aus dem Spanischen und meint die Zeit des noch sprachlosen Kindes (Rauh, 2008, S. 149).

Jahrhundertelang war das Überleben eines Neugeborenen ein großer Glücksfall. So erreichte z. B. von den 1865 in Berlin geborenen Kindern kaum die Hälfte das fünfte Lebensjahr. Von den 1910 geborenen Kindern verstarben etwa 20 % in den ersten Lebensjahren. Erst mit Fortschritten in der Medizin sank die Säuglingssterblichkeit in den meisten industrialisierten Ländern und liegt in den letzten Jahren unter 1 %. Eingerechnet sind Kinder mit erheblicher Frühgeburt, die bis vor kurzem noch gar keine Überlebenschance gehabt hätten. In den Industrienationen ist damit nicht mehr das Überleben das Problem, sondern die Optimierung von Entwicklung. In weiten Teilen der Welt, in den Entwicklungsländern und in Kriegsregionen, sieht das leider immer noch anders aus.

2.1.1 Vorgeburtliche Phase und Geburt

Wann beginnt menschliche Entwicklung? Mit der Verschmelzung von Ei- und Samenzelle. Deshalb fängt das vorliegende Kapitel mit der Entwicklung im Mutterleib an.

Die Schwangerschaft, also die Zeit von der Konzeption bis zur Geburt, heißt auch *Gestationszeit* und beträgt 40 Wochen. Auf die ersten zwei Lebenswochen, in denen sich die befruchtete Eizelle in die Gebärmutterwand eingenistet hat, folgt das *Embryonalstadium* (von der dritten bis achten Woche). In dieser Zeit entwickeln sich die Körperstrukturen und die inneren Organe. Danach spricht man vom *Fötus*. Das Fötalstadium reicht von der neunten Woche bis zur Geburt. In dieser Zeit macht das Gehirn große Wachstumsschübe, das zentrale Nervensystem differenziert sich, die Organe nehmen ihre Funktionen auf (▶ Abb. 2.1). Jedes Organ und jede Struktur hat eine sensible Phase, in der ihre Entwicklung gestört werden kann (▶ Abb. 2.2). Der Fötus entwickelt motorische Aktivität; er ist früher aktiv als es die Mutter bemerkt, nämlich bereits in der achten Woche. Ab der zehnten Woche berührt er sein Gesicht mit der Hand, ab der 12. Woche räkelt, gähnt und streckt er sich. Ab der 14. Woche zeigt sich ein Zyklus von Wach- und Ruhephasen.

Exkurs: Geschlechtsdifferenzierung

Das Geschlecht eines Kindes wird durch das Sperma des Vaters bestimmt. Ein weiblicher Embryo hat die Geschlechtschromosomenkombination XX, ein männlicher XY. Die geschlechtstypische Ausbildung der Organe und des Gehirns werden durch die Hormone der Mutter und die Hormone, die das Kind selbst produziert, gesteuert. Vom zweiten bis vierten Monat bilden sich die genitalen Geschlechtsmerkmale. Die Hormone haben auch Einfluss auf die Ausbildung der Gehirnstrukturen. Bis zum fünften Monat werden die neuronalen Grundlagen für die Reproduktionsfunktion und die sexuelle Orientierung und bis zum siebten Monat für geschlechtstypisches Verhalten gelegt. Kinder werden nicht geschlechtsneutral geboren. Trotzdem werden Verhalten, Einstellungen, auch das biologische Erscheinungsbild anschließend durch kulturelle Einflüsse, Erziehung und Sozialisation erheblich geformt.

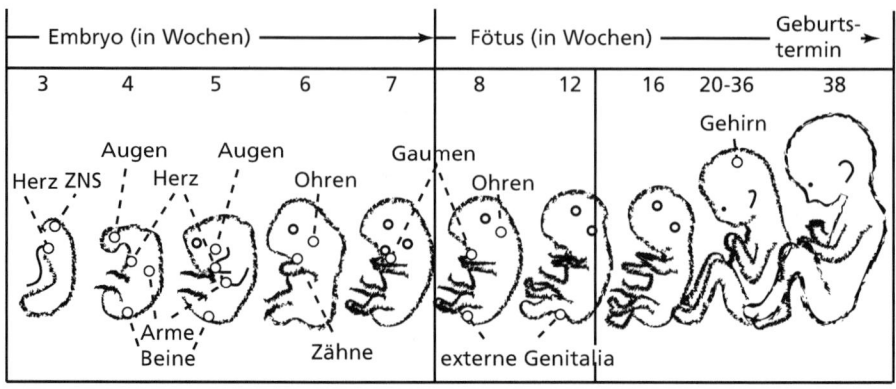

Abb. 2.1: Die pränatale Entwicklung nach Moore & Persaud (1993, S. 5 ff.)

Embryo (in Wochen)					Fötus (in Wochen)				Geburts-termin
3	4	5	6	7	8	12	16	20-36	38
░░░░░░░░					Zentrales Nervensystem				
	░░░░░░░			Herz					
		░░░░░		Arme					
		░░░░░░				Augen			
		░░░░░		Beine					
			░░░░░			Zähne			
			░░░░░			Gaumen			
				░░░░░			externe Genitalia		
			░░░░░░░░			Ohren			
größere strukturelle Abnormalitäten					physiologische Defekte und kleinere strukturelle Abnormalitäten				

░░ hoch sensitiv für schädigende Einflüsse

☐ mäßig sensitiv für schädigende Einflüsse

Abb. 2.2: Die pränatale Entwicklung der Organe und Strukturen (nach Berk, 2011, S.110)

Schädigende pränatale Einflussfaktoren nennt man *Teratogene*. Sie schädigen physisch und psychisch. Folgende Teratogene sind verbreitet:

- Alkohol und Drogen
- Rauchen
- Spezifische Medikamente
- Umweltgifte, Strahlenschäden
- Infektionskrankheiten der Mutter

In der frühen Schwangerschaft schädigen Teratogene Körperstrukturen, d. h. Organe oder Extremitäten. In der späteren Schwangerschaft schädigen die Teratogene nicht mehr die äußeren Strukturen, sondern die körperlichen oder psychischen Funktionen. Die Effekte sind dann z. B. Intelligenzminderungen oder Verhaltensstörungen.

Auch psychischer Stress der Mutter wirkt sich auf den Fötus aus. Eine Reihe von Forschungsergebnissen konnte nachweisen, dass Föten von gestressten Frauen körperlich aktiver waren als Föten von nicht gestressten Frauen (Di Pietro, 2012). Die höhere Aktivität wird vermutlich durch die Hormone Cortisol und Adrenalin bewirkt, die von den Müttern ausgeschüttet werden. Psychischer Stress hinterlässt sogar Spuren im Erbgut, wie Experimente zeigten (▶ Kap. 1.3.4). Dass durch die Umwelt (Mutterleib) Erbgut beeinflusst und verändert werden kann, gehört in den Bereich der *Epigenetik*.

Auch körperliche Zustände der Mutter können sich im Erbgut des Fötus verankern, wie eine Längsschnittstudie (▶ Exkurs) nachweisen konnte (Spork, 2014, S. 129ff.; S. 150ff.).

Exkurs: Hunger hinterlässt Spuren im Erbgut

Während des 2. Weltkriegs, im Oktober 1944, blockierten die Deutschen die Nahrungsmitteltransporte in die Niederlande. Ca. 20.000 Menschen verhungerten. Bis heute begleitet und untersucht die Forschung die Kinder, die im Hungerjahr 1945 geboren wurden. Sie fand heraus, dass diese Kinder im Erwachsenenalter ein anderes Gesundheitsprofil hatten als ihre Geschwister, die keinen Mangel im Mutterleib erlitten hatten. So konnte man feststellen, dass das Diabetesrisiko bei ihnen um 50 % erhöht war sowie ihr Blutdruck und das Übergewichtsrisiko. Welche Erklärung gibt es dafür? Besonders in den ersten Monaten ist der Fötus sehr empfindlich. Schon leichte Irritationen im Stoffwechsel haben lebenslange Auswirkungen auf die Gesundheit. Der im Mutterleib erworbene, auf Hunger eingestellte Stoffwechsel (wenig Zuckerverbrauch) schadet den jetzt erwachsenen Kindern. Sie verbrauchen zu wenig Zucker. Dieser verbleibt im Blut und führt zum Diabetes.

Die Geburt ist ein einschneidendes Ereignis für das Neugeborene, der plötzliche Umgebungswechsel verlangt eine komplizierte Umstellung und Neuanpassung. Er muss selbstständig atmen, Nahrung aufnehmen und verarbeiten, seinen Kreislauf aktivieren und die Körpertemperatur regeln. Unmittelbar nach der Geburt wird diese komplexe Anpassungsleistung des Säuglings untersucht und mit Hilfe des *Apgar-Index* eingeschätzt (▶ Tab. 2.1). Ein Apgar-Testwert ab 7 spiegelt eine gute körperliche Verfassung wider, bei Werten zwischen 4 und 6 braucht das Neugeborene Hilfe in Bezug auf Atmung und andere wichtige Funktionen. Bei einem Wert unter 3 müssen Notfallmaßnahmen eingeleitet werden (Berk, 2011, S. 126).

Tab. 2.1: Kriterien für die Punktevergabe beim Apgar-Index (z. B. in Berk, 2011, S. 127)

Parameter	0 Punkte	1 Punkt	2 Punkte
Herzrate	Kein Herzschlag	Unter 100 Schläge pro Minute	Über 100 Schläge pro Minute
Atmungsaktivität	Keine Atmung	Unregelmäßige, flache Atmung	Regelmäßige Atmung
Reflexauslösbarkeit	Keine	Schwache Reflexe	Starke Reflexe
Muskeltonus	Schlaff	Schwache Bewegung der Extremitäten	Starke Bewegung der Extremitäten
Hautfärbung	Sowohl Körper als auch Extremitäten blau, blass	Körper rosig, Extremitäten blau	Gesamter Körper rosig

Risikokinder sind Kinder mit einer verfrühten Geburt oder einer Risikogeburt. Frühgeborene ab der 24. Woche und einem Gewicht von 500 g können bereits am Leben erhalten werden. Sie haben einen verminderten Apgarwert und Auffälligkeiten nach der Geburt. Die größte Gruppe der Risikokinder sind die Frühgeborenen (5–8 % der Schwangerschaften). Nicht das Überleben, sondern die Minderung von körperlichen und psychischen Folgeerscheinungen stellen bei ihnen das Hauptproblem dar.

Zusammenfassung

Die pränatale Entwicklung kann durch viele Risiken bedroht werden. Teratogene schaden dem Fötus und beeinträchtigen auch die postnatale Entwicklung. Auch Frühgeburtlichkeit ist ein Risikofaktor. Er wiegt aber in der Regel weniger schwer als ein psychosozialer Risikofaktor wie Alkoholismus oder eine psychische Krankheit der Eltern. Diese Einflussfaktoren sind chronisch, während biologische Mängel häufig sehr gut behandelt werden können.

Verständnisfragen

- Was sind Teratogene? Zählen Sie die wesentlichen auf.
- Was bedeutet der Apgar-Index? Was misst er?

2.1.2 Der »kompetente« Säugling

Es erscheint auf den ersten Blick widersprüchlich, ein kleines, hilfloses Wesen, eine »physiologische Frühgeburt« als kompetent zu bezeichnen. Die entwicklungspsychologische Forschung der frühen Kindheit hat aber erstaunliche Befunde darüber erbracht, was Neugeborene bereits können, welche Fertigkeiten und Fähigkeiten sie haben. Diese Befunde sind z. B. von Dornes (1993) in seinem Buch: »Der kompetente Säugling« zusammengetragen worden. Weiterhin beziehen sich die folgenden Ausführungen auf Rauh (2008).

Was kann das Neugeborene?

Die frühkindliche Forschung lässt den Schluss zu, dass Säuglinge mit einer beachtlichen Grundausstattung an Kompetenzen auf die Welt kommen.

Um Säuglinge zu erforschen, benötigt die Säuglingsforschung angemessene Methoden. Es ist nicht einfach, diese zu entwickeln, denn man kann Säuglinge nicht befragen, da sie weder Sprache verstehen noch antworten können.

Wie kann man zum Beispiel herausfinden, ob ein Säugling einen Unterschied zwischen zwei Gesichtern sieht? Man zeigt ihm zwei nebeneinanderliegende Bilder von Gesichtern und misst die *Zeitdauer der visuellen Aufmerksamkeit*. Guckt er eins länger an als das andere, zeigt er eine *visuelle Präferenz*, z. B. für das Gesicht der Mutter im Vergleich zu einem fremden Gesicht. Würde er keins der beiden Gesichter bevorzugen, wäre die Fixierdauer für beide Gesichter ungefähr gleich lang.

Auf diese Weise fanden Macchi, Kuefner, Westlund und Nelson (2004) heraus, dass schon wenige Wochen alte Säuglinge manche Dinge länger betrachten als andere. So fixierten sie eine schwarz-weiß gestreifte Fläche länger als eine graue, auch wenn beide Flächen gleich hell waren. Bereits Neugeborene betrachten ein aufgemaltes, typisch zusammengesetztes Gesicht länger als ein »falsch« aufgemaltes Gesicht (▶ Abb. 2.3). Diese *visuelle Präferenz* erlaubt die Schlussfolgerung, dass die Bevorzugung eines menschlichen Gesichts vor anderen Reizen angeboren ist. Bereits in den ersten Stunden nach der Geburt, bevor sie Seherfahrungen mit Menschen gemacht hatten, konnte man nämlich diese Bevorzugung feststellen.

In der experimentellen Säuglingsforschung ist neben dem Präferenzparadigma auch das *Habitationsparadigma* von Bedeutung. Mit Habituation ist die Gewöhnung an einen Reiz gemeint. Die Reaktion auf einen Reiz wird nach wiederholter Darbietung schwächer und bleibt schließlich ganz aus. Jetzt bietet man einen neuen Reiz an. Reagiert der Säugling darauf mit Zuwendung d. h. mit einer Orientierungsreaktion, weiß man, dass er diesen neuen Reiz als abweichend vom alten Reiz wahrnimmt und ihn also als neu und anders erkennt.

2 Frühe Kindheit

Abb. 2.3: Gesichtspräferenz von Neugeborenen

> **Definition: Visuelle Präferenz und Habituation**
>
> *Visuelle Präferenz:* Ein Reiz wird länger betrachtet als ein anderer.
>
> *Habituation* (Gewöhnung) ist die verminderte Reaktion auf einen wiederholt dargebotenen Reiz. Die erhöhte Reaktion auf einen neuartigen Reiz zeigt, dass zwischen diesem neuen Reiz und dem vertrauten Reiz unterschieden wird. Neuartiges wird in der Regel bevorzugt.

Beispiel: Orientierungsreaktion, Verarbeitung und Habituation eines Reizes

Sieht der Säugling etwas Neues, kommt es zur *Orientierungsreaktion:* Seine Pupillen weiten sich, sein Herzschlag verlangsamt sich, die elektrische Leitfähigkeit der Haut erhöht sich, die periphere Durchblutung verringert sich zugunsten der Hirndurchblutung. Hat er an etwas gesaugt, unterbricht er nun das Saugen. Es folgt die *Verarbeitungsphase*. Die Aufmerksamkeit wird wieder vom Reiz abgezogen, Herzschlag und Atemfrequenz erhöhen sich, das Saugen intensiviert sich wieder, der Reiz wird »verdaut«. Bei Wiederholung der Reizdarbietung wird die Zuwendungsreaktion bereits schwächer, es findet ein Prozess der Gewöhnung statt, die *Habituierung*. Dieser Prozess der Gewöhnung (Habituierung) mündet in den Zustand der Gewöhnung (Habituation).

Die Sinnesorgane des Säuglings

Sehen

Die Sehschärfe ist bei der Geburt des Kindes schlecht entwickelt, verbessert sich jedoch in den ersten sechs bis neun Monaten rasch und erreicht den Wert der Erwachsenen mit ca. 6 Monaten (vgl. Goldstein, 2015; Schwarzer, 2015b).

Säuglinge können auf eine Entfernung von 20–25 cm einigermaßen scharf sehen. Dies ist der Abstand des Gesichts der Mutter beim Stillen. Der Seherfahrungsraum ist also zunächst beschränkt auf das Wesentliche: menschliche Gesichter, die sich in der Nähe befinden. Die Sehschärfe verbessert sich in den ersten sechs Monaten um das 45-fache (▶ Abb. 2.4). Säuglinge folgen bereits einem Stimulus mit Augen und Kopf – wenn auch mit Mühe. Sie können Farben unterscheiden. Die Fähigkeit zur Nachahmung ist schon wenige Tage nach der Geburt vorhanden. So fanden Melzoff und Moore (1977) heraus, dass Neugeborene Gesichtsausdrücke nachahmen können.

   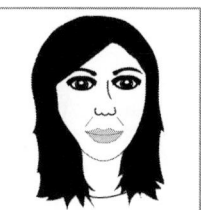

Abb. 2.4: Sehschärfe im ersten Lebensjahr (angefertigt von Sabrina Hilz nach Krist, Kavsek & WIlkeining in Oerter, Montada, 2012, S. 367)

Nach einigen Monaten kann der Säugling auch räumliche Tiefe wahrnehmen. Das fanden Gibson und Walk (1960) mit Hilfe eines erfindungsreichen Experiments heraus. Sie entwickelten eine Vorrichtung, die sie »visuelle Klippe« nannten. Wie in ▶ Abb. 2.5 zu sehen ist, soll der Säugling über eine Tischplatte krabbeln, angelockt von der Mutter, die am anderen Ende steht. Der zweite Teil der Tischplatte besteht aus Plexiglas, unter der sich ein Muster befindet, das einen Abgrund vortäuscht. In dem Experiment krabbelten die 6–14 Monate alten Säuglinge nur bis zur »Klippe«. Auch die Aufforderung der Mutter konnte sie nicht überzeugen, sich auf das (vermeintlich) gefährliche Gelände zu wagen. Sie waren also in der Lage, Tiefe zu erkennen, vor der sie eine angeborene Angst hatten.

Hören

Bereits der Fötus kann hören: Ab der 24. Gestationswoche reagiert er auf Geräusche. Direkt nach der Geburt kann er die Stimme der Mutter von anderen Stimmen unterscheiden. Wie lässt sich das feststellen? In einem einfallsreichen Experiment (DeCasper & Fifer, 1980) ließ man die Mutter und eine fremde Frau auf ein Tonband sprechen. Der Schnuller, an dem vier Tage alte Säuglinge saugten, wurde mit dem Tonband verbunden. Bei einem bestimmten Saugrhythmus der Säuglinge war die Stimme der Mutter zu hören, bei einem anderen die fremde Stimme. Die Babys lernten, dass sie über eine Veränderung des Rhythmus ihres Saugens bestimmen konnten, ob ihnen die Stimme ihrer Mutter oder eine andere Stimme vorgespielt wurde. Für die Hälfte der Säuglinge ertönte die Mutterstimme bei einer Erhöhung, für die andere Hälfte bei einer Erniedrigung der Saugfrequenz. Aus dem Saugverhalten war erkennbar, dass die Säuglinge die Stimme ihrer Mutter bevorzugten:

Abb. 2.5: Die visuelle Klippe

Nach kurzer Zeit saugten sie ausschließlich die bekannte Stimme »herbei«. Das Gleiche galt für die Stimme der Väter. Neugeborene bevorzugen also aus dem Mutterleib bekannte akustische Wahrnehmungen. Das Experiment zeigt auch, dass Säuglinge operant lernen können und fähig sind zum Diskriminationslernen. *Operant lernen* bedeutet, dass ein Verhalten, welches belohnt wird (hier: durch Herbeisaugen ertönt die vertraute Stimme), häufiger ausgeübt wird. *Diskriminationslernen* bedeutet, dass man unwichtige Reize (fremde Stimme) von wichtigen Reizen (vertraute Stimme) unterscheiden kann.

Nicht nur Sehen und Hören sind bedeutsame Kompetenzen. Neugeborene erhalten auch über Riechen, Schmecken und Hautberührung wichtige Informationen über die Umwelt.

Exkurs: Frühes Ursache-Wirkungsdenken

Die Forscherin Carolyn Rovee-Collier (1997) wollte herausfinden, inwieweit man bei Neugeborenen operantes Lernen bewirken kann. Bei ihrem Experiment wird einem Säugling ein Band um den Fuß geschlungen, welches mit einem Mobile, das über dem Bett hängt, verbunden ist. Fängt der Säugling an zu strampeln, ein Verhalten, das er aus Bewegungsdrang und Funktionslust oft ausübt, fängt das Mobile an, sich zu bewegen. Bereits im Alter von zwei Monaten lernt der Säugling binnen weniger Minuten den Zusammenhang von Strampeln und Mobilebewegung und steigert die Quote des Strampelns absichtlich und mit großer Freude.

2.1 Die frühe Kindheit

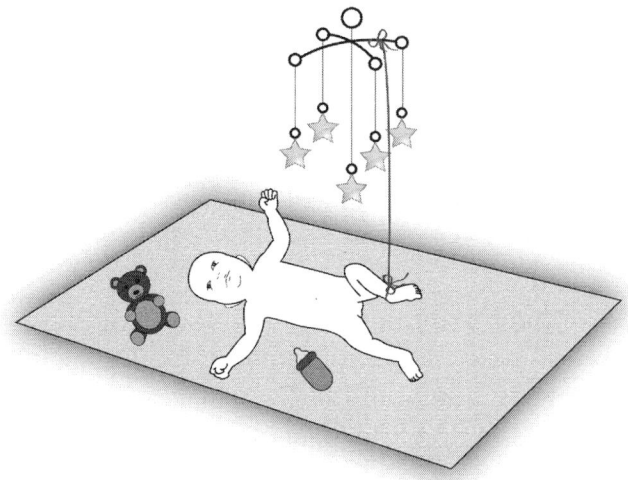

Abb. 2.6: Der Säugling lernt den Zusammenhang zwischen eigenem Handeln und äußerem Geschehen: erstes Ursache-Wirkungsdenken

Riechen

Wie stellt man fest, ob Neugeborene verschiedene Gerüche unterscheiden können? Man hält dem Säugling einen riechenden Wattebausch unter die Nase und beobachtet den Gesichtsausdruck und die Änderung der Atemfrequenz. Zeigt der Säugling Abwehr- oder Annäherungsreaktionen?

Bereits Neugeborene differenzieren zwischen verschiedenen Gerüchen. Sie zeigen einen positiven Gesichtsausdruck bei Vanille-, Erdbeer- und Bananengeruch und einen negativen Gesichtsausdruck bei dem Geruch von faulen Eiern und Fisch (Steiner, 1979). Gegen Ende der ersten Lebenswoche können Babys den Brustgeruch ihrer Mutter von dem Brustgeruch anderer Frauen unterscheiden. Mit zwei Wochen können sie zwischen dem Brustgeruch stillender und nicht-stillender fremder Mütter unterscheiden. Sie zeigen unterschiedlich lange Orientierungsreaktionen auf den Unterarmgeruch des Vaters und der Mutter. (Das trifft nur auf gestillte Babys zu.) Alles deutet also darauf hin, dass Neugeborene schon sehr früh ihre engste Bezugsperson allein über den Geruchssinn erkennen können.

Geschmackswahrnehmung

Der Geschmackssinn ist ab der Geburt vorhanden. Schon zwei Stunden nach der Geburt fand man bei Neugeborenen unterschiedliche Gesichtsausdrücke bei süß, sauer, salzig und bitter (Rosenstein & Oster, 1988).

Hautsinn

Der Hautsinn ist nach der Geburt ausgeprägt vorhanden (Lecanuet & Jacquet, 2002). Der Säugling ist ein »Tragling«; wenn er hochgehoben wird, nimmt er reflexartig eine Position ein, die ihm sicheren Halt auf der Hüfte der Mutter ermöglicht. Beim Getragenwerden sind mehrere Sinne stimuliert: Der Gleichgewichtssinn wird angeregt, der Hautsinn, das Sehen und Hören. Der ständige Hautkontakt mit der tragenden Person nützt nicht nur dem Körperbewusstsein und der Sensibilität für taktile Reize, sondern schafft auch Nähe und Vertrauen und unterstützt auf diese Weise den Aufbau einer sicheren Bindung zur Bezugsperson. Bereits der junge Fötus reagiert auf die Berührung des Bauches der Mutter (a. a. O.). Er macht intrauterin schon Erfahrungen mit der begrenzenden Wand der Gebärmutter und mit den eigenen Gliedmaßen.

> **Übung**
>
> Überlegen Sie sich ein Experiment, wie Sie das Riechvermögen oder das Hörvermögen eines Säuglings testen können, und führen Sie es an einem Säugling in Ihrem Umfeld mit Einverständnis der Eltern durch. Können Sie eine Orientierungsreaktion, eine Verarbeitung und eine Habituation beobachten?

Reflexe

Säuglinge kommen mit einer Anzahl von Reflexen auf die Welt (▶ Abb. 2.7).

> **Definition: Reflexe**
>
> *Reflexe* sind angeborene festgefügte Handlungsmuster. Sie treten als Reaktion auf eine bestimmte Stimulation auf.

Die Reflexe dienen der ersten Anpassung des Säuglings an seine Umgebung. Sie sind die Basis für die motorische Entwicklung. Außerdem sichern sie das Überleben, wie etwa der *Saugreflex* deutlich zeigt. Er wird ausgelöst, sobald sich die Brust oder die Flasche dem Mund des Säuglings nähert oder wenn man den Säugling an der Backe berührt. Der *Greifreflex* wird ausgelöst, sobald man die Innenfläche der Hand des Säuglings berührt. Er umfasst daraufhin den berührenden Gegenstand und hält sich dabei so fest, dass er sogar sein eigenes Gewicht halten kann. Der *Schreitreflex* wird ausgelöst, wenn man den Säugling so hält, dass seine Füße eine Fläche berühren. Der *Schwimmreflex* wird im Wasser ausgelöst. Der *Moroschreckreflex* ist ein Zeichen des Erschreckens des Säuglings. Er breitet die Arme aus und schließt sie wieder. Man geht davon aus, dass dies ursprünglich dem Anklammern an die Mutter diente.

Ein Teil der Reflexe verschwindet nach wenigen Monaten wieder und wird dann durch aktiv gesteuerte Verhaltensweisen ersetzt. Andere Reflexe bleiben erhalten wie

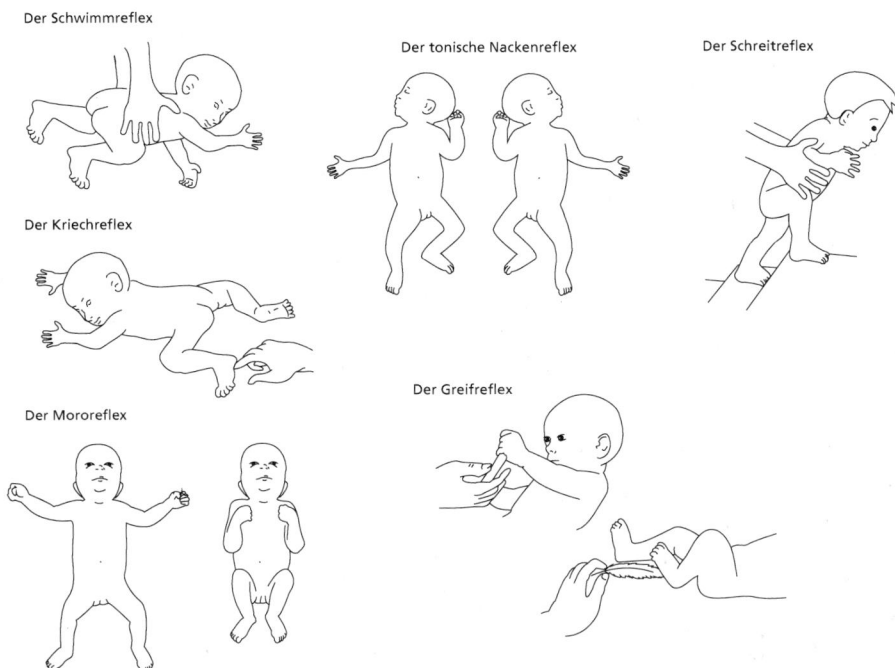

Abb. 2.7: Auswahl an Reflexen (in Anlehnung an Cratty, 1986, S. 11 ff.)

etwa der *Rückziehreflex* bei schmerzhafter Berührung oder der *Blinzelreflex* bei hellen Lichtreizen.

2.1.3 Welche »Aufgaben« hat das Neugeborene?

Dem Neugeborenen stellen sich biologisch gesehen zwei wichtige Herausforderungen: Es muss wachsen und es muss das Gehirn entwickeln.

Wachsen

Das *Wachsen* geschieht durch eine intensive Kalorienzufuhr und möglichst wenig Energieverlust, d. h. durch viel Schlaf. Die Nahrungsaufnahme geschieht durch *Saugen*.

Experimente konnten zeigen, dass das Saugen beruhigt: Gibt man Säuglingen nur einen Schnuller, also keine Nahrung, dann beruhigt sie bereits das motorische Saugen. Gibt man ihnen Zucker auf die Zunge, beruhigen sie sich ebenfalls. Süßer Geschmack beruhigt also und hebt die Schmerzschwelle. Muttermilch hat einen süßen Geschmack. Die Bevorzugung von süßem Geschmack ist angeboren (Rauh, 2008). Aus Tierversuchen weiß man, dass süßer Geschmack im Gehirn Opioide auslöst, die ihrerseits eine schmerzstillende und beruhigende Wirkung haben. Während der süße Geschmack – opioid vermittelt – längerfristig beruhigt, ohne müde zu machen, wirkt später der Nahrungsgehalt der Milch über den Verdauungsprozess ermüdend und führt zum Schlaf (a. a. O.).

Bei der *Stillsituation* kommen diese verschiedenen Komponenten zusammen: Der Körperkontakt zur Mutter stabilisiert die eigene Temperatur. Die Körperposition (der Mutter zugewandt) schließt andere Stimulusquellen aus und lenkt den Blick auf die Mutter. Das Saugen beruhigt und der Säugling beginnt, sich für die Quelle der Beruhigung zu interessieren: Er schaut in das Gesicht der Mutter. Schon nach drei Tagen unterscheidet er das Gesicht der Mutter von einer Fremden (a. a. O.).

Der Gegenimpuls zum Saugen ist das *Schreien*. Durch Schreien drücken Säuglinge ihr Unbehagen aus, es ist die erste Art des Babys zu kommunizieren. Es braucht Nahrung, Trost oder Stimulierung. Die Umstellung vom intrauterinen (innerhalb der Gebärmutter) zum extrauterinen (außerhalb der Gebärmutter) Leben gelingt Säuglingen unterschiedlich gut. Manche haben starke Koliken oder eine Milch- oder Windelallergie. Andere finden schwer in den Schlaf oder schlafen nur kurze zeitliche Sequenzen. Sie schreien dann aus Übermüdung. Mangelnde Anregung ebenso wie eine Überstimulierung durch Reize können auch Anlass zum Schreien sein.

Bereits bei Säuglingen zeigen große Unterschiede in der Häufigkeit und Intensität des Schreiens. Sogenannte *Schreikinder* schreien mehrere Stunden am Tag und sind kaum zu beruhigen. Sie werden als irritabel bezeichnet. Das für Eltern sehr belastende Verhalten tritt gehäuft bei Risikokindern (▶ Kap. 1.6.2) auf und bei Kindern, die später eine *Aufmerksamkeits-Defizit-Hyperaktivitäts-Störung* (ADHS) entwickeln.

Abb. 2.8: Unstillbares Schreien erfordert hohe elterliche Kompetenzen (angefertigt von Sabrina Hilz)

Exkurs: Wie beruhigt man ein schreiendes Baby?

Die üblichen, über alle Kulturen hinweg intuitiv eingesetzten Hilfsmittel zur Beruhigung sind Schaukeln, Wiegen, auf dem-Arm-Herumtragen, beruhigende-Lieder-Singen, Schnuller-Geben. Die Stimulation sollte zwar kontinuierlich, aber nur mäßig stark sein. Eine Kombination aller dieser Mittel hilft am besten, den Stress des Säuglings zu reduzieren (Siegler et al., 2016a, S. 64).

Die Entwicklung des Gehirns

Wie bereits beschrieben, ist der Säugling ab der Geburt mit Lernen beschäftigt. Er kann neue von bekannten Reizen unterscheiden, er reagiert auf positive Reaktionen auf sein Verhalten mit häufigerem Ausüben dieses Verhaltens. Er ahmt nach. Zur Weiterentwicklung des Gehirns bedarf es Phasen der Aufmerksamkeit, in denen der Säugling die Möglichkeit hat, wahrzunehmen und zu lernen.

Exkurs: Das Gehirn

Das Gehirn hat ein mittleres Gewicht von 1.200 g bei Frauen und 1.300 g bei Männern. Das Gehirn besteht aus 100 Milliarden Nervenzellen (Neuronen), die über 100 Billionen Synapsen (Kontaktstellen) mit anderen Neuronen haben. Die Kommunikation zwischen den Neuronen erfolgt durch den Austausch von Neurotransmittern (z. B. Dopamin, Adrenalin, Serotonin) bzw. von Ionen. Dafür benötigt man viel Energie: bei Erwachsenen etwa 18 % des täglichen Kalorienbedarfs, bei Kleinkindern 50 %. Das Gehirn verbraucht ebenfalls Sauerstoff.

Was geschieht beim Lernen im Gehirn?

Ununterbrochen strömen interne Eindrücke und externe Wahrnehmungen aus dem Körper und über die Sinne zum Gehirn. Die Impulse werden in Einzelteile zerlegt und in spezialisierten Regionen des Gehirns verarbeitet. Daran ist auch das Gedächtnis beteiligt: Es erkennt und wiedererkennt Gleiches. Das Gehirn sortiert die Reize, indem es Kategorien bildet und Ereignisse in sinnvolle Sequenzen ordnet. Neuerlerntes wird zu bereits abgespeichertem Wissen sortiert. Eindrücke werden leichter behalten, wenn sie mit Emotionen verknüpft sind, wenn sie interessant und neuartig sind. Treten wiederholt ähnliche Eindrücke auf, schleifen sich bestimmte Bahnen ein. Die entlang dieser Bahnen liegenden Neuronen werden über die Jahre immer größer und bilden immer mehr Abzweigungen zu anderen Nervenzellen. Aufgrund dieser Prozesse werden die Neuronen immer schneller und effizienter.

Weiterhin wird das Gehirn auf eine bestimmte Weise organisiert und zwar je nachdem, welche Nervenbahnen besonders oft aktiviert werden. Bei Taxifahrer*innen ist z. B. die Gehirnregion für das Ortsgedächtnis größer als bei anderen Menschen. Bei kleinen Kindern ist die Gehirnstruktur noch sehr prägbar.

Ein Neugeborenes hat so viele Neuronen wie ein Erwachsener, sie sind aber noch klein und kaum vernetzt. In den ersten drei Lebensjahren nimmt die Zahl der

Synapsen zunächst zu, im Jugendalter ist aber die Hälfte der Synapsen bereits wieder abgebaut. Es ist dann die für Erwachsene typische Zahl von 100 Billionen erreicht. Die doppelt so hohe Anzahl der Synapsen bei Säuglingen und Kleinkindern ist ein Ausdruck der hohen Lernfähigkeit des Kleinkindes. Das Neugeborene ist durch seine große Synapsenanzahl offen für unterschiedliche Milieus und Kulturen. Die Überproduktion von Synapsen in den ersten Lebensjahren ermöglicht das schnelle Erlernen ganz unterschiedlicher Verhaltensweisen, Sprachen und Lebensstile. Das Neugeborene könnte also in indigenen Gemeinschaften, die im Dschungel leben, oder in einer hoch technisierten Wissensgesellschaft aufwachsen.

Ein großer Teil der weiteren Gehirnentwicklung besteht dann darin, die für seine spezielle Lebenswelt nicht relevanten Synapsen abzubauen und die benötigten Bahnen zwischen Neuronen zu intensivieren. So bestimmt also die Umwelt, das in ihr Erfahrene und Gelernte, zu einem großen Teil die Struktur des Gehirns. Diese Entwicklung setzt sich bis zum Tod des Menschen fort: Nicht benötigte Synapsen werden eliminiert, häufig benutzte Synapsen verstärkt und neue Synapsen bis ins hohe Alter aufgebaut.

Entwicklungsfenster der Gehirnentwicklung

Die Überproduktion bzw. Selektion von Synapsen erfolgt in verschiedenen Gehirnregionen zu unterschiedlichen Zeitpunkten mit unterschiedlicher Geschwindigkeit und Intensität. Zum Beispiel ist in den Hinterhauptlappen, die für visuelle Wahrnehmung zuständig sind, die höchste Dichte an Synapsen in den ersten Lebensmonaten erreicht. In diesem Entwicklungsfenster (▶ Kap. 1.2.3) ist das Gehirn für bestimmte Lernerfahrungen besonders empfänglich. Dann werden die relevanten Synapsen ausgewählt und miteinander verknüpft, also die entsprechenden Regionen des Gehirns strukturiert. Wird diese Periode verpasst, kann das Kind dieselbe Leistung zu einem späteren Zeitpunkt nicht mehr erreichen. Zum Beispiel kann das Baby schon alle Laute jeder Sprache dieser Welt unterscheiden, das Kleinkind kann alle Laute korrekt nachsprechen. Innerhalb weniger Jahre werden aber die Synapsen, die diese Leistungen, die eine muttersprachliche Aussprache ermöglichen, eliminiert. Ab dem zehnten Lebensjahr werden nicht benutzte Synapsen entfernt, andere dagegen ausgebaut.

> **Merke!**
>
> Das Prinzip des »Use it or lose it« besteht bereits ab der Geburt, gewinnt aber ab dem zehnten Lebensjahr an Bedeutung: Es bedeutet, dass unbenutzte Synapsen eliminiert und häufig benutzte Synapsen ausgebaut werden. Je vielfältiger und breiter die in der Kindheit ausgeprägte Struktur des Gehirns ist, umso mehr Bereiche gibt es, in denen der Erwachsene später Fortschritte machen kann. Diese Erkenntnisse heben die Bedeutung der frühkindlichen Förderung hervor.

Zusammenfassung

Das Neugeborene kommt mit zahlreichen Kompetenzen auf die Welt: Die Sinnesorgane sind ausgebildet und es zeigt zahlreiche Reflexe. Auch einfache Lernprozesse wie Habituation, Diskrimination von Reizen und Nachahmung sind schon kurze Zeit nach der Geburt möglich. Es kann bereits einfache Ursache-Wirkungszusammenhänge erkennen. Das Neugeborene muss im ersten Lebensjahr wachsen (es verdreifacht sein Körpergewicht) und es muss lernen. Lernen bedeutet die Verknüpfung von Synapsen. Das Gehirn produziert ein Übermaß an Synapsen, die eine Anpassung an unterschiedliche Umwelten ermöglichen. Später werden die überflüssigen Synapsen eliminiert.

Verständnisfragen

- Warum spricht man vom »kompetenten« Säugling? Nennen Sie drei Kompetenzen und führen Sie diese näher aus.
- Erläutern Sie ein Experiment, das Aufschluss über Fähigkeiten des Neugeborenen gibt (z. B. visuelle Klippe, das Erkennen der mütterlichen Stimme oder Mobilebewegung durch Strampeln).
- Was bedeutet das Prinzip »Use ist or lose ist« im Zusammenhang mit der Gehirnentwicklung?

2.2 Die kognitive Entwicklung nach Piaget

Im vorhergehenden Kapitel haben Sie bereits einfache Denkprozesse, zu denen Säuglinge fähig sind, kennengelernt. Im Folgenden wird Ihnen eine einflussreiche entwicklungspsychologische Theorie, die Theorie der kognitiven Entwicklung von Piaget vorgestellt. Sie steht exemplarisch für ein Modell der kognitiven Entwicklung und gibt darüber hinaus Einblicke in Grundfragen der Entwicklungspsychologie: Sie geht von einem aktiven Kind aus und behandelt Fragen der Kontinuität bzw. Diskontinuität von Entwicklung. Auch der Frage, welchen Anteil die Anlage und welchen die Umwelt hat, geht die Theorie nach. Die folgende Darstellung beruht auf den Ausführungen von Piaget (Piaget, 1966; Piaget & Inhelder, 1977; Piaget, 1994; Piaget, 2009; Piaget, 2017).

2.2.1 Die zentralen Annahmen der Theorie

Der Schweizer Psychologe Jean Piaget (1896–1980) gilt neben Sigmund Freud und Burrhus F. Skinner als einer der berühmtesten Väter der Psychologie.
   Piaget hatte ursprünglich Biologie studiert und kam eher zufällig in Berührung mit kinderpsychologischen Fragestellungen: Der Intelligenzforscher Alfred Binet

bat ihn um Mithilfe bei der Untersuchung von Kindern zur Entwicklung eines Intelligenztests. Piaget blieb bei der Untersuchung von Kindern: Als Autodidakt beobachtete und protokollierte er das Aufwachsen seiner drei Kinder. Er beobachtete z. B. wie sie Saugreflexe übten, allmählich die Welt um sich herum entdeckten und von ihr Besitz ergriffen. Später notierte er ihre Gespräche. Er befragte sie zu ausgefallenen Problemen und entwickelte auf diese Weise seine Theorie der kognitiven Entwicklung.

Die wichtigsten Grundannahmen sind:

- Jedes Kind ist ein Wissenschaftler bzw. eine Wissenschaftlerin: Es bildet Hypothesen, experimentiert und schlussfolgert aus seinen eigenen Beobachtungen. Auf diese Weise konstruiert es sich die Welt.
- Kinder lernen von selbst, sie benötigen keine Anweisungen der Erwachsenen.
- Jedes Kind ist aktiv und intrinsisch (von innen heraus) motiviert. Es sucht sich selbst das aus der Umwelt heraus, was es interessant findet. Durch die getroffene Auswahl formt es seine Entwicklung zunächst selbst.

Nach Piaget spielen Anlage und Umwelt zusammen. Die Umwelt stellen die Eltern und andere Erwachsene dar, aber auch die Erfahrungen, die das Kind macht. Die Anlage ist das reifende Gehirn und der reifende Körper, die Fähigkeit wahrzunehmen, zu handeln, zu lernen. Es ist dem Kind angeboren, auf seine Umwelt zu reagieren.

> **Definition: Kognitive Entwicklung**
>
> *Kognitive Entwicklung* ist die Entwicklung des Denkens, des Schlussfolgerns, des Problemlösens, der Wahrnehmung und der Sprache. Sie beschreibt, wie Menschen Erkenntnisse (Kognitionen) von der Welt und sich sammeln und sortieren.

Das bedeutet, dass das Denken sich in Sprüngen, in Stufen, die sich qualitativ unterscheiden, entwickelt. Es entwickelt sich nicht langsam, wie z. B. ein Baum, der jedes Jahr ein Stückchen wächst.

> **Definition: Kontinuierliche und diskontinuierliche Entwicklung**
>
> Nach Piaget verläuft die kognitive Entwicklung weitgehend diskontinuierlich.
>
> *Kontinuierliche Entwicklung* verläuft in kleinen Schritten (der Baum wächst jedes Jahr ein wenig).
>
> *Diskontinuierliche Entwicklung* verläuft sprunghaft, manchmal kommt es zu großen Entwicklungssprüngen (über Nacht wird die Raupe zur Puppe, über Nacht wird die Puppe zum Schmetterling).

2.2 Die kognitive Entwicklung nach Piaget

Piaget hat also eine *Stufentheorie* (▶ Kap. 1.2.1) entwickelt, was bedeutet, dass die kognitive Entwicklung in Stufen verläuft, die altersabhängig unterscheidbar sind. Nach Piaget durchlaufen Menschen von der Geburt bis zum Jugendalter vier Stadien, in denen sie auf unterschiedliche Art die Welt begreifen. Vereinfacht ausgedrückt verläuft die Entwicklung des Denkens von undifferenziert und eindimensional zu differenziert und mehrperspektivisch.

> **Übung**
>
> Kontinuierliche oder diskontinuierliche Entwicklung? Welche Position vertreten Sie? Betrachten Sie Ihre eigene Entwicklung. Denken Sie z. B. an Ihre Pubertät, also Ihre körperliche Entwicklung im Jugendalter. Hinweis: Berücksichtigen Sie unterschiedliche Perspektiven. Die Großtante kommt alle drei Jahre und betrachtet Sie. Die Eltern sehen Sie jeden Tag. Welche Position werden vermutlich die Eltern über Ihre Entwicklung und entsprechende Sprünge vertreten, welche die Großtante?

Zwar verläuft die kognitive Entwicklung nach Piaget in Sprüngen, denn in jeder Phase kommt etwas qualitativ Neues hinzu. Aber die Art und Weise, wie Kinder von Geburt an auf die Welt zugehen und Erlebtes »einsortieren«, geschieht nach Piaget kontinuierlich, nämlich durch die drei Prozesse *Assimilation*, *Akkommodation* und *Äquilibration*. Mit Assimilation sortiert man neue Informationen in bereits bestehende »Schubladen«. Mit Akkommodation sortiert man die Schubladen neu oder richtet weitere Schubladen ein, damit man neue Informationen, die nicht in die bereits bestehenden Schubladen passen, aufnehmen kann. Die Akkommodation ist also ein zweiter Denkschritt, sie folgt auf die Assimilation.

Im Laufe des Lebens nimmt die Anzahl und Größe der Schubladen ungeheuer zu, weil gelernte Handlungs- und Denkmuster oft nur auf eine begrenzte Anzahl an Situationen zutreffen, unsere Umwelt aber eine unendliche Vielfalt von Objekten, Personen und Ereignissen bietet. Ganz automatisch vergleichen wir neue Phänomene (z. B. Tiere auf vier Beinen) mit anderen Phänomenen, mit denen wir bereits Erfahrungen gesammelt haben. Letztere sind in mentalen Repräsentationen (Schubladen) abgespeichert. Je nach Ähnlichkeit werden neue Phänomene diesen Repräsentationen zugeordnet (z. B. Hund, Katze, Schaf, Pferd usw. befinden sich in derselben Schublade), d. h. sie wurden kategorisiert. Diese gelernten Denk- und Handlungsmuster, bisher hier als »Schubladen« bezeichnet, nennt Piaget *Schema* bzw. Schemata (in der Literatur auch als Klassen, Konzepte, oder Kategorien bezeichnet). Die Einordnung eines neuen Reizes in ein solches Schema ist die typische Weise, wie ein Mensch Umweltreize, die sich ähneln, handhabt (▶ folgendes Beispiel). Solche Schemata sind die zentrale Grundlage unseres Denkens.

> **Definition: Schema**
>
> Ein *Schema* ist eine im Gehirn abgespeicherte Handlungsabfolge. Jede motorische Handlung (Greifen, Werfen, Schütteln, Saugen) ist ein Schema. Es variiert je nach Körperlage, Situation und Gegenstand. Jedes Begriffsverwenden und jedes Ordnen ist ein Schema. Es variiert nach den entsprechenden Gegenständen und Inhalten.

Beispiel: Greifen

Beim »Greifen« streckt der Säugling den Arm aus, greift mit der Hand zu, umfasst den Gegenstand und zieht ihn zu sich heran. Ein komplexes Schema ist entstanden. Später lernt der Säugling, dass das Schema Greifen mit der ganzen Hand bei kleinen Gegenständen nicht zum Erfolg führt. Er lernt durch Ausprobieren den »Pinzettengriff«: Mit Daumen und Zeigefinger gelingt es, den kleinen Gegenstand zu fassen. Ein neues Schema ist entstanden. Das Erlernen des Pinzettengriffs ist eine Akkommodation, eine Anpassung an die Umwelt.

Warum schreitet die Entwicklung weiter und bleibt nicht auf einer Stufe stehen? Piaget erklärt das mit dem Modell der *Äquilibration*. Der Impuls zur Differenzierung bestehender Strukturen resultiert aus einem Ungleichgewicht zwischen den eigenen Denkmustern und den Erfahrungen und Informationen aus der Umwelt. Fehlgeschlagene Assimilationsversuche führen zu kognitiven Konflikten. Die Entwicklung der kognitiven Strukturen zu immer differenzierteren, leistungsfähigeren Strukturen ist der Äquilibrationsprozess. Es entsteht ein neues Gleichgewicht auf einer höheren Stufe zwischen Individuum und Umwelt, ein dynamisches Gleichgewicht.

> **Definition: Assimilation**
>
> Die Anwendung eines Schemas auf einen Gegenstand nennt Piaget in Anlehnung an die Biologie *Assimilation:* Die Einordnung des Gegenstands in ein vorhandenes Schema.

Beispiel: Assimilation

Das Kind weiß, dass ein Hund vier Beine hat und »Wau, Wau« macht. Alle Tiere, die vier Beine haben (Schafe, Kühe, Pferde) werden nun als »Wau, Wau« bezeichnet. Sie passen in das Konzept »Wau, Wau«.

2.2 Die kognitive Entwicklung nach Piaget

> **Definition: Akkommodation**
>
> Die Anpassung an die spezielle Situation oder den Gegenstand nennt Piaget Akkommodation. *Akkommodation* ist der Prozess, bei dem Menschen ihr vorhandenes Konzept verändern und aufgrund neuer Informationen erweitern.

Beispiel: Akkommodation

Nach Besuchen auch dem Bauernhof versteht das Kind, dass ein Schaf ein weißes, dichtes Fell hat und »mäh« macht und deshalb nicht in die Kategorie »Wau, Wau« gehört. Es entsteht ein neues Konzept »Mäh«.

> **Definition: Äquilibration**
>
> Ein Gleichgewicht zwischen Assimilation und Akkommodation wird hergestellt.

Beispiel: Äquilibration

Es entsteht ein Ungleichgewicht, wenn Kleinkinder merken, dass Schafe keine Hunde sind, weil sie anders aussehen und andere Laute von sich geben. Sie ändern die Assimilation in Akkommodation. Das Gleichgewicht ist (wieder) hergestellt.

Im Folgenden werden die vier Stadien der geistigen Entwicklung beschrieben. In diesen Stadien versucht das Kind mit Hilfe der Assimilation und Akkommodation die Welt immer differenzierter zu verstehen und kann zunehmend Probleme besser lösen:

- das sensumotorische Stadium
- das präoperationale Stadium
- das konkret-operationale Stadium
- das formal-operationale Stadium

In jedem Stadium legen Kinder neue Fähigkeiten an den Tag, durch die sie die Welt in komplexerer Weise wahrnehmen und verstehen.

2.2.2 Sensumotorisches Denken (von der Geburt bis zwei Jahre)

Das Denken entwickelt sich in diesem Stadium besonders schnell. Das Gehirn verdreifacht sein Gewicht in den ersten beiden Lebensjahren.

Zunächst übt der Säugling angeborene Reflexmechanismen, z. B. Greifen und Saugen. Er kann Dinge anschauen, sich zu- oder abwenden, Neues von Gewohntem unterscheiden, Geräuschen lauschen. Das angeborene Verhaltensrepertoire wird auf dieser ersten Stufe geübt, konsolidiert und differenziert: Das Saugen an der Brust ist etwas anderes als das Saugen an der Flasche und am Daumen. Am Anfang ist das Saugen an der Brust noch unergiebig. Mit zunehmender Zeit saugt der Säugling effizienter an der Brust und wird schneller satt.

In einem nächsten Entwicklungsschritt in diesem Stadium werden Handlungen, die zu einem angenehmen Erlebnis führen, wiederholt. Die ersten Fertigkeiten und Gewohnheiten bilden sich aus: Ist es dem Säugling zufällig gelungen, nach der Rassel zu greifen und sie zu schütteln, wird er es immer wieder tun. Durch Anschauen, Greifen und Saugen wird die Umwelt, also Objekte und Personen »einverleibt«, d. h. assimiliert in die eigenen Handlungsschemata.

Im dritten Entwicklungsschritt dieses Stadiums (ab 4. Monat) lernt der Säugling, dass seine Handlung einen Effekt auslöst: Es wird nicht mehr aus reiner Funktionslust gestrampelt, sondern weil sich das Mobile am Bett bewegt (▶ Abb. 2.6).

In einem vierten Entwicklungsschritt werden Handlungsschemata koordiniert und auf neue Situationen angewendet: Eine Rassel wird betrachtet, geschüttelt und geklopft. Verschiedene Schemata werden koordiniert: zum Ziel krabbeln, es greifen, es in den Mund stecken, zubeißen, es wieder wegwerfen. Dieser zunehmenden Koordination von Wahrnehmung (lat. sensus, dt. Sinn) und Motorik verdankt das erste Stadium seinen Namen: sensumotorisches Denken.

Es werden neue Handlungsschemata durch Experimentieren entdeckt. Der Säugling zieht z. B. an einer Tischdecke, wenn er einen Gegenstand auf dem Tisch haben will, an den er nicht heranreichen kann. Auf diese Weise erreicht er sein Ziel (▶ Abb. 2.9).

Ein nächster Schritt ist das Antizipieren der eigenen Handlungsfolgen (mit anderthalb Jahren). Dies ist ein bedeutender Entwicklungsschritt, weil es der Übergang vom sensumotorischen Intelligenzakt zur Vorstellung ist. Praktisches Probieren und Anschauung sind nicht mehr nötig. Das Kleinkind hat Handlungen verinnerlicht. Es kann sich vorstellen, was passiert, wenn es eine bestimmte Handlung ausführt. Piaget bezeichnet diese Fähigkeit als Übergang zum Denken. Es ist die letzte Errungenschaft in diesem Stadium, es ist das Erwachen der Intelligenz. Damit macht Piaget den Beginn des eigentlichen Denkens am Alter von ca. zwölf Monaten fest. Denken ist für ihn die Fähigkeit zur inneren Vorstellung von Dingen, zur Symbolisierung.

> **Definition: Denken**
>
> Für Piaget ist *Denken* verinnerlichtes Handeln. Es ist eine Beschäftigung mit Vorstellungen, Symbolen und Begriffen. Es ist nicht beobachtbar. Beim Denken werden Informationen verarbeitet und Problemlösungen gesucht und gefunden.

Dieser Verinnerlichungsprozess verläuft über mehrere Etappen und beginnt mit der Objektpermanenz: Zwischen dem sechsten und achten Monat begreift ein Kleinkind, dass ein Gegenstand auch dann noch existiert, wenn man ihn nicht mehr sieht: Er beginnt, nach ihm zu suchen. Das Suchen ist ein Hinweis darauf, dass etwas als

2.2 Die kognitive Entwicklung nach Piaget

Abb. 2.9: Hilfsmittel Decke zur Erreichung des Ziels Topfpflanze (angefertigt von Sabrina Hilz)

Suchziel innerlich repräsentiert ist. Vor diesem Alter suchen Babys nicht nach einem Gegenstand, den man ihnen zeigt und anschließend mit einem Tuch bedeckt: Ist der Gegenstand aus den Augen, ist er auch aus dem Sinn!

Die mentale Repräsentation, also die Erinnerung an Objekte und ein inneres Bild von Objekten ermöglicht den Eintritt in das nächste Stadium, das präoperationale Stadium.

Exkurs: Können Säugetiere denken?

Auch Säugetiere können ansatzweise Objekte internalisieren und demzufolge denken.

Die ▶ Abb. 2.10 zeigt den Hund Poldi, der Spiele wie etwa das Tauziehen mit einem anderen Hund oder einem Menschen liebt. Kommt Besuch ins Haus, läuft er los auf der Suche nach dem Seil. Hat er es gefunden, bringt er es herbei und legt es dem Gast vor die Füße. Mit Blicken oder Bellen fordert er zum gemeinsamen Spiel auf. Offensichtlich hat er ein inneres Bild vom Seil und vom Spiel entwickelt, ein Schema, da er das Seil ansonsten nicht suchen könnte.

Abb. 2.10: Hund Poldi beim Spielen (Privatbesitz der Autorin)

Fazit: Auch (manche) Säugetiere können denken, da sie Gegenstände verinnerlicht haben.

> **Definition: Objektpermanenz**
>
> Das Wissen, dass Objekte auch dann weiter existieren, wenn sie nicht zu sehen sind.

Zusammenfassend wird festgehalten: Die Intelligenz des Kindes in den ersten zwei Lebensjahren drückt sich durch sensorische und motorische Fähigkeiten aus. Die Umgebung wird mit Hilfe dieser Fähigkeiten erforscht. Kinder in diesem Stadium leben im Hier und Jetzt. Ihre Intelligenz ist an ihre unmittelbaren Wahrnehmungen und Handlungen gebunden. Das Konzept der Kausalität wird in Anfängen erkannt. Bedeutsame Zugewinne sind das Erkennen von Identität und Konstanz.

2.2.3 Das präoperationale Stadium (von zwei bis sieben Jahre)

Kennzeichen dieser Phase sind das symbolische Denken (zwei bis vier Jahre), der Egozentrismus (zwei bis acht Jahre), die Zentrierung auf einen Aspekt (zwei bis sechs Jahre) und verschiedene typische »Denkfehler«, die aus dem Egozentrismus oder aus fehlerhaften Assimilationen resultieren. Diese Begriffe werden im Weiteren erläutert.

Eine auffällige Veränderung in diesem Stadium sind die *symbolischen Aktivitäten*, das »So-Tun-als-ob«: Einen Behälter als Tasse verwenden und daraus »trinken«, einen Holzklotz als Telefon verwenden und mit der Oma »telefonieren«, den Teddy »füttern«. Zunehmend werden die Rollenspiele komplexer. In langen Handlungsfolgen und Spielszenen stellen Kinder ihren Alltag dar.

Die symbolische Repräsentation, also die Anwendung eines Gegenstands in einer anderen Funktion, dient nicht nur der Einübung von Schemata. Als-ob-Spiele spiegeln die kognitiven und sozialen Fähigkeiten und fördern sie auch (Berk, 2020, S. 332). Als-ob-Spiele fördern im Vergleich zu nicht-fiktiven Spielen (Puzzle legen, zeichnen) Interaktionen, Kooperation und Sprache. Vorschulkinder, die mehr Zeit mit Rollenspielen verbringen, sind sozial kompetenter, haben längere Aufmerksamkeitsspannen, ein besseres Gedächtnis, mehr Fantasie, Kreativität und die Fähigkeit, das eigene Denken zu reflektieren und den Standpunkt einer anderen Person einzunehmen (a. a. O.).

> **Beispiel: Rollenspiel; Symbolspiel**
>
> Leon, 4 Jahre, spielt Rennfahrer. Er hat sich einen Rennwagen aus einem Wäschekorb und einem Kinderhocker gebaut. Ein Kochtopf dient als Steuer. Mit lauten Geräuschen imitiert er quietschende Bremsen und Vollgas. Er ist der Rennfahrer Vettel. Als Bettzeit ist, kann er sich nur schwer lösen. Etliche Runden müssen noch zu Ende gedreht werden. Als der Vater drängt und auf das Symbolspiel eingeht: »Herr Vettel, Sie sollten sich nun ausruhen, damit Sie morgen wieder fit sind und Sieger werden«, steigt Leon aus. Zunächst legt er noch seinen (nicht vorhandenen) Helm ab. Als der Vater fragt: »Möchte Herr Vettel sich jetzt die Zähne putzen?«, guckt Leon verunsichert und sagt: »Jetzt wäre ich aber wieder der Leon«.
>
> Kommentar: Leon ist in seiner Identität noch nicht so gefestigt, dass er jederzeit eine übernommene Rolle wieder ablegen kann und der »alte« ist. Auch kann er die Realität und die Vorstellung (Wunschdenken) nicht auseinanderhalten (siehe auch ▶ Definition: Magisches Denken).

In diesem Stadium finden denkerische Kombinationen statt, die eine unangemessene Logik zeigen. Das Kind versucht sich die Welt mit seinen Schemata zu erklären. Neuartige Probleme werden an bekannte Schemata assimiliert. Dabei kommt es zu fehlerhaften Assimilationen. Ein Resultat ist der *Animismus*. Das Kind kann nicht zwischen belebt und unbelebt unterscheiden. Das Kind glaubt, dass alle Dinge der Umwelt mit den gleichen Fähigkeiten ausgestattet sind wie es selbst.

Weitere »Denkfehler« nach Piaget sind das *magische Denken* und der *Finalismus*. Beim magischen Denken werden Naturerscheinungen dem Wirken höherer Mächte zugeschrieben. Da dem Kind die naturwissenschaftliche Erklärung fehlt, denkt es nach Piaget auch hier prälogisch. Der Finalismus bedeutet Zweckdenken. Das Kind geht wieder von seiner eigenen Erfahrungswelt aus: Es isst, um satt zu sein, es geht ins Bett, um zu schlafen und überträgt dieses Denken auf andere Erscheinungen.

> **Definition: Animismus, Magisches Denken, Finalismus**
>
> **Animismus**
>
> Der Glaube, dass die unbelebte Welt belebt ist; man schreibt ihr menschliche Eigenschaften zu: Alles ist beseelt (lat. animus, dt. die Seele).

Magisches Denken

Eigene Wünsche und Gedanken nehmen Einfluss auf Ereignisse, die ursächlich nicht in Verbindung stehen. Unbekannte Mächte sind für Naturereignisse verantwortlich. Die Regeln von Ursache und Wirkung werden ignoriert.

Finalismus

Finalismus bedeutet Zweckdenken, alle (Natur-)Erscheinungen dienen einem Zweck. Das Kind überträgt seine bekannten Schemata auf Phänomene der Welt: Das Kind geht ins Bett, um zu schlafen, es isst, um satt zu werden usw. Dieses »Um-zu«-Denken überträgt es auf alles andere.

Beispiel: Animismus, Magisches Denken, Finalismus

Animismus

»Da ich wachse, wächst auch alles andere auf der Welt. Blumen, Bäume und auch Steine. Also muss ich auch die Steine gießen.« »Der Tisch ist »böse«, weil ich mich daran gestoßen habe«. »Der Wind bläst, um die Wolken zu vertreiben.«

Magisches Denken

»Die Sonne scheint nicht, weil ich meinen Teller nicht leer gegessen habe.« »Wenn ich zehnmal hintereinander den Ball auffange, regnet es am Wochenende nicht und wir gehen ins Schwimmbad«.

Finalismus

»Der Mond scheint, weil er mir leuchten will«. »Der Baum ist dazu da, damit ich Schatten habe«.

Diese »Denkfehler« beruhen auf fehlerhaften Assimilationen. Ein neuartiges Problem wird an das bekannte Schema assimiliert. Wenn das Kind später lernt, zwischen toter und lebendiger Materie zu differenzieren, hört das animistische Denken auf. Diese Anpassung an die Wirklichkeit ist die Akkommodation.

Der Versuch, neue Probleme mit bekannten »Schubladen« zu lösen, ist laut Piaget ein Verhalten, das nie ganz versiegt; Menschen wenden es ein Leben lang an. Lebenslang ist der Wunsch nach Assimilation stärker als der nach Akkommodation, ein Phänomen das Neulernen und Umdenken erschwert.

Exkurs: Aberglaube

Jahrhundertelang haben Menschen in Ermangelung naturwissenschaftlicher Erklärungen animistisch, magisch sowie finalistisch gedacht. Verregnete Ernten und andere Katastrophen wurden z. B. als Bestrafung durch höhere Mächte gedeutet. Aber auch heute sind solche Denkweisen noch sehr verbreitet (das mitgebrachte Maskottchen soll bei der Prüfung Glück bringen; die schwarze Katze, die über den Weg läuft, ist dagegen ein schlechtes Omen).

Die animistischen, finalistischen und magischen Denkweisen sind auf dem Hintergrund des für diese Entwicklungsphase typischen *Egozentrismus* zu sehen. Nach Piaget ist der Egozentrismus ein besonderes Merkmal des Vorschulkindes. Das Kind hat in der Beziehung zur Umwelt nur einen einzigen Bezugs- und Vergleichspunkt, nämlich sich selbst, seine eigenen Wünsche und Gefühle. Diese eigenen Empfindungen überträgt es auf die belebte und unbelebte Außenwelt. Aufgrund dieser Sichtweise ist die Deutung der Umwelt stark emotional besetzt. Sie ist entweder gut oder böse.

> **Definition: Egozentrismus**
>
> Die Welt wird ausschließlich vom eigenen Standpunkt wahrgenommen. Die Perspektive einer anderen Person kann nicht eingenommen werden.
>   Piaget war der festen Überzeugung, dass Kinder in der gesamten Vorschulphase unfähig zur Perspektivenübernahme sind. Heute wissen wir durch neue Forschungsergebnisse, dass bereits Kleinkinder durchaus dazu in der Lage sind (▶ Kap. 2.3.1: Theory of Mind).

Beim Egozentrismus geht das Kind z. B. in Interaktionen davon aus, dass es von seinem Gegenüber verstanden worden ist. Es kann sich nicht vorstellen, dass das Gegenüber nicht auf demselben Wissenstand ist und weitere Erklärungen braucht (▶ Abb. 2.11).

Die Überwindung des Egozentrismus wird nach und nach möglich durch Erfahrung und Speicherung unterschiedlicher Ansichten. Dies geschieht durch Austausch und Widerspruch. Besonders durch Konflikte lernen Kinder, die Perspektiven des Gegenübers kennen und nachzuvollziehen. Nach Piaget haben wir alle im Laufe unseres Lebens immer wieder egozentrische Sichtweisen, die wir aufgeben müssen.

> **Berufsbezug Egozentrismus**
>
> Warum ist es für Psycholog*innen wichtig, das Egozentrismus-Konzept von Piaget zu kennen? Fühlt sich das Kind als Mittelpunkt der Welt, in der alles wegen der eigenen Person passiert, dann ist es in der Folge für alles verantwortlich, auch für schreckliche Dinge. Wer bewirken kann, dass die Sonne für ihn scheint, der kann auch bewirken, dass das Geschwister stirbt oder die Eltern sich scheiden lassen.
>   Kinder in dieser Entwicklungsphase können für familiäre Geschehnisse ein tiefes Schuldgefühl entwickeln, weil sie sich z. B. für das Streiten der Eltern

verantwortlich fühlen, ebenso für die folgende Trennung. Auch die Macht der eigenen Eifersuchtsgefühle kann in ihrem Erleben die Krankheit oder den Tod eines Geschwisters bewirkt haben. Eltern und psychologische Fachkräfte sollten also bei entsprechender Krisensituation Kinder in dieser Phase von sich aus auf mögliche Schuldgefühle ansprechen und das Kind davon befreien.

Abb. 2.11: Eine egozentrische Unterhaltung (angefertigt von Sabrina Hilz in Anlehnung an Siegler et al., 2016b, S. 127)

Typisch für das präoperationale Denken ist das *Zentrieren auf ein Merkmal* eines Gegenstands und das Außerachtlassen anderer wichtiger Kennzeichen. Das Vorschulkind kann seine Aufmerksamkeit nur auf einen einzelnen Aspekt ausrichten.

> **Definition: Zentrierung**
>
> Die Tendenz, sich auf ein einzelnes, auffälliges Merkmal eines Gegenstands oder Ereignisses zu konzentrieren und andere wichtige Merkmale außer Acht zu lassen.

Beispiel: Zentrierung bei moralischen Urteilen

Piaget untersuchte auch die Entwicklung des moralischen Verständnisses. Er erfragte bei Kindern ihre Meinung zu »Schuldgeschichten«.

Eine Geschichte lautet:
Hans möchte beim Geschirrabtrocknen helfen und zerbricht versehentlich, weil er nämlich ungeschickt ist, zehn Tassen. Frank soll auch beim Geschirr abtrocknen helfen. Er ärgert sich darüber und zerbricht aus Wut eine Tasse.
Frage: Wer hat größeres Unrecht getan, Hans oder Frank?

Piaget fand heraus, dass Kinder bis zum Alter von fünf Jahren Hans die größere Schuld zusprechen. Sie zentrieren auf ein einziges Merkmal, nämlich auf den objektiven Schaden. Zehn Tassen bedeuten einen größeren Verlust als eine Tasse. Ältere Kinder beziehen ein zweites Merkmal ein, das Kriterium der Absicht. Es wird abgewogen zwischen Absicht und Schadensgröße. Die Absicht wird höher bewertet als der objektive Schaden.

Die Entdeckung der Zentrierung untermauerte Piaget durch zahlreiche berühmt gewordene Experimente. So entwickelte er viele Versuche zum Verständnis der *kindlichen Invarianz*.

Definition: Invarianz

Invarianz bedeutet, dass ein Gegenstand seine grundlegenden Eigenschaften behält, auch wenn sein Erscheinungsbild geändert wird. So bleibt ein Liter Wasser immer ein Liter, egal in welchem Glas er sich befindet. Ein Klumpen Knetgummi bleibt in seiner Menge gleich, egal ob man ihn zu einer dicken, kurzen oder zu einer dünnen, langen Rolle formt.

Zur Untersuchung des Invarianzkonzepts legte Piaget Fünf- bis Achtjährigen eine Reihe von Experimenten vor, bei denen die Kinder jeweils zwei Objekte von identischer Menge miteinander vergleichen sollten. Stimmten sie zu, dass beide dieselbe Menge enthielten, wurde ein Objekt im Aussehen verändert.
So zeigte Piaget Kindern zum Beispiel zwei Gläser mit Wasser, die gleich viel Wasser enthielten und halbvoll waren (▶ Abb. 2.12, Phase 1). Anschließend wurde das Wasser des einen Glases in ein schmales, höheres Gas gefüllt, sodass dieses Glas voll war (Phase 2). Die Kinder wurden gefragt, ob die Wassermenge bei beiden Gläsern dieselbe geblieben sei (Phase 3). Die Mehrheit der Fünfjährigen antwortete mit Nein. Sie waren der Meinung, dass nun im schmalen Glas mehr Wasser sei, weil es bis obenhin voll sei. Dasselbe machte Piaget mit fester Masse, z. B. Knetgummi, Er zeigte zwei gleich große Klumpen und veränderte anschließend einen der beiden Klumpen in der Form.

Beispiel: Umschüttversuch

Phase 1

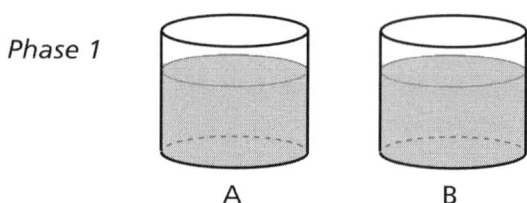

Demonstration zweier gleicher Mengen Saft in zwei gleichen Gefäßen

Phase 2

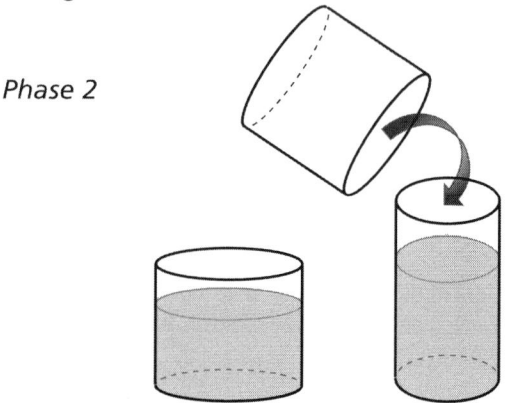

Gießen des Inhalts von Gefäß B (vor den Augen des Kindes) in Gefäß B'

Phase 3

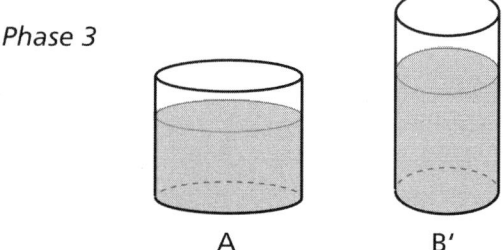

Befragung des Kindes, ob in Gefäß B' weniger oder gleich viel Saft enthalten ist wie in Gefäß A

Abb. 2.12: Umschüttversuch (z. B. Berk, 2011, S. 305; Sodian in Oerter, Montada, 2008, S. 441; Siegler et al., 2016b, S. 128)

Das Kind hat in diesem Stadium noch keine Vorstellung davon, dass eine Menge dieselbe bleibt (invariant bleibt), auch wenn man ihre Form verändert. Die Flüssigkeitsmenge wird in diesem Experiment noch nicht als invariant (unveränderlich)

erkannt. Dazu kommt, dass das Kind die Dimensionen Höhe und Umfang nicht gleichzeitig betrachten und abwägen kann (Zentrierung).

Die Zentrierung betrifft nicht nur die Einschätzung von Objekten, sondern wie bereits beschrieben, auch die Einschätzung von (moralischem) Verhalten. Auch das Alter, Altersabstände und das eigene Geschlecht sind veränderbar im Erleben des Kindes. So wird das Alter z. B. mit der Körpergröße gleichgesetzt (▶ Beispiel: Varianz).

Beispiel: Varianz von Alter, Altersabstand, Geschlecht

Alter

Frage: »Wie alt bist Du?«
Jonas: »Viereinhalb.«
Frage: »Hast Du Geschwister?«
Jonas: »Ja, eine Schwester, sie geht zur Schule.«
Frage: »Wer ist älter?«
Jonas: »Sie. Weil sie größer ist.«
Frage: »Wieviel älter ist sie?«
Jonas: »Vier Jahre.«
Frage: »Bleibt sie immer älter als Du?«
Jonas: »Nein, ich kann sie überholen, wenn ich viel esse.«
Frage: »Woher weiß man, dass eine Person älter ist?«
Jonas: »Weil man größer ist.«
Frage: »Wer ist älter: Deine Mutter oder Deine Großmutter?«
Jonas: »Beide gleich.«
Frage: »Warum?«
Jonas: »Weil sie gleich groß sind.«

Kommentar: Erst mit Beginn der Schulzeit können Kinder Altersunterschiede als konstant betrachten und mit der Geburtenfolge in Zusammenhang bringen.

Fehlende Geschlechtskonstanz

Lea, vier Jahre: »Wenn ich groß bin, werde ich ein Papa.«
Mutter: »Das geht nicht, weil Du ein Mädchen bist. Du wirst eine Mama.«
Lea: »Nein, ich kann werden, was ich will.«

Zusammenfassend wird festgehalten: Kinder in diesem Stadium können durch Sprache und innere Vorstellungen ihre Erfahrungen speichern. Sie können sich also an Erfahrungen erinnern und Schemata bilden. Beim Lösen von Problemen können sie noch nicht mehrere Dimensionen in Betracht ziehen und diese gegeneinander abwägen. Sie schließen aufgrund dieser Zentrierung auf ein einziges Merkmal falsche Schlüsse. Zu dem Fehlschluss trägt bei, dass die Invarianz von Gegenständen noch nicht erkannt wird.

Im nächsten Stadium der kognitiven Entwicklung, dem konkret-operationalen Stadium, überwinden Kinder diese Beschränkungen des Denkens. Sie machen deutliche Fortschritte im logischen Denken.

> **Übung**
>
> Überprüfen Sie die Versuche von Piaget an Kindern in dieser Altersstufe. Machen Sie den Umschüttversuch und den Versuch mit der Knete und befragen Sie Ihre kindlichen Versuchspersonen. Machen Sie die Versuche mit einem jüngeren Kind in diesem Stadium (drei Jahre) und mit einem älteren Kind in diesem Stadium (sieben Jahre). Gibt es Unterschiede im Invarianzkonzept? Stimmen die von Piaget angegebenen Altersstufen? Überprüfen Sie das Invarianzkonzept mit Fragen zum Alter von Familienmitgliedern und der Konstanz des Alters, mit Fragen zum Geschlechtskonzept des Kindes und seiner Stabilität.

2.2.4 Das konkret-operationale Stadium (sieben bis zwölf Jahre)

Das Erobern der Sachwelt steht im Mittelpunkt in diesem Stadium. Dem Kind gelingt der Umgang mit den Dingen durch *konkrete Operationen*. Das Erfassen der gegenständlichen Umwelt fördert die kognitive Expansion. Das Denken ist konkret und kann sich aus einem konkreten Kontext nicht lösen. Denkprozesse benötigen also bildhafte Anschauung. Der Unterricht in der Grundschule trägt diesem Denkvermögen Rechnung und arbeitet mit vielen Hilfsmitteln (Rechenschieber, Zahlenstrahlbänder, Buchstaben zum Fühlen und Tasten, Buchstaben- und Zahlenholzbauklötze usw.).

Im Schulalter wird zunehmend eine *Dezentrierung*, also das Einbeziehen einer zweiten Dimension möglich. Damit wird auch die Invarianz bei Veränderung der Anordnung verstanden: Der Begriff der Mengenkonstanz oder der Identität der Menge (»Das Wasser bleibt ja das gleiche.«) können nachvollzogen werden, ebenso der Begriff der Reversibilität: Gießt man das Wasser vom schmalen Glas in das breite Glas zurück, ist der Wasser wieder so hoch wie vorher. Durch Anschauung und konkrete Denkoperationen wird diese Einsicht erreicht.

Der Egozentrismus reduziert sich, Kinder können sich zunehmend vom Eigenerlebnis distanzieren und die Perspektiven anderer übernehmen: Sie verstehen Situationen aus der Sicht des Gegenübers.

Kinder in diesem Stadium interessieren sich für vieles, auch für Dinge, die sie noch nie gesehen haben, für die Vergangenheit ihrer Eltern und Großeltern. Zeitsprünge wie *jetzt, in ein paar Tagen, früher* werden für sie vorstellbar. Sie verstehen, dass ihre Eltern auch einmal jung waren. Zunächst jedoch interessieren sich Kinder dieser Entwicklungsstufe für ihren eigenen Erlebnisbereich (Familie, Schule, Freundeskreis, Spiele).

Beispiel: Konkretes Denken

Frage: »Wer schlechte Augen hat braucht eine Brille. Mein Bruder hat eine Brille. Was kannst du über meinen Bruder erraten?«
Antwort: »Ich habe gar keinen Bruder.«
Oder Antwort: »Mein Bruder hat keine Brille.«
Kommentar: Hypothetische, abstrakte Probleme können nicht gelöst werden. Das Denken haftet am Konkreten. Auch wird schlussfolgerndes Denken noch durch den Egozentrismus behindert. Das Kind kann von seiner eigenen Lebenssituation gedanklich nicht Abstand nehmen.

Das konkrete Denken bedeutet auch, dass Gegenstände nach ihrem Zweck definiert werden. Die Bildung von Oberbegriffen entwickelt sich erst langsam.

Beispiel: Zweckdefinition

Frage: »Was ist ein Becher?«
Antwort (Siebenjähriger): »Zum Trinken.«
Antwort (Elfjähriger): »Ein Gefäß.«
Kommentar: Erst am Ende dieser Entwicklungsphase können Oberbegriffe gebildet werden.

In diesem Stadium wird auch die Begriffsbildung möglich. Dazu gehört z. B. das Bilden von Gruppen, Gruppierungen und Oberbegriffen. *Systematische Klassifikationen* und die Ordnung von Begriffen entstehen. Grammatikalische Artikel (der, die, das) und Mengenangaben sind dabei wichtig. Die Schnecke ist nicht *das* Tier, sondern *ein* Tier. Nicht einige Katzen sind Tiere, sondern einige Tiere sind Katzen. Kinder können nun das Klassifikationskriterium wechseln und ein neues Klassifikationssystem nach einem neuen Kriterium aufbauen. Sie können Reihen bilden nach einer Dimension, z. B. eine Serie unterschiedlich langer Stöcke in einer Reihe nach Größe sortieren. Ein neues Element (ein neuer Stock) wird korrekt seiner Länge entsprechend in die Reihe eingefügt. Folgendes Beispiel zeigt die Prüfung der Klasseninduktion.

Beispiel: Bildung von Klassifikationen, Ordnung nach Oberbegriffen

Versuch zur Prüfung der Einsicht in die Klasseninduktion

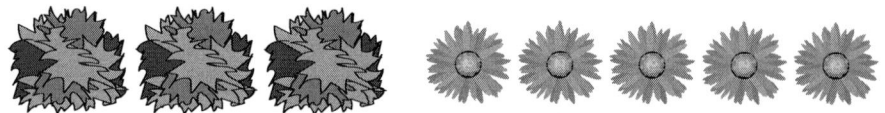

Abb. 2.13: Bildung von Klassifikationen, Ordnung nach Oberbegriffen (angefertigt von Sabrina Hilz)

Versuchsablauf

- Das Kind soll die Gruppe der Bäume, der Büsche und der Blumen zeigen.
- Anschließende Frage zur Abbildung:
  – Gibt es mehr Blumen oder mehr Pflanzen? (siehe auch Berk, 2011, S. 305)

Zusammenfassend wird festgehalten: Kinder in diesem Stadium können logische Schlussfolgerungen ziehen, solange die Gegenstände und Ereignisse konkret und anschaulich sind. In abstrakten Begriffen zu denken und abstrakte Probleme zu lösen, fällt ihnen noch schwer.

2.2.5 Das formal-operationale Stadium (zwölf Jahre und älter)

Was sind die neuartigen Leistungen, die vom 12. Lebensjahr an die konkret-operationalen Strukturen ergänzen?

Jugendliche werden fähig, verschiedene Hypothesen über eine mögliche Lösung zu bilden und diese systematisch zu überprüfen. Sie können auch zu hypothetischen Problemen, die jeder realen Grundlage entbehren, Lösungsmöglichkeiten erarbeiten. Anschauung ist nicht mehr nötig. Logische Operationen und schlussfolgerndes Denken als abstrakte Prozesse werden unabhängig vom jeweiligen Inhalt angewandt.

Dabei ist zu berücksichtigen, dass diese Denkweise auch stark bildungsabhängig ist. Sie wird z. B. auf dem Gymnasium etwa im Rahmen einer abstrakten Mathematik mehr gefördert als auf der Haupt- und Realschule, auf denen mehr praktische, berufsvorbereitende Kompetenzen gefördert werden wie etwa in der Mathematik die anwendungsorientierte Prozentrechnung. Demzufolge beherrschen auch viele Erwachsene das formal-operationale Denken nur in Ansätzen oder gar nicht.

> **Beispiel: Abstraktes Denken, unabhängig vom jeweiligen Inhalt**
>
> Frage: »Alle *Mana* sind *Tibets*, alle Tibets können gut turnen. Was kannst Du also über die Mana aussagen?«
> Ein Jugendlicher schlussfolgert ohne Probleme: »Dann können auch alle Mana gut turnen.« Das Grundschulkind möchte zuerst wissen, was Mana und Tibets überhaupt sind.

Jugendliche können Denkoperationen zusammenfassen und im Sinne abstrakter Regeln auf eine größere Klasse von Problemen anwenden.

> **Beispiel: Problemlösung ohne Ausprobieren durch logische Ableitung**
>
> Frage: »Wie viele Paarkombinationen kann man aus sechs bunten Scheiben machen?«
> Antwort: »5 mal 6.«

Jugendliche können auch ihre eigenen Denkprozesse kritisch reflektieren. Das Denken selbst wird dann Gegenstand des Denkens. Damit bewegen sie sich auf der Metaebene. Sie treten aus der Situation heraus und betrachten sie von außen.

> **Beispiel: Metaebene (Das Nachdenken über das Nachdenken)**
>
> Äußerung einer Jugendlichen: »Ich stellte fest, dass ich über mein Leben nachdachte, dann begann ich darüber nachzudenken, warum ich über mein Leben nachgedacht hatte, und schließlich dachte ich darüber nach, weshalb ich nachgedacht hatte, warum ich über mein Leben nachgedacht hatte.«
> Ein solches Nachdenken über das Warum des Warums ist u. a. auch ein wesentliches Kennzeichen der kritischen Auseinandersetzung der Jugendlichen mit sich selbst im Dienst der Identitätsfindung.

Selbstreflexionen treten erst im Jugendalter auf, weil die Voraussetzungen dafür, nämlich die Fähigkeit zur Hypothesenbildung und kritischen Bewertung verschiedener Denkansätze, ebenso wie die Fähigkeit, auf die Metaebene zu gehen, erst dann möglich sind.
Zusammenfassend wird festgehalten: Kinder bzw. Jugendliche dieses Stadiums können über Abstraktes und Hypothetisches nachdenken und Lösungen finden, d. h. richtige Schlussfolgerungen ziehen.

2.2.6 Kritische Bewertung der Theorie Piagets

Piagets Modell enthält wichtige Komponenten der Stufenmodelle, weil es zeitlich abgegrenzte, qualitativ unterscheidbare Entwicklungsschritte beschreibt, die eng mit festgelegten Altersstufen verbunden sind. Trotzdem geht er von einer Interaktion zwischen Umwelt und Individuum aus. Das Individuum erlebt einen Konflikt mit der Umwelt, weil die angewandten Schemata auf die Situation und auf die Lösung des Problems nicht passen. Durch das erlebte Ungleichgewicht wird eine Weiterentwicklung eingeleitet. Die Umwelt bietet dem Kind nach Piaget zahlreiche Lernmöglichkeiten. Das allein ist die Bedeutung der Umwelt.

Heute wird der Umwelt eine erheblich wichtigere Position zugesprochen. Nachuntersuchungen haben etwa gezeigt, dass heutzutage Kinder erheblich früher die vier Stadien durchlaufen und somit die Altersangaben nicht mehr stimmen (z. B. Pinquart, Schwarzer & Zimmermann, 2019, S. 94). Was sind die Gründe dafür? Zur Zeit Piagets besuchten nur wenige Kinder den Kindergarten. Wir wissen heute, dass Grundschulkinder, die den Kindergarten besucht haben, bessere Leistungen erbringen als Grundschulkinder, die keinen Kindergarten besucht haben. Die kognitiven Leistungen, die Piaget beschreibt, sind also in starkem Maß von entsprechenden Lernerfahrungen abhängig, später auch von schulischen Bildungsfaktoren. So wird etwa abstraktes Denken mehr auf dem Gymnasium gefordert und gefördert als auf der Hauptschule, die eher praktische, berufsrelevante Fähigkeiten fördert.

Piaget wandte die »klinische Methode« an, d. h. er befragte konkret einzelne Kinder sehr genau, aber er erhob keine großen, repräsentativen Stichproben. Die Entwicklung einer Theorie auf der Basis von Einzelfällen, die zum Teil auch noch die eigenen Kinder waren, wurde oft kritisiert. Allerdings kamen Nachuntersuchungen zu denselben Ergebnissen, auch wenn die Altersangaben gegenwärtig variieren.

Piagets Theorie hatte weitreichende Auswirkungen auf die Pädagogik. Wesentlich ist für ihn, dass die Lehrkraft die Erkenntnismöglichkeiten des Kindes richtig einschätzt und angemessene Probleme vorlegt; Probleme, die das Kind aus eigener Anstrengung lösen kann. Es soll auf keinen Fall Erkenntnisse der Lehrkraft (unverstanden) übernehmen und somit auswendig gelernte, fremde Erkenntnisse reproduzieren. Lernen ist für ihn selbsttätige Entdeckung. Damit bevorzugt er das Modell des offenen Unterrichts.

Bereits die Befragung von Kindern zu Phänomenen und Problemen mit dem Ziel, deren Denkniveau herauszufinden, ist damit die ideale Lernmethode: Es werden Probleme gestellt, aber keine Lösungen angeboten. Das Kind muss also ausprobieren und selbst Lösungen finden und diese begründen. Heute werden Aspekte des selbstgesteuerten Lernens im Rahmen des offenen Unterrichts in der Pädagogik auch kritisch gesehen. Gerade die hohen Ansprüche an die Selbstständigkeit können manche Kinder überfordern, weil sie mehr Unterstützung brauchen. Kinder aus bildungsnahen Schichten sind ebenfalls im Vorteil, weil sie in ihren Familien meist bereits mehr Erfahrungen mit selbstständigem Lernen gemacht haben (Berk, 2020, S. 310).

Die Entdeckung des Egozentrismus war eine meisterhafte Leistung von Piaget, kann aber in seiner Absolutheit nicht beibehalten werden. Die entwicklungspsychologische Forschung hat mittlerweile herausgefunden, dass kleine Kinder sehr wohl schon fähig sind, die Perspektive des Gegenübers zu übernehmen. Diese Fähigkeit beschreibt die Theory of Mind, die im folgenden Abschnitt (▶ Kap. 2.3.1) erläutert wird. Diese neuen Erkenntnisse entwerten aber nicht das Konzept des Egozentrismus. In der Wissenschaft gilt nämlich sehr häufig das »Sowohl-als-auch-Prinzip« anstatt des »Entweder-oder-Prinzips«: Kinder denken manchmal egozentrisch und manchmal gelingt es ihnen, die Positionen anderer nachzuempfinden.

Zusammenfassung

Piagets Theorie unterteilt die kognitive Entwicklung in vier Stadien, in denen das Kind qualitativ neue Fortschritte im Denkvermögen macht. Die Entwicklung verläuft vom wahrnehmungs-handlungsbezogenen Denken über das anschauliche und konkrete Denken zum abstrakten Denken. Denken besteht aus Assimilations- und Akkommodationsprozessen mit dem Ziel, die Äquilibration, das Gleichgewicht zu erreichen. Damit ist die Anwendung eines bereits bestehenden Verständnisses auf ein auftretendes Problem gemeint sowie die Erweiterung eines bereits bestehenden Verständnisses aufgrund neuer Informationen.

Die kognitive Entwicklung beginnt damit, dass die Welt vom Baby bzw. Kleinkind durch Sinneseindrücke und motorische Aktivitäten erfahren wird. Das Vorschulkind kann sich Dinge vorstellen, ist aber noch auf sich selbst bezogen und zentriert sich auf ein einziges Merkmal, weshalb es eingeschränkt in der Problemlösung ist. Im weiteren Verlauf kann das Kind logisch über konkrete Dinge nachdenken und diese lösen, benötigt aber die Anschauung. Im letzten Stadium ist abstraktes Denken möglich. Es findet rein in der Vorstellung statt. Reflexionen auf der Metaebene sind nun möglich.

Kinder suchen sich aus der Umwelt Problemkonstellationen aus, die sie mit ihren Möglichkeiten zu lösen versuchen. Sie sind eigenständige Forschende und entwickeln anhand der selbstgesuchten Problemlagen ihr Denkvermögen.

Das Modell entstand auf der Basis vieler einfallsreicher Experimente in Einzelfallstudien, zum Teil an seinen eigenen Kindern. Piagets Alterseinteilung der Stadien stimmt heute nicht mehr, die Entwicklungsschritte sind deutlich vorverlegt. Ein Grund dafür ist in der heutigen Vorschulbildung (Kindergartenbesuch) zu sehen; durch sie wird die kognitive Entwicklung gefördert (Siegler et al., 2016b).

Verständnisfragen

- Auf welche Art und Weise eignen sich Kinder die Welt an? Erläutern Sie Assimilation, Akkommodation und Äquilibration.
- Was bedeutet »sensumotorisch«? Welche Handlungen stehen im Mittelpunkt?
- Erläutern sie magisches Denken und Animismus. Wie kommt es zu diesen »Denkfehlern«?
- Was bedeutet der Egozentrismus? Welche Relevanz hat er für die psychologische Praxis?
- Erläutern Sie an einem Beispiel Zentrierung und bringen Sie ein Beispiel für die fehlende Invarianz bei Vorschulkindern.
- Erläutern Sie zwei Kritikpunkte an Piagets Theorie.

2.3 Sozial-kognitive Entwicklung

Im vorhergehenden Kapitel haben Sie anhand der Theorie von Piaget gelernt, wie Kinder sich ab der Geburt bis zum Jugendalter die Welt Stück für Stück kognitiv aneignen und dabei immer besser darin werden, Probleme differenziert anzugehen und zu lösen. Die kognitive Entwicklung findet im sozialen Kontext statt, Interaktionen mit anderen Menschen sind dafür unerlässlich. Die Theory of Mind zeigt das besonders deutlich. Sie ist eine Theorie darüber, wie gut Menschen die Gedanken anderer Menschen erspüren. Sie ist eine Ergänzung des Piagetschen Ansatzes. Ein weiterer Aspekt der kognitiven Entwicklung ist die Sprachentwicklung, sie ist Ausdruck und Voraussetzung für Denkprozesse. Die Theory of Mind versteht Denken als das Verstehen anderer Menschen. Bei der Sprachentwicklung sind die Beziehung und die Interaktion mit anderen Menschen die Voraussetzungen zum Erlernen der Sprache.

Das folgende Kapitel geht auf die Bedeutung der sozialen Welt für diese beiden kognitiven Prozesse ein.

2.3.1 Die Theory of Mind (ToM)

Die Theory of Mind (ToM) ist eine Erweiterung der kognitiven Theorie von Piaget. Sie stammt ursprünglich von dem Ehepaar Premack (1983), das das Verhalten und die Leistungen von Affen untersuchte. Später beschäftigte sich eine Reihe von Forscher*innen mit der Konzeption dieser Theorie (vgl. Überblick Wellmann, Cross & Watson, 2001) und entwickelte u. a. ein Experiment zur Erfassung dieser Fähigkeit (Wimmer & Perner, 1983). Die Theorie erweitert und relativiert insbesondere das Egozentrismuskonzept von Piaget.

ToM ist die Fähigkeit, anderen Personen und sich selbst mentale Zustände zuzuschreiben. Das können einfache Empfindungen wie etwa Schmerzen sein, aber auch Überzeugungen, was andere glauben, hoffen und wünschen. Auch die eigene Überzeugung, was andere glauben, dass dritte Personen glauben, gehört dazu (Frith & Frith, 2011; Green et al., 2008; Mathersul et al., 2013). Die Voraussetzung dafür ist das Bewusstsein, dass andere Personen Gedanken, Motivationen und Informationen haben können, die sich von den eigenen unterscheiden (Korkmaz, 2011). Häufig wird in der Literatur ein Unterschied zwischen kognitiver und affektiver (emotionaler) Theory of Mind gemacht.

> **Definition: Theory of Mind (ToM)**
>
> *Theory of Mind* bezeichnet die Fähigkeit, eine Vermutung über Bewusstseinsvorgänge von anderen Personen zu haben, d. h. Bedürfnisse, Ideen, Absichten, Erwartungen und Meinungen bei anderen Personen zu vermuten. Voraussetzung dafür ist das Bewusstsein, dass andere Personen Gedanken, Motivationen und Informationen haben, die sich von den eigenen unterscheiden (Korkmaz, 2011;

Sabbagh, 2004). ToM ist dem Konzept der Empathie verwandt (Goldman & Sripada, 2005). ToM beinhaltet sowohl das Verstehen der Gedanken und Gefühle anderer (kognitive ToM) als auch das Verstehen und Mitempfinden der Gefühle anderer (affektive ToM).

Wie kann man herausfinden, ob und ab welchem Alter Kinder sich in die Vorstellungswelt eines anderen Menschen hineindenken können? Zur Klärung dieser Frage führten Wimmer und Perner (1983) ein berühmtes Experiment durch.

Experiment: Maxi und die Schokolade

Im Mittelpunkt der Studie von Wimmer und Perner (1983) stand die Frage, ab wann Kinder sich in die Vorstellungswelt einer anderen Person hineindenken können und auch verstehen, dass eine andere Person eine andere Auffassung von der Welt haben kann als man selbst.

Die Geschichte von Maxi lautet: Maxi versteckt seine Schokolade in einer blauen Schachtel. Während seiner Abwesenheit wird die Schokolade in eine andere Schachtel gelegt. Nach seiner Rückkehr will Maxi die Schokolade holen.

Die Versuchspersonen (Kinder verschiedener Altersstufen) werden gefragt, in welcher Schachtel er suchen wird. Verfügt man über eine Theory of Mind, wird man vorhersagen, dass Maxi dort suchen wird, wo er die Schokolade zuvor hingelegt hat. Das Experiment zeigte, dass 3- bis 4-jährige Kinder keine ToM besitzen und kein Verständnis von Täuschung haben. Sie entwickeln ToM einschließlich einem Verständnis von Täuschung erst im Alter von 4–6 Jahren. Die ToM schränkt damit das Egozentrismuskonzept von Piaget in seiner Ausschließlichkeit ein, denn laut Piaget reduziert sich der Egozentrismus erst deutlich später (im Grundschulalter). Man kann ToM auch als Erweiterung und Ergänzung der Theorie von Piaget ansehen.

Das Experiment ist als die zentrale Einsicht in die ToM im Kindesalter in die Entwicklungspsychologie eingegangen.

Es ist eine bedeutende Kompetenz, die mentale Welt einer anderen Person zu erkennen sowie zu verstehen, dass eine Person etwas weiß, was ich nicht weiß und umgekehrt. Es bedeutet, dass man sich widersprechender Informationen bewusst ist. Wenn man weiß, dass ein Objekt in Wirklichkeit in einer anderen Schachtel liegt, hat man eine Vorstellung von einem Objekt. Wenn man weiterhin weiß, dass ein anderer dieses Wissen nicht hat, besitzt man eine Vermutung darüber, wie ein anderer die Welt sieht. Man hat also eine Repräsentation der Repräsentation einer anderen Person. Das ist eine Meta-Repräsentation, die man lange Zeit für eine typisch menschliche Leistung hielt. Inzwischen haben zahlreiche Experimente nachgewiesen, dass auch Tiere dazu in der Lage sind, z. B. Menschenaffen (Hare et al., 2000) und auch Raben (Bugnvar et al., 2015).

Das Experiment hat eine Vielzahl von Folgestudien und Experimenten nach sich gezogen. ▶ Abb. 2.14 zeigt ein solches, ganz ähnliches Folgeexperiment.

2 Frühe Kindheit

Abb. 2.14: In typischer Weise fehlende Theory of Mind bei einem dreijährigen Kind (z. B. Siegler et al., 2016c, S. 246)

Die Theory of Mind auf Seiten des Kindes entwickelt sich besonders gut, wenn Bezugspersonen einen Interaktionsstil haben, der häufig Äußerungen über Gefühle, Wünsche und Möglichkeiten enthält (vgl. für einen Überblick Astington & Baird, 2005).

Die Fähigkeit zur kognitiven Perspektivenübernahme hat einen bedeutenden Einfluss auf die weitere Entwicklung; sie führt zu einer Reihe von positiven Effekten auf die kognitive und soziale Entwicklung. So gehen höhere ToM-Fähigkeiten z. B. mit besseren Schulleistungen (Lecce et al., 2014) und größerer Beliebtheit bei Gleichaltrigen (Slaughter et al., 2014) einher.

Die Entstehung der ToM: Die sozial-kognitive Entwicklung des Selbst

Ohne die Liebe zu sich selbst ist auch die Liebe zu anderen unmöglich.
(Hermann Hesse)

Um die mentale Welt einer anderen Person zu verstehen, muss das Kind eine Vorstellung von sich selbst und seiner eigenen mentalen Welt haben und diese als anders und abgegrenzt von der der anderen Person erleben. Nur wenn es zwischen sich und anderen Personen unterscheiden kann, kann es die Perspektive der anderen Person nachvollziehen. Als Voraussetzung für die ToM muss das Kind also ein eigenes Selbst entwickeln.

Die Vorstellung des Kindes vom Selbst entsteht in den ersten Lebensjahren und differenziert sich immer weiter aus, mindestens bis in die späte Kindheit. Dies geschieht insbesondere durch Interaktion mit wichtigen Bezugspersonen. Bereits Säuglinge in den ersten Lebensmonaten haben eine Vorstellung davon, dass es Objekte außerhalb ihrer selbst gibt und dass sie diese kontrollieren und beeinflussen können (▶ Abb. 2.6). Auch die Trauer bei der Trennung von der Bezugsperson im Alter von ca. acht Monaten ist ein Zeichen, dass das Kind sich selbst als von der Bezugsperson getrennt erlebt.

Etwas später reagieren Kleinkinder auf die Zeigegeste eines Erwachsenen: Sie folgen mit den Augen dem Zeigefinger und vergewissern sich danach bei der Person, ob sie auf das richtige Objekt geblickt haben. Sie führen auch selbst eine Zeigegeste durch, um den Erwachsenen in eine Aktivität einzubeziehen und um Aufmerksamkeit zu teilen (Stern, 1985). Später stärken Eltern das Selbstbild durch Beschreibungen des Kindes wie »Du bist schon ein großes Mädchen«, »Du kannst schon ganz toll schaukeln« usw.

Ein wichtiger Schritt zur Erkenntnis des Selbst ist dann geschehen, wenn Kinder sich im Spiegel selbst erkennen, etwa im Alter von 18–20 Monaten. Diese Fähigkeit haben Lewis und Brooks-Gunn (1979) in einem berühmten Experiment nachgewiesen. In diesem Experiment wird dem Kind heimlich ein roter Punkt auf die Stirn gemalt. Anschließend wird das Kind vor einen Spiegel gestellt. Es wird dann aufgefordert, der Person im Spiegel den roten Punkt wegzuwischen. Kinder unter 18 Monaten versuchen das Kind im Spiegel zu berühren oder tun gar nichts (▶ Abb. 2.15). Ab dem Alter von 18 Monaten berühren sie den roten Punkt in ihrem eigenen Gesicht. Man kann daraus schließen, dass sie das Spiegelbild als Reflexion ihrer selbst erkennen. Das Erkennen seiner selbst in diesem Experiment wird in der Entwicklungspsychologie als erster Schritt zum Verständnis der Welt anderer gesehen.

Abb. 2.15: Sich selbst im Spiegel sehen (angefertigt von Sabrina Hilz)

Mit ca. zwei Jahren erkennen sich Kinder auf Fotos. Sie beginnen dann auch, sich selbst mit Namen oder mit »Ich« zu bezeichnen. Mit vier Jahren schreiben Kinder sich selbst Eigenschaften zu (»Ich bin vier Jahre alt, ich habe eine Schwester, ich habe grüne Augen«). Später kommen soziale Vergleichsprozesse hinzu (»Ich kann schneller laufen als mein Bruder«). Im Jugendalter verändert sich die Vorstellung vom Selbst grundlegend, weil Jugendliche die Fähigkeit zum abstrakten Denken erwerben (vgl. die Stufe des formal-operationalen Stadiums nach Piaget;

▶ Kap. 2.2.5). Sie können sich anhand abstrakter Eigenschaften beschreiben und sich selbst und ihr Verhalten von einer Metaebene aus beobachten.

2.3.2 Der Beitrag der Umwelt zur Sprachentwicklung

Die Sprachentwicklung ist ein Aspekt der kognitiven Entwicklung. Sprache und Denken hängen eng zusammen, Denken wird u. a. durch Sprache ausgedrückt. Wesentliche Aspekte der Sprachentwicklung sind ohne die soziale Umwelt gar nicht möglich. Der Beitrag der Eltern soll anhand der Anfänge der Sprachentwicklung verdeutlicht werden.

Mit ungefähr zwei Monaten beginnt das Kind zu gurren und zu lallen. Vokale werden endlos wiederholt (»mamamamam«). Auch taube Kinder zeigen dieses Verhalten. Damit sich dieses Lallen weiterentwickelt, muss der Säugling aber Sprache hören. Eltern gehen intuitiv auf das Lallen des Kindes ein, sie treten in einen »Lall-Dialog«, indem sie das Lallen nachahmen. Durch dieses Aufgreifen verstärken sie die Sprachbemühungen des Säuglings. Es ist intuitives und empathisches elterliches Verhalten. Die Eltern bemühen sich dabei um Blickkontakt, sie nehmen eine für das Kind angemessene Entfernung ein und erhöhen ihre Stimmlage.

All diese Verhaltensweisen der Eltern werden von Hanuš und Mechthild Papoušek als *intuitives Elternverhalten* beschrieben (2013, S. 149 ff.; ▶ Exkurs Intuitives Elternverhalten weiter unten). Sie nennen es »Baby Talk« oder »Ammensprache«. Es ist die Basis für das Erlernen von Sprache. Von Geburt an kann der Säugling Interaktion durch Blickzuwendung initiieren und durch Blickabwendung beenden. Ab dem Alter von vier bis fünf Monaten folgen Eltern den Blicken des Säuglings und der Säugling den Blicken der Eltern. Diese »geteilte Aufmerksamkeit« auf dasselbe Objekt, das von den Eltern benannt und beschrieben wird, nennt man auch *Intersubjektivität* (Siegler et al., 2016b). Es bedeutet, dass sich zwei Menschen auf dieselben Inhalte beziehen und auf die Mitteilungen der anderen Person reagieren. Ohne eine solche »geistige Begegnung« ist Lernen im Sinne von Wissensaneignung und Verstehen von Sachverhalten nicht möglich. Es spielt eine wichtige Rolle bei der frühen Sprachentwicklung. Kinder, die eine solche Situation häufig erleben, verstehen mehr von der Sprache und haben früher einen großen Wortschatz (Flom & Pick, 2003).

Später enthalten die Interaktionen ein Geben und Nehmen (»Kuckuck-da«, »Backe-Backe-Kuchen«), das Kind nimmt darin teil und die Rollen wechseln sich ab. Das Kind übt das abwechselnde Muster eines Gesprächs ein (Berk, 2020, S. 255).

> **Definition: Geteilte Aufmerksamkeit**
>
> *Geteilte Aufmerksamkeit* ist ein Prozess, bei dem die interagierenden Personen ihre Aufmerksamkeit gemeinsam bewusst auf denselben Gegenstand in der Umwelt richten.

2.3 Sozial-kognitive Entwicklung

> **Merke!**
>
> Eltern stellen intuitiv Interaktionen her (Ammensprache, Blickzuwendung, geteilte Aufmerksamkeit), ohne die ein Lernen nicht möglich wäre. Bei diesen Interaktionen teilen Eltern und Säugling ihre Aufmerksamkeit, sie beziehen sich auf dasselbe Objekt, sie reagieren auf Mitteilungen der anderen Person. Sie verfolgen die Blickrichtung und die Zeigegeste der anderen Person.

Nach dem Baby-Talk und der Ammensprache im ersten Lebensjahr lernt das Kind im zweiten Lebensjahr durch *stützende Sprache (Scaffolding)* der Bezugsperson einfache Sätze und einen erweiterten Wortschatz durch Benennungen und Erweiterungen.

Beispiel: Stützende Sprache (Scaffolding)

»Ja, schau mal her, was ist das denn? Ja, das ist ein kleiner Hund. Ja, das ist der Hund. Der macht: Wau, Wau.«

Im dritten Lebensjahr unterstützen die Eltern das Sprechenlernen durch *die lehrende Sprache (Motherese)*. Offene Fragen sollen sprachanregend wirken, ein weiterer Schwerpunkt liegt im Grammatikerwerb. Von Geburt an hören Kinder lieber einer kindgerechten Sprache zu und Eltern passen ständig Länge und Inhalt ihrer Äußerungen den Bedürfnissen des Kindes an (Weinert & Grimm, 2018, S. 454).

Beispiel: Lehrende Sprache (Motherese)

Kind: »Hatter put tetangen.«
Mutter: »Ja, das ist kaputtgegangen.«
K.: »Und da kommt des alles ins Lastwagen.«
M.: »Jetzt kommt das alles in den Lastwagen.«
K.: »Ich bin des. Ich Fuß brocht.«
M.: »Das bist Du, als Du den Fuß gebrochen hast.«
(Weinert & Grimm, 2018, S. 455)

Folgende Auflistung gibt einen Überblick über die wesentlichen Fortschritte in der Sprachentwicklung in den ersten zwei Lebensjahren:

Exkurs: Meilensteine der Sprachentwicklung

Ca. *2 Monate:* Der Säugling gurrt, er erzeugt Laute.
Ab ca. *4 Monate:* Der Säugling ist interessiert an Spielen (»Kuckkuck-da«).
Ab ca. *6 Monaten:* Der Säugling lallt, wiederholt Silben, versteht einige Worte.
8–12 Monate: Der Säugling achtet auf Benennungen von Gegenständen, er zeigt auf Dinge.

12 Monate: Das Kleinkind spricht erstes erkennbares Wort.
18–24 Monate: Das Vokabular erweitert sich auf etwa 50–200 Wörter, zwei Worte werden kombiniert.
(Berk, 2020, S. 254)

Häufige Unterhaltungen zwischen Eltern und Kindern und insbesondere das gemeinsame Ansehen von Bilderbüchern und Sprechen-darüber sagen eine gute sprachliche Entwicklung und späteren Schulerfolg sehr zuverlässig voraus. Dagegen führen Ungeduld, Geringschätzung den sprachlichen Möglichkeiten des Kindes gegenüber und ständiges Verbessern dazu, dass das Kind seine sprachlichen Bemühungen wiedereinstellt.

Exkurs: Wie kann man den frühen Spracherwerb fördern?

- Auf die Laute des Kindes reagieren
- Gemeinsame Aufmerksamkeit aufbauen
- Kommentieren, was das Kind sieht
- Singspiele gemeinsam machen
- Sich oft mit dem Kind unterhalten
- Vorlesen und über die Bilder unterhalten
- Als-ob-Spiele spielen

Solche Strategien fördern viele Aspekte von Sprache, z. B. die Erweiterung des Wortschatzes und das Erlernen der Dialogstruktur eines Gesprächs. Sie lassen schulischen Erfolg erwarten (Berk, 2011, S. 234).

Das Erlernen der Sprache zeigt eindrucksvoll die große Bedeutung, die den Bezugspersonen zukommt; sie fördern in einer emotional zugewandten Interaktion intuitiv den Spracherwerb. Das feinfühlige Eingehen auf die sprachlichen Möglichkeiten des Kleinkindes ist empathisches Verhalten.

Zusammenfassung

Die Theory of Mind macht wichtige Aussagen über die Fähigkeit zur Perspektivenübernahme bei kleinen Kindern und ergänzt Piagets Theorie. Die Entwicklung der Sprache in der frühen Kindheit zeigt eindrucksvoll die große Bedeutung, die der emotional-zugewandten Interaktion mit den Bezugspersonen für den Spracherwerb zukommt.

Verständnisfragen

- Was ist die Theory of Mind und inwieweit ergänzt die Theorie das Modell von Piaget?
- Zählen Sie einige Strategien zur Förderung des frühen Spracherwerbs auf.

2.4 Sozial-emotionale Entwicklung

Ebenso wie die kognitive Entwicklung benötigt auch die emotionale Entwicklung den sozialen Kontext. Die in ▶ Kap.2.3.1 beschriebene Theory of Mind stellt ein Bindeglied zwischen der kognitiven Entwicklung und der emotionalen Entwicklung dar: Die Fähigkeit zur Perspektivenübernahme ist sowohl ein kognitiver Entwicklungsschritt, weil eine weitere Vorstellungsebene erreicht wird, als auch eine sozial-emotionale Kompetenz, weil sie eine Vorstufe zur Empathie darstellt.

Emotionales Verhalten ist ebenfalls auf einen Dialog mit einem Gegenüber angewiesen. Das soziale Widerlächeln, die Bindung an eine andere Person, das »Trotzverhalten« und andere Autonomiebestrebungen sind ohne ein (vorhandenes und reagierendes) Gegenüber nicht denkbar. Im Folgenden wird deshalb das emotionale Verhalten des Kindes immer in Verbindung mit dem elterlichen Verhalten dargestellt.

2.4.1 Die differenzierte Interaktion zwischen Kind und Eltern

In den ersten eineinhalb Lebensjahren, der vorsprachlichen Zeit, sind Gefühle die wichtigste Ausdrucksform. Der Säugling drückt damit Wohlbehagen, Unbehagen, Hunger, Freude oder Furcht aus. Sie dienen der Verhaltenssteuerung, dem Aufbau und dem Abbruch von Beziehungen. Die Ausdifferenzierung der Emotionen geschieht in den ersten drei Lebensjahren in enger Beziehung zu der Regulation der Gefühle durch die Bezugspersonen. Denn Emotionen signalisieren Bedürfnisse und erfordern deshalb eine angemessene Reaktion der Bezugsperson. Aus diesen Vorläufer-Emotionen differenzieren sich weitere Emotionssysteme heraus.

Exkurs: Welche Gefühle entwickeln sich wann?

Ab der Geburt gibt es Gefühle von Unwohlsein, Ekel, Erschrecken und Neugier. Im weiteren Verlauf des ersten Lebensjahres kommen Freude, Frustration, Ärger, Traurigkeit, Angst und Überraschung dazu. Im zweiten Lebensjahr treten erstmals Verlegenheit, Stolz und Scham auf. Mit drei Jahren kann man Schuldgefühle beobachten.

Gefühle sind auch ein Appell an die Bezugsperson:

- Mach alles wieder gut!
- Tröste mich!
- Rette mich aus der Gefahr!
- Nimm den Reiz weg!
- Gib mir mehr Informationen!
- Bewundere mich!
- Verzeih mir!

- Akzeptier, dass es mir leidtut!

(Holodynski & Oerter, 2012, S. 505; Pauen & Ross, 2020, S. 102)

Abb. 2.16: Eliah staunt! Auch Staunen ist eine Emotion. Sie tritt beim Erleben von etwas Unerwartetem oder Unbekanntem auf (Privatbesitz der Autorin)

In der frühen Kindheit gibt es qualitative Wendepunkte in der Entwicklung der Persönlichkeit, die durch Emotionen markiert sind:

1. *Das soziale Widerlächeln* (6. Woche): Das augenfälligste neue Verhalten ist das soziale Lächeln ab der sechsten Woche. Man spricht vom Schaukind: Es nimmt intensiven Blickkontakt auf. Die Mimik des Gegenübers wird zu einer wichtigen Informationsquelle. Nachahmung wird zu einem wichtigen Lernmedium. Das gegenseitige Anlächeln als ein nichtsprachlicher Dialog wird ergänzt durch die Lallsprache zwischen Eltern und Kind, die zunehmend einen Dialogcharakter bekommt.
2. *Das Fremdeln* (8. Monat): Beim Kind tritt beim Anblick unbekannter oder unvertrauter Personen Angst auf. Es ist ein Zeichen, dass es Bindung zu seinen wichtigen Bezugspersonen aufgebaut hat und zwischen diesen und anderen Menschen unterscheiden kann. Bei Trennungen kommt es zu starken Angstreaktionen.
3. Der *Trotz* und das Entdecken der Bedeutung des »Nein« (18. Monat)

Alle drei Meilensteine der Persönlichkeitsentwicklung sind lebenslange Themen. So ist die Autonomieentwicklung, die hinter dem Trotz steht, im Jugendalter wieder relevant (▶ Kap. 3), ebenso im Kontext von Familienentwicklung (▶ Kap. 4). In ▶ Kap. 5 wird sie als wichtiges Beziehungsthema behandelt: Wie erreicht man in einer romantischen Beziehung ein Gleichgewicht zwischen Bezogenheit auf die andere Person (Nähe) und Selbstverwirklichung (Autonomie)? Auch das Bindungsthema, welches sich erstmals beim Anlächeln (Bindung herstellen) und beim Fremdeln (Bindung behalten) zeigt, durchzieht das gesamte Leben: Immer wieder geht der Mensch neue Bindungen ein: Liebesbeziehungen zu einer Person, zu den Kindern und Enkeln. Dazu, wie eindeutig vertrauensvoll und sicher oder wie unsicher Liebesbeziehungen gestaltet werden, gibt die Bindungstheorie, die in ▶ Kap. 2.5 dargestellt wird, Hinweise.

Die frühe Kindheit enthält wie alle anderen Lebensphasen Aufgaben, die eine Bewältigung erfordern. Die amerikanischen Entwicklungspsychologen Everett Waters und Alan Sroufe (1983, S. 85, ▶ Tab. 2.2) haben eine Auswahl relevanter Entwicklungsaufgaben der frühen Kindheit getroffen. Sie sind differenzierter als die von Havighurst aufgeführten Aufgaben dieser Phase (▶ Kap. 1.4); sie nehmen besonderen Bezug auf die emotionale Entwicklung und führen darüber hinaus die entsprechenden entwicklungsadäquaten Reaktionen der erwachsenen Bezugspersonen auf. Somit werden sie einer interaktionistischen, d. h. einer Sichtweise der wechselseitigen Beeinflussung, gerecht:

Tab. 2.2: Entwicklungsaufgaben der frühen Kindheit nach Waters & Sroufe (1983, S. 85)

Alter (in Monaten)	Thema (Aufgabenbereich)	Aufgabe der Bezugsperson
0–3	physiologische Regulation	behutsame Pflegeroutinen
3–6	Handhabung von Spannungen	Sensitive, kooperative Interaktion
6–12	Aufbau einer effektiven Bindung (Attachment)	Erreichbarkeit, Bereitschaft zu antworten
12–18	erfolgreiche Exploration	sicherer Bezugspunkt
18–30	Individuation (Autonomie)	nachhaltige Unterstützung
30–54	Handhaben von impulsiven Regungen, Geschlechtsrollenidentifikation, Beziehung zu Gleichaltrigen	klare Rollen und Werte, flexible Selbstkontrolle

Der Mensch kommt als beziehungsfähiges Wesen auf die Welt und ist auf den Austausch mit einer oder mehreren Bezugspersonen angewiesen. Die wesentlichen Schritte in der Persönlichkeitsentwicklung in der Kleinkindphase sind der Aufbau von Bindung und die sich daran anschließende Entwicklung von Autonomie.

Der Säugling ist bereits mit zahlreichen sozial-emotionalen Kompetenzen ausgestattet. So sendet er seinen Bezugspersonen eine Vielzahl an Signalen zur Beziehungsaufnahme. Auf diese Schlüsselreize wie Lächeln, Weinen oder Saugen reagieren die Eltern mit »intuitiver, elterlicher Didaktik« (Papoušek & Papoušek, 2013, S. 149 ff.). Sie gehen mimisch, gestisch und stimmlich auf die Befindlichkeit und Interaktionsbereitschaft des Säuglings ein und beantworten sie mit zahlreichen unterstützenden Verhaltensweisen. Damit regulieren sie die kindlichen Emotionen. In unbekannten Situationen orientieren sich schon wenige Monate alte Säuglinge durch Blickzuwendungen zur Bezugsperson an dieser und ahmen sie nach. Dieses Verhalten, das man *soziale Rückversicherung* nennt, nimmt in der frühen Entwicklung eine zentrale Rolle bei der Integration neuer Erfahrungen ein.

Exkurs: Intuitives Elternverhalten

Das Ehepaar Papoušek (1987) filmte das spontane Verhalten von Eltern mit ihrem Baby und fand heraus, dass Eltern, unabhängig welcher Kultur sie angehören, auf dieselbe Weise auf das Verhalten ihres Kindes reagieren. Sie reagieren so, dass es für das Lernbedürfnis und die Möglichkeiten des Kindes optimal angemessen ist. Intuitives Elternverhalten (▶ Tab. 2.3) ist bereits bei größeren Kindern (ab ca. acht Jahren) in Bezug auf Babys zu beobachten.

Die elterlichen Reaktionen finden in einem so engen Zeitfenster statt (200–600 Millisekunden), dass sie nicht auf bewussten Entscheidungen der Eltern basieren können, sie sind unbewusst und vorrational, eben intuitiv.

Zu diesen Verhaltensweisen gehören:

Das *Herstellen des visuellen Kontaktes:* Herstellen des unmittelbaren Blickkontakts, sie rufen das Kind, machen rhythmische Geräusche, regulieren die Blickdistanz auf 25 cm, reagieren mit Augenbrauengruß und Kopfnicken.

Tab. 2.3: Intuitives Elternverhalten nach dem Ehepaar Papoušek (1987)

Mimik	• Augenbrauengruß: die Augenbrauen werden angehoben • Bemühungen um Blickkontakt • übertrieben wirkender Ausdruck von Freude • Überraschung, Erstaunen • rhythmische Wiederholungen des mimischen Ausdrucks

Stimme	• höhere Stimmlage
	• melodische Stimmführung (Singsang):
	  – anregende Stimmführung, um Aufmerksamkeit zu erlangen
	  – abfallende Stimmführung, um beruhigend zu wirken
	• Variation der Lautstärke entsprechend des kindlichen Verhaltenszustandes
	  – zum Beispiel Flüstern, um zu beruhigen oder erneute Aufmerksamkeit zu erlangen

Gestik	• Regulation von Nähe und Abstand • Zeigegesten zur Lenkung der Aufmerksamkeit auf einen bestimmten Gegenstand

Sprache	• Verwendung von Baby- und Ammensprache
	  – z. B. Nachahmung der kindlichen Vokalisation
	  – z. B. Verwendung von rhythmischen Silben, kurzen Sätze, häufigen Wiederholungen, Verkleinerungen

Das *Herstellen der Kommunikationssituation* durch Schräglage des Kopfes, Übertreiben der Mimik (z. B. beim Füttern den eigenen Mund öffnen usw.). Dialogstruktur: auf mimische und gestische Signale des Kindes reagieren, die vokalen Äußerungen des Kindes nachahmen, Duettieren, rhythmische Silben und kurze

2.4 Sozial-emotionale Entwicklung

Sätze verwenden. Stimmlage erhöhen (anregen), Stimmlage senken (beruhigen). Stimmlage dem Kind anpassen.

Die *angemessene Stimulation:* Die Eltern sprechen direkt zu dem Kind; unmittelbarer Blickkontakt. Intensität und Prosodie (Sprachmelodie) sind dem Fassungsvermögen des Kindes angemessen. Die Eltern vereinfachen, vergrößern den mimischen Ausdruck, sprechen langsam, deutlich, wiederholen häufig.

Die *Unterstützung* integrativer Prozesse: Eine Stimulation auf mehreren Modalitäten (visuell, akustisch, taktil). Sie fördern Nachahmung durch eigenes imitatives Verhalten. Sie greifen die Emotionslage des Kindes auf und spiegeln sie wider. Die Umwelt wird gezeigt, benannt usw.

> **Übung**
>
> Nehmen Sie Kontakt zu einem Säugling in Ihrer Umgebung auf. Beobachten Sie sich selbst. Welche intuitiven Verhaltensweisen haben Sie benutzt? Tipp: Achten Sie auf die Tonlage Ihrer Stimme, auf Ihre Mimik, auf die Bewegung Ihrer Augenbrauen.

Es gibt individuelle Unterschiede im intuitiven Elternverhalten, welches eine elterliche Kompetenz darstellt. Und es gibt Kinder, die besonders schwierig sind (Risikokinder, Kinder mit Behinderung); sie benötigen eine besonders sensitive Anpassung der Eltern. Auf die elterliche Kommunikation sendet der Säugling positive Rückkopplungssignale wie Lächeln, Anschmiegen oder ruhige Lautäußerung. Er steuert und reguliert also auch das Verhalten der Eltern, weil er damit zur Quelle positiver emotionaler Erlebnisse bei den Eltern wird. Bei dem sozialen Widerlächeln, das ab der sechsten Lebenswoche zu beobachten ist, nimmt das Kind einen intensiven Blickkontakt zu seiner Bezugsperson auf; es kann die emotionale Gestimmtheit des Gegenübers bereits anhand dessen Mimik erkennen.

Indem die Eltern alles tun, um beim Säugling positive Emotionen wie zum Beispiel das Lächeln hervorzulocken, richten sie sich intuitiv an den Bedürfnissen des Kindes aus und fördern hiermit auch sein Lernverhalten, denn erfolgreiches Lernen geht mit positiven Emotionen einher. Das Lächeln des Babys verstärkt die Eltern und sie gewinnen Selbstvertrauen, dass sie kompetente Eltern sind. Es entsteht ein *Engelskreis:* Eltern und Kind verstärken sich gegenseitig, es entsteht eine enge, positive Beziehung.

Eine weitere Kompetenz des Säuglings ist, dass er bereits emotionsauslösende Situationen ohne Mithilfe der Bezugspersonen bewältigen kann. Dies geschieht durch *Selbstberuhigungsstrategien* wie Nuckeln am Daumen, Haare drehen oder Blickabwendungsbewegungen bei Müdigkeit, Frustrationen oder Angst. Waters und Sroufe (1983) bezeichnen diese Strategien als Handhabung von Spannungen. Bereits Säuglinge unterscheiden sich voneinander hinsichtlich ihrer Fähigkeit, Selbstberuhigungsstrategien anzuwenden. Die Selbstberuhigungsstrategien dienen der Regulierung von Emotionen (▶ Definition: Emotionsregulation in Kap. 2.5.4).

2.4.2 Wenn die frühe Entwicklung problematisch verläuft

Die Entwicklungspsychologie beschäftigt sich nicht nur mit dem »normalen« Ablauf von Entwicklung, bei dem die Entwicklungsaufgaben der jeweiligen Altersstufe erfolgreich gelöst werden. Sie beschäftigt sich ebenso mit Entwicklung, die fehlläuft.

Dieses Gebiet innerhalb der Entwicklungspsychologie, die *Entwicklungspsychopathologie*, ist relativ neu. Sie beschäftigt sich mit dem Ursprung und dem Verlauf individueller Muster fehlangepassten Verhaltens über die gesamte Lebensspanne (Cicchetti, 1999). Sie berücksichtigt die kognitive, emotionale, soziale und physiologische Entwicklung sowie genetische Aspekte. Dafür bietet sie einen Rahmen, der auch die Klinische Psychologie, die Psychiatrie und die Neurowissenschaften integriert.

Die Entwicklungspsychopathologie bezieht darüber hinaus die altersangemessenen Entwicklungsaufgaben und ihre erfolgreiche Bewältigung in die Betrachtung ein. Fehlentwicklungen werden in engem Zusammenhang mit einem Scheitern an den Entwicklungsaufgaben gesehen Außerdem wird immer die interaktionistische Sichtweise eingenommen: Gerade in jungen Jahren sind Kinder wesentlich von ihren Eltern gesteuert. Ihr Verhalten bessert sich, sobald sich das Verhalten der Bezugspersonen ändert. Negative Interaktionskreisläufe können erfolgreich durchbrochen werden

Bereits ab Beginn des Lebens kann es zu Fehlentwicklungen kommen. Man spricht in dieser frühen Phase von *Regulationsstörungen*; sie beziehen sich auf die physiologische und die psychische Ebene des Säuglings und auf die Interaktionsebene Eltern-Säugling. Man kann also bei der Betrachtung der frühkindlichen Regulationsstörungen verschiedene Perspektiven einnehmen: Die Seite des Kindes, die Seite der Eltern und die Seite der Interaktion zwischen Kind und Eltern (Borke & Hawellek, 2011, S. 1083).

Typische Regulationsstörungen der frühen Kindheit (Papoušek, 1999, S. 165) beziehen sich zu Beginn des Lebens auf physiologisch-motorische Entwicklungsaufgaben, später auf Beziehungsaufgaben (Bindung, Autonomie); Die Aufgaben können sowohl bei dem Kind als auch bei den Eltern entgleisen.

Betrachtet man die *Seite des Kindes*, können Schlafstörungen, Schwierigkeiten bei der Selbstberuhigung, Fütterprobleme, Stressanzeichen bei Änderung von Routinen, exzessives Schreien und emotionale Labilität beobachtet werden. Säuglinge benötigen unterschiedlich viel Zeit, um sich auf die Vielzahl der Außenreize einzustellen und diese zu verarbeiten. Manche Säuglinge brauchen mehr Hilfe bei der Regulation unterschiedlichster Außen- und Innenreize. Sie sind schnell erschöpft bei der Konfrontation mit Reizen. Auch das Temperament spielt eine Rolle: Handelt es sich also eher um einen ruhigen Säugling oder einen aktiven, reizhungrigen? Der Kinderarzt Brazelton (1994) begleitete im Rahmen von Hausbesuchen das erste Lebensjahr verschiedener Babys und beschreibt seine Erfahrungen jeweils mit einem aktiven, einem ruhigen und einem ausgeglichenen Säugling. Die differenzierte Beschreibung der Säuglinge durch Brazelton macht die enormen Entwicklungs- und Verhaltensunterschiede im ersten Lebensjahr deutlich (a. a. O.). Es sind offenbar angeborene, temperamentsabhängige Unterschiede. In manchen Fällen sind sie auch durch auch peri- und postnatale Erfahrungen entstanden.

Störungen bei der Entwicklung von Bindungssicherheit und Exploration (▶ Kap. 2.5) können sich in Ängstlichkeit, Trennungsangst und mangelnder Exploration zeigen. In der Autonomiephase können sich Entwicklungsstörungen in ausgeprägter Impulsivität, Aggressionen und Trotzanfällen äußern. Ab welchem Ausmaß eines Verhaltens kann man nun von einer Störung sprechen?

Kriterien für exzessives Schreien sind z. B.:

- eine Auftretenshäufigkeit über mehr als drei Wochen
- an mindestens drei Tagen
- mehr als drei Stunden am Tag
- fehlende Ansprechbarkeit auf Beruhigungsversuche und verminderter Gesamtschlaf (Thiel-Bonney & Cierpka, 2012).

Ähnliche Kriterien wurden für Schlafstörungen und Fütterstörungen entwickelt (DGKJP, 2007). Ein Viertel aller Babys zeigt im ersten Lebensjahr die beschriebenen Probleme (Vonderlin & Pauen, 2013), die sich in den meisten Fällen im weiteren Entwicklungsverlauf wieder auflösen.

> **Merke!**
>
> Abweichungen und Störungen sind in der frühen Kindheit schwer zu diagnostizieren, da besonders in dieser frühen Phase Entwicklung sehr individuell und variabel verläuft. Prognosen sind nur mit großer Vorsicht möglich: Viele Babys schreien stundenlang und sind schwer zu beruhigen; sie haben z. B. Koliken. Das wächst sich aus und erlaubt keine Aussage über eine spätere Störung. Bei der Bewältigung und Regulation dieser Probleme kann die frühe Eltern-Kind-Beziehung ein Risikofaktor (▶ Exkurs: Gespenster im Kinderzimmer) aber auch ein Schutzfaktor (▶ Exkurs: Intuitives Elternverhalten) sein.

Auch Papoušek (1999, S. 167 ff.), die die »Münchner Schreiambulanz« für um Hilfe suchende, frisch gebackene Eltern einrichtete und andere Forscher*innen (Brazelton, 1994) stellten fest, dass Anpassungsprobleme in der frühen Kindheit sehr häufig sind. Offensichtlich gibt es in den ersten zwei Lebensjahren biopsychosoziale Entwicklungsschübe, die Phasen erhöhter Krisenanfälligkeit darstellen. Besonders häufig suchen Eltern die Babysprechstunde im Alter der Babys von drei Monaten, sieben bis zehn Monaten und in der Mitte des zweiten Lebensjahres auf (Papoušek,1999, S. 167). Meist handelt es sich um leicht zu beeinflussende »ganz normale Katastrophen«, die aber, wenn sie anhaltend sind, die Eltern-Kind-Beziehung nachhaltig gefährden. Mütter reagieren auf die Regulationsstörungen mit Erschöpfung, psychischer Überforderung, Depressivität, Unsicherheit, verletztem Selbstwertgefühl und Belastungen in der Paarbeziehung.

Betrachtet man die *Seite der Eltern*, ist das bereits beschriebene Konzept der intuitiven elterlichen Kompetenzen bedeutsam (Papoušek & Papoušek, 2002). Eltern wenden intuitiv unterstützendes und auf die Möglichkeiten des Säuglings abgestimmtes Verhalten an, welches dem Säugling optimale Lernsituationen bietet und eine enge emotionale Beziehung fördert. Sie reagieren zeitnah auf kindliche Signale, deren Geschwindigkeit genau der kindlichen Gedächtnisspanne entspricht. Das schnelle und zuverlässige Reagieren auf den Säugling hilft ihm, Kausalitäten zu erkennen; und sie reagieren liebevoll, zugewandt und fürsorglich auf ihr Baby. Sie helfen ihm durch dieses Verhalten, seine Emotionen zu regulieren; er lernt dadurch, später seine Emotionen selbst zu regulieren.

Allerdings kann der Zugang zum eigenen intuitiven elterlichen Verhalten durch aktuellen Stress, psychische Krankheit oder die eigene Biografie, den sogenannten »Gespenstern im Kinderzimmer« verschüttet sein. Dann handelt es sich nicht mehr nur um »ganz normale Katastrophen«, sondern um behandlungsbedürftige Störungen.

Exkurs: Gespenster im Kinderzimmer

»Gespenster im Kinderzimmer« beschreibt ein Konzept der Psychoanalytikerin Selma Fraiberg (1980). Es geht davon aus, dass die Kindheit der Eltern in den aktuellen Interaktionen mit dem eigenen Kind eine wichtige Rolle spielt, weil sie durch diese wiederbelebt wird. Das Baby selbst und auch seine Verhaltensweisen wie etwa Schreien wirken wie ein *Trigger (Auslöser)*. Verdrängte Konflikte und Traumata bei den Eltern kommen hoch und werden am Kind wiederholt. Fraiberg nennt diese Belastungen »Gespenster« und »Besucher aus der unerinnerten Vergangenheit«. Fraiberg beschreibt zwei »Gespenster«: 1. die Projektion, d. h. Übertragung eigener negativer und positiver Anteile auf das Kind (»Mein Kind ist wie ich«) und 2. die Projektion einer wichtigen Person aus der eigenen Vergangenheit auf das Kind (»Mein Kind ist wie meine Mutter, Vater, Schwester«). Das Kind wird durch solche Projektionen, die auch in späteren Altersstufen stattfinden können, in seiner Entwicklung eingeengt. Da der Blick auf das Kind durch eigene Konflikte verstellt ist, wird das Kind in seiner eigenen Persönlichkeit mit seinen Wünschen und Bedürfnissen nicht gesehen.

In der frühen Kindheit beziehen sich diese Gespenster auf die zwei fundamentalen Situationen Schlafen und Essen. Die Regulation des Schlafes bedeutet für das Kind, durch Selbstberuhigungsstrategien in den Schlaf zu finden. Für die Eltern bedeutet es, sich als Einschlafhilfe zunehmend zurückzuziehen. Für beide bedeutet es eine Trennungsthematik. Bringen Eltern eine Trennungsproblematik oder ein Trennungstrauma aus der eigenen Kindheit mit, kann durch diese Vermischung der eigenen Geschichte mit der gegenwärtigen Situation die Interaktion eskalieren. Ebenso sind Still- und Füttersituationen für Projektionen geeignet (»Gespenster am Esstisch«). In Barth (2004) und Jacubeit (2004) finden sich dazu interessante Fallbeispiele.

Mehr über Projektionen und Aufträge an das Kind erfahren Sie in ▶ Kap. 4.

Merke!

Die psychoanalytische Sichtweise geht davon aus, dass kindliche Schlaf- und Essprobleme häufig Interaktionsstörungen zwischen Eltern und Kind darstellen;

sie beruhen auf ungelösten Problemen der Eltern. Sie können gelöst werden durch eine Aufarbeitung der Kindheitserfahrungen der Eltern.

Zusammenfassung

In den ersten zwei Lebensjahren entsteht eine breite Palette von Gefühlen, die sich in der Interaktion mit den Bezugspersonen weiter differenziert. Für die sozial-emotionale Entwicklung hat die frühe Eltern-Kind-Beziehung eine besondere Bedeutung. Durch die eng verzahnte Beziehung und die gegenseitige Beeinflussung können Engelskreise, aber auch Teufelskreise entstehen. Eltern gehen mit intuitivem Verhalten auf die Bedürfnisse des Kindes ein und unterstützen ihr Kind in der Regulation seiner Gefühlszustände, sodass es schließlich diese selbst regulieren kann. Frühe Regulationsstörungen wie exzessives Schreien, Schlafstörungen und Fütterstörungen sind sehr häufig und wachsen sich in der Regel aus. Davon abzugrenzen sind Beziehungsstörungen zwischen Eltern und Kind aufgrund eigener Probleme der Eltern; die Ursache dieser Probleme ist häufig in der eigenen Kindheit der Eltern zu suchen. In diesen Fällen ist eine psychologische Beratung/Therapie sinnvoll.

Verständnisfragen

- Durch welche Verhaltensweisen ist das intuitive Elternverhalten gekennzeichnet?
- Was sind Selbstberuhigungsstrategien? Nennen Sie Beispiele.
- Was sind Regulationsstörungen? Nennen Sie Beispiele.
- Definieren Sie die Entwicklungspsychopathologie.

2.5 Bindungsaufbau: Eine Entwicklungsaufgabe der frühen Kindheit

Ferkel schlich sich von hinten an Pu heran. »Pu!« flüsterte es. »Ja, Ferkel?« »Ach, nichts«, sagte Ferkel und nahm Pus Tatze. »Ich wollte nur sicher sein, dass Du da bist«.
(A. A. Milne: Pu, der Bär)

Warum wird die Entwicklungsaufgabe des »Aufbaus einer effektiven Bindung« (▶ Tab. 2.2) zur näheren Betrachtung ausgewählt?

Die Bindungstheorie ist zu Recht eine der einflussreichsten Theorien der Entwicklungspsychologie. Sie kann nachweisen, dass gerade frühe Bindungserfahrungen die weitere Entwicklung eines Menschen über die Lebensspanne maßgeblich beeinflussen. Viele Studien konnten darüber hinaus zeigen, dass eine sichere Bindung positiv mit anderen Entwicklungsmaßen wie z. B. Sozialverhalten oder Selbstkonzept zusammenhängt (Thompson et al., 1995). Ein gelingender Bindungsaufbau in der frühen Kindheit geht u. a. mit späteren positiven Gleichaltrigen-Beziehungen sowie schulischem Erfolg, Selbstvertrauen, Empathie, guten Konfliktlösungsstrategien, einer guten Paarbeziehung im Erwachsenenalter und weiteren Merkmalen einher, die Schutzfaktoren bei der Bewältigung belastender Lebensumstände sind. Ein sicheres Bindungsmuster aktiviert aber nicht nur Schutzfaktoren, sondern stellt auch selbst einen der mächtigsten Schutzfaktoren im Leben dar (Luthar, Crossman & Small, 2015).

2.5.1 Das erste Lebensjahr: Abhängigkeit und Bindungswunsch

Wann und auf welche Weise entwickelt sich eine Bindung und welchen Beitrag leistet die Bindungsperson? Im Folgenden wird die Entwicklung von Bindungsverhalten durch die Interaktion mit der Bezugsperson dargestellt.

Der Vater der Bindungstheorie, der Kinderarzt John Bowlby (1984), hat Bindung als ein Primärbedürfnis definiert: Da der Säugling physiologisch gesehen von seiner biologischen Ausstattung her noch intrauterinen Schutz braucht und ohne Schutz nicht lebensfähig ist, sucht er aktiv die Nähe zu Bezugspersonen auf, die ihm Schutz gewähren. Das Beziehungsherstellen hilft ihm – evolutionsbiologisch gesehen – sein Überleben zu sichern.

Der Säugling ist nicht nur biologisch abhängig von anderen Personen, sondern hat darüber hinaus auch ein Bedürfnis nach Bindung. Wird dieser grundlegende Wunsch nach Bindung zurückgewiesen, kann auch kein Urvertrauen entstehen (Erikson, 2017). Vielmehr entstehen schwere Störungen im späteren Leben, die von Verlust- und Verlassenheitsängsten begleitet werden (Eckhardt-Henn et al., 2018, S. 23). Die Befriedigung der psychischen Abhängigkeitsbedürfnisse und das Entstehen von Urvertrauen entwickeln sich durch die kontinuierliche Anwesenheit einer oder mehrerer emotional zugewandter Bezugspersonen, die interessiert und fürsorglich am Erleben des Kindes teilnehmen. Nach Waters und Sroufe (1983) ist das die zentrale Aufgabe der Bezugsperson, die »sensitive, kooperative Interaktion und Bereitschaft, auf den Säugling zu antworten (▶ Kap. 2.4).

> **Berufsbezug**
>
> Für Psycholog*innen ist die Kenntnis der Bindungstheorie von großer Bedeutung. Sie arbeiten später z. B. therapeutisch und beratend mit Familien, in denen Bindungsprozesse gescheitert sind. Kinder wurden nicht beschützt, sondern vernachlässigt, misshandelt oder sexuell missbraucht. Das Bindungsverhalten der Kinder zu ihren Eltern gibt Hinweise darauf. Psychologische Fachkräfte sollten deshalb das Bindungsverhalten von Kindern beobachten und einordnen können: Sucht das Kind in einer Angstsituation Schutz bei ihrer Bindungsperson oder meidet sie diese?
>
> Auch in Paartherapien ist Bindung ein zentrales Thema: Paarbeziehungen sind Bindungsbeziehungen, in denen emotionale Sicherheit durch Verbunden-

heit gesucht wird. Menschen begeben sich in Psychotherapie, weil ihre Liebesbeziehungen scheitern oder konflikthaft sind, weil die Bindungen an die Eltern oder Kinder ungelöst, konflikthaft und verstrickt sind. Auf der Ebene der therapeutischen Beziehung muss das Bindungsmuster der Hilfesuchenden ebenfalls berücksichtigt werden. Nur eine professionelle Psychotherapie, die Bindungswünsche und Bindungsängste des Gegenübers berücksichtigt und der es gelingt, gute und vertrauensvolle Beziehungen zu den Klient*innen herzustellen, wird erfolgreich sein.

Die Befunde der Bindungsforschung nehmen sowohl in der Entwicklungspsychologie als auch in der Klinischen Psychologie eine bedeutsame Rolle ein. Sie führten sogar zu Veränderungen im Gesundheitsbereich. So ist das sogenannte *Rooming-in*, also die Praxis von Krankenhäusern, die Eltern im selben Zimmer mit ihrem erkrankten Kind unterzubringen und ihnen dadurch zu ermöglichen, kontinuierlich anwesend zu sein, eine direkte Konsequenz aus den Erkenntnissen der Bindungsforschung: Es wird damit negativen psychischen Folgen von Trennung vorgebeugt, die sich im schlimmsten Fall in Hospitalismus und Deprivationserscheinungen niederschlagen. Ebenso hatte die Bindungsforschung Einfluss auf die außerfamiliäre Kinderbetreuung. Sie konnte nämlich nachweisen, dass die Anwesenheit der Bindungspersonen (in der Regel die Eltern) während der Eingewöhnung des Kindes in der Krippe und dem Kindergarten eine nachweisliche Entlastung für das Kind darstellt (Ahnert & Rickert, 2000). Seit den 1980er Jahren wird diesen Erkenntnissen als »Berliner Modell« (Braukhane & Knobeloch, 2011) Rechnung getragen; es gehört seitdem zum Standardverfahren, dass das künftige Kita-Kind behutsam in Anwesenheit seiner primären Bezugsperson in der fremden Umgebung der Kita eingewöhnt wird. Ihm wird Zeit gegeben, sich in der Krippe einzuleben und zu seiner Bezugserzieherin Vertrauen zu fassen (a. a. O.).

Vorläufer der Bindungsforschung sind die Untersuchungen des Verhaltensforschers Harlow (1958) und des Psychologen Spitz (1980), die sich beide experimentell mit den Auswirkungen von Mutterdeprivation beschäftigt haben. Sie gaben den Anstoß für weitere Forschung zur Bedeutung von Bindung.

Experimente zum Bindungsverhalten

Experiment 1: Was ist wichtiger, Körperkontakt oder Nahrung?

Harry Harlow (1958) untersuchte das Verhalten mutterlos aufgewachsener Rhesusaffen. Dazu konstruierte er einen Testraum, in dem die Affen spielen und die Umgebung erkunden konnten. Wurden die Affen dann von der Mutter getrennt und in einen Maschendrahtkäfig gesetzt, starben diese – trotz guter Ernährung – innerhalb von fünf Tagen. Besser war das Wohlbefinden der Affen, wenn sich als Mutterattrappe ein Maschendrahtkegel, an dem eine Milchflasche gefestigt war, im Raum befand. War in einer weiteren Variation die Mutterattrappe mit Stoff überzogen, entwickelten sich die Affen zunächst normal. Harlow interessierte nun, ob die Affenbabys Nahrung oder Körperkontakt bevorzugten. Er war sich sicher, dass sie die Nahrung favorisieren würden, da diese für die Lebenserhaltung unverzichtbar ist. In seinem neuen Versuchsaufbau befand sich in dem Käfig eine »Plüschmutter« ohne Flasche und eine »Maschendrahtmutter« mit Flasche. Er zählte nun, wie oft die Affenbabys schutz- und kontaktsuchend diese Mutterattrappen aufsuchten. Auf diese Weise stellte er die Kontakthäufigkeit fest, welches er als Maß für Bindung definierte. Im Ergebnis hielten sich die Affen fast immer bei der »Plüschmutter« auf, nur zum Hungerstillen wechselten sie zur »Maschendrahtmutter«. Der Forscher bezeichnete dieses Verhalten der Affen als *Kontaktbehaglichkeit* (anklammern, schaukeln, Blickkontakt herstellen). In angstauslösenden Situationen (ein lärmender Roboterbär wurde in den Käfig gestellt) flohen die Affen ebenfalls zu der Stoffattrappe und kuschelten sich an. Harlow glaubte, in der Stoffattrappe den idealen Mutterersatz erfunden zu haben, musste diese Ansicht aber revidieren. Es stellte sich nämlich heraus, dass die mutterlos aufgewachsenen Affen in ihrem späteren Leben als Erwachsene sozial inkompetent waren: In ihrem Affenrudel konnten sie sich nicht eingliedern und nahmen auch keine sexuelle Beziehung zu einem*r Partner*in auf. Befruchtete man sie künstlich, entpuppten sie sich als rabiate »Rabenmütter«. Diese erschreckenden Phänomene konnten durch das Aufwachsen mit Gleichaltrigen unter den Versuchsbedingungen nur geringfügig abgemildert werden.

Abb. 2.17: Affen bevorzugen Körperkontakt (weiches Fell) gegenüber Nahrung (angefertigt von Sabrina Hilz)

2.5 Bindungsaufbau: Eine Entwicklungsaufgabe der frühen Kindheit

Experiment 2: Welche Auswirkungen hat die Trennung von Bezugspersonen in der frühen Kindheit?

Zu der Frage, wie die Folgen dauerhafter Trennung von wichtigen Bezugspersonen bei Menschen aussehen, geben die Untersuchungen von René Spitz (1980) Auskunft.

Spitz untersuchte die Auswirkungen des Aufwachsens im Heim auf Säuglinge und Kleinkinder. Die Studien von Spitz erlauben einen Einblick in die Folgen der frühen Hospitalisierung. Spitz verglich Säuglinge in einem »Findelhaus« (die damalige Bezeichnung für ein Kinderheim), die von ihren Müttern weggegeben worden waren und auf ihre Adoption warteten, mit Säuglingen, die in einem Frauengefängnis aufwuchsen und dort von ihren Müttern stundenweise versorgt wurden. Die typischen Findelhäuser zeichneten sich zwar durch einwandfreie Hygiene und ausreichende Ernährung aus. Die Säuglinge waren aber in großen Schlafsälen in isolierten Glasboxen untergebracht und wurden durch eine Vielzahl von Schwestern betreut, die nur wenig Zeit auf jeden einzelnen Säugling verwenden konnten und rasch und mechanisch die Pflegehandlungen durchführten. Spitz testete ein Jahr lang alle zwei Monate den Entwicklungsstand der Findelhaus-Säuglinge und der Gefängnis-Säuglinge. Die Ergebnisse zeigten bei den Findelhauskindern, die ihr erstes Lebensjahr ohne Bindung an eine Person verbracht hatten, am Ende des ersten Lebensjahres einen Entwicklungsquotienten von 70, was einer Debilität entspricht. Debilität ist eine niedrige Ausprägung von Intelligenz, die bereits als geistige Behinderung gilt. Die Gefängniskinder hatten dagegen einen Entwicklungsquotienten von 100, was einem durchschnittlichen Wert entspricht. Spitz stellte durch seine Längsschnittstudie fest, dass die kritische Periode, in der die Entwicklungsfortschritte der beiden Stichproben auseinanderdrifteten, zwischen dem sechsten und zehnten Monat lag. Dies ist die Zeit, in der sich die Beziehung zur Mutter bzw. zur Hauptbezugsperson entwickelt und festigt und der Säugling beim Anblick unvertrauter Personen »fremdelt« (▶ Definition: Fremdeln). Werden die Kinder während oder nach dieser Periode von ihren Bezugspersonen länger als drei Wochen getrennt, erleiden sie psychische Schäden.

Lässt sich beobachten, ob Bindung entstanden ist?

In der Mitte des ersten Lebensjahres lässt sich als auffälligstes emotionales Verhalten das *Fremdeln* oder die Acht-Monats-Angst beobachten: Das Kind zeigt heftige Angstreaktionen beim Anblick von Fremden, es meidet den Blickkontakt oder fängt sogar an zu weinen. Das Fremdeln spiegelt die emotionale Beurteilung der Situation durch das Kind wider: Das Kind hat Angst vor der fremden Person, weil es zu der vertrauten Bezugsperson Bindung aufgebaut hat und Vertrauen entwickelt hat. Somit hat es einen wichtigen Entwicklungsschritt, den Aufbau von Bindung, erfolgreich bewältigt.

> **Definition: Fremdeln**
>
> *Fremdeln* bezeichnet eine verstärkte Zurückhaltung gepaart mit Angst und Misstrauen fremden Menschen gegenüber. Der Anblick der fremden Person löst das Suchen von Nähe zu vertrauten Personen aus (Elsner & Pauen, 2012, S. 177). Es tritt normalerweise um den achten Lebensmonat herum auf. Das Fremdeln ist ein wichtiger Schritt in der Persönlichkeitsentwicklung, weil es zeigt, dass eine Bindung zu vertrauten Personen entstanden ist.

2.5.2 Der Aufbau von Bindung

Bindung ist eine zwischenmenschliche Qualität, die von wichtigen Interaktionspartner*innen hergestellt wird. Sie erfüllt das Bedürfnis nach Nähe; bei Gefahr bietet die Bindungsperson einen »sicherer Hafen«, Schutz, Trost und Unterstützung. Bei Kindern stellt sie zusätzlich eine sichere Basis für das Neugierverhalten und für explorative Versuche dar. Bindung ist das grundlegende Vertrauen in eine Person.

> **Definition: Bindung**
>
> *Bindung* ist das gefühlsmäßige Band, das zwei Personen zueinander geknüpft haben und welches sie über Zeit und Raum miteinander verbindet (nach Bowlby, 1984, S. 171, Ainsworth, 1979, S. 2). Sie ist eine enge und überdauernde emotionale Beziehung, die nicht ohne weiteres auswechselbar ist.

Kernaussagen der Bindungstheorie

Die Bindungstheorie verbindet sowohl biologische und soziale als auch kognitive und emotionale Elemente miteinander. Sie geht von einem grundlegenden Bedürfnis des Kindes nach Geborgenheit, Kontakt und Liebe aus, sowie der angeborenen Neigung auf Seiten des Säuglings, die Nähe einer vertrauten Person aufzusuchen. Bowlby (1984) hat Bindung als ein Primärbedürfnis definiert und phylogenetisch durch seine biologische Funktion erklärt, die darin besteht, dass dem Säugling durch die Nähe zu der Bezugsperson Schutz vor Gefahren gewährt wird und Möglichkeiten zum Lernen geboten werden. Fühlt er sich also müde, krank, unsicher oder allein, werden Bindungsverhaltensweisen wie Lächeln, Schreien, Anklammern und Nachfolgen aktiviert mit dem Ziel, die Nähe zur vertrauten Person wiederherzustellen. Im Verlauf des ersten halben Lebensjahres wird dieses Verhalten zunehmend spezifischer auf ein oder mehrere Bezugspersonen ausgerichtet. Diesem Bindungsverhaltenssystem (*Attachment*) auf Seiten des Kindes entspricht auf der Seite des Erwachsenen komplementär das Fürsorgeverhalten (*Bonding*).

2.5 Bindungsaufbau: Eine Entwicklungsaufgabe der frühen Kindheit

Das Kleinkind aktiviert sein konkretes Bindungsverhalten (Anklammern, Schreien, Lächeln, zur Bezugsperson krabbeln) nur in Alarmsituationen, zum Beispiel, wenn die Bezugsperson fortgeht, sich zu weit entfernt, die Bittsignale um Schutz abweist, die Situation unvertraut ist oder das Kind sich unwohl fühlt. Räumliche Nähe zur Bezugsperson oder körperlicher Kontakt beenden das Bindungsverhalten. Dem Bindungsverhalten ist komplementär das Erkundungssystem zugeordnet. Wenn das Kind sich bindungssicher fühlt, also kein Bindungsverhalten zeigt, dann wagt es sich weiter fort in den Raum, erkundet Gegenstände und Personen, oft mit Rückversicherungsblicken zur sicheren elterlichen Basis. Bindungssicherheit ist also Voraussetzung für *Explorationsverhalten*. Explorationsverhalten wiederum ist ein wichtiges Element der Autonomieentwicklung. Außerdem ermöglicht es vielfältige Lernerfahrungen und fördert deshalb die kognitive Entwicklung.

Die Bindung an bestimmte Personen entwickelt sich im ersten Lebensjahr in mehreren Etappen: Zunächst lächelt das Baby jede Person ohne Unterschied, ob bekannt oder unbekannt, an. Anschließend sendet das Baby bevorzugt seine Signale an bekannte Personen. Die eigentliche Bindung (7./8. Monat) ist zu beobachten, wenn das Kind sich durch Krabbeln in die Nähe der Person bringen kann, die es vermisst. Vertraute Personen, die abwesend sind, vermisst es, weil es eine innere Vorstellung von der Person entwickelt hat. Bei fremden Personen fremdelt es.

Mit zunehmendem Alter bildet das Kind aufgrund seiner Erfahrungen mit seinen Bezugspersonen ein spezielles Bindungsmuster aus. Mary Ainsworth (2004), eine Schülerin von John Bowlby, hat mithilfe des Fremde-Situations-Experiments drei verschiedene Bindungsmuster gefunden. Später wurden sie von Mary Main und Judith Solomon (1990) um ein viertes, das desorganisierte Bindungsmuster ergänzt. Einzelne Verhaltensweisen der anderen drei Bindungsmuster können auch bei diesem Muster auftreten.

Experiment: Der Fremde-Situations-Test

Das im Folgenden geschilderte Experiment ist ein häufig angewandtes diagnostisches Verfahren zur Feststellung der Eltern-Kind-Bindungsqualität. Es wird u. a. in der Kinderpsychiatrie und im Rahmen von Sorgerechtsgutachten angewandt.

Ainsworth (2004) entwickelte ein Standardexperiment, das ein festgelegtes »Mini-Drama« zwischen Bezugsperson und Kind provoziert und aus Trennung und Wiederkehr besteht. Die Beobachtung dieser systematisierten Situation erlaubt die Diagnose von Bindungsstrategien bei ein- bis anderthalbjährigen Kindern.

Die Standardprozedur besteht aus acht Episoden, von denen jede etwa drei Minuten dauert: Die Bezugsperson und das Kind betreten das Spielzimmer (1) und akklimatisieren sich (2); das Kind hat Gelegenheit zur Erkundung (3). Es beginnt zu spielen (4). Die Bezugsperson verlässt den Raum, das Kind bleibt im Raum zurück (5). Nach kurzer Zeit kommt die Bezugsperson zurück (6). In einer Variante hält sich noch eine fremde Person im Raum auf (7), die u. U. zu dem Kind Kontakt aufnimmt (8).

Zwei Beobachtungen sind für die Einschätzung der Bindungsqualität von zentralem Interesse:

a) Wie verhält sich das Kind, wenn die Bezugsperson den Raum verlässt?
b) Wie verhält sich das Kind, wenn die Bezugsperson den Raum wieder betritt?

Anhand der Beobachtungen ließen sich vier verschiedene Bindungsqualitäten feststellen:

Sichere Bindung (B-Kinder):

Kinder dieser Gruppe suchen Nähe und Kontakt zur Bezugsperson. Das Kind zeigt intensives Bindungsverhalten, indem es Kummer; Protest und Suchverhalten bei Trennung von der Bezugsperson zeigt. Zur fremden Person im Raum verhält sich das Kind teils freundlich, teils distanziert; zur Bezugsperson aber in jedem Fall herzlicher. Bei Wiederkehr der Bezugsperson begrüßt das Kind diese freudig und möchte zu ihr wieder Nähe und Kontakt herstellen. Dieses Verhalten wird als angemessene Reaktion auf die Trennung von der geliebten Person bewertet und spiegelt eine positive und sichere Bindung zur Bezugsperson wider.

Unsicher-vermeidende Bindung (A-Kinder):

Ein weiterer Modus ist die unsicher-vermeidende Bindung. Hier zeigt das Kind kaum Tendenzen, Nähe, Kontakt, Interaktion zur Bezugsperson herzustellen und aufrechtzuerhalten, vielmehr vermeidet es den Kontakt, es spielt weitgehend allein, ohne die Bezugsperson zu beachten. In der Trennungssituation wirkt es nicht bekümmert und nimmt zu der fremden Person Kontakt auf. Es hat die Tendenz, die Fremde fast wie die Bezugsperson zu behandeln. Bei Wiederkehr der Bezugsperson ignoriert das Kind diese wieder, meidet Körperkontakt oder wendet sich ab.

Unsicher-ambivalente Bindung (C-Kinder):

Bei der unsicher-ambivalenten Bindung sind starke emotionale Reaktionen bei Abwesenheit der Bezugsperson zu erkennen, das Kind ist wütend oder auffällig passiv. Kommt die Bezugsperson jedoch zurück, zeigen diese Kinder eine Mischung aus Kontaktsuche und Kontaktwiderstand. Sie sind ärgerlich und zwischen Nähe und Widerstand hin- und hergerissen.

Desorganisierte Bindung (D-Kinder):

Im Fremde-Situations-Test finden sich Kinder, die kein klar erkennbares Bindungsmuster aufweisen. Sie sind nicht nur unsicher-vermeidend oder ambivalent gebunden, sondern zeigen darüber hinaus ein »desorganisiertes« Verhalten. Sie zeigen widersprüchliche Verhaltensmuster, ungerichtete, unterbrochene Bewegungsabläufe, stereotype Bewegungen, ein Einfrieren des Gesichtsausdrucks. Es kommt bei ihnen zu einem Zusammenbruch von Verhaltensstrategien.

Exkurs: Wie misst man die Bindungsqualität in anderen Altersstufen?

Für die Kindheit (5–8 Jahre) wurde von Bretherton und Oppenheim (2003) ein Geschichtenergänzungsverfahren entwickelt. Den Kindern werden Geschichten vorgespielt, die Themen wie Bindung, Fürsorgeverhalten (Trösten durch Eltern) und Trennung enthalten. Auf dem Höhepunkt der Handlung endet die Geschichte und muss vom Kind beendet werden. Dieses Ende wird inhaltsanalytisch ausgewertet.

Für ältere Kinder (8–18 Jahre) gibt es das Bindungsinterview für die Späte Kindheit (BISK) von Zimmermann und Scheurer-Englisch (2003).

Das Erwachseneninterview (Adult Attachment Interview; George, Caplan & Maine, 1985) erfragt das Erleben der frühen Kindheit: Lebensumstände, die Beziehungen zu den Eltern und weiterer wichtiger Bezugspersonen, Erfahrungen von Trost und Unterstützung, Trennungserfahrungen, Zurückweisungen und Bedrohungen. Das Verfahren, dessen Anwendung eine Ausbildung erfordert, misst nicht das Bindungsverhalten, sondern die Bindungsrepräsentation. Es interessiert nämlich weniger der genaue Inhalt der Antworten, sondern die Art der Darstellung. Die Aussagen werden nach ihrem Grad an Kohärenz beurteilt, d. h. inwieweit die vergangenen Erfahrungen aus der gegenwärtigen Sicht zusammenhängend, logisch, aufrichtig und anhand zahlreicher Beispiele nachvollziehbar dargestellt werden. Inkohärente Aussagen werden bei der Auswertung als Hinweis auf unverarbeitete, negative Bindungserfahrungen gesehen. Als inkohärent gelten beispielsweise unvollständige Berichte, Unstimmigkeiten in der Darstellung, das Abblocken von bindungsrelevanten Fragen, das Idealisieren der Kindheit, ohne dass Beispiele für schöne Erlebnisse erinnert werden können und vieles mehr. Anhand der sprachlichen Darstellungsweise werden die Art der emotionalen Verarbeitung und der entsprechende Bindungsstil erfasst.

2.5.3 Der Beitrag der Bezugsperson: Feinfühligkeit

Für die Entstehung eines bestimmten Bindungsmusters sind die Beziehungserfahrungen verantwortlich, die das Kleinkind mit seinen Bezugspersonen gemacht hat. Die wichtigste Beziehungserfahrung für die Bindungsqualität ist die Feinfühligkeit der Bezugsperson hinsichtlich der Signale des Säuglings im ersten Lebensjahr (Ainsworth, 2004).

Was bedeutet Feinfühligkeit?

Aufgrund umfangreicher, sorgfältig protokollierter und analysierter Beobachtungen der Eltern-Kind-Interaktion in der häuslichen Umgebung (Ainsworth, 2004; Spangler & Zimmermann, 2015) konnte nachgewiesen werden, dass das Ausmaß an

Feinfühligkeit der Bezugsperson in der Interaktion mit ihrem Kind für die Entwicklung einer sicheren Bindung ausschlaggebend ist. Feinfühligkeit beinhaltet die Fähigkeit zum Verstehen der kindlichen Signale, die realistische Wahrnehmung und Interpretation der kindlichen Äußerungen und die Bereitschaft zu prompter und angemessener Reaktion. Wichtig für die angemessene Reaktion ist nicht nur die realistische Interpretation der Signale des Kindes, sondern auch die Einfühlung in die Gefühle und Wünsche des Kindes. So kann die Bezugsperson beispielsweise den emotionalen Zustand des Kindes zwar angemessen erfassen, aber auf diesen unangemessen reagieren, weil sie sich nicht in das Kind einfühlen kann, seine Perspektive nicht übernehmen kann. Sie erfasst etwa, dass es dem Kind nicht gut geht, aber statt es auf den Arm zu nehmen und zu trösten, lacht sie es aus oder ignoriert es. Eine ausgeprägt uneinfühlsame Bezugsperson wird von Ainsworth (2004, S. 114) als eine Person beschrieben, die sich ausschließlich nach den eigenen Wünschen, Stimmungen und Aktivitäten richtet. Interaktionen zum Kind sind hauptsächlich durch eigene Impulse motiviert, auf Signale des Kindes reagiert sie verzögert oder gar nicht. Eine sehr feinfühlige Bezugsperson dagegen ist gut eingestimmt auf die Signale des Kindes und beantwortet diese prompt und angemessen. Sie kann die Dinge aus der Sicht des Kleinkindes sehen. Die Wahrnehmung der Signale ist nicht durch die eigenen Bedürfnisse oder Abwehrhaltungen verzerrt. Sie erfüllt seine Bedürfnisse; wenn sie es allerdings für besser hält, die Forderungen nicht zu erfüllen, bietet sie eine akzeptable Alternative an.

Feinfühligkeit ist keine Überbehütung, weil eigene Entwicklungsschritte nicht abgenommen werden. Die Bezugsperson macht Angebote, bietet aber nur das an, was vom Kind verlangt wird. Dadurch wird die kindliche Autonomie geachtet. Eine feinfühlige Bezugsperson kann sich auf die Individualität, das Temperament und auf eventuelle Beeinträchtigungen des Kindes einstellen. Feinfühligkeit beinhaltet also die Annahme des Kindes in seiner speziellen Eigenart und die Kooperation mit ihm. Untersuchungen zeigen, dass sich Säuglinge mit einem anfänglich schwierigen Temperament (z. B. so genannte »Schreikinder«) durch feinfühlige Interaktion umgänglicher entwickeln, anfangs umgängliche Säuglinge dagegen durch uneinfühlsame Versorgung schwierig werden (Papoušek, 2014).

> **Definition: Elterliche Feinfühligkeit**
>
> *Elterliche Feinfühligkeit* ist das zentrale Bestimmungsstück für die Entwicklung einer sicheren Bindung des Kindes zur Bezugsperson.
>
> Sie wird durch vier Merkmale charakterisiert:
>
> - Das Befinden des Säuglings wird wahrgenommen. Die Bezugsperson hat das Kind »im Blick«.
> - Die Äußerungen des Säuglings werden »richtig« interpretiert und nicht durch eigene Bedürfnisse gefärbt wahrgenommen.
> - Die Reaktion auf das Bedürfnis des Säuglings ist »prompt«. Dadurch kann der Säugling einen Zusammenhang zwischen seinem Verhalten und elterlicher

Handlung herstellen. Es wird ihm dadurch ein intensives Gefühl der eigenen Effektivität, der Selbstwirksamkeit vermittelt im Gegensatz zu Hilflosigkeitsgefühlen.
- Die Reaktion auf den Säugling ist »angemessen«, d. h. er bekommt, was er braucht. Die Angemessenheit der elterlichen Reaktion verändert sich mit der Entwicklung des Kindes.

Berufsbezug

Sicher kennen Sie den Begriff der Empathie. Dann wird Ihnen aufgefallen sein, dass das Feinfühligkeitskonzept sehr verwandt mit dem Empathiekonzept ist (Goldman & Sripada, 2005).
Empathie gilt als eine sozial-emotionale Schlüsselkompetenz (Malti, Häcker & Nakamura, 2009) und ist für professionelle psychologische Arbeit unerlässlich. Es ist die Fähigkeit, die Emotionen anderer Personen wahrzunehmen und zu verstehen (Was fühlt mein Gegenüber gerade?). Das Verstehen der Gefühle anderer Personen (Empathie) wird erleichtert durch das Verstehen der eigenen Gefühle (Selbstempathie: Was fühle ich gerade?) (vgl. auch Kap. 5.4.3).

Definition: Empathie und Feinfühligkeit

Empathie ist die Einfühlung in die Welt der anderen Person. Dabei wird zwischen zwei Komponenten unterschieden, der affektiven (oder emotionalen) und der kognitiven Empathie. Die affektive Empathie ist ein Vorgang, bei dem man an der Emotion der anderen Person teilnimmt, emotional mitschwingt und dadurch versteht, was der andere fühlt (Bischof-Köhler, 2009). Die kognitive Empathie beinhaltet die Fähigkeit, die Gefühle und Absichten des Gegenübers zu erkennen, es muss aber nicht zwangsläufig ein emotionales Mitschwingen folgen (Richell et al., 2003, ▶ 2.3.1 zur Theory of Mind). Grundlage der Empathie ist die Selbstwahrnehmung: Je offener eine Person für ihre eigenen Emotionen ist, desto besser kann sie auch die Gefühle anderer deuten. Der Empathiebegriff überschneidet sich mit der Theory of Mind (ToM, ▶ Kap. 2.3.1). Die ToM hat besonders die Entwicklung der Empathiefähigkeit untersucht.
Feinfühligkeit bedeutet »[s]ich auf die Entwicklung und die Erfahrungswelt des eigenen Kindes einlassen; sich von seinen Signalen, Interessen, Vorlieben, Freuden und Kümmernissen leiten lassen; sich dabei auf die eigenen intuitiven Kompetenzen verlassen; sich zu Spiel und Erfindungslust mit dem Baby verführen lassen und bei all dem mit dem Baby sprechen« (Papoušek, 2008, S. 168).

Fazit: Mit Feinfühligkeit im Umgang mit Kindern ist dasselbe wie Empathie gemeint.
Bereits in ▶ Kap. 1.6 haben Sie Empathie als wichtige personale Ressource im Kontext der Resilienzforschung kennengelernt. In ▶ Kap. 2.4.1 haben Sie empathisches Verhalten als »intuitives Elternverhalten« kennengelernt. Im vorlie-

genden Kapitel lernen Sie Empathie als Feinfühligkeit kennen. Feinfühligkeit auf Elternseite ist die wichtigste Voraussetzung für ein sicheres Bindungsmuster auf Seiten des Kindes. Später werden Sie die Bedeutung von Empathie im Rahmen von Erziehung (▶ Kap. 4) und von Paarbeziehungen (▶ Kap. 5) kennenlernen.

Berufsbezug

Empathie ist eine sozial-emotionale Schlüsselkompetenz und lebenslange, wichtige Ressource. Sie erleichtert und ermöglicht persönliche und berufliche Beziehungsgestaltung und hilft, Konflikte auf friedlichem und konstruktivem Weg zu lösen. Damit ist sie eine notwendige Basisfertigkeit in psychologischen Berufsfeldern und ein zentrales »Werkzeug« im professionellen Umgang mit Klient*innen. Sie drückt sich in gelungener Kommunikation und Gesprächsführung aus. Sie gestaltet auch private Beziehungen positiv; so ist sie ein Merkmal von günstigem Erziehungsverhalten und von stabilen und harmonischen Liebesbeziehungen. Empathisches Verhalten ist bis zu einem gewissen Grad erlernbar.

Wie wirkt sich das Ausmaß der elterlichen Feinfühligkeit auf das kindliche Bindungsverhalten aus?

Die Eltern sicher gebundener Kinder reagieren konsistent und eindeutig auf die Bedürfnisse ihrer Kinder. So können diese Kinder Erwartungen von Zuverlässigkeit und Zugänglichkeit ihrer Bezugspersonen entwickeln und verinnerlichen.

Die Eltern unsicher-vermeidender Kinder sind im Umgang mit dem Kind zurückweisend; sie trösten also ihr Kind nicht, wenn es Trost braucht; sie nehmen es nicht auf den Arm, sondern ignorieren es. Da das Kind keinen Trost erwartet, zieht es sich zurück und zeigt keine emotionalen Bedürfnisse.

Die Eltern unsicher-ambivalenter Kinder sind mal einfühlsam und mal nicht. Sie zeigen ein inkonsistentes, d. h. ein unberechenbares Interaktionsverhalten: Wenn ihre Kinder bekümmert sind und Trost brauchen, können sie sich manchmal auf ihre Bedürfnisse einstellen, manchmal nicht. Häufig übertreiben sie den Trost, andere Male trösten sie gar nicht. Ihr Verhalten ist nicht vorhersehbar und stürzt die Kinder in Ungewissheit. Diese Kinder entwickeln aufgrund der Inkonsistenz der Eltern ein ambivalentes Verhältnis zu ihnen. Bei ihnen bleiben die Bindungsbedürfnisse bestehen, weil sie nicht zuverlässig befriedigt werden; der Ärger über die unzureichende Befriedigung wird ausgedrückt.

Die Eltern desorganisierter Kinder misshandeln ihre Kinder (in 70–80 % der Fälle) (Brisch, 2014; Pinquart, Schwarzer & Zimmermann, 2019, S. 205). Misshandelnde Eltern sind häufig selbst in der Kindheit durch Gewalt traumatisiert worden. In einigen Fällen misshandeln sie nicht, obwohl sie selbst Traumata erlebt haben. Sie haben dann posttraumatische oder andere psychische Erkrankungen, die ebenfalls beim Kind zu einer desorganisierten Bindung führen können. Diese Bindungsorganisation tritt also nachweislich bei Hochrisiko-Stichproben auf (Ahnert & Spangler, 2014). Dass Bindungsstile auch transgenerational weitergeben werden können, hat eine Metastudie (Verhage et al., 2016) nachgewiesen, die bei diesem Bindungsstil signifikante Zusammenhänge zwischen Müttern und Kindern feststellte.

Im Fall von Misshandlung fürchten desorganisiert gebundene Kinder ihre primären Bezugspersonen, sie führen ein Leben in ständiger Angst: Die Quelle der Angst ist die für Sicherheit und Trost aufgesuchte Bindungsperson. Deshalb ist das Schutzsuchen dem Kind verstellt. Es entsteht ein schweres Bindungstrauma (z. B. Brisch, 2014; Hedervari-Heller, 2014).

Zusammenfassend lässt sich die Bindungskonstellation des Kindes als Folge des elterlichen Verhaltens folgendermaßen darstellen:

- Reagiert die Bezugsperson prompt und angemessen auf die Bindungsbedürfnisse des Kindes, wird das Kind sicher gebunden sein.
- Reagiert die Bezugsperson zurückweisend auf die Bindungsbedürfnisse, entwickelt das Kind einen unsicher-vermeidenden Bindungsstil.
- Reagiert die Bezugsperson inkonsistent, d. h. wenig vorhersehbar, entwickelt das Kind eine unsicher-ambivalente Bindung.
- Wird das Kind durch die Bezugsperson misshandelt, entwickelt es eine desorganisierte Bindung.

Beispiel: Interaktionsverhalten, das zu unsicher-vermeidender Bindung führen kann

Die Mutter und die anderthalbjährige Tochter Laura sitzen im Warteraum. Laura spielt auf dem Boden mit einer Kette, auf die große Holzkugeln aufgefädelt werden. Als sie halbfertig ist, krabbelt sie auf ihre Mutter zu und möchte auf den Schoss (im sicheren Hafen pausieren und auftanken). Die Mutter wehrt die Versuche der Tochter, sich auf ihren Schoss hochzuziehen ab und fordert Laura auf, die Kette fertig zu machen. Sie nennt die Farben der Kugeln und zählt auf, welche Farben auf der Kette noch fehlen. Laura kehrt zu der Kette zurück. Nach dem Auffädeln zweier weiterer Kugeln kehrt sie erneut zu ihrer Mutter zurück, die ihre Tochter wieder abwehrt und auffordert, die angefangene Arbeit zu beenden. Die Tochter kehrt zu der Kette zurück. Das wiederholt sich noch einige Male. Schließlich bleibt Laura auf dem Boden bei ihrem Spielzeug sitzen, der Mutter den Rücken zugekehrt. Sie nimmt im weiteren Verlauf keine Notiz mehr von ihrer Mutter.

Fazit:
Die Tochter möchte nach ihrer Explorationsphase zurück in den sicheren Hafen und auftanken. Die Mutter frustriert dieses Bindungsbedürfnis der Tochter so lange, bis diese aufgibt und den Kontakt zur Mutter vermeidet.

Feinfühligkeit als alleiniger Faktor?

Entwicklung ist ein dynamischer, wechselseitiger Interaktionsprozess. Anlage und Umwelt spielen in differenzierter Weise zusammen. Es ist also naheliegend, dass nicht nur der Umweltfaktor »Feinfühligkeit der Bezugsperson«, sondern auch die Anlage des Kleinkindes einen Beitrag in dem Zusammenspiel leistet.

Feinfühligkeit ist nicht in jedem Fall eine statische, gegebene Eigenschaft, sondern kann sich dynamisch in der Interaktion mit dem Kind über die Zeit erst herausbilden bzw. sich in Anpassung an das sich entwickelnde Kind wandeln. Eltern reagieren auf das Temperament des Kleinkindes, seine Irritierbarkeit, die Neigung zu schreien, seine motorische Aktivität. Manche Kleinkinder sind schwieriger zufriedenzustellen als andere und deshalb fällt es ihren Bezugspersonen auch schwerer, feinfühlig mit ihnen umzugehen (Fox, 1995; Mangelsdorf & Frosch, 2000).

Sowohl das Kind als auch die Bezugsperson tragen zur Interaktionsqualität bei, sie stehen in wechselseitiger Beziehung und beeinflussen sich gegenseitig. Van den Boom (1997) drückt diesen Umstand folgendermaßen aus: »It takes two to become attached« (S. 593). Ein weiterer Faktor, der berücksichtigt werden muss, ist das Vorhandensein sozialer Unterstützung; durch sie wird die Interaktionskompetenz nachhaltig beeinflusst. Es fällt leichter, seinem Baby gegenüber feinfühlig zu sein, wenn man über ein soziales Netzwerk verfügt, das für Entlastung sowohl in kritischen Situationen als auch sonst sorgt.

Der soziale Kontext spielt im Rahmen von Entwicklung immer eine bedeutende Rolle. Man kann gut nachvollziehen, dass Mütter, die entlastet werden, weniger gestresst sind, sich weniger überfordert fühlen und in der Folge verfügbarer für ihre Kinder sind: »Eine Mutter, die wegen bedrückender Lebensumstände keine zuverlässige und feinfühlige Unterstützung geben konnte, kann feinfühlig werden, wenn sich ihre Lebensumstände verbessern« (Grossmann, 2014, S. 34). Soziale Unterstützung kann aber auch direkt auf die Kinder wirken. Feinfühlige Großeltern oder Geschwister können das Kind gegen wenig feinfühlige Eltern abschirmen.

2.5.4 Auswirkungen frühkindlicher Bindungsstile im Lebenslauf

Nach Erikson (1988) ist eine sichere Bindung (»Urvertrauen«) die Voraussetzung dafür, die nächste Entwicklungsaufgabe, die Autonomieentwicklung, anzugehen. Ein Aspekt dieser Entwicklungsphase ist die *Exploration* der Umwelt. Inwieweit das Kind zur Exploration in der Lage ist, hängt wesentlich davon ab, ob es genügend emotionale Absicherung und Vertrauen in der vorausgegangenen Entwicklungsphase gewonnen hat. So zeigen sicher gebundene Kinder ein ausgeprägteres Explorationsverhalten als unsicher gebundene Kinder. Durch Explorationsverhalten lernen Kinder die Welt kennen. Vielfältige Lernsituationen ermöglichen kognitive Erfahrungen und kognitive Entwicklung. Weiterhin werden beim Kind durch günstige Bindungserfahrungen wichtige Grundlagen für die Entwicklung seiner Emotionsregulation geschaffen (Ahnert, 2010).

Emotionsregulation ist wichtig für eine angemessene Bewältigung von emotional anfordernden Situationen, wie etwa der Übergang in neue Lebenssituationen (Krippe, Kindergarten, Schule) oder die Aufnahme neuer sozialer Beziehungen. Emotional sicher gebundene Kinder haben weniger Anpassungsprobleme beim Eintritt in die Kinderkrippe als unsicher gebundene (Ahnert, 2010). Auch im Kindergarten und der Schule gelingt es diesen Kindern besser, ihre individuellen und sozialen Ressourcen zu nutzen und so Problemsituationen kompetenter zu lösen (Dornes, 2013). Sichere Bindungserfahrungen sind also ein bedeutender Resilienzfaktor, der maßgeblich dabei hilft, Belastungen erfolgreich zu bewältigen.

> **Definition: Emotionsregulation**
>
> *Emotionsregulation* oder Emotionskontrolle ist eine wichtige Kompetenz und bezeichnet das Bemühen, negative Emotionen zu beherrschen. Man unterscheidet intrapsychische und interpsychische Regulation. Mit intrapsychischer Regulation ist die eigenständige Emotionsregulation gemeint; die interpsychische Regulation umfasst Bemühungen, an denen andere Personen unterstützend mitwirken. Ziel der Emotionsregulation ist es, eine handlungsförderliche Emotionslage herzustellen und beeinträchtigende Gefühle abzustellen. Zu den Techniken der Emotionskontrolle gehören etwa Antizipationen, in denen angenehme Gefühle bei Zielerreichung bzw. unangenehme Gefühle bei Handlungsvermeidung gedanklich vorweggenommen werden, sowie die Fähigkeit, Nervosität und Angst abzubauen (Eisenberg et al., 1996). Der Säugling macht dies bereits z. B. durch Nuckeln am Daumen oder an einem anderen Gegenstand. Auf diese Weise kann er Unlustgefühle wie Hunger oder Einsamkeit eine Zeit lang ertragen.

Zahlreiche Studien weisen darauf hin (Seiffge-Krenke, 2009, S. 73 f.; Lohaus & Vierhaus, 2015, S. 113), dass Bindungsstile über viele Jahre recht stabil sind und die spätere sozial-emotionale Entwicklung gut voraussagen. Die Langzeitstabilität von Bindungsmustern ist in einer Längsschnittstudie (Waters et al., 2000) über einen Zeitraum von 20 Jahren nachgewiesen worden. Bindungsmuster können sich aber auch im Laufe des Lebens, z. B. durch kritische Lebensereignisse, verändern. Solche Ereignisse können sich positiv (eine unsichere Bindungskonstellation wandelt sich in eine sichere) oder negativ auswirken. So kann sich die emotionale Verfügbarkeit von Eltern verbessern, was sich günstig auf die kindliche Bindungssicherheit auswirkt; andererseits kann durch Unfälle, schwere Krankheit oder Trennung der Eltern eine kindliche Bindungsunsicherheit weiter verstärkt werden (Pinquart, Schwarzer & Zimmermann, 2019, S. 210).

Das Ehepaar Grossmann (2012) zeigt auf, welche weitreichenden Folgen die unterschiedlichen Bindungsmuster im weiteren Entwicklungsverlauf haben. Kinder mit sicherer Bindung sind im Kleinkindalter ausdauernder und frustrationstoleranter. Im Kindergartenalter zeigen sie gute Beziehungen zu Gleichaltrigen; sie verhalten sich autonom und zielgerichtet. Im Schulalter sind sie selbstsicher und selbstkritisch und bevorzugen feste und loyale Freundschaften. In Kindheit und

Jugendalter sind sie beliebt und anerkannt. Sie sind kreativer, flexibler und ausdauernder bei der Lösung von Problemen als Gleichaltrige mit unsicherer Bindung und haben eine höhere Empathiefähigkeit. Sie haben einen stabilen und guten Selbstwert. Insgesamt ist ein sicheres Bindungsmuster ein Schutzfaktor für die weitere kindliche Entwicklung, besonders bei Belastungen (Werner, 2000; Werner & Smith, 2001). Sicher gebundene Kinder reagieren mit einer größeren psychischen Widerstandskraft auf emotionale Belastungen, wie etwa die Scheidung der Eltern, sie haben mehr Bewältigungsmöglichkeiten und holen sich eher Hilfe.

Ein unsicheres Bindungsmuster ist dagegen ein Risikofaktor. Bei Belastungen droht häufiger eine psychische Dekompensation oder Konflikte werden weniger sozial kompetent gelöst. So zeigen etwa Kinder mit unsicheren Bindungsmustern schon im Kindergartenalter aufgrund geringerer Empathiefähigkeit in Konfliktsituationen weniger prosoziale Verhaltensweisen und eher aggressive Interpretationen des Verhaltens ihrer Spielkamerad*innen (Schmidt-Denter & Spangler, 2005). Sie ziehen sich bei Belastungen eher zurück und versuchen, Probleme allein zu lösen. Im Jugendalter sind sie eher isoliert (a. a. O.).

Welche Bedeutung hat die Qualität der Bindung für Liebesbeziehungen im Erwachsenenalter?

Das Kind speichert seine ersten Bindungserfahrungen, es entsteht ein inneres Bild von Bindung. Es beinhaltet Erwartungen über Beziehungen, Vorstellungen über sich selbst und den eigenen Selbstwert. Diese Erwartungen, die auch als »inneres Arbeitsmodell« bezeichnet werden, regulieren das Verhalten des Kindes zur Bezugsperson und strukturieren später das Verhalten und Erleben in emotional relevanten Beziehungen. Sie können dann auch in Abwesenheit der Bindungspersonen wirken und bestimmen, inwieweit eine Person in Beziehungen Nähe und Sicherheit erwartet und inwieweit sie sich selbst der Liebe und Aufmerksamkeit wert fühlt und Nähe zulassen kann (Daudert, 2001, S. 6). Das erworbene Bindungsmuster hat also Bedeutung für die Paarbeziehung. Die Paarbeziehung selbst ist eine Bindungsbeziehung, in der sich sowohl frühkindliches Bindungsverhalten widerspiegelt als auch das frühkindlich erworbene Bindungsmuster auf die Liebesbeziehung auswirkt.

Nicht nur Kinder, auch Erwachsene suchen bei emotionaler Belastung und Stress Trost und Sicherheit bei ihrer emotional bedeutsamsten Bezugsperson. Sind Partner*innen emotional nicht ansprechbar, zeigt sich auch bei Erwachsenen ein typisches Muster von Anklammern, Nähe einfordern, Wut, Verzweiflung und schließlich Distanzierung. Liebespartner*innen suchen ebenso einen »sicheren Hafen« als emotionale Basis, von dem aus sie sich wieder den Anforderungen der Welt stellen können. Diese Sicherheit geben sich mit größter Wahrscheinlichkeit sicher gebundene Menschen.

So konnte eine amerikanische Längsschnittstudie, die Teilnehmende seit Beginn der 1970er Jahre von der Geburt bis ins Erwachsenenalter untersuchte (Simpson et al., 2007), zeigen, dass sicher gebundene Kinder später die stabilsten und harmonischsten Paarbeziehungen haben. Die Partnerschaftszufriedenheit ist bei ihnen am höchsten. Meist finden sich Menschen mit einem ähnlichen Grad an Bindungssicherheit zusammen (Roesler, 2016). Ein Bindungsstil ist aber kein Schicksal. So können konfliktreiche Paare, die eine Paartherapie aufsuchen, die dahinterliegenden grundlegenden Emotionen wie die Angst vor Bindungsverlust oder die Angst vor Wertlosigkeit bearbeiten und dadurch verändern. Gute Methoden hierzu bietet z. B. die bindungsfokussierte Paartherapie (a. a. O.).

2.5.5 Was geschieht mit der Bindungsentwicklung bei Hortkindern?

Lange Zeit bestand die Meinung, dass eine Krippenbetreuung eine unsichere Mutter-Kind-Bindung bewirkt. Repräsentative Studien bestätigen diese Annahme jedoch nicht (Ahnert, 2010). Vielmehr entsteht eine unsichere Bindung am ehesten aus geringer Feinfühligkeit der Bezugsperson in Verbindung mit einer pädagogisch schlechten Krippe. Der Krippenbesuch beeinflusst also nicht die Bindung zwischen Mutter (Bezugsperson) und Kind, wohl aber ist der umgekehrte Zusammenhang festgestellt worden. Einjährige Kinder mit sicherer Bindung zeigen die geringsten Belastungswerte in der Eingewöhnungsphase in die Krippe (Ahnert & Rickert, 2000). Kinder in einer Tagesbetreuung entwickeln sich also in Bezug auf ihr Bindungsverhalten generell nicht anders als Kinder ohne diese Erfahrung.

Allerdings betont die Bindungsforschung, dass Säuglinge und Kleinkinder für eine gesunde Entwicklung eine Betreuungssituation benötigen, in der die Betreuungspersonen soziale Nähe herstellen und Interaktion gestalten (Ahnert, 2010, S. 33 ff.). Die Gruppenatmosphäre sollte durch ein empathisches Erzieher*innenverhalten bestimmt sein, das die wichtigsten sozialen Bedürfnisse des Kindes zum richtigen Zeitpunkt erfüllt. In der Frühphase des Kleinkindalters (bis 18. Monat) ist dies am besten durch eine 1:1 Beziehung möglich. Als sinnvoll für unter Dreijährige ist wissenschaftlich ein Betreuungsschlüssel von 1:3 bis 1:4 nachgewiesen, damit sich die Erzieherinnen auf wenige Kinder konzentrieren können und ihre Bedürfnisse erfüllen können (a. a. O.).

2.5.6 Die Rolle des Vaters als »andere« Bindungsperson

Die meisten Kleinkinder haben mehr als eine Bindungsperson. Es gibt in den meisten Fällen zwei Elternteile, Großeltern, andere Familienmitglieder, ältere Geschwister oder eine Kinderfrau. Jedes Kleinkind bevorzugt aber eine bestimmte Bindungsperson, insbesondere, wenn es müde, krank oder ängstlich ist. Es ist die Person, mit der das Kind die meiste Zeit verbringt und zu der es deshalb die engste Beziehung hat. Andere Bindungspersonen werden dann nur widerstrebend akzeptiert. Man spricht hier von einer *Hierarchie der Bindungspersonen.*

Daraus folgt, dass Kleinkinder auch zu unterschiedlichen Bezugspersonen unterschiedliche Bindungsmuster entwickeln können; unsichere Bindungsmuster können dann z. B. durch sichere Bindungen kompensiert werden (Lohaus & Vierhaus, 2015, S. 113).

Untersuchungen zeigten, dass elterliche Feinfühligkeit als wichtige Voraussetzung für den Bindungsstil des Kindes sich bei Müttern und Vätern in unterschiedlicher Weise äußerte: Während das feinfühlige Verhalten der Mutter in Pflege- und Fürsorgesituationen im ersten Lebensjahr die Bindungsqualität des Kindes voraussagte, zeigte sich die Feinfühligkeit des Vaters eher in Spielsituationen im zweiten Lebensjahr (Grossmann & Grossmann, 2012; Seiffge-Krenke, 2009; Ahnert & Spangler, 2014). Die Vater-Kind-Bindung entsteht demnach eher in Anregungs- und Spielsituationen. Diese Spielsituationen sind häufig mit Neugier und Ermutigung zur Exploration verbunden.

> **Definition: Spielfeinfühligkeit**
>
> *Spielfeinfühligkeit* bedeutet, das Kind zum Selbst-Machen zu ermutigen, es unauffällig zu unterstützen, mit dem Kind zu kooperieren, die Werke und Taten des Kindes aufzuwerten, es zu loben, wenn es etwas neu kann, etwas vorzumachen, was das Kind begreifen kann, erreichbare Ziele zu setzen sowie angemessene Verhaltensregeln zu erwarten und einzufordern.

Diese in der Bindungsforschung lange verbreitete Annahme (Grossmann & Grossmann, 2012, S. 241) eines mütterlichen Umgangsstils als empathisch und fürsorglich und eines väterlichen Umgangsstils als eher spielerisch und körperbetont beruht auf Untersuchungen aus den 1970er Jahren und spiegelt die damalige traditionelle Rollenverteilung wider (Grossmann & Grossmann, 2017). So ergaben etwa die Forschungen des »Vaters der Vaterforschung« Michael Lamb, dass der spielerische Umgang mit dem Kind das Verhaltensmuster desjenigen Elternteils ist, der nicht die Hauptverantwortung trägt, sondern die Nebenrolle spielt. Übernehmen Väter die Hauptverantwortung für den Nachwuchs, zeigen sie den sogenannten »mütterlichen« Stil (Lamb, 2010, S. 2 ff.). Auch bei gleichgeschlechtlichen Eltern zeigt sich nach Lamb häufig die Rollenaufteilung in einen sorgenden, behütenden und einen aktiven, verspielten Elternteil (Lamb, 2010, S. 319 ff.). Damit ist die spezifische Ausprägung der Vater- und Mutterrolle eher ein soziales Konstrukt; es entspricht weitgehend gesellschaftlich geprägten Erwartungen an die Mutter- bzw. Vaterrolle und ist nicht biologisch vorherbestimmt (z. B. Flaake, 2014).

> **Berufsbezug**
>
> Das Thema Bindung ist für psychologische Fachkräfte von zentraler Relevanz. Die psychologische Beurteilung der Eltern-Kind-Beziehung ist im Kontext der Kinder- und Jugendpsychiatrie und für das Erstellen von Gutachten für das Gericht bei vielerlei Fragestellungen (Sorgerechtsstreit, Misshandlung, Missbrauch und Verwahrlosung) erforderlich. Das Wissen um die unterschiedlichen Bindungsmuster und die Diagnose der Bindungsqualität sind hilfreiche und wichtige Werkzeuge für die Beurteilung der Beziehungsqualität zwischen Kind und Bezugsperson.

Kinder, die in Obhut genommen wurden, haben in der Regel ausgeprägte Bindungsstörungen (Brisch, 2014). Sie äußern z. B. in Trennungssituationen keinen Trennungsprotest, wenden sich in Bedrohungssituationen nicht an eine Bezugsperson, sie zeigen allen Personen gegenüber undifferenziertes Bindungsverhalten oder sie klammern übermäßig. Sind ihre Eltern psychisch krank, suizidal oder drogenabhängig, kann man häufig eine Parentifizierung, d. h. eine Rollenumkehr beobachten (▶ Kap. 4.1.2). Die Kinder dienen dann den Eltern als sichere Basis. In Bedrohungssituationen wenden sie sich nicht an ihre Eltern, weil sie von diesen keine Hilfe erwarten.

Kinder und Jugendliche mit einer unsicheren Bindung oder einer Bindungsstörung haben in der Regel große Angst vor einer Wiederholung von Gewalt und Missbrauch. Gleichzeitig haben sie aber auch ein großes Bindungsbedürfnis, einen starken Wunsch an die psychologische, pädagogische oder sozialarbeiterische Fachkraft, erstmals im Leben eine sichere Bindungserfahrung zu machen. Die zentrale Aufgabe der Fachkraft ist es, eine sichere Basis mit dem Kind herzustellen. Sie muss feinfühlig und empathisch auf die Bindungswünsche eingehen, d. h. feinfühlig mit Nähe- und Distanzwünschen umgehen und Trennungswünsche und -ängste thematisieren.

Bindungsbasierte Psychotherapie bedeutet, dabei zu helfen, ein neues inneres Arbeitsmodell von Bindung zu entwickeln (Brisch, 2014). Dazu zählt auch Fürsorgeverhalten, d. h. räumlich und emotional zur Verfügung zu stehen. Eine sichere Bindungsbasis in der Psychotherapie ermöglicht eine korrigierende emotionale Erfahrung und damit eine Veränderung der negativen bisherigen Bindungsmuster der Klient*innen. Man kann davon ausgehen, dass nicht nur Kinder und Jugendliche, sondern auch ein Großteil der erwachsenen Klientel in der Psychotherapie unter einer unsicheren Bindung leidet. Für sie gelten dieselben Beziehungsangebote einer bindungsbasierten Therapie oder Beratung.

Nicht zuletzt ist der psychologische Beruf selbst eine Beziehungsprofession. Es ist in jedem Fall hilfreich, professionelle Beziehungen im Rahmen von psychologischer Beratung bzw. Psychotherapie bindungsbasiert einzugehen.

Zusammenfassung

Die Bindungstheorie geht davon aus, dass das Bedürfnis nach Bindung und die daraus folgenden Bindungsverhaltensweisen angeboren und evolutionär begründet sind. Das Bindungsverhalten wurde erstmals bei Kleinkindern experimentell mithilfe des Fremde-Situations-Tests festgestellt. Es kann im gesamten Lebenslauf erfasst werden: im Kindes- und Jugendalter mit Testverfahren, im Erwachsenenalter mittels Interviews.

Es werden sichere und unsichere Bindungsmuster unterschieden. Ein sicheres Bindungsmuster hängt eng mit einem feinfühligen Verhalten der Bezugsperson in der Kindheit zusammen und stellt einen Schutzfaktor für die weitere Entwicklung dar. Unsichere Bindungsmuster stellen dagegen einen Risikofaktor für die Entwicklung dar. Bindungsmuster werden verinnerlicht und es ist empirisch nachgewiesen, dass sie über viele Jahre relativ stabil sind. Sie wirken sich insbesondere auf die sozial-emotionale Entwicklung im weiteren Leben aus.

Verständnisfragen

- Welche zentralen Annahmen macht die Bindungstheorie?
- Nennen Sie die vier verschiedenen Bindungstypen.
- Welche Merkmale kennzeichnen feinfühliges Verhalten der Bezugsperson?

3 Jugendalter

Einleitung

Was ist relevant in der kurzen Phase zwischen Kindheit und Erwachsenenalter? Wie gelingt die Bewältigung der relevanten Entwicklungsaufgaben und was bedeutet ein Scheitern? Ähnlich wie die frühe Kindheit ist das Jugendalter eine sehr spannende Zeit, weil in einem kurzen Zeitfenster unglaublich viele Veränderungen auf allen Ebenen der Entwicklung stattfinden. Die Zeitspanne zwischen Kindheit und Erwachsenenalter stellt eine klassische Übergangsphase dar, die durch das Zusammenspiel biologischer, kognitiver, emotionaler und sozialer Veränderungen zur Quelle vielfältiger Erfahrungen wird. Sie ist gekennzeichnet durch zahlreiche, in kurzer Zeit auf den Jugendlichen einwirkende massive Umstrukturierungen insbesondere körperlicher Art: Der Wachstumsschub sowie die Geschlechtsreifung der Pubertät bewirken gewaltige körperliche Veränderungen. Die kognitive Entwicklung erreicht eine höhere Stufe der intellektuellen Fähigkeit, nämlich das Stadium der formalen Operationen, welches Reflexionen, innere Abgrenzungen und autonome Entwicklungsprozesse initiiert (▶ Kap. 2.2). Auf der sozial-emotionalen Ebene findet eine Veränderung der Beziehung zu den Eltern und eine Hinwendung zu Gleichaltrigen statt. Dies sind nur einige Schlaglichter auf die Veränderungen auf allen vier Ebenen der Entwicklung.

3.1 Jugend und Identitätsentwicklung

Das Jugendalter beginnt mit dem Eintreten der Geschlechtsreife (Pubertät) und umfasst die Zeitspanne zwischen zehn Jahren und 18 bzw. 21 Jahren. Diese Zeitspanne findet man in den Lehrbüchern der Entwicklungspsychologie. In den meisten wissenschaftlichen Studien zum Jugendalter bezieht man jedoch die 12- bis 25-Jährigen ein. Diesen Zeitraum erfasst zum Beispiel auch die Shell Jugendstudie (Albert et al., 2019). Sie ist eine der größten Jugendstudien in Deutschland. Alle vier Jahre findet die Repräsentativuntersuchung zum »Zustand« der Jugendlichen in Deutschland, ihren Gewohnheiten, Einstellungen, Werten und ihrem Sozialverhalten statt.

Exkurs: Einteilung des Jugendalters

Das Jugendalter wird in frühes, mittleres und spätes Jugendalter unterteilt.

- Frühes Jugendalter: 11/12 bis 14 Jahre
- Mittleres Jugendalter: 14 bis 16 Jahre
- Spätes Jugendalter: 16 bis 18/21 Jahre

Die Entwicklungsaufgaben werden in unterschiedlichen Phasen des Jugendalters relevant. Steht z. B. im frühen Jugendalter die Auseinandersetzung mit den körperlichen Veränderungen im Vordergrund, wird im späten Jugendalter die Berufswahl wichtiger.

Viele Forscher*innen setzen also das Ende des Jugendalters nicht mit einem eng festgelegten Alter gleich, sondern mit der erfolgreichen Bewältigung der Entwicklungsaufgaben, die sie als Übernahme einer autonomen beruflichen und gesellschaftlichen Verantwortungsrolle zusammenfassen (Hurrelmann & Quenzel, 2016, S. 39). Das ist gegenwärtig in der Regel frühestens im Alter von Mitte 20 erreicht. Ein wesentlicher Grund für dieses prolongierte d. h. verlängerte Jugendalter ist die in den letzten 50 Jahren angestiegene Zahl höherer Bildungsabschlüsse. In der Generation der vor 1945 Geborenen war noch die Hauptschule die Regelschule: Zwei Drittel aller Schülerinnen und Schüler verließen die Schule mit einem Volks- bzw. Hauptschulabschluss. Im Zuge der Bildungsexpansion in den 1960er und 1970er Jahren gewannen Realschulen und Gymnasien zunehmend an Bedeutung (Edelstein & Grellmann, 2013). Gegenwärtig ist die Fachhochschul- oder Hochschulreife der häufigste Schulabschluss (Statista, 2020a). Die Mehrzahl der Abiturient*innen wählt als weitere Ausbildung ein Studium.

Was bedeuten die bildungspolitischen Veränderungen für den individuellen Lebenslauf und die Bewältigung der jugendtypischen Entwicklungsaufgaben?

Früher hatte die Mehrzahl der Jugendlichen mit Beginn der Volljährigkeit bereits die berufliche Ausbildung beendet. Die Berufswahl hatten sie bereits mit Beendigung von Haupt- oder Realschule getroffen, also mit ca. 15 Jahren. Mit der Volljährigkeit verdienten sie Geld und konnten sich von den Eltern selbstständig machen und z. B. eine eigene Familie gründen. Die Entwicklungsaufgaben waren also bereits am Ende des zweiten Lebensjahrzehnts gelöst. Die gegenwärtig verbreiteten langen Ausbildungszeiten bedeuten aus entwicklungspsychologischer Sicht, dass die Entwicklungsaufgaben erst im Alter von Mitte bzw. Ende 20 bewältigt sind. Bis zur Beendigung des Studiums sind junge Erwachsene finanziell von den Eltern abhängig, was eine emotionale Ablösung ebenfalls erschwert. Sie sind mit den typischen jugendlichen Aufgaben beschäftigt, z. B. mit dem Erwerb intellektueller Kompetenzen und dem Entwerfen eines Lebensplans und nicht mit den typischen Aufgaben junger Erwachsener: Einstieg in das Berufsleben, feste Liebesbeziehungen, Kinder bekommen.

Die Verschiebung des Jugendalters nach hinten und die dadurch bedingte Verkürzung des frühen Erwachsenenalters ist ein Beispiel dafür, wie gesellschaftliche Veränderungen individuelle psychologische Abläufe beeinflussen.

Die relativ kurze Zeitspanne zwischen Kindheit und Erwachsenenalter, in der eine Vielzahl von Entwicklungsaufgaben in Angriff genommen werden sollten, auch wenn diese, wie erläutert, sich teilweise noch in das frühe Erwachsenenalter hineinziehen, macht das Jugendalter zu einer besonders anspruchsvollen Lebensphase. Folgende Entwicklungsaufgaben wurden von Havighurst (1953, 1974) in den 1950er Jahren entwickelt und von Hurrelmann und Bauer (2018) und Fend (2005) modernisiert:

- Aufbau neuer und reifer Beziehungen zu Gleichaltrigen
- Aufbau intimer Beziehungen zu Gleichaltrigen, Klärung der Geschlechtsrolle
- Akzeptanz der körperlichen Veränderungen und effektive Nutzung des Körpers
- Emotionale Unabhängigkeit von den Eltern und anderen Erwachsenen
- Erwerb intellektueller Kompetenzen
- Erwerb sozialer Kompetenzen
- Entwicklung eines individuellen Lebensplans
- Verantwortungsvoller Umgang mit Konsum und Freizeit

Sie sind gegenwärtig immer noch von hoher Relevanz für Jugendliche (Hurrelmann & Bauer, 2018). So zeigt die Shell Jugendstudie von 2019 (Albert et al., 2019) eine große Zustimmung der heutigen Jugendlichen zu den jugendspezifischen Aufgaben vor 70 Jahren.

Die Autorenschaft der Studie fassen sie in vier Themenbereiche zusammen:

- Schulische und berufliche Qualifikation entwickeln
- Geschlechtsidentität entwickeln und soziale Beziehungen aufbauen
- Konsum, Medien und Freizeitangebote nutzen
- ein eigenes Wertesystem aufbauen

Was Havighurst und seine Nachfolger nicht ausdrücklich als zentrales, übergeordnetes Thema der Aufgaben formulieren, findet man bei Erikson (2003, S. 132): Die Identitätssuche und -findung. Alle Entwicklungsaufgaben stehen in diesem Auftrag.

> **Definition: Identität**
>
> *Identität* meint die einzigartige Kombination von persönlichen, unverwechselbaren Daten des Individuums wie Name, Alter, Geschlecht und Beruf (Oerter & Dreher, 2002, S. 290). Durch sie ist der einzelne Mensch gekennzeichnet und von anderen Personen unterschieden. Identität als die einzigartige Persönlichkeitsstruktur ist verbunden mit dem Bild, das andere von dieser Persönlichkeitsstruktur haben. Identität beinhaltet, dass sich ein Mensch seines Charakters und seiner Position in der Welt bewusst ist und weiß, wer er ist und wie er in diese Gesellschaft passt. Er hat Kenntnis seines Selbst.
>
> Neben dieser persönlichen Identität gibt es die soziale Identität. Um diese soziale Identität zu erreichen, ist die Aufgabe des Jugendlichen, all sein Wissen über sich und die Welt zusammenzufügen und ein Selbstbild zu formen, das

sowohl für ihn als auch für die Gemeinschaft gut ist. Er findet damit seine soziale Rolle und verhält sich gemäß den gesellschaftlichen Erwartungen. Beides, die soziale und die persönliche Identität, macht die Ich-Identität eines Menschen aus (a. a. O.).

Das folgende Zitat von Erikson (2003, S. 133) gibt sehr anschaulich wieder, dass dieser Zustand im Jugendalter noch nicht erreicht ist. Es zeigt das Zwischenstadium und die Identitätsunsicherheit im Jugendalter:

»Ich bin nicht, was ich sein sollte,
ich bin nicht, was ich sein werde,
aber ich bin nicht mehr, was ich war!«

Übung

»Das zentrale Thema des Jugendalters ist die Identitätssuche. Alle Entwicklungsaufgaben stehen in ihrem Auftrag.«

Belegen Sie diese Aussage. Prüfen Sie dazu jede einzelne Entwicklungsaufgabe, inwiefern sie mit einer Identitätssuche verknüpft ist und bei der Identitätsfindung hilft.

Was bedeutet Identitätsfindung konkret? Der Forscher James Marcia (1980) befragte in ausführlichen Interviews ältere Jugendliche (Collegestudierende) zu ihren Gedanken und Plänen in Bezug auf Ausbildung und Beruf, auf Religion, Liebe und Freundschaft. Zusätzlich erhob er die Selbsteinschätzung ihres Selbstwertgefühls. Auf dieser Basis entwickelte er in Anlehnung an Erikson ein Modell der vier verschiedenen Identitätszustände. Sie unterscheiden sich nach der Ausprägung und Kombination der beiden Kriterien Exploration und innerer Verpflichtung. Mit *Exploration* ist die Erkundung eines Lebensbereichs gemeint, wobei das Ziel eine bessere Kenntnis und Orientierung ist, beides Voraussetzungen für eine Entscheidung. Mit *Verpflichtung* ist die Anerkennung von Werten und das Engagement, für Werte einzutreten, gemeint.

Die vier Identitätszustände nach Marcia:

Diffuse Identität: Hier fehlt es an einer klaren Richtung. Es gibt keine Wertvorstellungen, denen man sich verpflichtet fühlt und es gibt keine Erkundung nach Werten und Zielen. Marcia fand Unzufriedenheit, fehlende Orientierung und kaum Interessen bei Jugendlichen in diesem Stadium.

Beispiel:

Auf die Frage nach dem Berufswunsch: »Keine Ahnung. Habe mir noch keine Gedanken dazu gemacht.«

Übernommene Identität: Es werden Werte und Ziele übernommen, über die man sich selbst keine Gedanken gemacht hat. Es wird eine vorgefertigte Identität akzeptiert, ohne dass man selbst Alternativen exploriert hat. Man ist gehorsam, fügt sich Autoritäten.

> **Beispiel:**
>
> Auf die Frage nach der politischen Ausrichtung: »Unsere Familie ist sich da ziemlich einig. Keine Ahnung, ich schließe mich dem an.«

Identitätsmoratorium: Moratorium bedeutet Aufschub. Es gibt noch keine Festlegung auf klare Werte, man ist aber auf der Suche danach, sammelt Informationen und probiert neue Aktivitäten aus, mit dem Ziel Werte und Richtlinien für das eigene Leben zu finden.

> **Beispiel:**
>
> Auf die Frage nach dem religiösen Glauben: »Ich überlege noch, bin am Zweifeln. Ich verstehe einfach nicht, dass es einen Gott geben soll und trotzdem so viel Schlimmes auf der Welt passiert.«

Erarbeitete Identität: Man hat verschiedene Alternativen erkundet, bekennt sich zu selbst entwickelten Wertvorstellungen. Man weiß, welche Richtung man einschlagen will.

> **Beispiel:**
>
> Auf die Frage nach der Berufswahl: »Ich habe lange darüber nachgedacht, habe Vorteile und Nachteile abgewogen. Einiges an dem Beruf wird mir gut liegen, andere Aspekte weniger. Aber nach Abwägung aller Aspekte, werde ich die Ausbildung machen.«

Sind die Entwicklungsaufgaben und die damit verbundene Identitätsentwicklung, mit dem Ziel eigene Normen, Werte- und einen Lebensstil zu entwickeln, kulturabhängig?
Ja, sie entsprechen den Werten der westlichen Welt, die eine individualistische Gesellschaft ist (▶ Kap. 1.4.2).
Die Bedürfnisse des Individuums werden gefördert, seine Autonomie und Selbstverwirklichung sind wichtige Werte. In kollektivistischen Kulturen sind dagegen Verbundenheit und Sich-einfügen wichtige Werte. Eine erarbeitete Identität ist demnach nicht das Ziel in einer kollektivistischen Kultur.
Das Entwicklungsmodell der Identität von Marcia sollte nicht als Stufenmodell betrachtet werden, weil die Stufen nicht unbedingt aufeinander folgen und viele Menschen auch gar keine erarbeitete Identität erreichen. Diese ist wie beschrieben in vielen Kulturen nicht erwünscht. Umfangreiche Forschungsergebnisse an westlichen Gesellschaften belegen jedoch, dass eine erarbeitete Identität als auch ein

Identitätsmoratorium mit einem höheren Selbstwert, psychischem Wohlbefinden, kritischem Denken und einem höheren moralischen Urteil einhergehen (vgl. Berk, 2020, S. 550).

Identität und Selbstwert

Für die Identität als Gesamtheit der unverwechselbaren Merkmale einer Person lässt sich auch der Begriff des Selbst (Mummendey, 2006) wählen. Der Begriff des Selbst wird hier deshalb eingeführt, weil im Weiteren der Selbstwert Thema ist. Der Selbstwert ist speziell für das Jugendalter ein wichtiges Merkmal. Die Bewältigung oder das Scheitern an den jugendtypischen anspruchsvollen Entwicklungsaufgaben beeinflusst den Selbstwert.

Das Selbst (oder die Identität) besteht aus einem Selbstkonzept und einem Selbstwert. Das *Selbstkonzept* ist ein kognitives Konzept über die eigene Person. Es besteht aus dem Wissen über die eigene Person und enthält eine Vielzahl von Selbstbeschreibungen. Der *Selbstwert* ist die emotionale Komponente des Selbst. Es enthält die emotionale Einstellung zu sich selbst (Thomsen et al., 2018). Ein Aspekt des Selbstwert ist die Selbstwirksamkeit (▶ Kap. 1.6.3; Definition: Selbstwirksamkeit). Der Selbstwert ist ein wichtiges Merkmal psychischer Gesundheit. Ein guter Selbstwert ist eine Ressource.

> **Definition: Selbstwert**
>
> Der *Selbstwert* ist die affektive Einstellung einer Person zu sich selbst. Es ist die emotionale Bewertung der eigenen Person.
>
> Der Selbstwert bezeichnet die generell positive oder negative Bewertung des Selbst in unterschiedlicher Ausprägung. Der ideale Selbstwert beinhaltet eine stabile positive Bewertung des Selbst und ist eine ganzheitliche Selbstakzeptanz. Ein guter Selbstwert geht mit persönlichem Erfolg und Wohlbefinden einher. Er zeichnet sich durch ein Vertrauen in die eigenen Kompetenzen und Fähigkeiten, verschiedenste Handlungen effektiv auszuführen, aus. Er ist eine Ressource. Ein hoher Selbstwert geht mit einem hohen Selbstvertrauen einher, dem Zutrauen in sich selbst. Ein Aspekt des Selbstwerts ist die Selbstwirksamkeit; sie ist die Überzeugung, Ziele aus eigener Kraft erreichen zu können.

Die Entwicklung eines positiven Selbstwerts wird begünstigt durch vertrauensvolle, sichere Beziehungen zu Bindungspersonen der Kindheit. Weiterhin wird er durch ein warmes, unterstützendes *Familienklima* und einen demokratischen Erziehungsstil gefördert (Rudy & Grusec, 2006).

Im Jugendalter wird er besonders durch die Anerkennung durch Gleichaltrige, den Peers, gefördert (Pinquart & Silbereisen, 2000). Auch leistungsbezogenes Feedback durch Lehrkräfte nimmt Einfluss auf die Selbstbewertung. Gute Schulleistungen und Selbstwert stehen in einem positiven Zusammenhang. Mit voranschreitender kognitiver Entwicklung sind nicht mehr nur andere, sondern auch selbstbewertende und selbstkritische Prozesse an der Ausbildung des Selbstwertes beteiligt. Ein hoher Selbstwert ist mit zahlreichen positiven Gesundheitsfolgen verbunden, insgesamt mit weniger psychischen und physischen Problemen. Eine Vielzahl von Studien zeigt, dass Jugendliche mit einem hohen Selbstwert weniger empfänglich für Gruppendruck sind (z. B. Orth & Robins, 2014). Sie sind gut angepasst, umgänglich und gewissenhaft (Berk, 2020, S. 548). Sie sind meistens optimistisch, haben das Gefühl, ihre berufliche und private Zukunft selbst bestimmen zu können, haben einen hohen Leistungswillen und zeigen gute schulische Leistungen (a. a. O.).

> **Übung**
>
> Welche Konsequenzen für die psychologische Praxis hat der Befund, dass Jugendliche mit einem hohen Selbstwert weniger empfänglich für Gruppendruck sind? Denken Sie in Richtung Problemverhalten (z. B. früher Nikotinkonsum), denken Sie in Richtung Prävention.

> **Merke!**
>
> Man kann mit Siegler et al. (2016e) festhalten, dass die Anerkennung und Unterstützung durch wichtige Bezugspersonen die stärksten Auswirkungen auf die Entwicklung eines hohen Selbstwerts haben. Erlebt man in jungen Jahren anerkennendes, unterstützendes und interessiertes Verhalten der Eltern, gelangt man dadurch zu der Überzeugung, dass man liebenswert ist und Liebe verdient. Umgekehrt vermitteln Eltern durch herabsetzendes und verurteilendes Verhalten Gefühle der Wertlosigkeit. Da ein guter Selbstwert Dreh- und Angelpunkt für psychische Gesundheit ist und zwar lebenslang, sollten Sie als psychologische Fachkraft in Ihrer Arbeit mit Menschen selbstwertstärkend arbeiten.

Ein schwacher Selbstwert – und in Zeiten unsicherer Identität ist auch der Selbstwert schwach – kann Risiko- und Problemverhalten begünstigen. Er geht mit Aggressionen, Depressionen, Drogenmissbrauch, sozialem Rückzug und Suizidgedanken einher (Boden, Fergusson & Horwood, 2008). Ein niedriger Selbstwert sagt auch Probleme im Erwachsenenalter wie etwa psychische Krankheit, Drogenabhängigkeit, Kriminalität, und geringe Lebenszufriedenheit vorher (Trzesniewski et al., 2006).

Allerdings muss man berücksichtigen, dass Kinder mit einem niedrigen Selbstwert oft aus Familien mit einem *niedrigen Bildungsniveau* und *geringem Einkommen* kommen. Armut ist ein kumulativer Faktor (▶ Kap. 1.6.1), der als Hintergrundvariable wirkt.

Exkurs: Wie verändert sich der Selbstwert im Lebenslauf?

Insgesamt ist der Selbstwert relativ stabil über die Lebensspanne. Relativ meint, dass der Selbstwert wie die meisten Persönlichkeitsmerkmale dynamisch ist, also durch Lebensereignisse beeinflusst und verändert werden kann; dies geschieht aber nur in einem geringen Ausmaß. Nicht ohne Grund ist er neben einer sicheren Bindung eine der zuverlässigsten Ressourcen im Lebenslauf. Im Jugendalter sinkt er allerdings kontinuierlich ab und steigt erst wieder am Ende des Jugendalters auf ein mittleres Niveau an (Robins & Trzesniewski, 2005; Robins et al., 2002). Eine Metastudie konnte zeigen, dass der Selbstwert nach dem Jugendalter weiter ansteigt und dann viele Jahrzehnte auf einem relativ hohen Niveau bleibt. Erst ab dem Alter von 90 Jahren sinkt er deutlich ab (Orth, Erol & Luciano, 2018).

Neben dem Familienklima und der Schichtzugehörigkeit hat auch die *Geschlechtszugehörigkeit* einen bedeutenden Einfluss auf den Selbstwert. Signifikante Geschlechtsunterschiede zwischen weiblichen und männlichen Jugendlichen in Richtung eines höheren Selbstwertes auf Seiten der männlichen Jugendlichen stellen einen gesicherten Befund der Forschung dar (vgl. Baldwin & Hoffmann, 2002; Bolognini et al., 1996; Heaven & Ciarrochi, 2008; Shapka & Keating, 2005; Wilgenbusch & Merrell, 1999; Zimmerman et al., 1997).

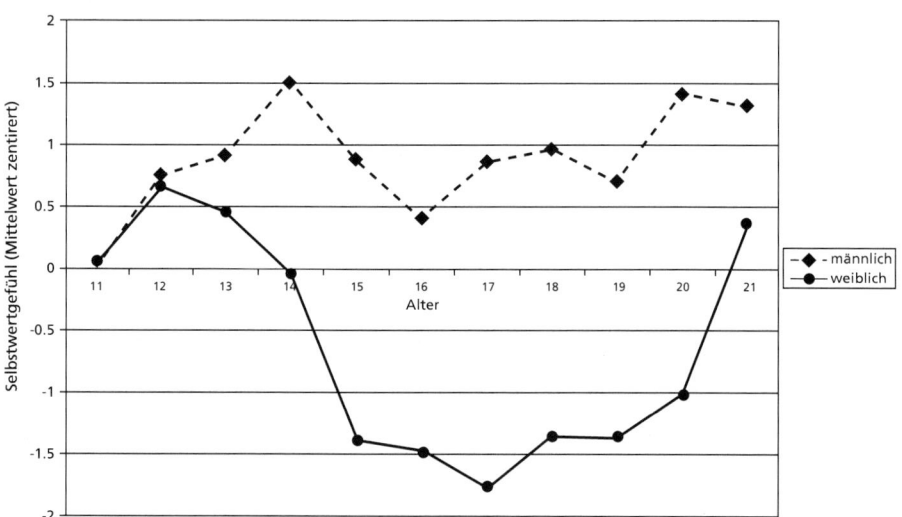

Abb. 3.1: Veränderungen im durchschnittlichen Selbstwert bei männlichen und weiblichen Jugendlichen (nach Baldwin & Hoffmann, 2002, S. 107)

Kling et al. (1999) stellten in ihrer Metaanalyse darüber hinaus fest, dass der durchschnittliche Geschlechtsunterschied hinsichtlich des Selbstwertes am größten im Entwicklungsstadium der mittleren Adoleszenz ist. Das spiegelt auch die ▶ Abb. 3.1 nach Baldwin und Hoffmann (2002, S. 107) wider. In dieser Phase findet ein massiver Selbstwerteinbruch statt; er fällt allerdings bei den Mädchen dramatischer aus. Die Selbstwertausprägung beider Geschlechter steigt zwar zum Ende des Jugendalters wieder an, bleibt allerdings bei den Mädchen auf einem niedrigeren Niveau.

Während sich Jungen und Mädchen in der Kindheit bezüglich der Ausprägung ihres Selbstwertes nicht unterscheiden, ist sein Absinken bei weiblichen Jugendlichen bis zum späten Jugendalter wesentlich höher als bei männlichen Jugendlichen (Robins et al., 2002). In der Literatur findet man dafür relativ wenige Erklärungen, allenfalls Vermutungen.

Übung

Welche Gründe gibt es Ihrer Meinung nach für den Geschlechtsunterschied im Selbstwert? Denken Sie an Ihre eigene Jugend. Welche Faktoren verunsichern speziell weibliche Jugendliche? Tipp: Lesen Sie das Kapitel 3 Jugendalter erst zu Ende. Denken Sie dann an den Körper, die Zukunftsplanung, an weibliche Rollenvielfalt, an Sensibilität, an gesellschaftliche Machtstrukturen.

Zusammenfassung

Aktuelle Jugendstudien belegen, dass die jugendtypischen Entwicklungsaufgaben auch heute noch für die meisten Jugendlichen relevant sind. Sie stehen im Dienste der Identitätsfindung. Eine erarbeitete Identität geht mit einem stabilen und hohen Selbstwert einher. Der Selbstwert von männlichen Jugendlichen ist höher als der von weiblichen Jugendlichen.

Verständnisfragen

- Definieren Sie Identität. Rekapitulieren Sie die vier Identitätszustände nach Marcia.
- Durch welche Faktoren wird die Entstehung eines hohen Selbstwertes beeinflusst?

3.2 Die sozialen Beziehungen im Jugendalter

Mehrere Entwicklungsaufgaben weisen auf die Bedeutung der sozialen Beziehungen für die weitere Entwicklung Jugendlicher hin. Beziehungen zu Gleichaltrigen bekommen einen höheren Stellenwert als in der Kindheit. Die Hinwendung zu Gleichaltrigen steht in unmittelbarer Beziehung zu der Entwicklungsaufgabe der Ablösung von den Eltern. Außerdem werden intime bzw. romantische Beziehungen angestrebt. Insgesamt stärken Jugendliche durch die Peer-Beziehungen ihre sozialen Kompetenzen.

3.2.1 Eltern-Kind-Beziehungen

Das Streben nach Autonomie beginnt früh im Leben. Mit ca. 18 Monaten zeigt es sich als ein Meilenstein der Persönlichkeitsentwicklung im sogenannten »Trotzverhalten« (▶ Kap. 1.4.2). Im Jugendalter nimmt das Autonomiestreben wieder an Fahrt auf. Der Wunsch, eigenständig und selbstbestimmt zu sein, drückt sich in vermehrter Abgrenzung von den Eltern aus und führt zu häufigeren Konflikten in dieser Zeit.

Unterstützt wird die zunehmende Abgrenzung durch die *Entidealisierung* der Eltern: Waren Eltern in der Kindheit noch die allwissenden Problemlöser*innen und Retter*innen in jeder Lage, werden sie nun als normale Menschen betrachtet. Man sieht ihre Schwächen und Begrenztheiten: Hatten sie einem nicht beigebracht, immer die Wahrheit zu sagen, keine Drogen zu nehmen, Konflikte friedlich zu lösen? Nun belauscht man, wie sie sich mit Notlügen rausreden und beobachtet, wie sie kräftig dem Alkohol zusprechen und gar nicht friedlich und konstruktiv, sondern sehr erbittert miteinander streiten. Die kritische Sicht auf die Eltern wird durch die neuen kognitiven Errungenschaften im Jugendalter möglich: der inneren Abgrenzung und dem vermehrten Reflektieren auf der Metaebene. Jugendliche identifizieren sich also immer weniger mit ihren Eltern und haben zunehmend Konflikte mit ihnen. Bei den Konflikten geht es weniger um weltanschauliche, grundsätzliche Themen als um das alltägliche Zusammenleben: familiäre Pflichten übernehmen, das Zimmer aufräumen usw.

> **Definition: Jugendtypischer Egozentrismus**
>
> Der jugendtypisch erhöhte *Egozentrismus* steht im Dienste der Identitätsfindung (Elkind, 1967). Er bedeutet ein intensives Beschäftigen mit der eigenen Person: Stundenlanges vor dem Spiegel stehen und die Betrachtung der körperlichen Veränderungen, ein vermehrtes Nachdenken über sich selbst und generell das Beschäftigen mit eigenen Themen.

Trotzdem bleiben die Eltern die wichtigsten Bezugspersonen im Jugendalter. Bei wichtigen Themen und Problemen sind die Eltern die ersten Ansprechpersonen. Im gesamten Verlauf der Adoleszenz ist die Qualität der Eltern-Kind- Beziehung der zuverlässigste einzelne Prädiktor für psychische Gesundheit (Collins & Steinberg, 2006). In der Shell Studie von 2015 gaben 92 % der Jugendlichen an, dass sie »bestens« mit ihren Eltern auskommen und nur 7 % der Heranwachsenden gaben häufige oder ständige Meinungsverschiedenheiten an (Leven & Schneekloth, 2015, S. 52). Auch wenn also Meinungsverschiedenheiten zwischen Eltern und Jugendlichen sehr lautstark und emotional heftig ablaufen können, scheinen ernste Beziehungsstörungen eher selten zu sein.

3.2 Die sozialen Beziehungen im Jugendalter

> **Übung**
>
> Reflektieren Sie Ihre eigene Jugendzeit unter dem Aspekt der Distanzierung von den Eltern oder einem Elternteil: Welche Konflikte gab es und wie wurden diese gelöst? Überlegen Sie weiterhin, ob »Ablösung vom Elternhaus« wirklich die richtige Bezeichnung für den Prozess im Jugendalter ist. Wie sieht heute Ihre Beziehung aus in Bezug auf Ablösung und Verbundenheit?

Exkurs: Ablösung und Verbundenheit im Jugendalter

Längsschnittstudien zeigen, dass die Konflikte mit den Eltern in der mittleren Adoleszenz ihren Höhepunkt erreichen und danach abnehmen, weil Jugendliche ab diesem Zeitpunkt ihre Eltern immer weniger in ihre Entscheidungen bezüglich ihres Aussehens, ihrer Freund*innen und ihres Gesundheitsverhaltens einbeziehen (Weichold & Silbereisen, 2018, S. 246). Im späten Jugendalter führt also die zunehmende Autonomie zu weniger Konflikten.

Die Tatsache, dass im Jugendalter trotz häufiger Konflikte um Alltagsprobleme die Eltern wichtigste Ansprechpersonen bleiben, lässt den Begriff der »Ablösung« unpassend erscheinen. Eine passendere Beschreibung für diesen Prozess könnte »das Ablösen und Wiederfinden auf einer neuen Ebene« sein. Nach Aushandlungsprozessen um das Thema Abgrenzung entsteht eine neue Balance zwischen den beiderseitigen Wünschen nach Verbundenheit. Ablösung ist nicht der Gegenspieler der Verbundenheit; zu einer gelungenen Persönlichkeitsentwicklung gehört eine ausgeglichene Balance von Autonomie und Verbundenheit.

Denn Eltern bleiben lebenslang wichtige Bezugspersonen. Im frühen Erwachsenenalter unterstützen sie z. B. mit Ratschlägen und finanziellen Mitteln die Ausbildung ihrer Kinder, später übernehmen sie als Großeltern Betreuungsaufgaben ihrer Enkelkinder (▶ Kap. 5.5.2). Die Beziehung ist dann gleichwertiger und gleichberechtigter.

Die Beziehungsqualität zwischen Eltern und Jugendlichen wird durch zahlreiche Faktoren beeinflusst (Walper, Wendt & Langmeyer, 2017). Gab es schon in der Kindheit wenig positive Interaktionen, eine negative, abwertende Kommunikation und einen autoritären Erziehungsstil (▶ Kap. 4.2.1), sind das schlechte Bedingungen für eine gute Eltern-Jugendlichen Beziehung. Demgegenüber wirkt sich ein demokratischer Erziehungsstil positiv aus (Walper, Wendt & Langmeyer, 2017). Wenn Eltern diesen von Wärme, Unterstützung und Lenkung geprägten Erziehungsstil praktizieren, zeigen Jugendliche weniger Problemverhalten, haben bessere Leistungen in der Schule und sind bei Gleichaltrigen beliebter. Es gibt also offensichtlich wenig Anlass für Konflikte, und wenn doch, werden diese in einem positiven Familienklima mit gegenseitiger Wertschätzung gelöst.

Ein wichtiger Faktor für das Familienklima ist der *sozioökonomische Status*. In Familien höherer Schichten herrschen bessere Beziehungen und mehr Bindungssicherheit als in von Armut betroffenen Familien (Walper, Lux & Witte, 2018, S. 119).

Armut als Einflussfaktor auf den Selbstwert Jugendlicher wurde weiter oben bereits erwähnt. Hier zeigt also der mächtige Faktor Armut ein weiteres Mal seine negativen Auswirkungen.

3.2.2 Die Peergroup

Der Rückzug von den Eltern löst eine emotionale Lücke aus, die nun von den Gleichaltrigen, der Clique und der besten Freundin, dem besten Freund gefüllt wird.

> **Definition: Peergroup**
>
> Mit *Peergroup* wird die Gruppe der Gleichaltrigen bezeichnet. Gleichaltrige finden sich in kleinen oder größeren, lockeren oder verbindlichen Gruppen zusammen. Das ist die Clique. Enge Freunde oder die eine beste Freundin, der beste Freund zählen auch zu den Peers.

Im Hinblick auf die Bewältigung der Entwicklungsaufgaben erfüllen die Gleichaltrigen wichtige Funktionen:

- Sie gewähren emotionale Geborgenheit, Zuwendung und Solidarität. Sie erlösen Jugendliche von Einsamkeitsgefühlen, die sie befallen, weil sie sich unverstanden fühlen. Bei den Gleichgesinnten fühlen sie sich verstanden.
- Bei den Gleichaltrigen findet man Identifikationsmöglichkeiten und Lebensstile. Man kann Lebensentwürfe übernehmen, sich ausprobieren und selbst darstellen.
- Im Zusammensein mit Gleichaltrigen erlebt man sich als selbstständig und unabhängig. Dass die Normen der Gruppe häufig von den Normen der Erwachsenen abweichen, fördert die Identitätsentwicklung, weil diese gerade durch bewusste Abgrenzung erfolgt.
- Die Normen und Rollenvorbilder der Peergroup bieten einen Rahmen für die eigene Orientierung und stabilisieren diese. Sie trägt damit zur Identitätsbildung bei.
- Man lernt Beziehungen zu knüpfen und zu erhalten. Man kann erste sexuelle Erfahrungen machen und eine Paarbeziehung knüpfen.
- Man lernt Zuverlässigkeit und Vertrauen.
(Berk, 2020, S. 568; Jungbauer, 2017, S. 188)

Insgesamt kann die Peergroup als sozialer Übergang, als Bindeglied von der Kindheit zum Erwachsenenalter verstanden werden (▶ Abb. 3.2). Nach der Distanzierung von den Eltern und vor dem Eintritt in das Erwachsenenalter, entsteht ein Vakuum. Dieses wird von den Gleichaltrigen gefüllt. Die Grundbedürfnisse nach Zugehörigkeit und Anerkennung werden von ihnen befriedigt.

Die Beziehungen zu Gleichaltrigen sind im Gegensatz zu den Eltern-Jugendlichen-Beziehungen symmetrische Beziehungen; sie sind durch Gleichberechtigung und Kooperation gekennzeichnet. Freundschaftsbeziehungen sind also ein Übungsfeld dafür, wie man eine Beziehung auf Augenhöhe führt, eine gute und wichtige Grundlage für zukünftige intime Beziehungen. Sie bieten weiterhin die Gelegenheit, sich selbst und andere tiefergehend kennenzulernen und sie helfen dabei, Belastungen der Adoleszenz zu bewältigen. Freunde puffern Stress ab und stehen in direkter Verbindung zu Wohlbefinden (Salisch & Seiffge-Krenke, 2008, S. 428).

Junge Erwachsene, die in der Adoleszenz einen engen Freund oder Freundin hatten, weisen ein positiveres Selbstkonzept auf – unter Kontrolle des Ausgangsniveaus – als Altersgenossen ohne eine enge Freundschaftsbeziehung im Jugendalter (a. a. O.).

Abb. 3.2: Die Peergroup als Übungsfeld und sozialer Übergang (angefertigt von Sabrina Hilz in Anlehnung an Haberli & Egger, 2007, S. 103)

Und was sagen Jugendliche selbst, was Freundschaft für sie bedeutet? Sie nennen:

- Vertrautheit, die durch gegenseitiges Verstehen entsteht
- Loyalität
- Offenheit, das Mitteilen persönlicher Gedanken und Gefühle
- Unterstützung
(Hartup & Abecassis, 2004; Berk, 2010, S. 568)

»Boys play sport, girls like to talk ... «

Mädchen- und Jungenfreundschaften unterscheiden sich in verschiedener Hinsicht. Eine Metaanalyse von Hall (2011) zeigt, dass sich Mädchenfreundschaften durch ein höheres Maß an Intimität auszeichnen. Ein Befund, der nicht nur auf das Jugendalter zutraf, sondern bereits im Kindesalter feststellbar war. Mädchen beschreiben ihre Freundschaften als enger, fürsorglicher und vertrauensvoller. Mädchen geben häufiger an, dass die Freundschaft für sie etwas ganz Besonderes und Wichtiges sei. Aus diesen Gründen sind Mädchenfreundschaften auch fragiler und halten nicht so lange wie Jungenfreundschaften (Siegler et al., 2016f). Gründe für das Freundschaftsende sind dann ein erlebter Vertrauensbruch, weil z. B. Geheimnisse ausgeplaudert wurden.

Mädchen pflegen also engere Freundschaften, sie sind stärker aufeinander bezogen, sie reden viel miteinander, besprechen Probleme. Demgegenüber treffen sich Jungen, um etwas gemeinsam zu tun, z. B. Computer-, Sport- und Wettbewerbsspiele zu spielen. Gespräche von Jungen handeln von Leistung, Wettbewerb und Status. In den Freundschaftsbeziehungen beider Geschlechter ist das Aussehen ein wichtiges Thema.

Männliche Freunde besuchen das Fitnessstudio, um Muskeln aufzubauen und ihren Körper bei Wettkämpfen zu zeigen. In Mädchenfreundschaften wird der Körper präsentiert und gemodelt, oft nach dem Vorbild von Influencerinnen aus den sozialen Medien. Insgesamt zeichnen sich Jungenfreundschaften durch eine »geteilte Aktivität« (Seiffge-Krenke, 2018, S. 113 ff.) aus, Mädchenfreundschaften eher durch Nähe und Intimität. Die obige Zwischenüberschrift (ein Zitat von Frydenberg und Lewis, 1993) fasst diese Befunde passend zusammen.

In den Freundschaftsstilen spiegeln sich die typischen Geschlechtsrollen einer männlich instrumentellen, sachorientierten Ausrichtung und einer weiblich expressiven, auf Ausdruck und Austausch angelegten Ausrichtung wider.

Aus all den bisher genannten Gründen sind Freundschaften im Jugendalter eine wichtige Ressource; demgegenüber sind schlechte oder fehlende Peer-Beziehungen ein zuverlässiger Prädiktor für psychische Probleme im Erwachsenenalter (Sroufe & Rutter, 1984). Bezugspersonen zu haben ist also ein Schutzfaktor. Dass die Peergroup auch negative Funktionen haben kann und zu gefährlichem Risikoverhalten verführt, wird später (▶ Kap. 3.3.2) ausgeführt.

3.2.3 Romantische Beziehungen

Mit der Pubertätsentwicklung entstehen sexuelle Gefühle und Bedürfnisse, andere Menschen werden als attraktiv wahrgenommen und man selbst erfährt ebenfalls Annäherung durch andere. Peergroups sind erst mit zunehmendem Alter geschlechtsgemischt und eine gegenseitige Annäherung kann zunächst spielerisch im Kontext der Peers erfolgen. Die ersten romantischen Beziehungen halten in der Regel nur wenige Monate. Mit zunehmender Anzahl neuer Beziehungen halten diese aber länger und ersetzen frühere Freunde und Cliquen hinsichtlich gegenseitiger Offenheit und Unterstützung.

Wie Jugendliche Konflikte in einer romantischen Beziehung lösen, hängt davon ab, wie man in der Familie mit Konflikten umging (Weichold & Silbereisen, 2018, S. 249). Die Fähigkeit zur Konfliktlösung wird auch durch den Bindungsstatus beeinflusst: Sicher gebundene Jugendliche sind konstruktiver in der Konfliktbearbeitung als unsicher gebundene (Salisch & Seiffge-Krenke, 2008, S. 441). Durch die verlängerten Schul- und Ausbildungszeiten verbleiben Jugendliche lange im Elternhaus und sind finanziell abhängig. Gerade in diesem Kontext ist die Aufnahme romantischer Aktivitäten ein Zeichen gegenüber den Eltern, emotional autonom und erwachsen zu sein.

Ein Phasenmodell, wie sich romantische Beziehungen im Jugendalter entwickeln und über die Zeit verändern, stammt von Brown (1999):

Initiation
Nachdem Jungen und Mädchen in der Kindheit weitgehend geschlechtsgetrennt gespielt haben, kommt es zu Beginn der Pubertät im Peer-Kontext zu ersten, kurzen Begegnungen zwischen Jungen und Mädchen.

Status
In der frühen und mittleren Adoleszenz ist es wichtig, ob man sich in den Augen anderer Personen mit der »richtigen« Person eingelassen hat. Ansonsten muss man um sein Ansehen fürchten.

Affection
In der Zeit von der mittleren bis zur späten Adoleszenz gewinnt die Person aus der romantischen Beziehung an Kontur. Die Peers werden weitgehend ausgeblendet und die Beziehung wird intimer, exklusiver, länger andauernd. Es wird die wichtigste Beziehung. Sie löst starke Verliebtheit, aber auch ambivalente Gefühle aus.

Bonding
Am Ende des Jugendalters und am Übergang zum Erwachsenenalter beginnt man eine dauerhafte Beziehung zu planen; die Beziehung wird auf Bestand geprüft: Eignet sich die Person aus der romantischen Beziehung für eine gemeinsame Zukunft?

Enge Freundschaftsbeziehungen in der Vergangenheit tragen zur Qualität der romantischen Beziehung erheblich bei. Wichtige Merkmale einer Liebesbeziehung wie Intimität, Vertrauen, Sensitivität und emotionale Unterstützung konnten nämlich vorher in Freundschaftsbeziehungen eingeübt werden (▶ Abb. 3.2).

Die Forschung beschäftigt sich hauptsächlich mit der Entwicklung von Liebesbeziehungen heterosexueller Jugendlicher. Ein Modell der typischen Abfolge homosexueller jugendlicher Liebesbeziehungen findet sich nicht, schon deshalb, weil die Auswahl in der Peergroup viel zu gering ist. Auch wegen der öffentlichen Diskriminierung und der ablehnenden oder unvorhersehbaren Reaktion der Herkunftsfamilie outen sich homosexuelle Jugendliche oft erst später, nämlich dann, wenn sie ein eigenes Unterstützungsnetzwerk aufgebaut haben.

Zusammenfassung

Es gehört zur Identitätsfindung im Jugendalter, sich von den Eltern zu distanzieren und sich den Gleichaltrigen vermehrt zuzuwenden. Freundschaften zwischen weiblichen und zwischen männlichen Jugendlichen unterscheiden sich durch gemeinsame Aktivitäten auf Seiten der Jungen und Vertrautheit und Miteinander-Reden auf Seiten der Mädchen. Auch romantische Beziehungen gewinnen an Bedeutung.

Verständnisfragen

- Definieren Sie jugendtypischen Egozentrismus. Welcher Zusammenhang besteht zur Identitätssuche?
- Wie verändert sich die Beziehung zu den Eltern und welche Rolle nehmen die Peers dabei ein?

3.3 Wenn die Bewältigung der Entwicklungsaufgaben scheitert

Laut den Jugendforschern Klaus Hurrelmann und Gudrun Quenzel (2016, S. 223) bewältigt die große Mehrheit der Jugendlichen die Entwicklungsaufgaben erfolgreich. Nach ihren Untersuchungen sind es ca. 80 %, die den Anforderungen der Entwicklungsaufgaben gerecht werden, sodass ihre weitere Persönlichkeitsentwicklung einen positiven Verlauf nimmt. Bei 20 % hingegen reichen die personalen und sozialen Ressourcen für eine erfolgreiche Bewältigung nicht aus.

Wie Sie bereits aus ▶ Kap. 1 wissen, sind personale Ressourcen sowohl angeboren als auch durch die Umwelt beeinflussbar. Die wichtigsten sozialen Ressourcen liegen für Jugendliche in der Familie: Bildung und ein gutes Einkommen der Eltern, familiärer Zusammenhalt, ein demokratischer Erziehungsstil und vertrauensvolle Beziehungen untereinander sind wichtige familiäre Ressourcen. Auch gute Peer-Beziehungen und gute Schulerfahrungen zählen zu den sozialen Ressourcen.

Neben der Vielzahl an Entwicklungsaufgaben können noch weitere kritische Lebensereignisse nicht-normativer Art auftreten: Jugendliche bekommen eine chronische Erkrankung, ihre Eltern lassen sich scheiden und im Zuge der Scheidung müssen Jugendliche umziehen, neue Bekanntschaften finden, in einer neuen Schule Fuß fassen, den Verlust eines Elternteils verkraften, möglicherweise mit neuen Liebesbeziehungen der Eltern zurechtkommen. Eine Menge von zusätzlichen Herausforderungen, deren Bewältigung möglicherweise die Kapazität der Jugendlichen übersteigt. Es kann dann ein Entwicklungsdruck entstehen, der nicht lange auszuhalten ist und der sich in problematischen Verhaltensweisen und psychischen Störungen, z. B. Aggressionen oder Depressionen Ausdruck verschafft.

Psychische Probleme werden in *externalisierendes* und *internalisierendes Verhalten* eingeteilt (Achenbach, 1997). Externalisierende Verhaltensweisen sind nach außen, d. h. auf die Umwelt gerichtet. Aggressives Verhalten, Vandalismus, Hyperaktivität und delinquentes Verhalten gehören dazu. Internalisierendes Verhalten ist nach innen gerichtet. Es besteht aus Symptomen, die sich nicht auf den ersten Blick der Außenwelt zeigen (Bilz, 2008, 2014; Grubert, 2016): Ängstlichkeit, Gehemmtheit, Somatisierungen (seelische Probleme äußern sich in körperlichen Beschwerden), Depressionen, Suizidalität, Essstörungen und selbstverletzendes Verhalten (ausführlicher nachzulesen bei Grubert, 2016). In vielen Fällen liegen Symptome mehrerer internalisierender bzw. externalisierender Störungen gleichzeitig vor. Man spricht dann von *Komorbidität*.

Die Art der psychischen Störungen im Jugendalter ist in hohem Maße geschlechtstypisch. So sind besonders Mädchen von internalisierenden Störungen betroffen, Jungen häufiger von externalisierenden Störungen (Petermann, 2005).

Während im Kindesalter Jungen häufiger von psychischen Störungen betroffen sind, insbesondere von ADHS, Aggressionen und Autismus, kehrt sich im Jugendalter das Verhältnis um und Mädchen sind psychisch anfälliger, speziell für Essstörungen, Depressionen und Selbstverletzungen (vgl. Holtmann & Schmidt, 2004; Costello et al., 2003).

Definition: Internalisierende und externalisierende Störungen

Psychische Störungen werden in externalisierende Verhaltensweisen und internalisierende Verhaltensweisen unterschieden.

Externalisierendes Verhalten ist nach außen gerichtet. Aggressionen, delinquentes Verhalten, Vandalismus und Hyperaktivität gehören dazu.

Internalisierendes Verhalten ist nach innen gerichtet. Es ist deshalb von Außenstehenden nur schwer erkennbar. Ängstlichkeit, Gehemmtheit, Somatisierungen, Depressionen, Suizidalität, Essstörungen und selbstverletzendes Verhalten gehören dazu.

Psychische Störungen im Jugendalter sind in hohem Maße geschlechtstypisch. So sind besonders Mädchen von internalisierenden Störungen betroffen, Jungen häufiger von externalisierenden Störungen.

Berufsbezug

Internalisierende Störungen sind weniger auffällig und für die Umwelt nicht beeinträchtigend im Gegensatz zu den sehr störenden externalisierenden Verhaltensweisen. Mädchen mit psychischen Problemen fallen also weniger auf, wirken angepasst. Für Lehrkräfte ist ein depressives Mädchen mit Somatisierungen weniger anstrengend, weil es ruhig und schweigend auf seinem Platz sitzt, während der hyperaktive Junge wild durch die Klasse rennt oder der aggressive Jugendliche auf dem Schulhof andere verprügelt. Hier muss eingegriffen werden, im ersten Fall scheinbar nicht. Es besteht also die Gefahr, dass psychische Probleme bei Mädchen übersehen werden. Es ist Aufgabe der psychologischen Fachkraft, z. B. im Rahmen des schulpsychologischen Dienstes, pädagogische Fachkräfte für »unauffällige Auffälligkeiten« zu sensibilisieren.

Merke!

Die unterschiedliche Geschlechtsverteilung von psychischen Krankheiten trifft nicht nur auf das Jugendalter zu, sondern ist im gesamten Lebenslauf feststellbar.

> Die häufigsten Störungen bei Männern sind Substanzstörungen (Alkoholstörungen), bei Frauen stehen Angststörungen und Depressionen an erster Stelle (Jacobi et al., 2014).

Zusätzlich zu diesen beiden Kategorien psychischer Störungen nennen Hurrelmann und Quenzel (2016) noch das *ausweichende Verhalten*. Sie meinen damit Fluchtverhalten, das häufig Suchtcharakter hat: Der Konsum illegaler Drogen oder ein unkontrollierter Konsum elektronischer Medien bedeutet in diesem Fall die Flucht vor einer schwierigen Lebenssituation, vor Verantwortungsübernahme, vor mühseliger Arbeit.

Von psychischen Krankheiten und Verhaltensproblemen sind 16 % der Jugendlichen betroffen (Baumgarten et al., 2018). Das entspricht in etwa dem Prozentsatz Jugendlicher, die nach den Forschungsergebnissen von Hurrelmann und Quenzels (2016) an der Bewältigung der Entwicklungsaufgaben scheitern.

3.3.1 Warum sind psychische Störungen im Jugendalter so verbreitet?

Viele Jugendforscher*innen (z. B. Hurrelmann & Quenzel, 2016; Lösel, 2012, Lösel & Weiss, 2015; Pinquart & Silbereisen, 2018; Flammer & Alsaker, 2002) sehen die Ursache in einem Missverhältnis zwischen Entwicklungsanforderungen einerseits und Bewältigungskompetenzen andererseits: Den Jugendlichen fehlen entsprechende Ressourcen. Die mangelnde Lösungskompetenz der jugendtypischen Herausforderungen hat problematische Folgen für die Persönlichkeit des Jugendlichen und für seine Umwelt. Der Grund für Problemverhalten im Jugendalter sind also nicht bewältigte Entwicklungsaufgaben.

Einen anderen Akzent zur Erklärung von Problemverhalten im Jugendalter bietet der Ansatz des Risikoverhaltens im Jugendalter an (Raithel, 2011). Nach Raithel (2011) erfüllen *Risikoverhaltensweisen* – auf riskante Art und Weise – jugendspezifische Entwicklungsaufgaben. Sie helfen nämlich bei der Identitätsentwicklung, der Autonomieentwicklung und weiteren Aufgaben. So grenzen sich Jugendliche durch verbotenes Verhalten von elterlichen Normen ab und integrieren sich in Peergroups. Außerdem hilft »mutiges« Verhalten dabei, Statusunsicherheiten zu kompensieren.

Das steht wiederum im Dienste der Identitätsfindung. Hinzu kommt die große Bedeutung der Peergroup; wie bereits erwähnt, ist sie im Jugendalter wichtiger als alle anderen sozialen Bezugsgruppen. Viele jugendtypischen Verhaltensweisen werden durch die Peergroup gesteuert (delinquentes Handeln, riskantes Autofahren, Diätverhalten usw.). Die Konformität mit Peer-Normen ist im Jugendalter sehr ausgeprägt, sie ist Voraussetzung für die Zugehörigkeit zur Gruppe. Auf diese Weise erreichen Jugendliche eine Identität innerhalb der jugendlichen Subkultur.

Risikoverhaltensweisen können demnach im Jugendalter unglücklicherweise im Dienst der Lösung einiger zentraler Aufgaben dieser Lebensphase stehen. Sie sind problematisch, weil sie negative Konsequenzen haben können. Häufig handelt es sich um *Mutproben*. Sie sind Ausdruck jugendtypischer Abenteuerlust und Risikobereitschaft.

Raithel (2011, S. 65) ordnet die Funktionen des Risikoverhaltens den Entwicklungsaufgaben folgendermaßen zu:

1. *Identitätssuche: Wissen, wer man ist und was man will*
   Funktion des Risikoverhaltens: Seinem persönlichen Stil Ausdruck verleihen, grenzüberschreitende Erfahrungen suchen, sich geschlechtstypisch stilisieren.
2. *Aufbau von Freundschaften und intimer Beziehungen*
   Funktion des Risikoverhaltens: Durch Risikoverhalten Zugang zu Peergroups finden und erste sexuelle Beziehungen.
3. *Ablösung von den Eltern*
   Funktion des Risikoverhaltens: Durch Risikoverhalten Unabhängigkeit von den Eltern demonstrieren. Bewusst die elterliche Kontrolle unterlaufen. Die Erwartungen der Eltern missachten.
4. *Lebensgestaltung*
   Funktion des Risikoverhaltens: Einen spezifischen Lebensstil zeigen (Musikstil, Kleidungsstil, Werteorientierung usw.).
5. *Eigenes Wertesystem entwickeln*
   Funktion des Risikoverhaltens: Gesellschaftliche Normen missachten als Ausdruck des Protestes.

Wie Raithel hier deutlich machen kann, hat das Risikoverhalten eine instrumentelle Funktion bei der »Bewältigung« von Entwicklungsaufgaben. Jugendliche setzen sie aktiv ein, um den Anforderungen der Lebensphase zu begegnen. Sie bewältigen die Entwicklungsaufgaben auf unkonventionelle, gefährliche und unter Umständen nicht legale Weise.

Schließen sich beide Erklärungskonzepte aus? Keineswegs. Problemverhalten kann auftreten, weil man die Entwicklungsaufgaben aufgrund fehlender eigener Ressourcen und fehlender Unterstützung nicht bewältigen kann. Problemverhalten kann aber auch auftreten als gefährlicher, »illegaler« Bewältigungsversuch der Entwicklungsaufgaben.

Jugendliche gefährden durch Risikoverhalten ihre körperliche Gesundheit. Im Gegensatz zur psychischen Verfassung im Jugendalter ist der physische Zustand von Jugendlichen gut. Das Jugendalter ist sogar eine von besonders guter Gesundheit geprägte Phase im Lebenslauf. Nur ca. 10 % der Jugendlichen leiden unter einer chronischen Erkrankung, wobei es sich hierbei häufig um Allergien handelt. Die häufigsten Todesursachen im Jugendalter sind nicht durch Krankheiten bedingt, sondern durch Unfälle gefolgt von Suizid (Kacic & Zimmermann, 2020; Quenzel, 2015, S. 11). Die vielen Unfälle verweisen auf ihr riskantes Verhalten.

Das in der Kindheit von den Eltern erworbene positive Gesundheitsverhalten nimmt im Jugendalter wieder ab. Das Jugendalter ist sogar eine sensible Phase für den Erwerb gesundheitsschädlicher Verhaltensweisen wie der Konsum von Alkohol und Rauchen. Weitere typische Aspekte einer ungesunden Lebensweise sind Fast-Food-Ernährung, häufige Diäten, riskantes Autofahren (ohne Führerschein, überhöhte Geschwindigkeit), ungeschützte sexuelle Kontakte, S-Bahn-Surfen, Parcours-

Sport und vieles mehr. Es sind gesundheitsriskante, teilweise auch illegale Verhaltensweisen.

Unglücklicherweise kann das gesundheitsschädliche Verhalten im Jugendalter das gesamte spätere Leben nachteilig beeinflussen (Knäuper & Schwarzer, 1999, S. 713). So gehen ca. 70 % der chronischen Krankheiten im Alter auf Risikoverhaltensweisen im Jugendalter zurück: Der Beginn des Zigarettenkonsums und des Alkoholmissbrauchs liegt meistens im Jugendalter; ebenso eine fehlerhafte Ernährung und mangelnde körperliche Aktivität (a. a. O.).

Definition: Risikoverhalten

Risikoverhalten ist ein Verhalten, das zu einer Schädigung führen kann und deshalb eine konstruktive Entwicklung mit den Zielen der Individuation und Integration in die Gesellschaft gefährdet (Raithel, 2011, S. 26).

Man kann gesundheitliche, delinquente, finanzielle und ökologische Risikoverhaltensweisen unterscheiden:

- In den Bereich Gesundheit fallen z. B. Ernährung, Straßenverkehr, Sexualität, (sexuelle) Gewalt, illegale Drogen, Alkohol und Nikotin, Suizid und Mutproben.
  – Schäden: Lebensbedrohung oder Verletzung durch Unfall, Krankheit, Tod
- In den Bereich Delinquenz fallen z. B. Straßenverkehr, (sexuelle) Gewalt, Kriminalität, Mutproben.
  – Schäden: Strafrechtliche Folgen
- In den Bereich Finanzielles fallen z. B. Glücksspiel, Warenkonsum, Kriminalität.
  – Schäden: Verschuldung
- In den Bereich Ökologie fallen z. B. Freizeitsport, Müllentsorgung.
  – Schäden: Verschmutzung, Zerstörung

Viele der Risikoverhaltensweisen bergen gesundheitliche und delinquente Risiken. Sie sind mehrheitlich den externalisierenden Verhaltensweisen zuzuordnen und werden eher von männlichen Jugendlichen ausgeübt (Raithel, 2011, S. 65 f.).

3.3.2 Warum sind Jugendliche so risikoaffin?

Für das gering ausgeprägte Bewusstsein für Gesundheit, Krankheit, Sicherheit und Gefahr im Jugendalter sind folgende jugendtypische Überzeugungen verantwortlich:

1. Der jugendtypisch erhöhte Egozentrismus (Elkind, 1967; ▶ Kap. 3.2.1; Definition in diesem Kapitel). Er ist Ausdruck ihrer Identitätssuche und zeigt sich darin, dass Jugendliche phasenweise stark auf sich selbst bezogen sind, sie orientieren

sich nach innen. Die Außenwelt und ihre Gefahren werden nicht realistisch wahrgenommen.
2. Das »Personal-Fable«-Phänomen (Alberts, Elkind & Ginsberg, 2007). Es bedeutet, dass Jugendliche sich als einzigartig erleben: Sie entwickeln »Größen-Ideen« (»Ich kann fantastisch inlineskaten/Auto fahren«).
3. Das Invincible-Phänomen. Es bedeutet, dass Jugendliche sich als unverwundbar einschätzen: »Mir kann nichts passieren«. Unfälle und Krankheiten passieren nur den anderen Personen.

Besonders beim kriminellen Verhalten ist im Jugendalter ein steiler Anstieg zu verzeichnen (Raithel, 2011, S. 16). Es ist häufig Provokationsverhalten und Ausdruck von Unsicherheit und Kräfteüberschuss. Weit überwiegend ist es auf das Jugendalter beschränkt. Mit der Übernahme erwachsener Rollen wie Einstieg in das Berufsleben und Eingehen einer verbindlichen Liebesbeziehung sowie der Elternrolle werden Risikoverhaltensweisen abgelegt. Das Risiko, die neuen Errungenschaften aufs Spiel zu setzen und wieder zu verlieren, ist zu groß.

Im Gegensatz zu der jugendtypischen vorübergehenden Delinquenz steht die lebenslange Delinquenz. Sie tritt erheblich seltener auf. In der Regel besteht sie schon in der Kindheit und nach dem Jugendalter gleitet die Person in eine meist lebenslang bestehende kriminelle Karriere ab (Moffitt, 1993).

> **Exkurs: Der jugendlichen Abenteuerlust Rechnung tragen**
>
> Muss gesundheitsschädliches Risikoverhalten akzeptiert werden, weil es entwicklungspsychologisch nachvollziehbar ist? Keineswegs. Vielmehr sollte man Jugendlichen ungefährliche Angebote machen, die ihrer Abenteuerlust Rechnung tragen. Eine mögliche präventive Maßnahme stellt Erlebnispädagogik dar. Abenteuerlust wird in die fachlich angeleitete und legale Bewältigung körperlicher und psychisch herausfordernder Aufgaben kanalisiert. Jugendliche können wichtige Erfahrungen in Bezug auf ihren Körper, Vertrauen in andere und Teamgeist machen. Die erfolgreiche Lösung anspruchsvoller Herausforderungen, die aber in einem geschützten Rahmen stattfinden, stärkt den Selbstwert und die soziale Kompetenz auf erlaubte Weise (Boeger & Schut-Ansteeg, 2005; Boeger, 2018).

3.3.3 Präventionsmaßnahmen im Jugendalter

Präventionsmaßnahmen haben das Ziel, vorhersagbare Probleme zu verhindern oder bereits eingetretene Probleme in ihren Auswirkungen geringzuhalten.

> **Definition: Prävention**
>
> Prävention ist der Oberbegriff für zielgerichtete Maßnahmen zur Vermeidung von Problemverhalten oder zur Reduzierung der Folgen bereits aufgetretener

Probleme. Präventive Maßnahmen lassen sich nach dem Zeitpunkt, zu dem sie eingesetzt werden, in primäre, sekundäre oder tertiäre Prävention unterteilen.

Die *primäre Prävention* zielt darauf ab, die Entstehung von Problemverhalten zu verhindern. Ein starker Selbstwert ist z. B. ein wirksamer Puffer gegen die Verführung zu Problemverhalten durch Gleichaltrige. Eine gute Stressbewältigung gehört ebenfalls zu Maßnahmen der primären Prävention.

Die *sekundäre Prävention* ist auf die Früherkennung von Problemverhalten ausgerichtet. Ein drohender Schaden soll möglichst noch verhindert und durch frühzeitig eingeleitete Maßnahmen kleingehalten werden (aggressive Stimmung unter Jugendlichen in einem sozialen Brennpunkt).

Die *tertiäre Prävention* hat das Ziel, bereits eingetretenes Problemverhalten durch Maßnahmen zu beeinflussen und einen Rückfall vermeiden. Die tertiäre Prävention umfasst Maßnahmen der Rehabilitation (z. B. bei Jugendlichen, die bereits drogenabhängig sind).

Es existieren zahlreiche Präventionsprogramme mit unterschiedlichem theoretischen Hintergrund. Teilweise sind sie auf spezielles Problemverhalten (z. B. den Einstieg ins Rauchen im frühen Jugendalter) ausgerichtet, teilweise haben sie das Ziel, global Fähigkeiten von Jugendlichen zu stärken. Gegenwärtige Präventionsmaßnahmen verfolgen einen Risiko-Ressourcen-Ansatz. Das bedeutet, dass Prävention nicht nur den Einfluss von allgemeinen und spezifischen Risiken reduzieren will, sondern auch durch die Förderung allgemein wirkender Schutzfaktoren die psychosoziale Kompetenz verbessern will. Somit soll die Wahrscheinlichkeit gesenkt werden, dass Risikoverhaltensweisen (z. B. Substanzmissbrauch, Depression oder Aggressionen) bei Jugendlichen überhaupt entstehen.

Beispiel: Risikoverhalten Rauchen

Typischer Rauchbeginn ist das Jugendalter. Es hilft bei der Umschiffung der alterstypischen Klippen. So dient es dem Zugehörigkeitsgefühl und dem Ansehen bei den Gleichaltrigen, dem Wunsch nach Experimentieren und der Abgrenzung von den Eltern (Pinquart & Silbereisen, 2018). Jugendliche können dem Einfluss älterer Personen nicht widerstehen und versuchen, ihre unsichere Identität und ihren wankenden Selbstwert durch »erwachsene« Verhaltensweisen zu kompensieren. Maßnahmen, die ausschließlich Wissen vermitteln über gesundheitliche Spätfolgen, sind wenig wirksam, weil sie nicht dabei helfen, die gegenwärtigen Entwicklungsaufgaben zu lösen und auch nicht auf emotionale Unsicherheiten eingehen. Erfolgreicher sind Programme, die Lebenskompetenzen stärken (Weichold & Silbereisen, 2014).

Lebenskompetenzen sind Fähigkeiten, mit denen das Leben erfolgreich bewältigt wird. Es ist z. B. die Fähigkeit, seine Handlungen und Gefühle zu regulieren, Probleme zu lösen und Stress zu bewältigen. Die angestrebte Stärkung des

Selbstwerts trägt zur Steigerung der Standfestigkeit gegen Gruppendruck bei. Lebenskompetenztrainings gehen auch auf Gefühle der Jugendlichen ein. Sie sind methodisch abwechslungsreich und enthalten z. B. Rollenspiele.

> **Merke!**
>
> **Lebenskompetenzen (WHO, 1994)**
>
> Der Lebenskompetenzen-Ansatz wurde durch die WHO (1994, 1997) propagiert und strebt neben dem Verhindern von Problemverhalten eine Förderung positiver, kompetenter Entwicklung an. Die WHO definiert folgende Kernkompetenzen, die die biopsychosoziale Gesundheit fördern. Die Bedeutung von Empathie hatten Sie bereits in ▶ Kap. 2 sowohl im Rahmen des intuitiven Elternverhaltens als auch als Schlüssel zum Aufbau einer sicheren Bindung kennengelernt. Fast alle hier aufgeführten Kompetenzen sind Schlüsselkompetenzen der sozial-emotionalen Intelligenz:
>
> - Selbstwahrnehmung, die eigene Person mit ihren Stärken und Schwächen, Wünschen und Abneigungen zu erkennen
> - Empathie als die Fähigkeit, sich in andere Personen hineinzuversetzen
> - Kreatives Denken, das es ermöglicht, Probleme konstruktiv zu lösen
> - Kritisches Denken als die Fertigkeit, Informationen und Erfahrungen objektiv zu analysieren
> - Entscheidungen treffen
> - Problemlösefertigkeit, um Schwierigkeiten und Konflikte im Alltag konstruktiv anzugehen
> - Kommunikative Kompetenz, sich situationsgemäß sowohl verbal als auch nonverbal auszudrücken
> - Interpersonale Beziehungsfertigkeiten, die dazu befähigen, Freundschaften zu schließen und aufrechtzuerhalten
> - Gefühlsbewältigung, angemessen mit Gefühlen umzugehen sowie zu erkennen, wie Gefühle das Verhalten beeinflussen
> - Die Fähigkeit der Stressbewältigung, Stress im Alltag zu erkennen und stressreduzierende Verhaltensweisen zu erlernen
>
> Diese Lebenskompetenzen lassen sich in folgende Schutzfaktoren zusammenfassen:
>
> - Selbstregulation, Gedanken, Emotionen und Handlungen selbst regulieren
> - ressourcenorientiert denken und Probleme lösen
> - wertschätzend kommunizieren und handeln
> - Konflikte und Stress lösungsorientiert bewältigen
> - Kontakte und Beziehungen aufbauen und halten

Eltern sollten bereits bei ihren Kleinkindern Lebenskompetenzen stärken, indem sie z. B. in Bezug auf Selbstregulation und Impulskontrolle gute Vorbilder sind. Sie sollten ihren Kindern einen guten Selbstwert vermitteln. Erzieher*innen und Lehrkräfte sollten die Stärkung dieser Kompetenzen fortführen.

Zusammenfassung

Das Jugendalter ist eine Lebensphase, in der in relativ kurzer Zeit eine Vielzahl anspruchsvoller Entwicklungsaufgaben bewältigt werden muss. Letztlich stehen die Aufgaben im Auftrag der Identitätsfindung. Der Prozess der Identitätsfindung wird durch verschiedene personale Ressourcen u. a. einem guten Selbstwert und Umweltressourcen, besonders durch familiäre Unterstützung erleichtert. Problemverhaltensweisen wie internalisierendes und externalisierendes Verhalten sind im Jugendalter häufiger als in anderen Lebensphasen. Risikoverhalten ist ebenfalls typisch für das Jugendalter. Es kann Ausdruck von psychischen Problemen sein, weil man die Entwicklungsaufgaben nicht lösen kann. Es kann aber auch ein Lösungsversuch der Entwicklungsaufgaben mit gefährlichen Mitteln sein.

Verständnisfragen

- Was sind internalisierende und externalisierende Störungen und wie ist ihre Verteilung bei weiblichen und männlichen Jugendlichen?
- Welche verschiedenen Funktionen haben Risikoverhaltensweisen?

3.4 Die Auseinandersetzung mit dem Körper als zentrale Entwicklungsaufgabe des Jugendalters

Im folgenden Kapitel lernen Sie am Beispiel der Entwicklungsaufgabe »Akzeptanz der körperlichen Veränderungen und effektive Nutzung des Körpers« (▶ Kap. 3.1) exemplarisch die Komplexität und Herausforderung kennen, die die Bewältigung nur einer einzigen Entwicklungsaufgabe bedeutet. Es ist eine Aufgabe für beide Geschlechter, aber das weibliche Geschlecht hat damit größere Schwierigkeiten.

Abgesehen vom ersten Lebensjahr verändert sich nie mehr im Leben der Körper so gravierend wie in dieser Phase. Der kindliche Körper verwandelt sich in kurzer Zeit in einen erwachsenen, fortpflanzungsfähigen Körper. Dieser durch den Pubertätswachstumsschub sowie die Geschlechtsreifung bewirkte körperliche Wandel ist die auffälligste Veränderung im Jugendalter, die bewältigt werden muss.

Eine positive Einstellung zu diesen körperlichen Veränderungen ist Voraussetzung für die Bewältigung weiterer relevanter Entwicklungsaufgaben wie das Erreichen einer eigenen Geschlechtsrolle und das Eingehen von vertrauensvollen Beziehungen zu Gleichaltrigen. Fend (2001, S. 105) bezeichnet das »Hineinwachsen in einen neuen Körper« und diesen »bewohnen« zu lernen sogar als die zentrale Entwicklungsaufgabe dieser Lebensphase. Es wird exemplarisch gezeigt, wie das Scheitern an einer Entwicklungsaufgabe gesundheitsbeeinträchtigend wirken kann, nämlich zu psychischen Störungen und Entwicklungsproblemen führt.

Die kognitive Entwicklung hat im Jugendalter eine höhere Stufe erreicht. Die neuen intellektuellen Fähigkeiten ermöglichen Reflexionen und innere Abgrenzungen: Jugendliche können nun sich selbst und ihren Körper von einer übergeordneten Ebene aus betrachten und ihren Körper z. B. in eine von anderen Personen bewunderte Form bringen. Die Reaktionen der Umwelt auf den veränderten Körper des Jugendlichen wirken sich auf sein Selbstbild, sein psychisches Erleben und seine Akzeptanz dieser Veränderungen aus. Mit der Berücksichtigung dieses sozialen Kontextes bei der Bewältigung der Entwicklungsaufgaben wird im Folgenden wieder eine interaktionistische Sichtweise eingenommen, die darüber hinaus alle weiteren Dimensionen der Entwicklung (kognitiv, körperlich, emotional) einbezieht.

Die Einstellung zum Körper hängt mit einem Bündel von Faktoren zusammen (u. a. Körpergewicht, pubertärer Status, Selbstwert, familiäre Beziehungen, elterliches Vorbild, Medien, Peers, kulturelle Zugehörigkeit). Exemplarisch für einen typischen Entwicklungsprozess, auf den zahlreiche Faktoren Einfluss nehmen, werden im Folgenden einige dieser Faktoren erläutert. Beide Geschlechter sind hierbei auf unterschiedliche Weise gefordert.

3.4.1 Der Körper als ein wichtiger Teil der Identität

Die frühesten Selbstwahrnehmungen, die die Voraussetzung für die Entwicklung von Identität und Selbstkonzept bilden, sind Körperwahrnehmungen: Das Baby wird gestreichelt und gewickelt, es hat ein körperliches Wohlgefühl oder ein körperliches Unwohlsein und daraus entwickelt sich ein psychisches Gefühl. Körperliche und psychische Entwicklung sind also eng miteinander verknüpft und die Vorstellung von unserem Körper ist ein erstes und wichtiges Element der Identität (Bielefeld & Baumann, 1991; Mrazek, 1987).

Das Jugendalter ist eine Zeit der Suche nach Orientierung: Fragen der Berufsausbildung und Berufswahl, der Zukunftsplanung und allgemein der Lebensplanung stehen im Vordergrund. Hat man am Ende des Jugendalters selbsterarbeitete Antworten auf diese Fragen gefunden, ist ein Stück Identität gewonnen. In dieser Phase der Orientierungssuche übernimmt der Körper eine *identitätsstiftende Funktion*. Die für das Jugendalter typische Stilisierung des Körpers und das Experimentieren mit ihm (Piercing, Punk, Tätowierung usw.) sind Ausdruck davon. Sie dienen dem Aufbau und der Festigung der eigenen Identität, weil sie helfen die Bestätigung durch die Gleichaltrigen, die Zugehörigkeit zu einer sozialen Gruppe und die Abgrenzung und Loslösung von den Eltern zu erlangen.

Das Körperkonzept entwickelt sich von frühester Kindheit an und ist dynamisch, weil es sich in Abhängigkeit der Situation verändert, d. h. in Abhängigkeit vom Körperwachstum, von Körperverletzungen, Erkrankungen und zahlreichen anderen

3 Jugendalter

Abb. 3.3: Anderssein ist cool (angefertigt von Sabrina Hilz)

Einflüssen. Immer neue Aspekte werden im Verlauf des Lebens in die Vorstellung vom eigenen Körper integriert. Auch unter diesem Aspekt stellt das Jugendalter eine besonders bedeutsame Phase dar: Es setzen Reifungsvorgänge ein, die zu den stärksten Körperveränderungen im gesamten Lebenslauf führen. Aus psychischer Perspektive müssen eine Akzeptanz und Anpassung an den veränderten Körper geleistet werden.

Der direkte oder indirekte Bezug fast aller Entwicklungsaufgaben zum Körper in dieser Lebensphase weist auf die zentrale Bedeutung der individuellen Auseinandersetzung mit dem Körper hin. Bei der Entwicklung der eigenen Identität kommt dem Geschlecht eine zentrale Bedeutung zu; die Geschlechtsidentität gehört zu den Aspekten von Identität, die am frühesten erworben werden. Das für das Jugendalter typische Experimentieren mit dem Körper und der Körperlichkeit dient auch dazu, Geschlechtszugehörigkeit darzustellen und darin von der Umwelt bestätigt zu werden. Es kann davon ausgegangen werden, dass es im Umgang mit dem eigenen Körper kaum Bereiche gibt, die nicht geschlechtsbezogen unterschiedlich erlebt und bewertet werden.

> **Merke!**
>
> Körper und Identität sind untrennbar miteinander verbunden. Die Identitätsentwicklung beginnt in der frühen Kindheit und baut sich über das frühkindli-

3.4 Die Auseinandersetzung mit dem Körper als zentrale Entwicklungsaufgabe

che Körpergefühl auf. Im Jugendalter ist die Identitätsentwicklung mit Hilfe des Körpers erneut ein zentrales Thema. Der erwachsene Körper treibt die Entwicklung voran, weil er Abgrenzung, Beziehung, Sexualität und Fortpflanzung ermöglicht.

3.4.2 Die pubertäre Reifeentwicklung bei Jungen und Mädchen

Durchschnittlich treten Mädchen mit 11 Jahren und Jungen mit 13 Jahren in die Pubertät ein. Verantwortlich dafür sind die auf biologischer Ebene einsetzenden Reifungsvorgänge (eine zunehmende Androgensekretion in den Nebennieren und eine Zunahme der Sexualsteroide in den Gonaden). Sie bewirken über die Hypophyse einschneidende Veränderungen des Körperschemas wie z. B. Längenwachstum, Ausbildung sekundärer Geschlechtsmerkmale und vermehrte Fett- bzw. Muskelzunahme (▶ Abb. 3.4).

Definition: Pubertät

Die Pubertät ist die Entwicklung der Geschlechtsreife im Jugendalter. Sie endet mit dem Erreichen der Fortpflanzungsfähigkeit. Der Begriff der Pubertät meint also ausschließlich den Aspekt der körperlichen Entwicklung im Jugendalter.

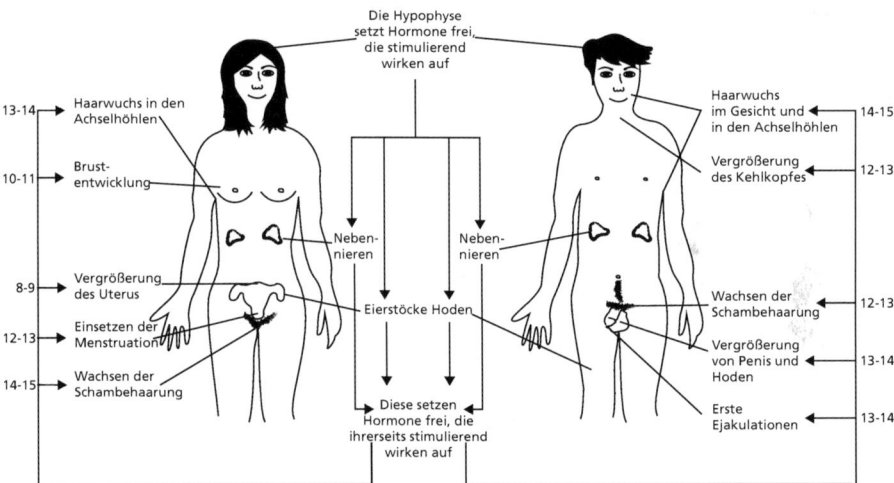

Abb. 3.4: Die körperliche Reifeentwicklung im Jugendalter (angefertigt von Sabrina Hilz in Anlehnung an Myers, 2014, S. 206)

Die pubertätsbedingten körperlichen Veränderungen werden mit Hilfe der Tannerschen Kriterien ermittelt (Marshall & Tanner, 1969). Das *körperliche Reifekriterium* bei weiblichen Jugendlichen ist die Menarche, der Zeitpunkt der ersten Regelblutung. Bei männlichen Jugendlichen werden häufig das Längenwachstum und der Stimmbruch herangezogen. Der erste Samenerguss (Pollarche bzw. Spermarche) als Korrelat zur Menarche stellt sowohl in der Forschung als auch in der Gesellschaft ein erhebliches Tabu dar und ist in seiner Bedeutung bisher kaum untersucht worden. Auffallend sind im Jugendalter die großen intra- und interindividuellen Unterschiede im pubertären Status, die viel häufiger sind als Uniformität. So kann bei weiblichen Jugendlichen die Zeit von den ersten Anzeichen pubertärer Reife bis zur vollständigen Entwicklung zwischen 1,6 und sechs Jahren schwanken. Weiterhin können 14-jährige weibliche oder männliche Jugendliche einen erwachsenen Körper aufweisen, ebenso aber auch einen noch unentwickelten, kindlichen Körper.

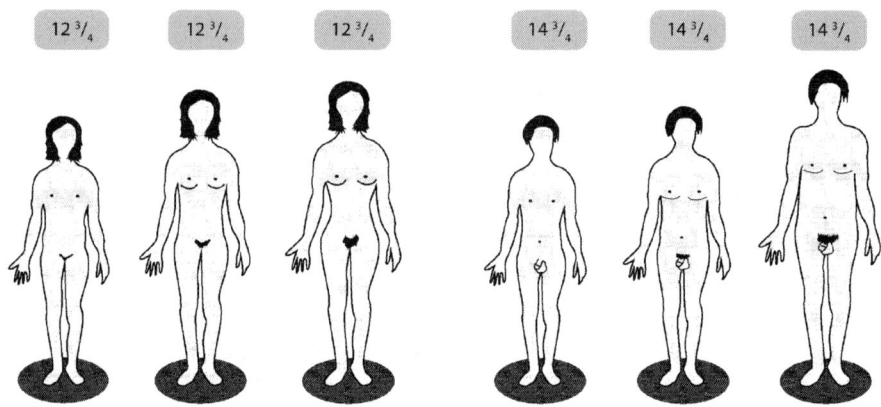

Abb. 3.5: Unterschiedlicher körperlicher Status bei gleichaltrigen Jugendlichen (angefertigt von Sabrina Hilz in Anlehnung an die Darstellung in Lerner & Spanier, 1980, S. 205)

Ein Grund für Jugendliche, mit ihrem Körper unzufrieden zu sein, ist der *Zeitpunkt der Reifeentwicklung* (▶ Abb. 3.5). Dieser Zusammenhang stellt sich bei den Geschlechtern gegenläufig dar. Frühreife Jungen weisen ein besonders positives Körperselbstbild auf und halten sich für besonders attraktiv im Vergleich zu spätreifen Jungen; bei Mädchen verhält es sich umgekehrt (z. B. Ohring, Graber & Brooks-Gunn, 2002; Striegel-Moore et al., 2001).

Dafür sind Rückmeldungen aus der Umwelt verantwortlich, die für die Geschlechter unterschiedlich ausfallen: Körperlich erwachsen wirkende männliche Jugendliche genießen die Vorteile des Erwachsenseins. Sie werden mit vermehrter Verantwortung ausgestattet und von den Erwachsenen als Gleichberechtigte behandelt. Bei frühreifen Mädchen (Menarche vor dem 12. Lebensjahr) dagegen reagiert die Umwelt mit Verboten und Einschränkungen, wobei die Angst vor verfrühter Schwangerschaft dafür ursächlich sein dürfte. Weiterhin sind männliche Attribute wie Körpergröße, tiefe Stimme und Bartwuchs für Jungen erstrebenswerte Ziele, die den Status unter Gleichaltrigen erhöhen, während beim weiblichen Geschlecht das Schlankheitsideal vorherrscht, welches durch die einsetzenden Reifeprozesse bedroht ist.

3.4 Die Auseinandersetzung mit dem Körper als zentrale Entwicklungsaufgabe

Frühreife ist sogar ein Risikofaktor für die Entwicklung bei Mädchen, weil sie einen Außenseiterstatus unter Gleichaltrigen einnehmen und sich deshalb mehr an Älteren (die ihrem eigenen körperlichen Entwicklungsstand entsprechen) orientieren. Demzufolge beginnen sie eher mit Problemverhaltensweisen wie etwa Rauchen und Alkoholkonsum. Auch schlechte Schulleistungen und insgesamt eine höhere psychosoziale Auffälligkeit sind mit weiblicher Frühreife assoziiert (Petersen & Crockett, 1985).

Neben gesellschaftlichen Stereotypen sind auch biologische Faktoren für die generell größere Körperunzufriedenheit bei Mädchen und speziell bei frühreifen Mädchen verantwortlich. So ist die mit der Reifeentwicklung zusammenhängende *Gewichtszunahme* zu nennen, die sich bei Jungen hormonbedingt in erwünschtem Muskelzuwachs zeigt, während sie bei Mädchen mit einer östrogenbedingten Zunahme des Fettgewebes einhergeht und abgelehnt wird. Die körperlichen Veränderungen der Jungen wie z. B. breitere Schultern sowie Muskelzuwachs entsprechen dem kulturellen Ideal eines männlich-muskulösen Körpers.

Die körperlichen Veränderungen der Mädchen hingegen (Fettzunahme, breitere Hüften) entfernen diese vom Ideal eines schmalen, mädchenhaften Körpers. Spätreife Mädchen (Menarche nach dem 14. Lebensjahr) bleiben länger diesem Ideal treu und sind auch in der Tat zufriedener mit ihrem Körper (Ohring, Graber & Brooks-Gunn, 2002). Auch die Menstruation wird von frühreifen Mädchen (< 12 Jahren) negativer erlebt als von Mädchen mit zeitgerechter Menarche (12–13 Jahre) und von spätreifen Mädchen (> 14 Jahren). Am zufriedensten sind weibliche Jugendliche mit ihrem Körper, wenn sie ihre Pubertätsentwicklung im sozialen Vergleich als zeitgerecht wahrnehmen. So wie sich frühreife Jungen und spätreife Mädchen in ihrer positiven Sicht auf ihren Körper entsprechen, entsprechen sich frühreife Mädchen und spätreife Jungen in ihrer eher negativen Sicht. Das lässt sich mit der Abweichung beider Gruppen vom gesellschaftlichen Körperideal begründen.

Insgesamt ist der markanteste Unterschied zwischen den Geschlechtern die größere Unzufriedenheit weiblicher Jugendlicher mit ihrem Körper. Ein Befund, der für die westliche Welt gilt. Mädchen legen strengere Maßstäbe an ihr Äußeres an und wollen z. B. doppelt so oft ihr Aussehen verändern (Levine & Smolak, 2006). In einer großen Studie der Bundeszentrale für gesundheitliche Aufklärung (2006, S. 66f.) an 2500 Jugendlichen im Alter von 14–17 Jahren stimmten 46 % der Mädchen der Aussage »Ich fühle mich wohl in meinem Körper« zu im Vergleich zu 62 % der Jungen. Obwohl männliche Jugendliche tendenziell dicker sind als weibliche, finden Mädchen sich viel häufiger zu dick, Jungen finden sich eher zu dünn (BZgA, 2006, S. 66f.).

Der Wunsch abzunehmen steht bei den Mädchen nicht in Beziehung zu einem realen Übergewicht. So zeigen große Studien an Jugendlichen immer wieder, dass sich ungefähr die Hälfte der weiblichen Stichprobe zu dick fühlt, obwohl sie normalgewichtig ist (Haffner et al., 2007). Nicht das objektive Gewicht führt zu Diätverhalten, sondern die subjektive Körpereinschätzung. Repräsentative Studien (z. B. HBSC-Studienverbund Deutschland, 2015) ergeben bei 12–15-jährigen weiblichen Jugendlichen eine Diätrate von 22 % und bei den gleichaltrigen männlichen Jugendlichen von 12 %. Jungen scheinen mehr um ihren Muskelzuwachs besorgt zu sein und möchten eher an Gewicht zulegen (a. a. O.). Ein Grund für dieses unterschiedliche Verhalten sind unterschiedliche Sichtweisen. Jungen haben eine eher funktionale, ich-zentrierte Sicht auf ihren Körper: Der Körper wird als leistungsstarkes, die Umwelt beeinflussendes Instrument wahrgenommen, während aus weiblicher Sicht der Körper eher ein Mittel ist, andere zu beeindrucken und anzuziehen.

Exkurs: Frühreife bei Mädchen

Entwicklungspsychologisch denken: Warum ist Frühreife bei Mädchen ein Risikofaktor?
Entwicklungspsychologische Erklärungsmodelle
Zwei Modelle sind in der Forschung verbreitet, um die Anpassungs- und Verhaltensprobleme bei frühreifen Mädchen zu erklären: Die Abweichungshypothese und die Entwicklungsbeendigungs-Hypothese (Wiesner & Ittel, 2002).
Die Abweichungshypothese: Sie geht davon aus, dass jede Abweichung von der Norm psychosoziale Schwierigkeiten nach sich zieht und die reifende Person zum Außenseiter macht. Die Abweichung in Form erhöhter Geschwindigkeit der physischen Entwicklung, die nicht mit der Peergroup übereinstimmt, löst beim Individuum Stress aus und macht es anfällig für Problemverhaltensweisen.
Die Entwicklungsbeendigungs-Hypothese: Sie setzt für jede Entwicklungsstufe spezielle Anforderungen voraus, die sich dem heranreifenden Menschen stellen. Eine Verfrühung unterbricht nun den regulären Entwicklungslauf und es bleibt für das Individuum weniger Zeit, sich mit den Herausforderungen der körperlichen Entwicklung auseinanderzusetzen. Der dadurch ausgelöste Stress bewirkt in der Folge psychosoziale Auffälligkeiten.
Kritisch denken: Beide Modelle erklären zwar durchaus plausibel, warum weibliche Frühreife ein Problem darstellen kann, allerdings liefern sie keine Erklärung für den Befund, dass es sich bei männlicher Frühreife umgekehrt verhält: Auch frühreife Jungen fallen aus der Norm und haben weniger Zeit, sich mit den Entwicklungsaufgaben in Bezug auf den Körper zu beschäftigen. Trotzdem sind sie hochzufrieden mit ihrem Status und erlangen soziale Gratifikationen.
Die globalen Kriterien »Aus der Norm fallen« und »Mangel an Entwicklungszeit« scheinen zur Erklärung des Phänomens nicht differenziert genug zu sein. Offensichtlich spielen spezifische soziale Erfahrungen, wie etwa bewertende Reaktionen der Umwelt, eine größere Rolle für das Befinden der betroffenen Person.

3.4.3 Körpererleben und Selbstwert

Bei beiden Geschlechtern sind Körpererleben und Selbstwert eng miteinander verbunden. Halten sich Jugendliche beiderlei Geschlechts für attraktiv, verfügen sie über einen höheren Selbstwert als wenn sie sich für unattraktiv halten. Als weiterer Einflussfaktor kommt noch Frühreife hinzu. Bei männlichen Jugendlichen geht ein höherer Selbstwert mit Frühreife einher, bei Mädchen dagegen wirkt sich der

Frühreifestatus negativ auf das Selbstwertgefühl aus (Tiggemann, 2005). Mädchen haben insgesamt ein geringeres Selbstwertgefühl als Jungen. Das hat vielfältige Gründe. Im Kontext des Körpererlebens mag es mit ihrem Bedürfnis nach einem über die Medien vermittelten unerreichbaren Erscheinungsbild zusammenhängen; bei den eher instrumentell ausgerichteten männlichen Jugendlichen speist sich dagegen das Selbstwertgefühl aus körperlichen Leistungen. In der Adoleszenz ist also der Selbstwert stark den gesellschaftlichen Stereotypen unterworfen. Schönheitsideale stellen dabei besonders für Mädchen eine Bedrohung des Selbstwertes dar.

3.4.4 Körpererleben und Depression

Weibliche Jugendliche haben nicht nur einen geringeren Selbstwert im Vergleich zu männlichen Jugendlichen, sondern auch einen grundsätzlich erhöhten Depressionswert. Enge Beziehungen zwischen Depression und negativem Körperbild sind bereits in der frühen Pubertät vorhanden und erweisen sich über die Zeit des Jugendalters als stabil (Rierdan, Koff & Stubbs, 1989; Crockett & Petersen, 1987). Derartige Zusammenhänge zwischen Körperbild auf der einen und Depression und Selbstwert auf der anderen Seite sind bei Jungen nicht nachzuweisen.

> **Merke!**
>
> Eine negative Einstellung zum eigenen Körper ist gesundheitsschädlich. Sie blockiert nicht nur die Entwicklung eines positiven Selbstwertgefühls, sondern hängt auch eng mit depressiven Verstimmungen und Essstörungen zusammen. Dies ist speziell bei Mädchen der Fall. Bei Jungen gibt es diesen Zusammenhang zwischen Diätverhalten, depressiven Verstimmungen und niedrigem Selbstwert nicht.

3.4.5 Körpererleben und soziokulturelle Einflüsse: Medien, Eltern, Peers

Soziokulturelle Modelle sehen die Ursache einer negativen Einstellung zum eigenen Körper in der Anpassung an die in Industrienationen herrschende Schönheits- und Schlankheitsnorm, wobei die wichtigsten Vermittler dieser Normen die Medien sind. Da sich Normen ändern, ist das weibliche Körperideal zeitgeschichtlichen Veränderungen unterworfen. In den vergangenen 60 Jahren sanken die Gewichtswerte in der Fotomodell-Branche kontinuierlich, gleichzeitig nahm das Gewicht weltweit zu. Parallel dazu nahmen auch Diäten, Fitnesssport und Essstörungen zu (Wiseman et al., 1992).

Der Einfluss der Medien auf das Körperbild beginnt bereits vor der Pubertät. Schon sieben- bis elfjährige Mädchen äußern Unzufriedenheit mit ihrer Figur und wünschen sich eine schlankere Idealfigur (Collins, 1991; Kreikebaum, 1999). Solche Befunde bekräftigen die Rolle soziokultureller Faktoren für die Körperzufriedenheit und relativieren die pubertätsbedingte Gewichtszunahme als alleinigen Grund für Diätversuche. Mädchen lassen sich von den Medien mehr beeinflussen als Jungen (McCabe & Ricciardelli, 2001a). Vielleicht schützen die Jungen ihr höherer Selbstwert und ihre positivere Stimmungslage gegen Beeinflussungen von außen.

Im Vergleich zu Medien und Gleichaltrigen haben die Eltern den größten Einfluss auf das Körperbild ihrer Töchter und Söhne (McCabe & Ricciardelli, 2003; Stanford & McCabe, 2005). Eltern sind wichtige Rollenvorbilder, sie geben ihre eigene Körpereinstellung und den Umgang mit ihm an ihre Kinder weiter. Mütter vermitteln dabei eher Botschaften über Diäten und Körpergewicht, Väter dienen eher als Vorbild für den Erwerb von Muskeln und für körperliche Betätigung. Obwohl Jugendliche sich von ihren Eltern zu distanzieren beginnen, haben sie doch von frühester Kindheit an die Werte und Normen ihrer Eltern internalisiert und sehen sie schließlich als ihre eigenen an.

Aber auch Gleichaltrige üben Druck aus und vergleichen sich hinsichtlich des Aussehens. Das scheint besonders in Mädchencliquen der Fall zu sein, während ein vergleichbarer Druck in Bezug auf Gewichts- und Muskelzunahme in Jungengruppen geringer ist (McCabe & Ricciadelli, 2001b; Shroff & Thompson, 2006).

Ein verbreitetes Verhalten von Eltern und Peers ist das Hänseln ihrer Kinder bzw. Freund*innen wegen ihrer äußeren Erscheinung. *Figurkritik* und Hänseln sind ein weiterer erheblicher Risikofaktor für die Entwicklung einer negativen Körpereinstellung und zwar bei beiden Geschlechtern. Dagegen ist die wahrgenommene Akzeptanz der Eltern ein bedeutender Schutzfaktor gegen ein gestörtes Körperbild, allerdings nur für Mädchen (Barker & Galambos, 2003).

3.4.6 Zentrale Faktoren der Verursachung von Essstörungen

Besonders frühreife Mädchen werden wegen ihres Körpergewichts und ihrer Brustentwicklung gehänselt; für sie ist dies ein weiterer Faktor für ihre Körperunzufriedenheit (Williams & Currie, 2000). Die erlebte Figurkritik ist neben dem Ausmaß an Übergewicht sogar der bedeutendste Faktor für ein negatives Körpererleben. Häufiger ist aber nicht das tatsächliche Gewicht, sondern die Vorstellung, übergewichtig zu sein, für die Entstehung einer negativen Körpereinstellung verantwortlich; diese Einstellung leitet wiederum Essprobleme und Essstörungen ein (Thompson et al., 1995; Cattarin & Thompson, 1994; van den Berg et. al., 2002).
▶ Abb. 3.6 fasst alle bisher bekannten Faktoren zu einem Bedingungsmodell zusammen, bei dem die negative Körpereinstellung eine zentrale Rolle spielt: Sie ist sowohl Folge sozialer Einflüsse und biologischer Prozesse als auch Ursache für psychopathologische Entwicklungen.

Wie ▶ Abb. 3.6 verdeutlicht, können als Folge eines negativen Körperbildes Essstörungen entstehen. Diätverhalten, die Beschäftigung mit dem eigenen Gewicht und ein gezügeltes Essverhalten sind Vorstufen einer Essstörung. Die Essstörungen werden im DSM-5 aufgelistet. Das Diagnostische und Statistische Manual Psychischer Störungen (DSM-5) ist ein Klassifikationssystem der Amerikanischen Psychiatrischen Vereinigung (APA), das in der deutschen Version von Falkai et al. (2018) vorliegt. Die »5« bedeutet, dass inzwischen die fünfte Fassung existiert.

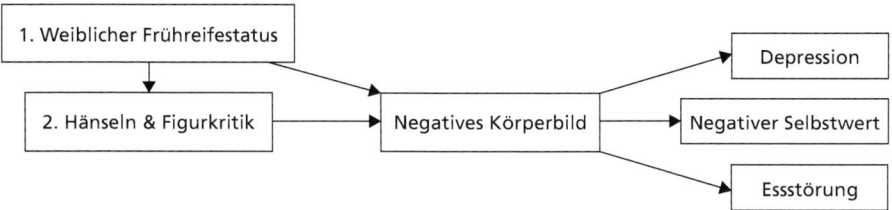

Abb. 3.6: Die negative Körpereinstellung als Folge biologischer und sozialer Prozesse und als Ursache für eine gestörte Entwicklung (eigene Anfertigung)

Im untenstehenden Exkurs sind die Essstörungen nach DSM-5 aufgeführt. Als psychische Störungen sind sie ein Thema der Klinischen Psychologie und von jugendtypischem Diätverhalten zu unterscheiden. Sie werden hier nicht weiter behandelt. Die Magersucht ist eine typisch weibliche und jugendtypische Erkrankung. Die Entwicklungspsychologie sieht die Ursache in der gescheiterten Bewältigung von Entwicklungsaufgaben. Andere Fächer der Psychologie sehen sie als mögliche Folge von sexuellem Missbrauch (Klinische Psychologie) oder als Ausdruck dysfunktionaler Familienbeziehungen (Familientherapie). Die Ansätze schließen sich nicht aus, sondern ergänzen sich häufig. Bei Herpertz, de Zwaan & Zipfel (2015) und Reich und Bötticher (2017) finden Sie mehr dazu.

Exkurs: Was sind Essstörungen?

Das DSM-5 unterscheidet die *Anorexia nervosa* (Magersucht), die *Bulimia nervosa* (Ess-Brech-Sucht) und die *Binge-Eating-Störung* (Essanfälle). Es sind Krankheiten, die medizinisch und psychotherapeutisch behandelt werden müssen.

Beispielhaft sollen hier die Symptome der Anorexia nervosa (AN) aufgelistet werden. Sie müssen vorhanden sein, um die Diagnose einer Anorexia nervosa zu stellen.

DSM-5 Kriterien:

- Es findet eine eingeschränkte Energieaufnahme statt, die zu einem signifikant niedrigen Körpergewicht führt.
- Es herrscht eine ausgeprägte Angst vor einer Gewichtszunahme.
- Es ist eine gestörte Wahrnehmung der eigenen Figur zu beobachten. Es fehlt die Einsicht in Bezug auf den Krankheitsgrad des geringen Körpergewichts.

Zusätzliche Spezifizierung nach Untertypen:

- **Restriktiver Typ:** Es gab während der letzten drei Monate keine Essanfälle oder »Purging« Verhalten (Selbst herbeigeführtes Erbrechen oder Missbrauch von Abführmitteln). Gewichtsverlust wird erreicht durch Diäten, Fasten, übermäßigen Sport.

- **Binge-Eating/Purging Typ:** Während der letzten drei Monate wiederkehrende Essanfälle, selbst herbeigeführtes Erbrechen oder Missbrauch von Abführmitteln.
- **Untypische AN:** Alle Kriterien sind erfüllt, aber das Körpergewicht liegt im Normbereich.

Eine leichte Magersucht liegt vor bei einem BMI <17, eine mittlere bei einem BMI von 16–16.99, eine schwere bei einem BMI von 15–15.99 und eine extreme bei einem BMI <15.

Die aufgelisteten Symptome helfen bei der Diagnosestellung. Sie liefern weder ein Erklärungsmodell für die Verursachung der Erkrankung noch werden Therapievorschläge gemacht.

3.4.7 Körpererleben und Sport: Sport als Ausweg?

Sportliche Betätigung hat vielfältige positive Auswirkungen auf die Körperwahrnehmung. Die Forschung belegt, dass körperliche Aktivität die beschriebenen Geschlechtsunterschiede bezüglich Körper- und Gewichtszufriedenheit verringert (Covey & Feltz, 1991; Brown & Lawton, 1986) oder sie sogar ganz zum Verschwinden bringt (Richards et al., 1990). Sportliches Aktivsein macht weniger anfällig für medial präsentierte Stereotypisierungen des weiblichen Körpers (Obrock, 2008). Sport wirkt sich positiv auf den Selbstwert aus, weil er Orientierung in einer Phase der Identitätssuche gibt und von äußeren Einflüssen unabhängiger macht. Er hat auch einen positiven Effekt auf Depressionen (Heinzel, 2020). Es lässt sich nicht entscheiden, ob Sport primär das Körpergefühl positiv prägt oder ob ein positives Körpergefühl zu verstärkter sportlicher Aktivität führt. Möglich sind beide Richtungen. Jedenfalls stärkt sportliche Aktivität den Teamgeist, fördert das Selbstvertrauen in die eigene Kraft und Ausdauer, vermindert Stress und depressive Stimmungen und hat nicht zuletzt einen gewichtsreduzierenden Effekt.

Exkurs: Wie verändert sich die Einstellung zum Körper im Lebenslauf?

Ab dem späten Jugendalter bis ins mittlere Erwachsenenalter nehmen beim weiblichen Geschlecht sowohl die Unzufriedenheit mit dem körperlichen Aussehen als auch ein gestörtes Essverhalten ab. Sehr hilfreiche Faktoren sind Heirat und Mutterschaft. Sie bewirken eine Abnahme der negativen Körpersicht. Allerdings ist diese Abnahme relativ: Frauen bleiben immer noch sehr viel unzufriedener im Vergleich zu Männern und haben auch weiterhin ein gestörteres Essverhalten als diese.

Zusammenfassung

Die Bewältigung der Entwicklungsaufgabe der Akzeptanz des eigenen Körpers ist komplex, weil soziokulturelle, biologische, interpersonelle und personelle Faktoren eng miteinander und mit dem Körperbild verflochten sind. Insbesondere die Verflechtung biologischer (Gewichtszunahme) und soziokultureller Faktoren (Gruppendruck, dünne Rollenmodelle aus den Medien, elterliche Figurkritik) führt zu größerer Unzufriedenheit mit dem Körper beim weiblichen Geschlecht. Die negativere Einstellung zum eigenen Körper kann mit depressiven Verstimmungen, Selbstwertbeeinträchtigungen und Essstörungen einhergehen.

Diese Schlüsselstellung für adoleszente Entwicklungsstörungen hat das Körperbild bei männlichen Jugendlichen nicht. Idealvorstellungen über einen schlanken Körper werden in stärkerem Maße auf den weiblichen Körper projiziert. Die Zunahme des Körpergewichts bei der Bevölkerung der Industrienationen in den vergangenen Jahren bei gleichzeitig immer dünneren weiblichen Schönheitsvorbildern durch die Medien macht das Erreichen solcher herrschenden Ideale immer schwerer und führt zwangsläufig zu größeren Körperakzeptanzproblemen bei Mädchen und Frauen. Das männliche Geschlecht ist aufgrund seines höheren Selbstwertes, der auch den Körper umfasst, zufriedener mit seinem Äußeren und auch weniger anfällig für mediale Verführungen. Die Entwicklung von sehr frühzeitig einzusetzenden Präventionsprogrammen, z. B. bereits im Kindergarten, könnte hilfreich sein.

Verständnisfragen

- Wie lässt sich die negativere Körpereinstellung von Mädchen erklären. Nennen Sie zwei zentrale Gründe.
- Welche Störungen können auf ein negatives Körperbild bei Mädchen folgen?
- Welche Rolle kann sportliche Betätigung bei der Einstellung zum eigenen Körper bei Mädchen spielen?

4 Familie

Einleitung

Die Entwicklung von Kindern und Jugendlichen, über die Sie in den Kapiteln 1–3 Wichtiges gelernt haben, findet im Kontext der Familie statt. Die Familie ist die wichtigste Sozialisationsinstanz, sie bestimmt nicht nur wesentlich die frühe Biografie des Kindes in Bezug auf die emotionale, kognitive und soziale Entwicklung, also wie Kinder werden, was ihre Persönlichkeit ausmacht, sondern auch das Jugendalter. Deshalb ist es nur folgerichtig, dass Sie nun mehr über entwicklungspsychologische Aspekte der Familie erfahren. Kapitel 4 thematisiert damit die wichtigste Umwelt von Kindern und Jugendlichen.

Eltern stellen aber nicht nur eine wichtige Ressource dar. Familie kann auch ein Risikofaktor sein, wenn Eltern z. B. psychisch krank sind, eine Suchterkrankung haben oder es ihnen an Erziehungskompetenz mangelt. Wenn Eltern sich trennen und neue Beziehungen eingehen, entstehen neue Konstellationen, Ein-Eltern-Familien und Patchworkfamilien. Das sind neue kritische Lebensereignisse, die von allen Mitgliedern bewältigt werden müssen. Das vorliegende Kapitel thematisiert diese entwicklungspsychologisch relevanten Themen.

Die Sozialisationsvorgänge in der Familie können aus unterschiedlichen Perspektiven analysiert werden (Niederbacher & Zimmermann, 2011, S. 77ff.). So lassen sich der sozialpsychologische und der psychoanalytische Zugang unterscheiden (a. a. O.). Beispielhaft für einen sozialpsychologischen Zugang wird im Folgenden das *Circumplexmodell* von Olson dargestellt (▶ Kap. 4.1.2). Exemplarisch für die psychoanalytische Sichtweise werden die familiäre Individuationstheorie von Stierlin (▶ Kap. 4.1.2) und das Konzept der familiären Rollenzuweisung von Richter (▶ Kap. 4.1.2) erläutert.

4.1 Familienentwicklungspsychologie

Der Einfluss der Familie auf die kindliche Entwicklung ist unbestritten. Die Familie stellt eine bedeutende soziale Ressource dar. Das trifft besonders bei einem liebevollen, unterstützenden und strukturierenden Elternverhalten, einem hohen Zusammenhalt, einer konstruktiven Kommunikation und einer harmonischen Paarbeziehung der Eltern zu.

4.1.1 Was ist Familie

Fakten zur Familie

Die Familie in den westlichen Industrienationen hat sich im Laufe der letzten Jahre bezüglich ihrer Struktur (z. B. Berufstätigkeit der Mutter, väterliche Elternzeit, Patchworkfamilien, Alleinerziehende, gleichgeschlechtliche Eltern usw.) und bezüglich ihrer Erziehungsziele gewaltig verändert. Es gibt heute eine große Vielfalt von Beziehungskonstellationen, die als Familie gelten. Familiäre Beziehungen können sowohl biologisch als auch sozial sein.

Auch durch den Anstieg der Lebenserwartung in den letzten Jahrzehnten hat die Familie einen Wandel erlebt. Durch sie hat die gemeinsame Lebensspanne der Generationen zugenommen und nimmt noch weiter zu. Kinder erleben ihre Großeltern und Urgroßeltern u. U. länger. Und wenn die Kinder selbst alt geworden sind, leben ihre Eltern oft immer noch, sodass nicht selten die hochbetagten Kinder ihre hochbetagten Eltern pflegen oder sogar mit ihnen gemeinsam ihren Lebensabend im Altersheim verbringen.

Kinder in Deutschland haben keine wichtigen ökonomischen Funktionen mehr in der Familie. Aufgrund der sozialen Sicherungssysteme (Krankenversicherung, Rentenversicherung) müssen sie weder ihre Eltern im Alter versorgen, noch ist ihre Mitarbeit im Familienbetrieb zum Erhalt des Familieneinkommens nötig. Seit den 1970er Jahren sinkt die Zahl der Geburten in Gesamtdeutschland kontinuierlich. Die Folge ist, dass seit den 1970er Jahren jede Kindergeneration um ein Drittel kleiner ist als die ihrer Eltern (Bundeszentrale für politische Bildung, 2007). Psychologisch bedeutet das, dass immer weniger Kindern immer mehr Aufmerksamkeit bekommen. Sie haben die wichtige Funktion, dem Leben der Eltern Glück, Inhalt und Lebenssinn zu geben. Die Eltern-Kind-Beziehungen haben sich durch diese Entwicklung emotionalisiert, der Umgang zwischen Eltern und Kindern ist partnerschaftlicher geworden und die Erwartungen der Eltern an ihre Kinder sind höher geworden.

Ehe und Familie stehen nach Artikel 6 des Grundgesetzes unter dem besonderen Schutz des Staates. Das Eingehen einer Ehe ist mit materiellen Anreizen verbunden. Ehepartner*innen haben gegenseitig Anspruch auf Leistungen der gesetzlichen Sozialversicherung (Kranken- und Rentenversicherung) und es gibt eine günstigere Steuerklasse für das Gesamteinkommen. Das heißt, der Staat schützt und fördert die Ehe.

Eltern haben das Recht und die Pflicht, für das Kind zu sorgen. Sie haben die Aufsichtspflicht, das Aufenthaltsbestimmungsrecht und sind die gesetzlichen Vertretenden. Kinder haben die Pflicht, im Haushalt mitzuhelfen (nach ihren Kräften) und ihre Berufsvorbereitung zu betreiben.

Und wie sieht es mit der Gleichberechtigung von Frauen und Männern aus? In Artikel 3 des Grundgesetzes war 1949 festgeschrieben worden, dass »Männer und Frauen vor dem Gesetz gleich sind«. Allerdings blieben noch viele Jahre lang Gesetze aus dem Kaiserreich in Kraft, welche die Vormachtstellung des Mannes in der Familie sicherten. Im Jahr 1976 gab es eine umfassende Ehe- und Scheidungsrechtsreform. Zuvor, im Jahr 1957, war das Letztendscheidungsrecht des Mannes abgeschafft worden (▶ Exkurs unten).

Exkurs: Gesetzlich verankerte Rechte von Mann und Frau in der Ehe

Wie sieht es mit den Rechten von Mann und Frau in der Ehe aus? Besonders die Frauen profitierten vom »Wandel der Familie«, bei dem Gesetzesänderungen zugunsten einer größeren Gleichberechtigung der Frau eine wichtige Rolle spielten. Im Folgenden werden auszugsweise einige bedeutende Änderungen dargestellt.

1957: Der Ehefrau werden die gleichen Rechte wie ihrem Mann zuerkannt. Vorher hatte der Mann das Letztentscheidungsrecht bei elterlichen Entscheidungen.
1958: Frauen sind berechtigt, ein eigenes Konto zu eröffnen und damit über ihr eigenes Geld zu entscheiden. Vorher verwaltete der Mann das von seiner Frau in die Ehe eingebrachte Vermögen, die daraus erwachsenden Zinsen und das Gehalt, das seine Frau verdiente.
1977: Die Aufgabenverteilung in der Ehe wird abgeschafft. Vorher durfte die Ehefrau nur berufstätig sein, solange sie ihre Hausfrauenpflichten aus der Sicht ihres Ehemannes nicht vernachlässigte. Die »Hausfrauenehe« wurde durch das Partnerschaftsprinzip ersetzt.
1977: Das Scheidungsrecht wird reformiert. Das Schuldprinzip wurde zu Gunsten des Zerrüttungsprinzips abgeschafft. Die Ehe konnte nun geschieden werden, »wenn sie gescheitert ist«. Vorher bekam die Ehefrau, die ihren Mann verließ, weder Unterhalt noch das Sorgerecht für die Kinder. 1977 wurde ein Versorgungsausgleich eingeführt, der eine gleichmäßige Verteilung der während der Ehe erworbenen Pensions-, Renten- und Lebensversicherungsansprüche gewährleistete.
1997: Die Vergewaltigung in der Ehe wird verboten. Vorher war nur »außereheliche« Vergewaltigung strafbar. Es galt das Recht des Ehemanns auf ehelichen Geschlechtsverkehr; deshalb »konnte« es keine Vergewaltigung geben.
1998: Der Unterschied zwischen nicht ehelichen und ehelichen Kindern wird aufgehoben. Sie waren nun beide gleichermaßen erbberechtigt. Die Amtspflegschaft des Jugendamtes für nicht eheliche Kinder wird abgeschafft.
2001: Das Gewaltschutzgesetz verlangt, dass die schlagende Person die gemeinsame Wohnung (auf polizeiliche Anordnung für zehn Tage oder auch dauerhaft) verlässt. Vorher musste das Opfer die Wohnung verlassen.
2017: Das Gesetz, dass gleichgeschlechtliche Paare heiraten dürfen und auch Kinder adoptieren dürfen, tritt in Kraft.

Definition: Familie

Die *Familie* ist eine Gruppe von Menschen, die sich nahestehen und durch dauerhafte Beziehungen miteinander verbunden sind. Sie besteht aus mindestens zwei Generationen und stellt einen erzieherischen und sozialisatorischen Kontext für die Entwicklung der Mitglieder bereit (Hofer, 2002, S. 6). Familien zeichnen sich durch das Erleben von Nähe und Verbundenheit aus und durch Sorge für die nachfolgende Generation. Die Elternschaft ist biologisch oder sozial. Mögliche Familienformen sind verheiratete oder unverheiratete Paare mit Kindern, Ein-Eltern-Familien, Patchworkfamilien, Adoptivfamilien, Pflegefamilien, Regenbogenfamilien.

Eltern haben laut Gesetz (Artikel 6 des Grundgesetzes) die Aufgaben der Pflege ihrer Kinder sowie der Erziehung. Die Pflege umfasst die Erfüllung der Grundbedürfnisse nach Nahrung, Wärme und körperlicher Unversehrtheit. Weiterhin ist es das Recht der Kinder, in ihrer Entwicklung gefördert zu werden und zu eigenverantwortlichen und gemeinschaftsfähigen Menschen erzogen zu werden (§ 1 des Kinder- und Jugendhilfegesetzes, SGB VIII).

Emotionale Bedeutung von Familie

Die Familie hat zwar viele ihrer früheren Funktionen verloren, stattdessen ist aber ihre emotionale Bedeutung gestiegen. Die Beziehungsgestaltungen, also die Paarbeziehung der Eltern, die Eltern-Kind-Beziehung und die Geschwisterbeziehungen spielen eine zentrale Rolle, weil Menschen Bindungswesen sind, die enge, emotionale Beziehung anstreben und benötigen, um sich wohlzufühlen. Zunächst wird auf vollständige Familien eingegangen, also zwei Erwachsene und ein oder mehrere Kinder. In Kapitel 4.3 werden Ein-Eltern-Familien und Folgefamilien behandelt. Die Familie ist ein Ort, an dem zwischenmenschliche Grundbedürfnisse erfüllt werden können. Nach der Bedürfnispyramide von Maslow (2018) sind die wichtigsten Grundbedürfnisse von Menschen:

- das Bedürfnis nach Geborgenheit, Liebe und Zuwendung
- das Bedürfnis nach Fürsorge und Unterstützung
- das Bedürfnis nach körperlicher, sexueller und psychischer Unversehrtheit
- das Bedürfnis nach entwicklungsgerechter Förderung
- das Bedürfnis nach Wertschätzung und Anerkennung
- das Bedürfnis nach Zugehörigkeit
- das Bedürfnis nach Verantwortungsübernahme und Autonomie
- das Bedürfnis nach Werten und Sinnhaftigkeit
- das Bedürfnis nach Regeln, Grenzen und Orientierung

Wenn Eltern diese Bedürfnisse mit Feinfühligkeit, Zuwendung und dem Bereitstellen von Optionen unterstützen, treten Entwicklungseffekte wie etwa Eigenständigkeit, Gemeinschaftsfähigkeit, Stressbewältigung und Selbstwirksamkeit ein (Schneewind, 2019, S. 38).

Ein weiteres bekanntes familiäres Bedürfnissystem sind die fünf-Säulen der Erziehung von Tschöpe-Scheffler (2020). Bei ihr findet man neben den Bedürfnissen nach Liebe, Respekt, Struktur und Förderung das Bedürfnis nach Kooperation. Als komplementäre negative elterliche Reaktionen auf diese Bedürfnisse nennt sie emotionale Kälte, Missachtung, Dirigismus, Chaos und mangelnde Förderung.

Für alle Familienmitglieder ist die Erfüllung der hier genannten Bedürfnisse wichtig. Manche Bedürfnisse treffen mehr auf die Kindergeneration zu wie etwa die Förderung und das Setzen von Regeln und Grenzen, während andere auch auf das Paar zutreffen. So ist für Paare z. B. der Ausgleich innerhalb des Gegensatzpaars Verbundenheit und Autonomie bedeutsam und ein wichtiges Qualitätsmerkmal der Beziehung (Schmahl, 2012, S. 10f.). Gelingt es Paaren, die eigenen Bedürfnisse mit denen des Gegenübers ins Gleichgewicht zu bringen, weil ihre Grenzen flexibel sind und sie sensibel auf ihre eigenen Gefühle und die der anderen Personen achten, spricht man von einem *balancierten Beziehungsstil* (Schneewind, 2019, S. 37). Es ist ein ausgeglichener Beziehungsstil, bei dem unterschiedliche Bedürfnisse gleichwertig gelebt und erlebt werden.

Eine stabile und glückliche Partnerschaft trägt wesentlich zum Wohlbefinden bei (Hantel-Quitmann, 2015, S. 285f.). Sie ist aber auch der Dreh- und Angelpunkt des gesamten familiären Systems. Die Paarbeziehung prägt das Familienklima, definiert die Werte, Einstellungen und Verhaltensregeln und lebt den Kindern diese im Sinne des Modelllernens vor (Bodenmann, 2016, S. 19). Eine familiäre Atmosphäre der Liebe, Wertschätzung und Fürsorge vermittelt emotionale Geborgenheit und ist entwicklungsfördernd. Ein solches Familienklima herzustellen, gelingt Eltern am besten, wenn sie eine liebevolle Partnerschaft führen. Sie sind dann selbst zufrieden und außerdem ein gutes Vorbild für empathischen Umgang, gelingende Konfliktlösung und weitgehende Übereinstimmung in Erziehungsfragen. In alleinerziehenden Familien kann der Elternteil ebenso ein entwicklungsförderndes Familienklima herstellen. Ohne die Ressource eines unterstützenden und liebevollen Partners ist das natürlich ungleich kräftezehrender.

Merke!

Ein liebevolles, wertschätzendes und fürsorgliches Familienklima ist entwicklungsfördernd. Eltern erfüllen damit die Grundbedürfnisse ihrer Kinder. Ein solches Familienklima ist einer der stärksten Resilienzfaktoren für jedes einzelne Mitglied. Die Familie ist dann ein zuverlässiges Unterstützungssystem, das verlässliche Bindungen garantiert. Sie trägt zum Wohlbefinden und zur Gesundheit der Mitglieder bei. Das gelingt am besten, wenn das Elternpaar eine zufriedene und liebevolle Beziehung führt.

Exkurs: Familie macht Kinder glücklich!

Eine große österreichische Studie an mehr als 1.000 Kindern untersuchte das Glücksbefinden 10- bis 13-jähriger Kinder (Bucher, 2001). Das globale Kindheitsglück stand am stärksten mit dem Glückserleben in der Familie in Zusammenhang. Die beste Prognose für die Einschätzung des kindlichen Glücklichseins ermöglichte der Faktor »Gutes Familienklima, Anerkennung, Lob« (a. a. O., S. 186). Je öfter Kinder also gelobt und wertgeschätzt werden in ihrer Familie, desto glücklicher sind sie. Auch gemeinsame Familienaktivitäten waren wichtig für das Kinderglück: Je mehr gemeinsam in der Familie unternommen wurde, desto stärker war das Glückserleben in der Familie. Dagegen hatten soziodemografische Merkmale wie Stadt- oder Landkind, Bildungsgrad der Eltern, Einzelkind oder Geschwisterkind kaum Einfluss auf das Glücksempfinden.

4.1.2 Wie »funktioniert« Familie? Familienentwicklungsaufgaben und Familientheorien

Familienentwicklungsaufgaben

Was sind die typischen Herausforderungen für die Familie, deren Bewältigung Entwicklung in Gang setzt? Der familiäre Lebenslauf lässt sich ebenso wie der individuelle Lebenslauf als eine Folge von Herausforderungen, Belastungen, Übergängen und Wendepunkten strukturieren. Sie werden als Familienentwicklungsaufgaben bezeichnet. Solche Familienentwicklungsaufgaben über den gesamten Familienzyklus stellten die Familientherapeuten Carter und McGoldrick (1989) zusammen. Jungbauer (2014, S. 36) ergänzt diese Entwicklungsaufgaben um die Perspektive der Kinder.

Es handelt sich bei den Familienentwicklungsaufgaben zunächst um normative familiäre Aufgaben: heiraten, Kinder bekommen und aufziehen, schließlich gemeinsam alt werden. Im Verlauf dieses Kapitels werden auch weitere Familienformen wie Ein-Eltern-Familien und Patchworkfamilien behandelt. Da sie zunehmen und inzwischen eine beachtliche Größe in der Gesellschaft darstellen, werden sie hier nicht als nicht-normative Lebensformen behandelt, sondern als Alternativmodelle zur klassischen Kernfamilie.

Exkurs: Familienentwicklungsaufgaben: elterliche Strategien, Aufgaben der Kinder

Wichtige elterliche Strategien zur Bewältigung normativer und anderer Entwicklungsaufgaben sind

- Anpassungs-,
- Aushandlungs- und
- Neuorientierungsstrategien.

Sie beinhalten flexibles Handeln auf Veränderungen, die z. B. durch das Älterwerden der Kinder auftreten. Eltern sollten zulassen, dass sich das Familiensystem verändert. Dazu gehören das Unterstützen der Kinder bei der Identitätsentwicklung und das Loslassen der Kinder bei der Autonomieentwicklung.

Auf der Seite der Kinder stehen die Aufgaben

- Persönlichkeitsentfaltung,
- Identitätsentwicklung und
- fortschreitende Autonomie (emotionale, räumliche, finanzielle Ablösung)

im Mittelpunkt.

Werden also z. B. die jugendlichen Kinder selbständiger und fordern vermehrt Rechte ein, stehen Aushandlungsstrategien im Vordergrund. Verlassen sie schließlich das Elternhaus, dann sind Eltern wieder auf sich als Paar zurückgeworfen, die »aktive« Elternschaft ist beendet. Sie sollten dann ihr Leben neu organisieren und sich neu orientieren. Zu diesen Strategien gehören z. B. neue Hobbies und die Entwicklung neuer berufliche Pläne. Auch die Paarbeziehung wird reaktiviert und möglicherweise neu definiert.

Anpassung und Aushandeln sind wichtige Konfliktlösungsstrategien. Sie sind ein Merkmalsbereich, in dem sich glückliche von unglücklichen Paaren unterscheiden (Schneewind, 2010, S. 150). Außerdem sind Paare, die diese Strategien beherrschen, als Eltern für ihre Kinder ein gutes Vorbild, wie man Konflikte erfolgreich löst. Paare, die sich gut verstehen, sind als Eltern eine der wichtigsten Ressourcen für die Entwicklung von Kindern.

Damit die Bewältigung der Entwicklungsaufgaben durch Anpassung, Aushandeln und Neuorientierung gelingt, müssen alle Familienmitglieder gut zusammenarbeiten und ihren Beitrag leisten. Das Zusammenspiel der Familienmitglieder, die Art und Weise, wie es funktioniert, nennt man *Familiendynamik*.

> **Definition: Familiendynamik**
>
> Mit *Familiendynamik* bezeichnet man das komplexe Muster an Beziehungen und Interaktionen innerhalb einer Familie. Die Familiendynamik ist Veränderungen unterworfen z. B. durch neue Ereignisse wie Geburt von Kindern, Verselbstständigung der jugendlichen Kinder, Verlassen des Elternhauses der Kinder, Ehekrisen, Pensionierung der Eltern. Das Beziehungsmuster verändert sich dadurch und sortiert sich neu, es reorganisiert sich. Bei einem konstruktiven Umgang mit Veränderungen und konfliktfähigen, belastbaren und liebevollen Beziehungen spricht man von funktionaler Familiendynamik. Andernfalls bezeichnet die Familientherapie die Familie als dysfunktional.

Es existieren verschiedene Modelle, die familiäre Umgangsstile, also Familiendynamiken, beschreiben und als funktional oder dysfunktional für die kindliche Entwicklung bewerten. Sie stammen meist aus der Familientherapie und beruhen auf Erfahrungen mit dysfunktionalen Familien. Deshalb muss ihre Übertragbarkeit auf funktionale Familien immer neu überprüft werden.

Ein wichtiges Modell ist das *Circumplexmodell* von Olson (1989). Es beschreibt zwei zentrale Beziehungsaspekte, nach denen familiäre Beziehungen eingeordnet werden können: die familiäre Kohäsion und die familiäre Adaptabilität. Sie bestimmen die Familiendynamik:

- Die *familiäre Kohäsion*: Mit familiärer Kohäsion ist der Grad an emotionalem und sozialem Zusammenhalt der Familie gemeint. Sie spiegelt sich in der Freizeitgestaltung, den Beziehungen zwischen den Familienmitgliedern, also z. B. der Geschwisterbeziehung, der Paarbeziehung und der Beziehung zu den Großeltern. Ist die Kohäsion niedrig, sind Beziehungen losgelöst oder getrennt. Ist die Kohäsion sehr hoch, sind die Beziehungen verstrickt.
- Die *familiäre Adaptabilität*: Mit familiärer Adaptabilität ist die Fähigkeit einer Familie gemeint, ihre Beziehungen, Machtstrukturen und ihre Regeln je nach situativen Umständen zu verändern und flexibel anzupassen. Eine sehr hohe familiäre Adaptabilität bedeutet Chaos, weil ständig neue Regeln eintreten und nichts von Bestand ist. Eine zu niedrige Adaptabilität bedeutet Rigidität: Die Familie ist nicht in der Lage, sich neuen Gegebenheiten anzupassen.

Als günstig wird eine mittlere Ausprägung beider Dimensionen angesehen. Eine mittlere Kohäsion bedeutet eine flexible Nähe. Eine mittlere Adaptabilität bedeutet eine strukturierte Anpassung an Veränderungen.

Beispiel: Kohäsion und Adaptabilität

Die 14-jährige Lisa darf sich ohne Schuldgefühle zurückziehen, die Eltern passen sich dem neuen Verhalten der Jugendlichen an und machen fortan ihren Sonntagsspaziergang ohne sie. Bei Stress mit Freundinnen wendet sich Lisa jetzt immer an ihre beste Freundin, nicht mehr an ihre Mutter. Die Beziehung zwischen Eltern und Lisa bleibt trotzdem verbunden. Bei Sorgen wegen schulischer Probleme sind ihre Eltern die ersten Ansprechpersonen. Mit ihrem Vater macht sie weiterhin Mountainbike-Touren durch den Wald.

Die Familie hat eine mittlere Kohäsion, denn die Mitglieder sind weder losgelöst noch verstrickt. Sie hat ebenfalls eine mittlere Adaptabilität, weil die Eltern nicht rigide auf den alten Familienritualen beharren, sondern sich dem neuen Verhalten der Tochter anpassen.

Merke!

Nach dem Circumplexmodell (Olson, 1993) sind mittlere Ausprägungen auf den beiden Dimensionen Kohäsion und Adaptabilität Merkmale einer funktionierenden Familie. Sie schaffen für Kinder günstige familiäre Entwicklungsvoraussetzungen.

Zu schwache oder zu starke Ausprägungen auf diesen Dimensionen kennzeichnen problematische Familien.

Das Konzept der familiären Individuation

Helm Stierlin, ein Arzt und Psychotherapeut, der jahrelang mit problematischen Jugendlichen aus der Ausreißer-Subkultur arbeitete, konnte auf dieser Basis das Ablösungsverhalten von Jugendlichen und ihren Eltern beobachten. Die Schlussfolgerungen, die er daraus zog, bilden eine wesentliche Grundlage seines familiendynamischen Konzepts der familiären Individuation.

Stierlin (1978, 1980, 1989) sieht die Entwicklung des Menschen als einen Prozess der zunehmenden Selbstentfaltung an. Das beinhaltet auch die Ablösung von den Erziehungspersonen. Es zeigt sich in der Adoleszenz als eigenständige Lebensführung in emotionaler, intellektueller und moralischer Hinsicht. Dieser Prozess der Selbstentfaltung und der Aufstellung von Ich-Grenzen zur Umwelt wird als Individuation bezeichnet. Weiterhin beschreibt Stierlin den Menschen als ein Wesen, das in gleichem Maße auch auf andere Menschen bezogen ist und emotionale Nähe erleben möchte.

- *Bezogene Individuation:* Mit dem Begriff der bezogenen Individuation ist gemeint, dass sich beide grundlegenden Bestrebungen des Menschen, die Fähigkeit zur Abgrenzung und die Fähigkeit zu mitmenschlichem Verhalten, ergänzen. Eine Person ist demnach psychisch gesund, wenn er sich sowohl als eigenständiges Wesen wahrnimmt und von anderen Personen differenziert, sich gleichermaßen aber auch in eine soziale Lebensgemeinschaft integriert. Psychische Störungen können bei einer Überindividuation oder einer Unterindividuation entstehen.
- *Überindividuation:* Ist eine Person überindividuiert, vernachlässigt sie die Beziehung zu anderen Personen, es besteht die Gefahr des Rückzugs und der Isolation.
- *Unterindividuation:* Bei einer Unterindividuation wird die differenzierte Abgrenzung von anderen Personen, z. B. die Abgrenzung der Familienmitglieder voneinander, vernachlässigt. Je weniger die Individualität eines Menschen entwickelt ist, desto mehr ist er auf die reale Nähe von Bezugspersonen angewiesen.

Nach Stierlin weisen Individuationsstörungen in der Regel nicht nur Einzelpersonen auf, sondern betreffen auch ein ganzes Familiensystem.

Unterindividuierte Familien: Hier ist Bindung der vorherrschende Beziehungsmodus. Die Eltern möchten, dass alle Familienmitglieder zusammenbleiben. Sie verzögern oder verhindern deshalb das Selbstständigwerden der Kinder; sie werden übermäßig lange und intensiv in Abhängigkeit gehalten. Die Eltern vermitteln ihren Kindern, dass es die wesentlichen Befriedigungen und Sicherheiten nur innerhalb der Familie gibt. Auf der emotionalen Ebene herrscht Verwöhnung, auf der kognitiven Ebene wird ständig Einfluss genommen und dem Kind ein Selbstbild von Unselbstständigkeit vermittelt. Die Loyalitätsbereitschaft des Kindes wird ausgenutzt, es bekommt Schuldgefühle, wenn es sich abgrenzt. Wendet es sich tiefer gehenden Beziehungen zu Gleichaltrigen zu, setzen es die Eltern unter massiven Schulddruck. In unterindividuierten Familien ist Abgrenzung wie etwa allein einen Ausflug zu machen, ohne die Familie eine Mahlzeit einzunehmen oder auszuziehen, um an einen anderen Ort eine Ausbildung oder ein Studium aufzunehmen, verpönt.

Konflikte werden unter den Teppich gekehrt. Sie machen Angst, weil sie das Bild einer harmonischen Familie stören. Konflikte bedeuten auch Abgrenzung und die Gefahr von Trennung, eine bedrohliche Vorstellung für verschmolzene Familien. Jugendliche, die derart gebunden sind, ziehen sich in die familiäre Nische zurück und schrecken vor der Loslösung vom Elternhaus zurück.

Überindividuierte Familien: Sie sind gekennzeichnet durch nach außen gerichtete Tendenzen der einzelnen Mitglieder. Die Jugendlichen fühlen sich zu einer verfrühten Trennung vom Elternhaus veranlasst. Die Eltern vernachlässigen u.U. die Kinder und wollen frühzeitig den Erziehungsdruck abschütteln. In diesen Familien gibt es wenig Gemeinsamkeiten. Rituale wie gemeinsame Mahlzeiten oder Ausflüge finden kaum statt. Jeder macht »sein eigenes Ding«. Jugendliche sind verfrüht selbstständig. Der Beziehungsmodus ist Ausstoßung: Bei Konflikten trennt man sich. Der Jugendliche wird »rausgeworfen«.

Die Diagnose der Beziehungsmodi gibt Aufschluss über den Grad der Eigenständigkeit oder Abhängigkeit der jeweiligen Familie oder der Mitglieder. Konflikte treten in den Familien im Jugendalter auf, wenn die Entwicklungsaufgabe Ablösung relevant wird. Beide Familiendynamiken sind dysfunktional.

Exkurs: Nähe und Distanz in Beziehungen

Betrachten Sie die folgende Nähe-Distanz-Skala (in Anlehnung an v. Kanitz, 2021, S. 226). Das Ausmaß an Nähe bzw. Distanz ist ein bedeutsames und auch konfliktbehaftetes Merkmal nicht nur in Familien, sondern auch in einer Zweier-Beziehung. Die Skala beschreibt am Nähe-Pol Verbundenheit und das Eingehen auf andere im Sinne von Empathie und Kooperation: Man befindet sich gefühlsmäßig beim Gegenüber. Am Pol der Distanz finden sich Autonomie, Individualität und Abstand. Die eigenen Gefühle sind bedeutsamer als die der anderen Person: Man ist gefühlsmäßig bei sich selbst und setzt der anderen Person gewisse Grenzen. Es ist eine lebenslange Entwicklungsaufgabe speziell in Liebesbeziehungen, immer wieder neu eine Balance zwischen Nähe (den Wünschen der anderen Person entgegenzukommen) und Distanz (die eigenen Wünsche zu verwirklichen) herzustellen.

Nähe	**Distanz**
Verbundenheit	Autonomie
Empathie	Indivudualität
Kooperation	Abstand

Übung

Denken Sie an Ihre Familie, in der Sie aufgewachsen sind. Wie beurteilen Sie die Beziehungen dort? Ging jeder seiner eigenen Wege oder gab es viele Gemeinsamkeiten? Finden Sie Beispiele für Ihre Bewertung.
Verorten Sie sich selbst auf der Nähe-Distanz-Dimension. Finden Sie sich eher in der Harmonie und Nähe zu anderen Menschen wieder oder fühlen Sie sich am wohlsten, wenn sie frei und unabhängig Ihren eigenen Interessen nachgehen können?

Lese-Hinweis

Wenn Sie mehr über Ihre »Gefühlsheimat« (v. Kanitz, 2021, S. 226) erfahren möchten, lesen Sie den Klassiker »Grundformen der Angst« von Fritz Riemann (2019). Sie gehen damit einen wichtigen Schritt in Richtung Selbstreflexion.

Berufsbezug

Bei der Beratung von Familien sollten Sie mit den Dimensionen Kohäsion und Adaptabilität sowie Unter- und Überindividuation vertraut sein. Es sind wichtige diagnostische Kategorien, die eine professionelle Arbeit erst ermöglichen.
Es gehört aber auch zu einem erfolgreichen professionellen Kontakt, dass Sie selbst in der Lage sind, sich in der Beratungssituation möglichst flexibel zwischen den beiden gegensätzlichen Polen Nähe und Distanz zu bewegen. Diese Balance gehört zu den psychologischen Grundkompetenzen. Es ist eine sozial-emotionale Kompetenz und für ein gelingendes soziales Miteinander wichtig (Döring-Seipel & Seip, 2016). Das gilt auch für andere Beziehungsformen wie Liebesbeziehungen und Eltern-Kind-Beziehungen.

Delegation: Als dritten familiendynamischen Modus beschreibt Stierlin den Modus der Delegation. Die Delegation ist ein Auftrag der Eltern an das Kind. Er kann über Generationen hinweg weitergegeben werden und ist meist unbewusst. Er befriedigt die Bedürfnisse der Eltern, weil die Aufträge oft Lebensziele beinhalten, die die Eltern nicht erreicht haben. Es können aber auch Racheaufträge oder der Auftrag des ständigen Scheiterns sein. Das Kind führt den Auftrag aus Loyalität, aus unbedingter Treue zu den Eltern, aus. Die Delegation wird im Folgenden unter dem Begriff der Rollenzuweisung näher ausgeführt.

Die Theorie der familiären Rollenzuweisungen

Horst Eberhard Richter, ein Kinderarzt und Psychotherapeut, entwickelte die Theorie der familiären Rollenzuweisungen aufgrund seiner Tätigkeit als Kinderarzt. Er stellte fest, dass die Krankheiten seiner kleinen Patient*innen oft psychosomatisch bedingt waren und die Ursache dafür eine Überforderung durch Rollen war, die ihnen die Eltern zugewiesen hatten (Richter, 2007, 2012).

Eltern tragen demnach aufgrund eigener biografisch begründeter, unbewältigter und unbewusster Lebensprobleme Forderungen und Vorstellungen an ihr Kind heran. Diese elterlichen Wünsche überfordern das Kind und schränken es in seiner Entwicklung ein. Die dem Kind unbewusste Zuweisung von Rollen erfolgt nach bestimmten Beziehungsmustern, die Richter mit den Begriffen *Übertragung* und *Projektion* beschreibt. Voraussetzung dieser Zuschreibungen ist, dass die Eltern ihr Kind nicht als eigenständige Persönlichkeit ansehen, sondern als Fortsetzung ihrer selbst.

Folgende Rollenzuweisungen beschreibt Richter (2007, S. 81), die den Eltern dazu dienen, sich vom eigenen Konfliktdruck zu entlasten:

Übertragungen: Hierbei bekommt das Kind die Rolle eines Ersatzes für eine andere Person. Eine Rolle wird auf das Kind übertragen.

- Das Kind kann als Ersatz für eine andere Person gesehen werden: Das Kind stellt dann eine Person dar, mit welcher der Elternteil in der Regel einen ungelösten Konflikt in seiner Kindheit hatte; der Elternteil wiederholt also mit dem Kind einen Konflikt, den es selbst nicht bewältigt hat. Dazu wird das Kind in die Rolle der Person aus der eigenen Kindheit gedrängt.
- Das Kind als Ersatz für eine*n Liebespartner*in auf Augenhöhe: Das Kind soll eine fehlende Person (durch Scheidung oder Tod) oder eine vorhandene Person ersetzen. Im letzteren Fall ist beispielsweise die Mutter von ihrem Mann enttäuscht und sucht sich eins ihrer Kinder als Ersatzperson aus, mit dem sie alles bespricht und bei dem sie sich unter Umständen auch über den Mann beklagt.
- Das Kind als Ersatz für eine Geschwisterfigur: Die Mutter hat z. B. einen ungelösten Konflikt aus ihrer Kindheit mit ihrer Schwester, die immer die Hübschere, Klügere und Beliebtere war. Nun ist sie selbst Mutter einer kleinen Tochter, die hübsch und charmant ist und besonders ihr Ehemann ist ganz begeistert von seiner Tochter. Die Mutter überträgt ihre Eifersuchtsgefühle aus der Kindheit nun auf ihr eigenes Kind. Sie verkennt aufgrund ihrer eigenen Problematik die geringe reale Konkurrenzgefahr durch ihre kleine Tochter und steigert sich in Ängste und Eifersuchtsgefühle.

Projektionen: Hierbei werden Aspekte der eigenen Person dem Kind zugewiesen. Man erkennt die Eigenschaften nicht bei sich selbst, sie werden »ausgelagert« in das Kind.

- Das Kind kann ein Abbild der Elternperson sein. Vom Kind wird z. B. erwartet, dass es genauso ist und sich so verhält wie man selbst.
- Das Kind als Ersatz des idealen Selbst: Werden Aspekte des idealen Selbst auf das Kind projiziert, muss es etwas erfüllen, was dem Elternteil nicht gelungen ist (es soll beispielsweise unbedingt Abitur machen, etwas Bestimmtes studieren, was der Elternteil gerne studiert hätte, eine Sportler*innenkarriere einschlagen, die selbst misslungen ist usw.).

- Das Kind als Ersatz des negativen Selbst (Sündenbock): Bei der Projektion eigener negativer Anteile in das Kind wird das Kind zum Sündenbock: Gleichgültig, was das Kind macht, es hat immer Schuld, macht alles falsch, ist ein*e Versager*in. Diese Rolle wird von Richter als die gefährlichste beschrieben (2007, S. 223), da das Kind zwangsläufig scheitern muss. Dagegen soll es in der Rolle des idealen Selbst zumindest Erfolg haben und etwas erreichen.
- Das Kind als umstrittener Bundesgenosse: Das Kind wird zum umstrittenen Bundesgenossen, wenn die Eltern unterschiedliche Rollenerwartungen an das Kind haben. Das Kind gerät so in einen Loyalitätskonflikt. Das kann in Scheidungssituationen, aber auch in konflikthaften Ehebeziehungen beobachtet werden: Das Kind wird von den Elternteilen im Verlauf eines unter Umständen chronischen Konfliktes gezwungen, sich für einen von beiden zu entscheiden bzw. sich auf dessen Seite zu schlagen, was für das Kind aufgrund seiner Bindung an beide Elternteile einen unlösbaren Konflikt darstellt.

Durch die Rollenzuweisungen delegieren die Eltern eigene unbewältigte Konflikte oder unerreichte Ziele an das Kind, das diese Ziele erfüllen muss. Wenn das Kind unbedingt die gescheiterte Karriere des Elternteils erfolgreich zu Ende führen und Tennisstar oder Primaballerina werden soll oder einen Schulabschluss erreichen soll, der den Eltern verwehrt war, ist das ein narzisstischer Missbrauch des Kindes: Die Eltern sehen nicht die Begabungen und Schwächen des Kindes, weil ihre eigenen Bedürfnisse so übermächtig sind. Häufig behindern die Eltern dabei die altersangemessenen Ablösungsbestrebungen des Kindes, weil sie aus eigener Bedürftigkeit ihr Kind bei sich behalten möchten.

Insgesamt sind alle Rollenzuschreibungen als schwere Entwicklungsbehinderung anzusehen, da u. a. die autonome Entwicklung des Kindes verhindert wird. Die Rollenzuschreibungen nach Richter und die Delegation nach Stierlin sind Parentifizierungen, weil das Kind anstelle der Eltern eine erwachsene Rolle ausfüllen muss. Sie stellen Überforderung für das Kind dar.

> **Definition: Parentifizierung**
>
> Bei der *Parentifizierung* wird das Kind in die Rolle eines Erwachsenen gedrängt. Es kommt zu einer Rollenumkehr, bei der die Generationengrenzen verschwimmen: Das Kind sorgt für die Eltern oder einen Elternteil, nicht umgekehrt. Es kann zur Vertrauensperson werden oder zum Schiedsrichter bei einer konfliktgeladenen Beziehung der Eltern; es kann sein, dass es die komplette Haushaltsführung und Versorgung der jüngeren Geschwister übernehmen muss, und es kann zum Partnerersatz werden (Lenz, 2014, S. 39).
>
> Parentifizierung bedeutet das Durchbrechen der Generationengrenzen: Sexuelle Gewalt durch ein Elternteil dem Kind gegenüber ist ebenfalls ein Durchbrechen der Generationengrenze, weil das Kind als Sexualpartner*in angesehen wird. Parentifizierung ist ein Merkmal eines dysfunktionalen Familiensystems. Sie ist eine schwerwiegende Entwicklungsbehinderung für das Kind, weil sie eine Überforderung darstellt. Es ist auch eine Bindungsstörung, weil das

Kind keinen Schutz bei den Eltern findet, sondern im Gegenteil Schutz geben muss. Später wird die autonome Entwicklung des Kindes verhindert.

Parentifizierung kann sich folgendermaßen äußern (Lenz, 2014):

- Das Kind wird zum vertrauten Ratgebenden für einen (erkrankten) Elternteil oder für beide Elternteile.
- Das Kind wird zur verbündeten Person und Schiedsrichter in einer konfliktbeladenen Beziehung der Eltern.
- Das Kind übernimmt Verantwortung in zentralen familiären Bereichen (z. B. Haushaltsführung, Versorgung der jüngeren Geschwister).
- Das Kind wird zum Ersatz für eine erwachsene Liebespartner*in.

Merke!

In der Familientherapie wird die Parentifizierung als eine Störung der Generationengrenzen bewertet. Sie gilt als eine der wichtigsten familiendynamischen Merkmale einer dysfunktionalen Familie. Funktionale Familien haben durchlässige Grenzen nach außen (d. h. sie lassen Außenkontakte zu) und klare Grenzen innerhalb der Familie. Diese Grenzen sind Generationengrenzen und spiegeln Verantwortlichkeiten und Status wider: Die Eltern haben die Verantwortung, nicht die Kinder.

Übung

Betrachten Sie das Bild »Der Geist der Geometrie« des surrealistischen Malers Rene Magritte (zum Beispiel hier).

Was sehen Sie? Stellen Sie einen Zusammenhang zur Parentifizierung her. Hintergrundinformation: Als Magritte 14 Jahre alt war, nahm sich seine Mutter das Leben. Spekulieren Sie über die Beziehung Magrittes zu seiner Mutter.

Berufsbezug

In der Beratungsarbeit mit Familien sind Parentifizierungen und Rollenerwartungen ein zentrales Thema. Deshalb stellen die Ansätze von Richter und Stierlin über familiäre Rollenmuster und Erwartungen der Eltern an ihre Kinder wichtiges Hintergrundwissen dar.

Dysfunktionale Familien sind ein Gebiet der Familientherapie. Ziel ist die Umwandlung einer dysfunktionalen Familie in eine funktionale. Die Familientherapie bietet viele Methoden an, um z. B. einen Individuierungsprozess der Familienmitglieder in Gang zu setzen, der dazu führt, dass die Selbstverwirklichung der einzelnen Person angstfrei erlebt werden kann und möglich wird. Durch Auseinandersetzung mit der eigenen Biografie können nach und nach

4 Familie

> Übertragungen und Projektionen der Eltern auf das Kind erkannt und zurückgenommen werden.
> Eine sehr wichtige Ressource ist der Erziehungsstil. Im Folgenden werden die Erziehungsstile (▶ Kap. 4.2.1) erläutert.

Zusammenfassung

Die Struktur der Familie hat sich in den letzten Jahrzehnten grundsätzlich verändert. Dazu haben u. a. Gesetze zur Förderung der Gleichberechtigung, vermehrte Berufstätigkeit von Müttern und höhere Scheidungsraten beigetragen. Die damit einhergehende Abnahme der traditionellen Familie erfordert die Bewältigung neuer Aufgaben und macht das Gelingen von Familie anspruchsvoller. Zu den klassischen Familienentwicklungsaufgaben kommen nun vermehrt nicht-normative Aufgaben.

Eine funktionale Familie zeichnet sich durch liebevollen, wertschätzenden Umgang, Empathie, Konfliktfähigkeit und konstruktive Stressverarbeitung aus. Das sind auch wichtige Merkmale eines guten Familienklimas. Weiterhin hat sie ein mittleres Ausmaß an Adaptabilität und Kohäsion. Die Grenzen zwischen den Generationen sind klar definiert und werden eingehalten. Sie gestattet ihren Mitgliedern Individuation und Selbstverwirklichung statt sie in Rollen zu pressen, die sie erfüllen müssen. Eine funktionale Familie ist ein starkes Unterstützungssystem und einer der wirksamsten Resilienzfaktoren für alle Mitglieder.

Verständnisfragen

- Definieren Sie den Begriff der Familie.
- Nennen Sie zwei wichtige Gesetze, die zu einer Veränderung der traditionellen Familie mit traditioneller Rollenverteilung beigetragen haben.
- Erklären Sie die Begriffe Adaptabilität und Kohäsion.
- Erläutern Sie zwei Rollenerwartungen an das Kind nach Richter.

4.2 Die Umweltressource Erziehung: Was Kinder brauchen

> *Wir gehen mit anderen so um, wie andere mit uns umgegangen sind.*
> (Selma Fraiberg)

Erziehung geschieht zuerst durch die Eltern. Elternschaft beinhaltet eine hohe soziale Verantwortung, aber erfordert keine besondere Ausbildung, keinen Fähigkeitsnachweis wie ihn etwa der Führerschein darstellt. Elternpflichten sind eine privatisierte Aufgabe und Kindererziehung ist nicht als professionelle Arbeit anerkannt. Eltern sind also denkbar schlecht gerüstet für diese herausfordernde Aufgabe. Umso wichtiger ist es, dass Eltern sich mit Erziehungsstilen und ihren Auswirkungen auseinandersetzen und gegebenenfalls an Elterntrainings teilnehmen.

4.2.1 Die wichtigsten Erziehungsstile

Wegen dieser Diskrepanz zwischen der großen Verantwortung von Elternschaft auf der einen und schlechter Vorbereitung auf die Elternschaft auf der anderen Seite, gibt es Präventionsprogramme, die bereits in der Schwangerschaft ansetzen (SAFE in Brisch, 2011), denn die Vorbereitung auf die Ankunft des Babys ist wichtig, weil gerade die erste Zeit mit dem Baby eine große Umstellung für das Paar und eine besonders anstrengende und herausfordernde Zeit darstellt.

Exkurs: Elterntraining 1

Das SAFE Präventionsprogramm (Brisch, 2011) setzt bereits in der Schwangerschaft an. Es ist ein primäres Präventionsprogramm, weil es eine sichere Bindungsentwicklung zwischen Eltern und Kind fördert. Werdende Eltern können sich im Elternprogramm SAFE mit praktischen Fragen auseinandersetzen (Wie beruhige ich mein Baby, wenn es stundenlang schreit? Kann ich mein Baby verwöhnen? Wie kann ich eine gute Beziehung zu ihm aufbauen und seine Entwicklung fördern?). Besonders relevant ist die Auseinandersetzung mit der Frage: Wie kann ich verhindern, dass ich unbewusst eigene belastende Kindheitserlebnisse an mein Kind weitergebe? Die Teilnehmenden haben die Möglichkeit, ihre unbewussten Projektionen (Ängste, Wünsche, Fantasien) auf ihr ungeborenes Kind bewusst werden zu lassen, sich mit ihnen zu beschäftigen und sie in der Folge möglichst zu verändern (▶ Rollenzuschreibungen nach Richter in diesem Kapitel).

Berufsbezug

Zu den Aufgaben von Erziehungsberatungsstellen gehört die präventive Arbeit. Sie besteht z. B. in der Durchführung von Erziehungsprogrammen. Die Kenntnis über konstruktive Erziehungsstile, die Selbstreflexion über eigene Kindheitserfahrungen in Bezug auf Erziehung und die eigene Einstellung zum erzieherischen Umgang mit Menschen sind deshalb wichtige Themen für Ihre spätere Tätigkeit.

Die Vorstellungen über eine »richtige« Erziehung sind kulturabhängig; außerdem ändern sie sich über die Zeit. In Deutschland war Erziehung in der Nachkriegszeit bis in die späten 1970er Jahre geprägt von den preußischen Tugenden des Gehorsams, der Pflichterfüllung und der Selbstdisziplin. Nicht mündige Bürger*innen, sondern autoritätshörige Menschen waren das Ziel der Erziehung. Das änderte sich im Zuge der 68er-Bewegung, die unter anderem auch die antiautoritäre Erziehung als Protest gegen die bis dahin vorherrschende »schwarze Pädagogik« hervorbrachte. Unter »schwarzer Pädagogik« soll hier eine erzieherische Haltung verstanden werden, die von körperlicher Gewalt, Einschüchterung und Erniedrigung geprägt ist.

Die Demokratisierung einer Gesellschaft und die Demokratisierung der Erziehungsstile bedingen sich wechselseitig. Gesellschaftliche Demokratisierung wirkt sich auf die Erziehungsstile aus, gleichzeitig entwickelt sich aus dem innersten Kern der Gesellschaft, der Familie, die Gesellschaft.

Familien in Deutschland haben sich immer weiter in Richtung eines demokratischen Umgangs entwickelt. Sprachen sich Anfang der 1950er Jahre noch über die Hälfte der Deutschen in Umfragen für eine autoritäre Erziehung mit körperlicher Bestrafung und den Zielen Gehorsam und Unterordnung aus, standen 1995 die Werte Selbstständigkeit und freier Wille im Vordergrund der elterlichen Erziehungsziele (▶ Abb. 4.1).

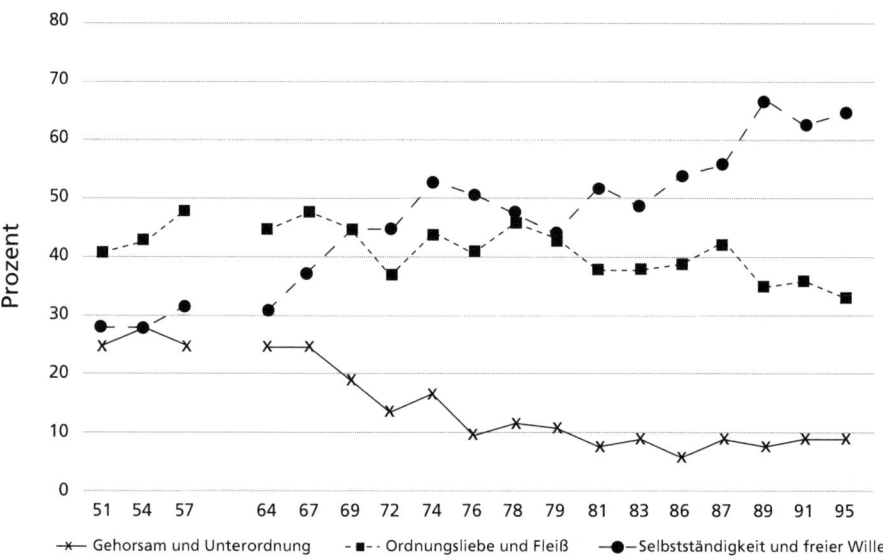

Abb. 4.1: Wandel der Erziehungsstile in den letzten Jahrzehnten (aus Gensicke, 1996)

In neueren repräsentativen Umfragen gab die Hälfte der befragten Personen an, ihren Kindern mehr demokratische Entscheidungsfreiheit zu geben als sie es selbst erlebt hatten und Selbstvertrauen und Autonomie wichtiger zu finden als Pflichterfüllung, Fleiß und Unterordnung (BMFSFJ, 2010). Und eine Studie der Konrad-Adenauer-Stiftung (2018) stellte fest, dass gegenwärtig der »Verhandlungshaushalt« den »Befehlshaushalt« als Familienmodell endgültig abgelöst hat.

Diese Entwicklung schlug sich in der Reform des §1631 Abs. 2 BGB im Jahr 2000 nieder, das Gewalt in der Erziehung unter Strafe stellt: In dem Paragrafen heißt es:

> Kinder haben ein Recht auf gewaltfreie Erziehung. Körperliche Bestrafungen, seelische Verletzungen und andere entwürdigende Maßnahmen sind unzulässig.

Andere Formen der Gewalt wie Entwertung und Demütigung zählen ebenfalls dazu. Dieser Wertewandel lässt sich als zunehmende Wertschätzung der kindlichen Persönlichkeit beschreiben (Stein, 2013). Welche Formen der elterlichen Einflussnahme sind am ehesten geeignet, bei den Kindern zu einer Persönlichkeitsentwicklung beizutragen, die sie zu kompetenten, empathischen und lebensbejahenden Menschen macht?

Auf der Basis umfangreicher Studien machte Baumrind (1966, 1986) zwei elterliche Einstellungen aus, die zentral für Erziehungsprozesse sind:

1. Dimension: Elterliche Wärme, Unterstützung und Akzeptanz
2. Dimension: Elterliche Kontrolle, Anforderungen und Grenzsetzung

Anhand der unterschiedlichen Ausprägung auf diesen beiden Dimensionen unterteilt man elterliches Verhalten in vier Erziehungsstile (▶ Abb. 4.2):

- den autoritären Stil
- den demokratischen (autoritativen) Stil
- den permissiven (laissez faire) Stil
- den vernachlässigenden Stil.

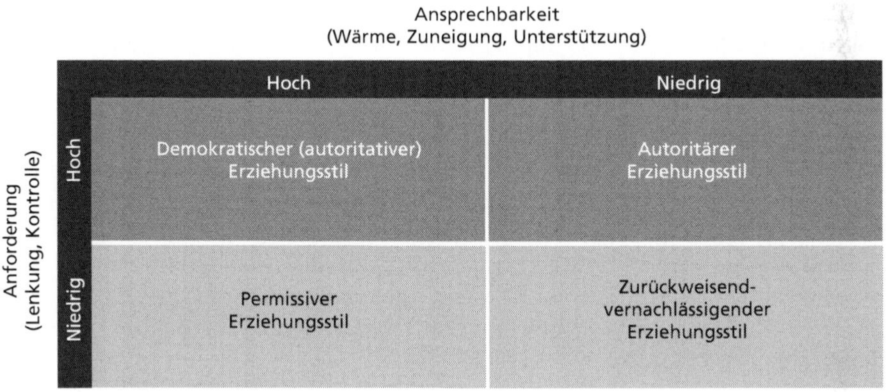

	Ansprechbarkeit (Wärme, Zuneigung, Unterstützung)	
	Hoch	Niedrig
Anforderung (Lenkung, Kontrolle) – Hoch	Demokratischer (autoritativer) Erziehungsstil	Autoritärer Erziehungsstil
Anforderung (Lenkung, Kontrolle) – Niedrig	Permissiver Erziehungsstil	Zurückweisend-vernachlässigender Erziehungsstil

Abb. 4.2: Die vier Erziehungsstile nach Baumrind (1966)

Inzwischen ist durch zahlreiche Untersuchungen nachgewiesen, dass der *demokratische Erziehungsstil* die besten Voraussetzungen für eine günstige Entwicklung schafft (Kracke & Noack, 2008; Grolnick & Farkas, 2002; Steinberg, 2001; Petermann & Petermann, 2006). Die Eltern mit einem demokratischen Stil haben eine emotional warmherzige, liebevolle und unterstützende Beziehung zu ihren Kindern. Auf dieser Basis stellen sie jedoch auch altersangemessene Anforderungen an ihre Kinder, kontrollieren sie und setzen klare Grenzen. Innerhalb dieser Grenzen gewähren sie Freiräume und fördern Selbstständigkeit. Die Eltern sind grundsätzlich gesprächsbereit, diskutieren und erklären Regel; sie wertschätzen die Meinung ihrer Kinder.

Kinder, die mit einem demokratischen Erziehungsstil aufgewachsen sind, entwickeln eine Reihe von wünschenswerten Eigenschaften. Dazu gehören schulische und soziale Kompetenz, Selbstvertrauen, Eigenständigkeit, Selbstkontrolle sowie psychosoziale Reife (vgl. Fuhrer, 2007, S. 133). Demokratisch erzogene Jugendliche leisten auch eher Widerstand gegen Gruppendruck. Sie befolgen die Ratschläge ihrer Eltern, während mit anderen Stilen erzogene Heranwachsende sich in höherem Maße an ihren Peers orientieren (Berk, 2020, S. 574).

Der demokratische Erziehungsstil ist anspruchsvoll und verlangt engagierte Eltern; er fordert ständigen Einsatz, Bereitschaft zur Auseinandersetzung, emotionale Stabilität und Handlungssicherheit. Eltern stehen ihren Kindern als Interaktionspartner*in zur Verfügung, bieten Lernerfahrungen und regen vielseitig ihre Entwicklung an; ebenso wirken sie aber auch erzieherisch auf ihre Kinder ein.

Autoritäre Eltern stellen ebenfalls hohe Anforderungen an ihre Kinder, sind dabei aber nicht liebevoll und wertschätzend. Sie unterbinden Autonomiebestrebungen und achten die Bedürfnisse der Kinder nicht. Sie diskutieren nicht die Regeln, sondern verlangen Gehorsam. Ein wesentliches Erziehungsmittel sind Strafen, die den Willen des Kindes beeinflussen oder sogar brechen sollen. Es ist ein machtorientierter Erziehungsstil, der häufig mit körperlichen Strafen verbunden ist.

Kinder, die in dieser Weise erzogen werden, sind oft konform und gehorsam, können aber auch mit Trotz und Widerstand reagieren. Sie sind wenig selbstbewusst, wissbegierig und sozial kompetent. Kinder, die körperlich bestraft werden, zeigen Problemverhalten. So reproduzieren sie u. a. die erlebte Gewalt gegen Gleichaltrige.

Permissive Eltern zeigen hohe emotionale Wärme, stellen aber keine Anforderungen. Sie sind nachgiebig und nehmen ihren Kindern Pflichten ab. Sie wollen ihre Kinder von Zwängen befreien, entweder indem sie verwöhnen und behüten oder indem sie Freiräume bieten, um selbst von Erziehungsverantwortung entlastet zu sein.

Diese Kinder sind oft wenig verantwortungsbewusst, wenig selbstbewusst und wenig leistungsbezogen. Sie sind impulsiv und unbeherrscht.

Exkurs: Verwöhnung

Eine verwöhnende Erziehungshaltung ist dem permissiven Erziehungsstil zuzuordnen. Es ist eine übertrieben beschützende Haltung, die zu viel an Hilfsbereitschaft, Besorgnis, Entlastung und Geschenken anbietet. Gleichzeitig mangelt es an

- Zutrauen,
- Ermutigung,
- Zuversicht,
- Forderung,
- Autonomieförderung und
- Grenzsetzung

dem Kind gegenüber (Frick et al., 2018). Dieser Erziehungsstil hindert Kinder an wichtigen Erfahrungen. Sie lernen weder Anstrengung noch Ausdauer und werden auch um das Glücksgefühl nach einer erfolgreichen eigenen Leistung gebracht. So kann sich weder ihr Selbstwert noch ihr Selbstwirksamkeitsgefühl entwickeln. Sie bleiben abhängig, hilflos und passiv.

Vernachlässigende Eltern haben kein Interesse an ihrem Kind. Sie sind emotional gleichgültig und stellen keine Forderungen. Sie minimieren Zeit und Aufwand für ihr Kind. Häufig leben sie sozial randständig, sind psychisch krank oder drogenabhängig. Es gibt aber auch die »Wohlstandsverwahrlosung«: Das Kind bekommt alles, was es materiell will, aber weder Zeit und Zuwendung noch Struktur durch Regeln und Anforderungen. Die Kinder haben oft Bindungsprobleme, sind impulsiv und delinquent (Berk, 2020, S. 416; Liebenwein & Weiß, 2012).

Inkonsistente Eltern verhalten sich unbeständig und ohne Regeln. Inkonsistentes Erziehungsverhalten ist kein eigenständiger Erziehungsstil, es kann sich mit anderen ungünstigen Stilen vermischen. Mit »inkonsistent« ist ein Erziehungsverhalten ohne klare Normen gemeint. Es gibt keine festen Regeln. Heute darf das Kind fernsehen, morgen nicht, übermorgen bekommt es sogar Prügel, wenn es fernsieht. Für Kinder ist nicht erkennbar, was richtig und was falsch ist, da die Eltern jedes Mal anders reagieren.

Auf diese Weise wird Hilflosigkeit erlernt. Elterliches Verhalten ist nicht vorhersehbar, es kommt willkürlich wie ein Gewitter über das Kind. Auf diese Weise kann ein Gefühl der Kontrolle über das eigene Leben nicht entwickelt werden. Chronische Gefühle der Hilflosigkeit und des Ausgeliefertseins sind eine Ursache für die Entstehung von Depressionen.

> **Merke!**
>
> **Plädoyer für eine demokratische Beziehung! Erziehung ist Beziehung!**
>
> Thomas Gordon, ein Schüler von Carl Rogers und Vertreter der humanistischen Schule, schlägt einen Umgang des gegenseitigen Respekts vor, bei dem man sich zuhört (aktives Zuhören), seine eigenen Bedürfnisse klar und ohne Vorwürfe äußert (durch Ich-Botschaften) und schließlich – im Falle eines Konfliktes – kompromissbereit nach einer gemeinsamen Lösung sucht. Gordon hat diese Interaktion ausführlich in »Familienkonferenz« (2012a) beschrieben.
>
> Er nennt diesen Umgang der Wertschätzung, Empathie und Authentizität, bei dem weder der Erwachsene dominiert (*autoritärer Stil*) noch das Kind den Ton angibt (*permissiver Stil*), sondern man sich offen austauscht und auf die gegenseitigen Bedürfnisse eingeht, den *demokratischen Umgangsstil*. Nach Gordon ist das die Basis eines gelungenen zwischenmenschlichen Umgangs. Erziehung besteht demnach aus einer guten Beziehung und ist ohne diese gar nicht möglich. Die Beziehung muss auf Gegenseitigkeit beruhen, auch wenn sie nicht gleichberechtigt sein kann.

> Achtung fördert Selbstachtung, die wiederum Voraussetzung für den Aufbau eines guten Selbstwertgefühls ist. Dieses schützt vor schlechten Bewältigungsmechanismen wie Aggressionen, Selbstaggressivität und Depressionen.

Der Familienpsychologe Schneewind vertritt ebenfalls ein humanistisch-demokratisches Verständnis von individueller Entwicklung, bei dem sowohl Gemeinsinn als auch Eigenständigkeit wichtig sind. Er unterteilt die elterlichen Kompetenzen in Beziehungs- und Erziehungskompetenzen. Schneewind hat einen interaktiven Elternführer (Freiheit in Grenzen, 2018) für die Erziehung von Vorschul- und Grundschulkindern sowie Jugendlichen entwickelt, in dem er die Kompetenzen von Eltern stärken will. Er macht auch deutlich, was er unter Freiheit in Grenzen, Freiheit ohne Grenzen und grenzenloser Freiheit versteht (▶ Exkurs: Elterntraining 2).

Übung

Erziehung und Beziehung

Reflektieren Sie die hier vorgestellten vier Erziehungsziele in Bezug auf die Fragen: Ergänzen sich Erziehung und gute Beziehung oder sind sie Gegensätze? Bei welchen Erziehungsstilen schließen sich gute Beziehung und Erziehungsstil aus?

Lesen Sie sorgfältig den obigen »Merke!« Absatz.

Exkurs: Elterntraining 2

In dem interaktiven Elternführer von Schneewind (2018) werden anhand typischer Filmszenen aus dem Familienalltag die unterschiedlichen Erziehungsstile verdeutlicht. Eltern können sich für verschiedene Lösungsmöglichkeiten entscheiden und diese mit Hilfe von Reflexionsaufgaben diskutieren. Das Trainingsprogramm will elterliche Kompetenzen im Sinne des demokratischen Stils stärken.

Kompetenzen, durch die die Eltern gekennzeichnet sind:

- Wissen über die Entwicklung von Kindern
- Wertvorstellungen, Lebensziele, Entwicklungsziele für die Kinder
- Die Fähigkeit, eigene Emotionen zu kontrollieren, überlegt zu handeln
- Flexibel, veränderungsoffen zu sein
- Von dem Einfluss eigenen Handelns überzeugt zu sein
- Eigene Fehler eingestehen zu können

Elterliche Kompetenzen, die auf das Kind gerichtet sind:

- Psychisch und physisch Zuneigung zeigen zu können
- Empathiefähigkeit, offene und verdeckte kindliche Bedürfnisse erkennen
- Kindliche Eigenständigkeit anerkennen und Freiräume gewähren
- Kindliche Entwicklungspotentiale erkennen und helfen, diese zu verwirklichen
- Kindliche Kompetenzentwicklung zu fördern (Grenzen erweitern) und unangemessenes Verhalten zu verhindern (Grenzen setzen)

Das Training unterscheidet drei verschiedene Formen der Freiheit:

- Freiheit ohne Grenzen ist gekennzeichnet von elterlicher Nachgiebigkeit und fehlendem Engagement. Es spiegelt den permissiven Stil wider.
- Grenzen ohne Freiheit spiegelt den autoritären Erziehungsstil wider. Hohe Forderungen, harte Sanktionen und ein Beziehungsklima, das durch mangelnde Liebe und Wärme gekennzeichnet ist, können der Nährboden für einen von Gewalt geprägten Umgang mit den Kindern sein.
- Freiheit in Grenzen bezeichnet den demokratischen Erziehungsstil mit den Merkmalen Unterstützen und Eingehen auf die kindlichen Bedürfnisse, aber auch Grenzen setzen und Erwartungen an die Kinder stellen. Eigenständigkeit wird gewährt.

Worin zeigt sich elterliche Wertschätzung?

- Die Einmaligkeit und Besonderheit des Kindes wird anerkannt.
- Kinder werden respektvoll behandelt.
- Kinder werden unterstützt und bekommen Hilfe, wenn sie diese brauchen.
- Eltern freuen sich, mit ihren Kindern zusammen zu sein und genießen gemeinsame Aktivitäten.

Was heißt fordern und Grenzen setzen?

- Eltern trauen ihren Kindern etwas zu und stellen Forderungen.
- Sie scheuen die Konflikte mit ihren Kindern nicht, tragen diese aber konstruktiv aus.
- Sie haben ihren Kindern gegenüber eigene Meinungen, die sie überzeugend vertreten.
- Sie setzen dem Entwicklungsstand der Kinder angemessene Grenzen und bestehen auf Einhaltung.

Was heißt Gewährung von Eigenständigkeit?

- Die Bedürfnisse der Kinder werden ernst genommen.
- Die Eltern sind prinzipiell gesprächs- und kompromissbereit.
- Sie ermöglichen ihren Kindern ein Optimum an eigenen Entscheidungen. Dadurch stärken sie Selbstverantwortlichkeit und Entscheidungsfähigkeit.
- Sie geben ihren Kindern die Möglichkeit, eigene Erfahrungen zu sammeln.

> **Exkurs: Prävention: Verbreitete Elterntrainings**
>
> Elterntrainings, die sich an werdende Eltern bzw. Eltern mit Babys richten, sind z. B. *SAFE* (Brisch, 2011, ▶ Exkurs: Elterntraining 1) und *STEEP* (Erickson & Egeland, 2016). STEEP ist ein Programm für Hochrisikomütter. Es ist für die Zeit von der Schwangerschaft bis zum zweiten Lebensjahr des Kindes konzipiert. Ziele sind der Aufbau einer sicheren und positiven Mutter-Kind-Beziehung und eines sozialen Netzes, um Kindeswohlgefährdung zu vermeiden.
>
> Elternkurse für Familien mit Kindern und Jugendlichen sind neben der Familienkonferenz von Gordon (2012a) und dem interaktiven Programm von Schneewind (2018) z. B. das Programm des Deutschen Kinderschutzbundes *Starke Eltern-Starke Kinder* (Honkanen-Schoberth, 2014). Es ist beziehungsorientiert ausgerichtet und fördert Haltungen und Handlungen wie Fürsorglichkeit, Ermutigung, Annahme, Vertrauen und Gemeinsamkeit. *Triple P* (Sanders, 1999) ist ein stark strukturiertes verhaltensorientiertes Programm, das sich an den Lerntheorien orientiert. Angemessenes Verhalten soll gefördert, unangemessenes Verhalten soll abgebaut werden.

Es gibt zahlreiche Elterntrainings. Manche wollen Verhalten ändern, andere wollen die Beziehungen verändern. Die meisten Konzepte vermitteln eine demokratische Erziehungshaltung. Eine Sammlung der in Deutschland verbreiteten Erziehungsprogramme findet sich bei Tschöpe-Scheffler (2006).

4.2.2 Einflussfaktoren auf den Erziehungsstil

Erziehungsstile und ihre Auswirkungen sowie die Einflussfaktoren auf Erziehung sind auch kulturell bedingt. Wir betrachten im Folgenden die Einflussfaktoren auf Erziehung in der westlichen Welt mit einer Ausnahme: Ein Exkurs vergleicht den Einfluss individualistischer und kollektivistischer kultureller Werte auf den Erziehungsstil und das familiäre Klima.

In erster Linie wird die Erziehung der Eltern durch ihre eigenen Erfahrungen, d. h. ihre eigene Kindheitsgeschichte beeinflusst. Zahlreiche Untersuchungen belegen, dass grundlegende Erziehungseinstellungen und Disziplinierungsmaßnahmen, die Eltern anwenden mit den in ihrer eigenen Kindheit erlebten systematisch zusammenhängen (Belsky et al., 2005; Belsky, 2006; Chen & Kaplan, 2001; Ecarius, 2002). Es findet also eine *intergenerationale Transmission* statt: eine Weitergabe von Generation zu Generation.

Wenn Männer und Frauen Eltern werden und ihre Erziehungsgeschichte wieder aktuell wird, unterziehen Eltern diese im positiven Fall einer neuen Bewertung. Manche Eltern möchten alles genauso wie ihre Eltern machen, weil sie alles in der Erziehung richtig fanden. Andere Eltern möchten die Fehler ihrer Eltern vermeiden, ihre Kinder also z. B. nicht schlagen oder mit Liebesentzug strafen.

Ein Ausbruch aus den gelernten Verhaltensweisen ist dann besonders schwer, wenn Traumatisierungen stattgefunden haben. Aus der Traumaforschung ist bekannt, dass insbesondere Traumata wie körperliche und sexuelle Gewalt, aber auch kriegsbedingte Traumata an die nächste und übernächste Generation weitergegeben werden können (Schlechter, 2003; Wettig, 2019). Diese transgenerationale Weitergabe geschieht im Wesentlichen unbewusst und ist deshalb nur schwer zu bearbeiten.

> **Übung**
>
> Reflektieren Sie Ihre eigene Erziehung. Hatten Ihre Eltern unterschiedliche Erziehungsstile? Mit welchen Maßnahmen sind Sie einverstanden, mit welchen nicht und was würden bzw. werden Sie versuchen anders zu machen?

Ein weiterer wichtiger Einflussfaktor auf den Erziehungsstil sind die sozioökonomischen Bedingungen. Viele Befunde belegen, dass Eltern in Armut sich eher weniger kindorientiert und unterstützend verhalten, sondern eher strafend und inkonsistent sind (vgl. Walper, Langmeyer-Tornier & Wendt, 2015). Mittelschichteltern sind oft kindorientierter als bildungsferne Schichten. Das zeigt sich daran, dass Mittelschichtkinder mehr Spielzeug in ihrem Zimmer haben und weniger fernsehen als Kinder aus bildungsfernen Schichten. Außerdem verbringen gebildete Eltern mehr Zeit mit ihren Kindern. Das fanden Dotti Sani & Treas (2016) heraus (▶ folgende Untersuchung).

> **Übung**
>
> Blättern Sie zurück zu ▶ Kap. 1.6.1. Lesen Sie das Beispiel: Armut als kumulativer Faktor. Welche Bedingungen führen dazu, dass Armut mit weniger Kindorientiertheit einhergehen kann?

> **Exkurs: Wieviel Zeit verbringen Eltern mit ihren Kindern**
>
> In einer grossen Untersuchung verglichen Dotti Sani und Treas (2016) über hunderttausend Eltern in elf westlichen Ländern bezüglich aller elterlichen Tätigkeiten, die in Tagebüchern aufgelistet wurden. Außerdem verglichen sie Aufzeichnungen aus den Jahren 1965 und 2012. Die Tätigkeiten umfassten Essen vorbereiten, die Kinder baden, ins Bett bringen, sie in der Nacht trösten, mit ihnen spielen, vorlesen, bei den Hausaufgaben helfen usw. Die Ergebnisse zeigten, dass Eltern heute erheblich mehr Zeit mit ihren Kindern verbringen als in den 1960er Jahren. Außerdem verbrachten bildungsnahe Eltern erheblich mehr Zeit mit ihren Kindern als weniger gebildete Eltern.
>
> Ein hohes Einkommen sowie ein hoher Bildungsstand erweisen sich also als förderlich für den Erziehungsstil. Auch das soziale Netzwerk der Familien kann unterstützend oder hemmend auf die Entwicklung positiver Erziehungskompetenz wirken: Soziale Isolation und belastende Familienbeziehungen gelten als Risikofaktoren, ein unterstützendes Umfeld hingegen als förderlich.

Eigenschaften des Kindes sind ein weiterer Einflussfaktor auf den elterlichen Erziehungsstil. Das beginnt beim Aussehen: Langlois et al. (2000) fanden heraus, dass Mütter sehr attraktiver Säuglinge diese positiver einschätzen und zärtlicher behandeln als wenn diese weniger attraktiv sind. Auch ein »schwieriges« Temperament des Kindes oder Jugendlichen hat weitreichende und wechselseitige Auswirkungen. So nehmen Eltern von Kindern mit sogenanntem »schwierigem« Temperament ihre erzieherischen Kompetenzen als deutlich geringer wahr. Sie erziehen häufiger autoritär als Eltern mit sogenannten »pflegeleichten« Kindern.

Exkurs: Was ist ein »schwieriges« kindliches Temperament?

Bereits in ▶ Kap. 2.4 haben Sie das Verhalten »schwieriger« Säuglinge kennengelernt, die als abweisend, schwer zu beruhigen oder leicht irritierbar beschrieben wurden. Weiterhin können sie unflexibel sein und lange brauchen, bis sie sich auf neue Reize einstellen. Außerdem benötigen sie lange Zeit, um regelmäßige Alltagsroutinen zu entwickeln. Später können externalisierende Verhaltensweisen wie Hyperaktivität, Ungehorsam, Wutausbrüche und Zerstörungswut auftreten (Siegler et al., 2016d). Es gibt genetische Faktoren, die mit dem Temperament zusammenhängen (Saudino & Wang, 2012). Aber Umweltfaktoren wie die Familie beeinflussen ebenfalls das Temperament (Rasbash et al., 2011). Außerdem gibt es auch genetisch bedingte Unterschiede zwischen Kindern in der Art, wie sie auf ihre Umgebung und auf den Erziehungsstil reagieren.

Schwierige Verhaltensweisen lösen negative Rückmeldungen der Erwachsenen aus, die sich u. a. in einem ungünstigen, autoritären Erziehungsstil äußern.

Exkurs: Kinder erziehen ihre Eltern

Unterschiedliche Kinder lösen nicht nur unterschiedliches Erziehungsverhalten der Eltern aus; sie erziehen ihrerseits auch ihre Eltern. Entwicklung ist ein dynamischer Prozess wechselseitiger Beeinflussung von Person und Umwelt. Das illustriert ein Beispiel aus Montada, Lindenberger & Schneider (2018, S. 51) sehr anschaulich. Es ist im Folgenden kurz zusammengefasst:

Der viereinhalbjährige Sohn überrascht seinen zeitunglesenden Vater als Nikolaus verkleidet und mit einem großen Geschenkesack ausgerüstet. Der Vater wird allerdings nur mit einer einzigen Erdnuss beschenkt, weil er immer so viel mit seinem Sohn schimpfe. Als der Sohn danach das Wohnzimmer hüpfend verlässt, wirft er dabei die Blumenvase um. Der Vater, der gerade erst ermahnt wurde, beseitigt schweigend das verschüttete Wasser. Kurze Zeit später betritt der Sohn wieder das Zimmer – immer noch als Nikolaus verkleidet. Er erklärt, dass nun das nächste Jahr wäre. Er belohnt diesmal den Vater reichlich, weil es mit dem Schimpfen schon viel besser geworden sei.

Exkurs: Kulturelle Normen beeinflussen die Erziehung

Erinnern Sie sich an den Exkurs in ▶ Kap. 1.4.2: Eine wesentliche Dimension, auf der sich Kulturen unterscheiden, ist die von Individualismus und Kollektivismus.

Kollektivistische Kulturen bewerten Verbundenheit höher als Individualität; Autonomie und Ablösung von den Eltern sind keine erstrebenswerten Ziele. Kulturelle Normen haben einen Einfluss auf Erziehung und Familienklima.

Kinder in individualistischen Kulturen werden frühzeitig als gleichberechtigte Gegenüber angesehen. Ihre Meinung zählt, sie bekommen Wahlmöglichkeiten, damit sie Entscheidungen treffen können. Sie dürfen eigene Ideen entwickeln und Initiative ergreifen. In kollektivistischen Kulturen ist das hierarchisch geordnete Gemeinschaftsgefühl entscheidend (Keller, 2007). Die wichtigsten Erziehungsziele sind Respekt, Gehorsam und Hilfsbereitschaft. Das Kind soll nicht im Mittelpunkt stehen, sondern sich einordnen und helfen. Im kollektivistischen Familienkontext wird von Anfang an starke Verbundenheit mit der Familie vermittelt. Sie stellt die Grundlage für die später erwartete Anpassung und Rollenerfüllung dar (Keller et al., 2004).

Berufsbezug

Was bedeuten kulturelle Normen für die psychologische Familienberatung? Individualistisch geprägte Eltern wollen im Beratungsprozess gleichberechtigt behandelt werden und in die Lösungssuche einbezogen werden, während Familien mit einem kollektivistischen Hintergrund eher eine direktive Vorgehensweise der Beraterperson erwarten, da diese als Fachkraft in der Hierarchie höher steht. Sie erwarten klare Handlungsanweisungen (Borke & Keller, 2014). Das Zeigen von Gefühlen, die Bewertung von Verselbständigungsbestrebungen, ehrverletzende Äußerungen und vieles mehr unterliegen anderen Bewertungen. Das muss von der Beraterperson berücksichtigt werden, wenn der Beratungsprozess erfolgreich verlaufen soll.

Zusammenfassung

Der Ort der primären Sozialisation ist die Familie. Sie gilt als bedeutende Ressource, aber ebenso als bedeutender Risikofaktor für die Entwicklung. Eine der wichtigsten Einflussfaktoren der Familie auf die kindliche Entwicklung ist der Erziehungsstil. Ein demokratischer Erziehungsstil, der unterstützend, liebevoll und strukturgebend ist, stellt einen Schutzfaktor dar. Ein autoritärer oder vernachlässigender Erziehungsstil ist ein Risikofaktor für die Entwicklung. Zahlreiche Elternprogramme stärken präventiv die elterlichen Kompetenzen und dies teilweise schon vor der Geburt des Kindes. Später stattfindende Programme zielen darauf, das familiäre Verhalten zu verändern und die Beziehungen positiv zu beeinflussen.

Verständnisfragen

- Beschreiben Sie die wesentlichen Merkmale der vier Erziehungsstile.
- Warum ist der demokratische Stil der förderlichste Erziehungsstil?

4.3 Scheidung und neue Familiensysteme

Eine *Scheidung* ist ein kritisches Lebensereignis. Es kann aus unterschiedlichen psychologischen Sichtweisen betrachtet werden. Aus einer Defizitperspektive sieht man eine Familie, die zerbricht; es ist das Ende des Zusammenlebens und aufgrund der vielfältigen Verluste entstehen psychische Schäden bei allen beteiligten Personen, besonders bei den Kindern. Ein ressourcenorientierter Ansatz sieht Scheidung eher als eine Krise, die es zu bewältigen gilt, als Beginn einer neuen, besseren Lebensphase.

In diesem Sinne betrachtet man Scheidung als einen jahrelangen krisenhaften Prozess mit verschiedenen Phasen, die durchlaufen und bewältigt werden müssen. Die aktuelle, ebenfalls ressourcenorientierte Forschungsperspektive konzeptualisiert Scheidung als eine Übergangsphase in der Familienentwicklung. Diese erfordert große Anpassungsleistungen. Übergänge bergen sowohl Potentiale als auch Gefährdungen. Sie werden unterschiedlich gut bewältigt.

Da Scheidung ein höchst individueller Prozess mit äußerst vielfältigen, unterschiedlichen Verläufen ist, treffen je nach Einzelfall alle Faktoren mal mehr und mal weniger zu und auch die Belastungen unterscheiden sich in ihrer Stärke. Gab es z. B aus Sicht der Kinder nur wenige Konflikte vor der Trennung und verlässt dann der Vater plötzlich die Familie, die zusätzlich in Armut zurückbleibt, ist das eine größere Belastung als wenn die Mutter sich in einem Akt der Befreiung von dem gewalttätigen Ehemann und Vater trennt.

Aus psychologischer Sicht ist die Perspektive von Scheidung als ein familiärer Übergang von einer monokularen (einzelligen) Familie in eine binukleare (zweizellige) Familie besonders für die betroffenen Personen am sinnvollsten, weil sie ressourcenorientiert ist und eine erfolgreiche Anpassung bereits antizipiert (Ferraro, 2016).

Nach Walper und Bröning (2009) müssen Scheitern und Neubeginn auf der individuellen, auf der familiären und auf der sozialen Ebene verarbeitet werden. Auf der individuellen Ebene müssen die betroffenen Personen z. B. Gefühle des Hasses, der Trauer, des Versagens verarbeiten und wieder ein seelisches Gleichgewicht finden. Auf der familiären Ebene müssen neue Rollen definiert werden und auf der Ebene der sozialen Netze finden Veränderungen zur Herkunftsfamilie, zur Verwandtschaft und zum Freundeskreis statt. Im Folgenden werden diese Veränderungen und ihre Bedeutung für die Entwicklung sowohl der Kinder als auch der Eltern betrachtet.

Es gibt weiterhin zahlreiche Einflussfaktoren auf diesen Bewältigungsprozess wie die ökonomischen Folgen einer Trennung, veränderte Kontaktmöglichkeiten zum verlassenden (häufig väterlichen) Elternteil, die psychische Stabilität des verbleibenden (meist mütterlichen) Elternteils und die posteheliche Beziehung zwischen den Eltern.

Bereits vor der juristischen Scheidung beginnt mit der räumlichen Trennung die Phase der Ein-Eltern-Familie, später entsteht vielleicht eine Stief- bzw. Patchworkfamilie. Diese neuen Familienstrukturen erfordern ein weiteres hohes Maß an Bewältigungskompetenzen.

Im Folgenden werden die Folgen einer Scheidung für die Erwachsenen und für die Kinder dargestellt. Auch die nach der Scheidung neu entstehenden Familiensysteme werden behandelt.

Exkurs: Fakten zur Scheidung

Im Jahr 2020 wurden 416.300 Ehen geschlossen und 149.010 Ehen geschieden. Die Scheidungsrate in Deutschland schwankt zwischen 34–40 %, in Großstädten ist die Rate deutlich höher als auf dem Land.

Von der Scheidung waren im Jahr 2019 122.010 minderjährige Kinder betroffen, wobei diese Zahl nicht die Kinder einbezieht, die von der Trennung ihrer nicht verheirateten Eltern betroffen waren (Statistisches Bundesamt, 2020a).

In Deutschland gibt es acht Millionen Familien mit minderjährigen Kindern. Davon sind 19 % Ein-Eltern-Familien, also Mütter oder Väter, die allein mit ihren Kindern im Haushalt leben. Von den 13,1 Millionen Kindern unter 18 Jahren leben 18 % mit einem Elternteil im Haushalt. In neun von zehn Fällen ist dies die Mutter (BMFSFJ, 2021).

Trotz Zunahme von Ein-Eltern-Familien, Patchworkfamilien und nichtehelichen Lebensgemeinschaften, wachsen 69 % der minderjährigen Kinder in Deutschland in Kernfamilien auf (Peuckert, 2019, S. 295). Die Trennungsrate nichtehelicher Lebensgemeinschaften ist innerhalb der ersten sechs Jahre dreimal so hoch wie die Trennungsrate von Ehen in demselben Zeitraum (Peuckert, 2019, S. 295).

4.3.1 Scheidung als Prozess

Es ist für die psychologische Tätigkeit wichtig und hilfreich zu wissen, dass die Übergangsphase der Scheidung viele Jahre dauern kann und damit zu einem langen Prozess wird, zu einem Prozess von Veränderungen, die immer wieder neue Anpassungsleistungen aller Familienmitglieder erfordern. In den verschiedenen Phasen werden unterschiedliche psychologische Hilfestellungen benötigt. Dieser Prozess kann lange vor der eigentlichen Scheidung anfangen und er dauert bis zu drei Jahre nach der Scheidung an; dann setzt häufig eine Phase der Konsolidierung ein. Über diesen prozesshaften Charakter sollten im Rahmen von psychologischer Beratung auch die Eltern aufgeklärt werden, damit Rückschläge, voraussehbare Einbrüche oder Zuspitzungen der Krise nicht als persönliches und endgültiges Scheitern verarbeitet werden.

Betrachten Sie die folgenden Phasen unter der Einschränkung, dass natürlich Trennungs- und Scheidungsprozesse sehr unterschiedlich verlaufen und dieses Phasenmodell nicht für jeden Fall zutrifft.

1. Ambivalenzphase

In der ersten Phase entstehen bei einer Person oder bei beiden zwiespältige Gefühle der Beziehung gegenüber, die versucht werden zu klären. Das kann bereits auf einem sehr konflikthaften Weg geschehen. Eine Trennung steht im Raum, ist aber noch nicht entschieden. Wenn das Paar eine psychologische Beratung aufsucht, wird die Beziehung vom Kennenlernen bis zur gegenwärtigen Krise aufgearbeitet und die beiderseitige Motivation zum Erhalt der Beziehung abgeklopft. Das Paar soll Verantwortung für die Beziehung übernehmen und die Scheidungsfolgen realistisch einschätzen.

Schon in dieser Phase wird den Eltern die kindliche Perspektive vermittelt. Eine solche Ambivalenzphase kann aber auch dauerhaft bestehen bleiben. Das Paar trennt sich nicht, bleibt aber in einer unharmonischen Beziehung gefangen. Die Trennung bleibt eine Drohung, die nicht umgesetzt wird.

2. Trennungsphase

Steht die Trennung fest, kann die praktische Durchführung zu zahlreichen Konflikten führen: Zieht das Paar auseinander, muss der Unterhalt geregelt werden, der Hausstand aufgeteilt werden, Wohnungen gesucht und das Umgangsrecht geregelt werden. Sind die Sorge- und Umgangsrechte strittig, wird ein psychologisches Gutachten eingeholt. In dieser Phase kann sich das Paar auch für eine Mediation entscheiden. Das ist eine vom Gericht unabhängige Beratung, in der das Scheidungspaar im Beisein einer neutralen dritten Person Konfliktpunkte diskutiert und Lösungen erarbeitet. Es ist der Versuch einer außergerichtlichen Lösung.

3. Scheidungsphase

Das Gericht regelt die Scheidungsfolgen, das Besuchsrecht, den Unterhalt und die Vermögensaufteilung.

4. Nachscheidungsphase

Die Nachscheidungsphase kann eine Phase des Alleinerziehens, des Alleinlebens, der neuen Partnerschaft oder der Stief- bzw. Patchworkfamilie sein. Im Zentrum steht die Bewältigung der Trennung und Scheidung für die Eltern und Kinder.

4.3.2 Scheidungsfolgen

Die Situation der Eltern

Ein einschneidendes, kritisches Lebensereignis wie eine Trennung löst massiven Stress bei den betroffenen Personen aus.

Je nach Trennungsgrund und Initiierung der Trennung können natürlich auch Gefühle der Erleichterung vorherrschen. Die seelische Gesundheit in Scheidung Lebender bzw. frisch Geschiedener ist Gegenstand zahlreicher Untersuchungen und belegt die erhöhte Vulnerabilität dieser Gruppe. Sie zeichnet sich durch mehr psychosomatische Beschwerden, erhöhte Unfallgefahr, häufige Erkrankungen und sogar eine erhöhte Mortalität aus (zusammenfassend: Franz, 2016). Die Betroffenen haben das Gefühl, als Eltern und Ehepartner*in versagt zu haben und haben Selbstwertzweifel, ob sie in Zukunft stabile Beziehungen werden aufbauen können. Erst nach ca. zwei bis drei Jahren scheint sich das psychische Befinden Geschiedener wieder zu stabilisieren.

Bis zu dieser Konsolidierung besteht eine erhöhte Gefahr, dass die Kinder als Partnerersatz genommen, parentifiziert werden. Auch ist in der ersten Zeit des Alleinerziehens ein inkonsistenter Erziehungsstil verbreitet. Die Mutter erlaubt aufgrund von Schuldgefühlen den Kindern in einer Situation Dinge, die sie zu einem anderen Zeitpunkt, in einer Überforderungssituation, verbietet. Das ist ein inkonsistenter, ungünstiger Erziehungsstil (▶ Kap. 4.2). Im weiteren Verlauf der Bewältigung wird dieser Stil aber wieder von dem vorherigen Erziehungsstil abgelöst.

Lebenspraktische Probleme des Alleinerziehens

Neun von zehn Alleinerziehenden sind weiblich (BMFSFJ, 2017). Auf die *alleinerziehende Mutter* kommt eine Vielzahl von lebenspraktischen Problemen zu, die zwar auch verheiratete Mütter betrifft, aber bei diesen wegen der größeren finanziellen Ressourcen und der Möglichkeit zur Arbeitsteilung mit dem Partner weniger erdrückend ist: Eine neue Alltagsroutine mit einem erheblich anspruchsvolleren Tagesablauf muss geschaffen werden, der es ermöglicht, Beruf und Familie zu vereinbaren. Jederzeit mögliche Einbrüche der Routine (das Kind erkrankt, die Tagesmutter erkrankt, der Hort schließt oder ein Hortplatz fehlt) sind existenziell bedrohlich (Verlust des Arbeitsplatzes) und müssen bewältigt werden.

Für alleinerziehende Mütter ist deshalb der Aufbau eines zuverlässigen und stabilen sozialen Netzes besonders wichtig. Häufig gehen jedoch zunächst Kontakte zurück, so zur Familie des geschiedenen Mannes und zum gemeinsamen Freundeskreis; auch besteht durch einen Umzug eine erhöhte Isolationsgefahr. Langfristig gelingt es aber den meisten alleinerziehenden Personen ein tragfähiges soziales Hilfesystem aus Hort, Großeltern und Freundeskreis aufzubauen. Durch die größere Außenorientierung haben Alleinerziehende häufig sogar mehr soziale Kontakte als verheiratete Mütter (Fuhrer, 2007, S. 85).

Nach der Scheidung sind bei alleinerziehenden Frauen finanzielle Schwierigkeiten häufig. Die ökonomischen Einschränkungen stellen eines der größten Probleme Alleinerziehender dar. Die drastischen Einkommenseinbußen können als eine entscheidende Ursache für die psychischen Probleme der geschiedenen Frauen angesehen werden: Fast die Hälfte aller alleinerziehenden Frauen lebt am Existenzminimum. Demgegenüber arbeiten alleinerziehende Väter in der Regel Vollzeit; ihr Durchschnittseinkommen liegt nur geringfügig unter dem von Kernfamilien (Statistisches Bundesamt, 2018).

Gründe für diese desolate Lage der Frauen sind eine fehlende Berufsausbildung, das Vorhandensein von Kleinkindern sowie fehlende Unterhaltszahlungen. Trotz eindeutiger rechtlicher Regelungen erfolgen nämlich Unterhaltszahlungen nur zu einem geringen Teil. Knapp die Hälfte der Männer zahlt zu wenig oder gar keinen

Unterhalt. So bekamen 806.000 Kinder im Jahr 2018 Unterhaltsvorschuss vom Staat (BMFSFJ, 2019).

Die Zahlungsbereitschaft geschiedener Väter ist von der Aufrechterhaltung des Kontakts zu den Kindern und Konflikten zwischen den ehemaligen Partnern abhängig. Weitere Gründe für diese erschreckende Zahlungsmoral liegen z. B. darin, dass der verweigerte Unterhalt als Waffe und als Strafe des ehemaligen Partners eingesetzt wird. Dabei wird der Zusammenhang zwischen der Zahlung, die sie leisten müssen, und dem Bedarf des Kindes nicht wahrgenommen. Häufig fehlt auch eine wirklichkeitsnahe Einschätzung ihres Beitrags zum Leben des Kindes.

Alleinerziehende Väter erleben in der Regel ähnliche Probleme wie alleinerziehende Mütter. Sie sind aber im Vorteil aufgrund ihrer Vollzeitarbeit. Die damit verbundene bessere finanzielle Situation zieht weitere Vorteile nach sich wie etwa eine bessere Wohnumgebung (Statistisches Bundesamt, 2018). Außerdem erfahren sie mehr Anerkennung und Unterstützung als alleinerziehende Mütter (a. a. O.).

Psychische Folgen für die Eltern

Es erstaunt also nicht, dass alleinerziehende Mütter über eine Überforderung durch die Dreifachbelastung Haushalt, Beruf und Kindererziehung klagen. Aber auch Männer sind psychisch belastet, ihre Probleme sind Vereinsamung und ebenfalls finanzielle Sorgen. Meist binden sich aber geschiedene Männer sehr schnell wieder neu. Die meisten Studien zeigen, dass viele Belastungssymptome nach ca. zwei bis drei Jahren abklingen. Die Scheidung ist dann verarbeitet, eine Gewöhnung an die neuen Lebensumstände hat stattgefunden, manchmal auch eine Wiederheirat (z. B. Wallerstein & Blakeslee, 1989; Hetherington & Kelly, 2002). Ein Überblick über Scheidungsstudien des amerikanischen Scheidungsforschers Amato (2000) zeigt, dass Geschiedene im Vergleich zu Verheirateten zwar einen niedrigeren Selbstwert haben, weniger glücklich sind und unter einer schlechteren psychischen und körperlichen Gesundheit leiden. Diese Unterschiede verringern sich aber im Laufe der Zeit.

Risikofaktoren für langfristig negative Folgen sind eine schwierige Persönlichkeit, eine schwierige eigene Familiengeschichte, eine nicht gelungene Ablösung vom ehemaligen Partner und ein niedriger Bildungs- und Einkommensstatus (Hetherington & Kelly, 2002). Auch dauerhafte Streitereien zwischen den beiden ehemaligen Partnern tragen zu einer schlechten psychischen Verfassung bei.

»Besuchsväter« leiden in den ersten Monaten nach der Trennung stärker unter Einsamkeit und haben auch größere Schwierigkeiten, den Alltag neu zu organisieren als Frauen. Falls sie keine neue Bindung eingehen, bleiben sie langfristig anfälliger für psychische Probleme als Frauen.

Insbesondere bei Kontakten mit ihren jungen Kindern sind geschiedene Väter oft unsicher, wie sie die Zeit während der kurzen Besuche mit ihnen verbringen sollen und wie viel Disziplinierung sie ausüben sollen. Väter, die den Kontakt aufrechterhalten, übernehmen eher die Rolle des verwöhnenden Wochenendvaters. Wenn Väter eine neue Familie gründen, wird die Situation komplexer, denn diese benötigt ebenfalls Zeit. Außerdem erinnert der Kontakt zu den getrenntlebenden Kindern immer wieder an das Scheitern der Ehe. Ein Kontaktabbruch hilft, dieses Kapitel des Lebens zu verdrängen. Auch fortwährende Konflikte mit der Ex-Partnerin sind ein Grund für den Abbruch der Beziehung zu den Kindern (Walper & Krey, 2009). Viele Väter, die Konflikte mit der Ex-Partnerin haben, beschreiben das Gefühl, die elterlichen Rechte verloren zu haben und leiten daraus das Recht zur Beendigung der Beziehung zu ihren Kindern ab (a. a. O.).

Seit 1998 gilt in Deutschland das gemeinsame Sorgerecht als Regelfall. Eltern, die das alleinige Sorgerecht für sich beanspruchen, müssen dafür gravierende Gründe angeben wie etwa Gefahr des sexuellen Missbrauchs oder Gewaltanwendung durch den anderen Elternteil. Gemeinsame Sorge bedeutet, dass die Eltern Entscheidungen von erheblicher Bedeutung (Schulwahl, Schulwechsel) gemeinsam treffen müssen. Nur in Angelegenheiten des täglichen Lebens entscheidet der Elternteil, bei dem das Kind lebt, allein. Das Kind hat ein Umgangsrecht mit beiden Elternteilen sowie mit weiteren wichtigen Bezugspersonen (z. B. Großeltern).

Das gemeinsame Sorgerecht wird von der gesetzgebenden Instanz als entscheidende Grundlage für eine stabile und gesunde psychosoziale Entwicklung des Kindes angesehen. Man kann es als Reaktion auf die Forschungslage (vgl. Seiffge-Krenke, 2016, S.14ff.) ansehen, die zeigt, dass das Wohlbefinden von Kindern nach der Scheidung der Eltern besser ist, wenn beide Elternteile in die Erziehung involviert bleiben. Das Belastendste für Kinder an einer Scheidung ist die Angst, von einem Elternteil verlassen zu werden. Für die Anpassung der Kinder an die neue Situation ist der Grad des elterlichen Konflikts ausschlaggebend, den man durch diese rechtliche Regelung zu vermindern hofft.

Psychische Folgen für die Kinder

Für Kinder ist die Scheidung ein nicht weniger belastendes Lebensereignis. Studien ergeben einheitlich, dass Kinder aus Scheidungsfamilien im Vergleich zu Kindern aus Kernfamilien ein höheres Entwicklungsrisiko aufweisen (Amato, 2001). Kinder aus Scheidungsfamilien haben zunächst mehr Verhaltensprobleme (Aggressivität, Delinquenz), mehr schulische Probleme, mehr soziale Probleme und fühlen sich unglücklicher (Depressionen). Längsschnittstudien zeigen, dass Kinder am stärksten kurz nach der Scheidung unter der Trennung der Eltern leiden, aber nach drei Jahren keine Entwicklungsauffälligkeiten mehr aufweisen (Schmidt-Denter, 2000). Das spricht dafür, dass Kinder normalerweise die elterliche Scheidung erfolgreich bewältigen, dafür aber eine gewisse Zeit brauchen.

Anders sieht es aus, wenn die Scheidung mit langanhaltenden elterlichen Streitereien einhergeht. Neben Armut sind elterliche Konflikte ein bedeutender Risikofaktor für die kindliche Entwicklung. Besonders nachteilig sind die Konflikte, wenn sie intensiv, langanhaltend und wegen des Kindes ausgeführt werden. (Walper & Beckh, 2006). Der Streit beeinflusst Kinder direkt, weil er sie ängstigt und die vermeintlich sichere familiäre Basis erschüttert. Weiterhin beeinflusst er indirekt, weil Eltern im Beziehungskonflikt ihren Kindern weniger Zuwendung geben und einen ungünstigen Erziehungsstil anwenden.

Auch kann die Feindseligkeit dem*der Expartner*in gegenüber auf das Kind überschwappen. Das nennt man *Spill-over-Effekt* (Kracke & Noack, 2008). Das Kind kann auch in einen Loyalitätskonflikt geraten, weil eine Partei oder beide Parteien versuchen, es auf ihre Seite zu ziehen und damit zwingen, Partei zu ergreifen. Ein solcher Koalitionsdruck, meist gegen den getrenntlebenden Vater, führt zu einer gestörten Bindung u. U. sogar zu beiden Elternteilen und bringt das Kind in eine ausweglose Lage.

Wie wirkt sich eine erlebte Scheidung auf den weiteren Lebenslauf aus? Kinder aus Scheidungsfamilien weisen später selbst ein erhöhtes Scheidungsrisiko auf. Um herauszufinden, ob die scheidungstypischen Konflikte dafür verantwortlich sind, verglichen Amato und DeBoer (2001) in einer Längsschnittstudie erwachsene Scheidungskinder mit Erwachsenen aus konfliktbelasteten Kernfamilien. Letztere zeigten kein erhöhtes Scheidungsrisiko. Demnach ist nicht nur die hohe Konfliktbelastung, sondern auch das Trennungserlebnis selbst von Bedeutung.

Erwachsene Scheidungskinder beschreiben ihre Liebesbeziehungen als konfliktreicher und haben weniger Zuversicht in die langfristige Stabilität ihrer Beziehungen. Insbesondere die weiblichen erwachsenen Scheidungskinder sind aber nicht unzufriedener mit der Qualität ihrer Beziehung; sie haben nur weniger Vertrauen in ihre eigene Beziehungsfähigkeit, die sie als vergleichsweise schlechter beschreiben (Beckh et al., 2013). Offensichtlich sind sie selbstkritischer, selbstunsicherer und nehmen eventuell auch eine größere Verletzlichkeit bei sich selbst in Bezug auf ihre Beziehungskompetenzen wahr.

> **Merke!**
>
> Im Scheidungskontext sind neben Armut die elterlichen Konflikte der größte Risikofaktor für die kindliche Entwicklung. Kinder können nur dann eine Scheidung ohne negative psychische Folgen bewältigen, wenn es den Eltern gelingt, weitgehend friedlich miteinander umzugehen.

4.3.3 Co-Parenting und Hochstrittigkeit

In der Regel ist das Verhältnis des Paares auch nach der Trennung weiterhin durch Ablehnung, Ambivalenz und Verbitterung geprägt. Trotzdem müssen Gespräche über Unterhaltszahlungen, Besuchsrechte und vieles mehr geführt werden. Eine Einigung unter starker emotionaler Anspannung zu erzielen ist sehr belastend und schwierig. Bei den Kindern führen fortwährende Streitigkeiten der Eltern zu massiven Loyalitätskonflikten und vielfältigen Verhaltensauffälligkeiten. Deshalb ist es von zentraler Bedeutung, dass es den Eltern zu Gunsten ihrer Kinder gelingt, trotz Trennung als Paar die Elternfunktionen weiterhin wahrzunehmen. Diese elterliche Kooperation (Co-Parenting) ist ein wichtiger Prädiktor für das Ausmaß kindlicher Verhaltensprobleme. Sie umfasst

- Solidarität in der Kindererziehung
- Unterstützung der Erziehungsziele der anderen Person, statt sie zu untergraben
- Aufgabenteilung
(Van Egeren & Hawkins, 2004)

Den meisten getrennten Paaren, bei denen die Kinder Kontakt zu beiden Elternteilen haben, gelingt es, gut zu kooperieren oder zumindest ein funktionierendes Arrangement einzuhalten bei wenig sonstigem Kontakt. Ungefähr 20 % der Eltern haben fortwährende Konflikte (Walper & Bröning, 2009). Eltern, bei denen die Konflikte nach der Trennung eskalieren und man von einem Beziehungskrieg sprechen kann, sind *hochstrittige* Trennungspaare. Ihr Anteil an der Gesamtheit beträgt ca. 5–10 %. Diese Eltern verschieben ihren Paarkonflikt auf die Elternebene; die gemeinsame Elternrolle ist der zentrale Konflikt, der oft jahrelang unter Einbeziehung aller erdenklichen Hilfesysteme (Familienmitglieder, Gericht, Jugendamt, Psychotherapeut*innen) ausgelebt wird. Wie erwähnt, sind die Kinder dieser Eltern in ihrer Entwicklung hochgefährdet.

Die Hauptmerkmale hochstrittiger Eltern sind:

- Fortgesetzte Streitereien, die auf juristischem Weg ausgeführt werden
- Emotionale Themen stehen im Vordergrund.
- Die Kinder werden für die Bedürfnisse der Eltern instrumentalisiert.
- Versuche der außergerichtlichen Einigung schlagen fehl.
(Baris et al., 2001)

Alberstötter (2004) schlägt ein Eskalationsmodell vor, dass an die Eskalationsstufen des aus dem Jahr 1980 stammenden Konfliktmodells von Glasl (2020) angelehnt ist und drei Stufen umfasst. Erst ab der zweiten Stufe beginnt die Hochstrittigkeit.

- In der *ersten Stufe* gibt es zeitweilige kurze Konfliktphasen in niedriger emotionaler Intensität.
- In der *zweiten Phase* wird der Konflikt zum Dauerzustand, der Konflikt wird emotionaler und dritte Personen werden als verbündete Personen von beiden Seiten einbezogen.
- In der *dritten Phase* treten extreme Gefühle von Hass und Verzweiflung auf. Es kommt zu Versuchen, das Gegenüber existenziell zu vernichten. Dies geschieht durch Verleumdung (z. B. wird sexueller Missbrauch und Gewaltanwendung behauptet sowie Entführungsabsicht unterstellt). Dritte Personen werden rücksichtslos instrumentalisiert. Die dritte Eskalationsstufe entspricht den letzten beiden Stufen des Konfliktmodells von Glasl: Der andere soll vernichtet werden, auch wenn man gemeinsam in den Abgrund stürzt.

Merke!

Im Falle von Hochstrittigkeit stehen die elterlichen Konflikte im Mittelpunkt. Durch sie entstehen weitere Belastungsfaktoren für die Kinder: Die Kontakte zu dem getrenntlebenden Elternteil gehen zurück und die Beziehung zu ihm wird belastet. Die Erziehungsqualität leidet. Bei gerichtlichen Auseinandersetzungen besteht die Gefahr von weiteren Umzügen und damit verbundenen Veränderungen. Die Wahrscheinlichkeit von Einigung und regelmäßigen Unterhaltszahlungen sinkt.

Kinder reagieren auf die gewaltigen Herausforderungen des Scheidungsprozesses je nach Entwicklungsstand, Geschlecht, Persönlichkeit und der Verfügbarkeit von Ressourcen aus der Umwelt unterschiedlich.

Kinder im Vorschulalter reagieren mit erhöhter Trennungsangst und sehen sich selbst aufgrund ihrer egozentrischen Weltsicht als verursachend für die elterliche Trennung an. Die Folge sind Schuldgefühle. Oft haben sie auch die Uneinigkeit der Eltern über Erziehungsfragen erlebt. Man kann auch regressives Verhalten beobachten. *Regression* ist ein Rückfall in bereits bewältigte Entwicklungsstufen: Das Kleinkind braucht wieder das Fläschchen oder den Schnuller, will nicht allein einschlafen usw. Regressives Verhalten ist ein Hinweis, dass das Kind mit der gegenwärtigen Situation nicht fertig wird.

Auch *Grundschulkinder* sehen sich häufig als Ursache für die Trennung der Eltern an. Sie werden oft schon parteiisch in die Konflikte der Eltern einbezogen. Allerdings können sie schon in gewissem Umfang ihre Bedürfnisse außerhalb des Elternhauses befriedigen und sich andere Bezugspersonen, Erwachsene oder Gleichaltrige, suchen. Auch bei ihnen sind Verlustängste zu beobachten. Sie zeigen u. U. externalisierendes Problemverhalten und fühlen sich vom abwesenden Elternteil abgelehnt (Walper & Langmeyer-Tornier, 2015).

Erst ab neun Jahren sind Kinder in der Lage die Probleme der Eltern distanzierter zu sehen und Schuldgefühle sind nicht mehr feststellbar. Ab diesem Alter finden soziale Vergleichsprozesse statt. Manchmal versuchen sie ihre Lebensumstände zu vertuschen, weil sie sich schämen, ohne Vater zu sein.

Jugendliche können die Gesamtsituation realistischer einschätzen als jüngere Kinder und können sich räumlich und zeitlich noch besser distanzieren. Sie reagieren eventuell mit Schulproblemen und delinquentem Verhalten. Geschlechtervergleiche deuten auf einen etwas höheren Grad an emotionalen und sozialen Problemen bei Jungen hin. Möglicherweise spielt hierfür das Fehlen einer Geschlechtsrollenidentifikation eine Rolle, Mädchen wenden aber auch andere, hilfreichere Bewältigungsstrategien an wie etwa das Aufsuchen sozialer Unterstützung. Wie auch auf andere Belastungen reagieren Jungen auf die scheidungsbedingten Umstände eher mit externalisierenden Symptomen, Mädchen eher mit internalisierenden Symptomen.

Unterstützung der Kinder im Scheidungsprozess durch das Gericht

Kinder haben zwar ein Recht auf Umgang mit beiden Eltern. Es gibt aber Umstände, bei denen der Kontakt das Kindeswohl gefährden könnte. Hierzu zählen der Verdacht auf körperliche oder sexuelle Gewalt, psychische Krankheit des Elternteils oder eine Suchterkrankung. In schweren Fällen kann das Gericht das Umgangsrecht ausschließen. Es kann aber auch einen Begleiteten Umgang anordnen. Das bedeutet, dass das Eltern-Kind-Treffen in Anwesenheit einer dritten Person (z. B. ein*e Jugendamtsmitarbeiter*in) stattfindet. In sehr strittigen Verfahren kann das Familiengericht auch eine Verfahrenspflegschaft bestellen. Die Verfahrenspfleger*in ist eine Anwält*in des Kindes. Sie vertritt seine Interessen. Sie baut eine persönliche Beziehung zum Kind auf, erklärt ihm seine Rolle und vertritt seine Wünsche und Vorstellungen vor Gericht.

4.3.4 Nach der Scheidung: Folgefamilien

Folgefamilien sind neben Ein-Eltern-Familien auch Patchworkfamilien. Sie entstehen heute überwiegend nach Ehescheidungen, nach Trennungen nichtehelicher Lebensgemeinschaften oder aus einer alleinerziehenden Elternschaft. Jede zweite geschiedene Person (sowohl Mann als auch Frau) geht eine neue Ehe ein (Peuckert, 2019, S. 288).

Die Stieffamilie war bereits in früheren Zeiten verbreitet. Damals hat vor allem der Tod eines Elternteils zur Gründung einer Stieffamilie geführt. Der Stiefelternteil hat den verstorbenen Elternteil ersetzt und die Versorgung der Kinder übernommen. Ein wesentlicher Unterschied zur früheren Stieffamilie ist jedoch, dass in der modernen Stieffamilie der Stiefelternteil in der Regel zum zweiten biologischen Elternteil hinzutritt und nicht wie früher einen verstorbenen Elternteil ersetzt.

Gegenwärtige Stieffamilien sind also erheblich vielfältiger. Es gibt Stiefmutter- und Stiefvaterfamilien, einfache Stieffamilien (nur eine Person bringt ein Kind oder mehrere Kinder mit), zusammengesetzte Stieffamilien (beide Personen haben Kinder aus früheren Beziehungen) und komplexe Stieffamilien (beide Personen haben eigene Kinder und bekommen gemeinsam ein oder mehrere Kinder). Ungefähr die Hälfte aller Stieffamilien sind komplexe Stieffamilien. Da 90 % der Alleinerziehenden Mütter sind, sind die meisten neu entstehenden Stieffamilien Stiefvaterfamilien.

In der Forschung wird die Bezeichnung Stieffamilie wegen seiner negativen Konnotation teilweise abgelehnt und stattdessen der neutrale Begriff Patchworkfamilie verwandt. Allerdings differenziert dieser Begriff nicht zwischen den verschiedenen Formen der neu zusammengesetzten Familie. Aus familientherapeutischer Perspektive macht der Begriff der Folgefamilie Sinn, der aber ebenfalls keine Aussage über die Art der Stieffamilie macht. Er wird trotzdem im Folgenden gewählt, weil er wertfrei ist und den wesentlichen Unterschied zur Kernfamilie erfasst: Es gibt eine ursprüngliche und eine darauffolgende Familie. Er beinhaltet, dass es eine für die Gegenwart relevante Vergangenheit gibt, die nicht verdrängt werden sollte; es ist nämlich eine Trennung vorausgegangen mit Gefühlen von Schmerz und Versagen, wodurch die neue Familie weiterhin beeinflusst wird (Hess & Starke, 2018).

Für das subjektive Familienverständnis einzelner Familienmitglieder spielt die Familienform eine zentrale Rolle. Kinder in Folgefamilien haben ein sehr differenziertes Familienbild und nehmen die Familienzugehörigkeit anders wahr als Erwachsene. Während die erwachsenen Personen in der Regel alle derzeit im

Haushalt lebenden Personen zur Familie zählen, beziehen Kinder in sehr unterschiedlicher Weise Personen in ihre Familiendefinition mit ein. Der außerhalb lebende leibliche Elternteil wird meist, aber nicht durchgängig von den Kindern als Familienmitglied angesehen.

Neben den Halbgeschwistern und den leiblichen Geschwistern spielen eher Stiefgeschwister, die auch im Haushalt leben, eine Rolle. Ein außerhalb des Haushalts lebender Stiefelternteil wird aus kindlicher Sicht fast nie zur Familie gezählt. Gut die Hälfte der Kinder in Stieffamilien benennt aber den Stiefelternteil im Haushalt als Familienmitglied (Schwab, 2011). Anhand solcher Zuordnungen lassen sich Wünsche und Loyalitäten von Kindern erkennen.

Folgefamilien stehen vor besonderen Herausforderungen. Bei der Gründung einer Folgefamilie muss sich die neue Paarbeziehung parallel zum Aufbau der Stiefeltern-Stiefkind-Beziehung festigen. Es gibt keine kinderlose Phase des Paares, in der sich die Paarbeziehung ohne Belastungen von außen festigen kann. Der neue Stiefelternteil hat keine Zeit, in seine neue Elternrolle hineinzuwachsen. Im Gegensatz zu einer Kernfamilie, wo beide Elternteile ab Geburt die Entwicklung ihrer Kinder begleiten und in die Elternrolle hineinwachsen konnten, kommt der Stiefelternteil erst viele Jahre später dazu und findet ein bereits eingespieltes Familiensystem vor, das eine gemeinsame Vergangenheit teilt, die ihm fremd ist. Die Beziehung zwischen dem neuen Stiefelternteil, meist dem Stiefvater, und den Stiefkindern gilt als eine zentrale Herausforderung in Stieffamilien.

Zu den größten Veränderungen der Familienbeziehungen zählt die neue Verteilung der zeitlichen Ressourcen des leiblichen Elternteils, da dieser auch Zeit in die neue Paarbeziehung investiert. Zudem müssen Entscheidungsbefugnisse und Zuständigkeiten in der Kindererziehung zwischen dem Paar im Haushalt neu ausgehandelt werden.

Die neue Situation erfordert auch für die Kinder deutliche Veränderungen. Oft bekommen Kinder in Folgefamilien auch neue Geschwister: Stiefgeschwister und Halbgeschwister. Dass die Beziehung zu diesen Geschwistern weniger intensiv ist als zu leiblichen Geschwistern, ist verständlich, weil sie in der Regel weniger gemeinsame Zeit miteinander verbracht haben (Walper, Entleitner-Phleps & Witte, 2019).

Eben so wenig wie eine Scheidung der Eltern den Wünschen der Kinder entspricht, entspricht auch diese neue Familienkonstellation nicht unbedingt den Wünschen der Kinder. Was ist also hilfreich für die Anpassung an die neue Situation und für das Zusammenwachsen der neuen Familie?

Mütter – meist sind sie der leibliche Elternteil – sind der Dreh- und Angelpunkt in dieser Familienform und unterstützen den Beziehungsaufbau in der neuen Familie (Walper, Entleitner-Phleps & Witte, 2019; King, 2009). So ist der Aufbau einer tragfähigen Beziehung zwischen Kind und Stiefvater auf die Vermittlung der Mutter angewiesen. Sie stellt damit eine wichtige Ressource in Folgefamilien dar. Ein solcher Aufbau zum Stiefvater fällt Kindern dann leichter, wenn sie eine gute Beziehung zur Mutter haben. Die sichere Beziehungsbasis fördert die Beziehung zwischen Stiefelternteil und Kind (King, 2009).

Folgeväter sind auf eine solche Unterstützung angewiesen. Sie sind zunächst unsicher in Bezug auf ihre Rolle und werden u. U. mit Ablehnung durch die Kinder konfrontiert. Dazu kommt eine rechtliche Machtlosigkeit: Haben die leiblichen

Eltern ein gemeinsames Sorgerecht, kann der neue Elternteil als dritte Person nicht daran teilhaben. Es ist also rechtlos, was alltägliche Entscheidungen in Bezug auf das Kind betrifft. Auch gesellschaftliche Normen zur Ausgestaltung der Rolle fehlen, denn das gesellschaftlich anerkannte Leitbild stellt die Kernfamilie dar. Da Kinder das Auftauchen eines neuen Elternteils als Eingriff in das etablierte Familiensystem erleben können, das ihre Rechte beschneidet, ist es für Folgeväter sinnvoll, möglichst zurückhaltend in der Wahrnehmung von erzieherischen Maßnahmen zu sein. Erfolgreicher für einen Beziehungsaufbau sind gemeinsame Aktivitäten, die den Wünschen des Kindes entgegenkommen.

Das Zusammenwachsen der Folgefamilie wird auch durch die Kooperation des leiblichen Vaters erleichtert. Diese Kooperation scheint häufig problemlos zu sein, denn Mütter mit Folgefamilien berichten über weniger Konflikte und Konkurrenzverhalten mit dem leiblichen Elternteil als Alleinerziehende (Walper, Wendt & Langmeyer-Tornier, 2016). Eine Studie in den USA ergab, dass Jugendliche in einer Folgefamilie zu 55 % eine sehr enge Beziehung zu ihrer Mutter, eine enge Beziehung zum Stiefvater und eine positive Beziehung zum leiblichen Vater angaben. Dem folgten 20 %, die eine moderat enge Beziehung zu allen drei Elternteilen angaben (Amato, King & Thorsen, 2016). Offensichtlich stehen die Beziehungen zum leiblichen Elternteil und zum Folgeelternteil für die Kinder nicht in Konkurrenz zueinander. Folgeväter können demnach neben dem leiblichen Besuchsvater eine wichtige Bezugsperson für die Kinder werden.

> **Merke!**
>
> Die zentrale Herausforderung für Folgefamilien ist das Gelingen der Beziehung zwischen dem Folgevater und den Kindern. Die Mutter der Kinder ist der Dreh- und Angelpunkt für das Gelingen dieser Beziehung. Ein Scheitern der Beziehung zwischen Folgevater und Kindern führt häufig zum Scheitern der neuen Familie. Dass die Anforderungen an eine Folgefamilie hoch sind, zeigt sich daran, dass sie noch häufiger scheitert als ehemalige Kernfamilien (Textor, 1993).

Kinder brauchen Zeit, um sich in der neuen Lebens- und Familiensituation wieder zurechtzufinden, außerdem Empathie und Orientierung von Erwachsenen, um die Krise zu verarbeiten und sich an die neue Lebenssituation in der Stieffamilie anpassen zu können. Der Prozess des Zusammenwachsens einer Stieffamilie zieht sich durchschnittlich zwei bis fünf Jahre lang hin (Alt & Lange, 2010).

Wie gut das Zusammenwachsen gelingt, hängt auch – genau wie bei Kernfamilien – davon ab, ob es den Erwachsenen gelingt, ein gutes Familienklima herzustellen. Die Eltern von Folgefamilien sollten sich bewusst sein, dass sie und die Kinder eine komplexe Familiensituation bewältigen müssen, die erheblich anspruchsvoller ist als die normalen Konflikte in Kernfamilien. Häufig steht hinter der Gründung der neuen Familie das gesellschaftliche Idealbild der Kernfamilie mit zwei Eltern und ihren leiblichen Kindern (Hess & Starke, 2018).

Getrennte Familien und Folgefamilien haben im Vergleich zur Kernfamilie noch immer ein schlechteres gesellschaftliches Ansehen, es sind »gescheiterte« Familien, die betroffenen Personen haben »versagt«. Das kann dazu führen, dass Paare zu schnell zusammenziehen und sich und den Kindern nicht die Gelegenheit geben, sich langsam aneinander zu gewöhnen. Die Kinder sollen die neue Person an der Seite des Elternteils baldmöglichst lieben. Eine Kernfamilie, in der alle Kinder gleichbehandelt werden, wird imitiert. Die unterschiedliche Zuneigung zu leiblichen, Stief- und gemeinsamen Kindern wird verdrängt. Weitere »Verhaltensfehler«, die Folgeväter begehen, beschreiben Hess und Starke (2018, ► Exkurs unten).

Exkurs: »Fallen« für Folgeväter aus familientherapeutischer Sicht

Hess und Starke (2018), die mit Folgefamilien familientherapeutisch arbeiten, stellen folgende Fallen zusammen, in die man als Folgevater leicht tappen kann:

- Vaterersatz: Folgeväter ohne eigene Kinder übernehmen zu viel Verantwortung und geraten dadurch mit dem leiblichen Vater in Konkurrenz.
- Folgeväter mit eigenen Kindern und in der Rolle des Hauptverdieners können nicht allen Ansprüchen gerecht werden.
- Folgeväter, die zu viel Nachgiebigkeit der Mutter mit größerer Strenge kompensieren wollen, ernten Ablehnung von ihrer neuen Familie.
- Folgeväter, die sich aus der Erziehung raushalten, aber sich sonst viel engagieren, müssen sich abgrenzen, um nicht ausgenutzt zu werden.

Zusammenfassung

Trennung und Scheidung sind eine familiäre Übergangsphase, die vorübergehend zu einer starken psychischen Beeinträchtigung aller beteiligten Personen führt. In den meisten Fällen erlangen aber Eltern und Kinder nach zwei bis drei Jahren wieder eine neue Stabilität. Weniger die Scheidung an sich als vielmehr Begleiterscheinungen wie chronische Konflikte der Eltern und fehlende finanzielle Absicherung der Restfamilie haben einen negativen Einfluss auf die kindliche Entwicklung. Folgefamilien sind ebenfalls spezifischen Problemen ausgesetzt. Während bei Ein-Eltern-Familien das größte Risiko in finanziellen Einbußen oder Verarmung liegt, müssen Folgefamilien die komplexen familiären Strukturen bewältigen, wobei die größte Herausforderung darin liegt, eine positive Stiefvater-Stiefkind-Beziehung aufzubauen. Dafür ist in der Regel die Unterstützung der Mutter unerlässlich.

Verständnisfragen

- Was sind die negativsten Begleiterscheinungen einer Scheidung für die Kinder und warum?
- Welche Merkmale kennzeichnen hochstrittige Eltern?
- Welches sind die wesentlichen Probleme für Stiefväter in Folgefamilien?

5 Frühes und mittleres Erwachsenenalter

Einleitung

In diesem Kapitel lernen Sie zunächst wichtige Forschungsergebnisse zur Entwicklung und Veränderung im frühen Erwachsenenalter kennen. In dieser Lebensphase müssen viele entscheidende Entwicklungsaufgaben gelöst und Weichen gestellt werden, es ist eine »Rushhour« im Lebenslauf. Werden junge Erwachsene Eltern, bilden sie neue Identitäten aus, sie erweitern ihre Persönlichkeit um bedeutende Aspekte. Für Menschen im frühen ebenso wie mittleren Erwachsenenalter gibt es in der westlichen Welt viele Rollenoptionen, die auf gesellschaftliche Akzeptanz stoßen. Erwachsene suchen sich zunehmend Lebensformen, die ihren individuellen Wünschen entsprechen. Mit zunehmendem Alter übernehmen Erwachsene immer mehr Rollen und Verpflichtungen.

Eine der wichtigsten Rollen im Erwachsenenalter ist die Rolle als Partner*in. In Kapitel 4 haben Sie erfahren, dass die Paarbeziehung der Dreh- und Angelpunkt des gesamten familiären Systems ist. Die gute Paarbeziehung prägt das Familienklima positiv, sie stellt für die Kinder entwicklungsförderliche Bedingungen her. Für das Paar selbst ist eine stabile und glückliche Paarbeziehung aber auch wünschenswert, weil sie mit Lebenszufriedenheit, Wohlbefinden und Gesundheit einhergeht (Hantel-Quitmann, 2015, S. 285 f.). Wie schaffen es Erwachsene eine jahrzehntelange zufriedene Paarbeziehung zu führen? Wie können gute Konfliktstrategien dabei helfen? Auch das ist ein wichtiges Forschungsgebiet der Entwicklungspsychologie des Erwachsenenalters. Deshalb wird in Kap. 5 erneut die Entwicklungspsychologie der Familie thematisiert. Diesmal aber nicht im Hinblick auf die Kinder und Jugendlichen, sondern aus der Perspektive der betroffenen Erwachsenen.

5.1 Themen des frühen Erwachsenenalters

Das Erwachsenenalter ist eine lange Lebensphase, in der zentrale Entscheidungen getroffen werden. Zahlreiche neue Rollen werden von der Umwelt an das Individuum herangetragen und entstehen auch durch Eigeninitiative. Durch die Übernahme der neuen Rollen entwickeln sich neue Identitäten, die Persönlichkeit differenziert sich weiter aus. Das Erwachsenenalter bietet eine größere Freiheit, die eigene Entwicklung selbst zu gestalten als das Kindheits- und Jugendalter.

Je nach sozialem Umfeld gibt es mehr oder weniger enge soziale Erwartungen an das Individuum. Sie stellen einen normativen Rahmen dar und beeinflussen den individuellen Lebens- und Zeitplan. Erwartet meine Umgebung, dass ich demnächst heirate, Kinder bekomme, in den Beruf eintrete, Steuern bezahle, meinen Beruf bis zur Berentung ausübe? Menschen unterscheiden sich darin, wie stark sie sich normativen Erwartungen fügen oder sich selbstbestimmt ihr Leben einrichten. Und Gesellschaften unterscheiden sich ebenfalls darin, wie stark sie dem Individuum verbindliche Normen bezüglich seiner Lebensplanung vorgeben und die Nichteinhaltung sanktionieren.

> **Exkurs: Einteilung des frühen und mittleren Erwachsenenalters**
>
> Das Erwachsenenalter wird in frühes Erwachsenenalter (18–35 Jahre), mittleres Erwachsenenalter (35–65 Jahre) und höheres Erwachsenenalter (65–80 Jahre) sowie hohes Erwachsenenalter (> 80 Jahre) eingeteilt.

5.1.1 Die Rushhour des frühen Erwachsenenalters

Im frühen Erwachsenenalter werden zentrale Weichen gestellt, die das gesamte weitere Leben bestimmen: Welchen Beruf, welche*n Lebenspartner*in, welche Lebensform wähle ich? Wo will ich leben, will ich Kinder bekommen, wie will ich meine Freizeit verbringen? Die Berufswahl, die Wahl einer Paarbeziehung und die Geburt von Kindern ebenso wie eine Scheidung oder die Entscheidung gegen Kinder haben lebenslange Auswirkungen. Insgesamt ist der Entscheidungszeitraum relativ kurz. So hat sich die Verwirklichung des Kinderwunsches u. a. wegen langer Ausbildungszeiten auf das Alter zwischen ca. 27–35 Jahren verkürzt. Wegen dieses engen Zeitfensters wird das frühe Erwachsenenalter auch als »Rushhour« des Lebens bezeichnet (Freund & Nikitin, 2018).

Das Zeitfenster betrifft besonders Akademiker*innen, die eine Ballung von Entscheidungen im Bereich Beruf, Karriere, Paarbeziehung und Kinder erleben. Für Frauen mit Kinderwunsch stellt sich die Rushhour noch drängender dar (▶ Abb. 5.1). Eine weitere Rushhour tritt später noch einmal auf, im Familienzyklus. Sie betrifft Eltern mit Kleinkindern, bei denen Beruf und Familie eine sehr hohe Arbeitsbelastung mit sich bringen (Panova et al., 2017). Im Folgenden werden die Entwicklungsaufgaben »Eingehen einer Partnerschaft« und »Gründung einer Familie« näher beleuchtet. Damit folgen wir dem roten Faden der individuellen Entwicklung im Rahmen von Beziehungen.

Die Wahl einer Paarbeziehung

Erikson (2003) sieht das Gelingen einer vertrauensvollen und intimen Liebesbeziehung als zentral für diese Lebensphase an. Sie ist die Voraussetzung für die Erfüllung einiger weiterer Entwicklungsaufgaben, die Havighurst für diese Lebensphase vorgibt (▶ Kap. 1.4.2): eine*n Lebengefährt*in finden, mit dieser Person leben lernen, Kinder bekommen und aufziehen. Hilfreich für die Fähigkeit zur Intimität und den

5.1 Themen des frühen Erwachsenenalters

Abb. 5.1: Rushhour bei jungen Frauen (angefertigt von Sabrina Hilz)

Aufbau einer vertrauensvollen Beziehung ist nach Erikson ein in früher Kindheit erworbenes Urvertrauen bzw. eine verinnerlichte sichere Bindung.

Für eine innige, intime Vertrautheit muss ein Teil der zuvor erreichten Unabhängigkeit wieder aufgegeben werden. Die erlangte Identität muss neu definiert werden, nämlich in der Weise, dass sie das Gegenüber mit den jeweiligen Interessen und Wertvorstellungen einschließt. Es ist eine Herausforderung, den Wunsch nach Selbstbestimmung mit dem Bedürfnis nach Nähe und Intimität zu vereinbaren. Diese entgegengesetzten Kräfte zu vereinbaren, ist ein Zeichen von Persönlichkeitsreife. Es bleibt in einer Paarbeziehung eine lebenslange Aufgabe, immer wieder einen Kompromiss zu finden zwischen der Verwirklichung der eigenen Bedürfnisse und dem Aufgeben dieser Wünsche zu Gunsten der anderen Person. Wird dieser Konflikt nicht konstruktiv gelöst, verbleiben junge Erwachsene laut Erikson in Isolation und Einsamkeit.

Eine gefestigte Identität im Sinne einer inneren Verpflichtung auf persönlich bedeutsame Werte und Ziele hilft bei der Festlegung auf eine zwischenmenschliche Verpflichtung im Erwachsenenalter (Berk, 2020, S. 820). Untersuchungen an jungen Erwachsenen zeigen, dass eine *erarbeitete Identität* (▶ Kap. 3.1) positiv mit Treue, Loyalität und Liebe in Beziehungen bei beiden Geschlechtern korreliert (vgl. Berk, 2020, S. 637). Eine fortgeschrittene Identitätsfindung sagt eine verbindliche Liebesbeziehung oder die Bereitschaft für eine solche zuverlässig voraus (Montgomery,

2005), während ein *Identitätsmoratorium*, also die Suche nach Werten und Zielen negativ mit Treue und Verbindlichkeit korreliert.

Das *Finden und Eingehen einer Liebesbeziehung* ist ein wichtiger Meilenstein der Entwicklung mit weitreichenden positiven Folgen für das Selbstkonzept und das psychische Wohlbefinden. Eine stabile und glückliche Paarbeziehung ist der beste Prädiktor für ein zufriedenes und gesundes Leben (Hantel-Quitmann, 2015, S. 285 f.). Eine Paarbeziehung verlängert die Lebenserwartung, schützt vor physischen und psychischen Erkrankungen und ist eine der wichtigsten Quellen der emotionalen Unterstützung. Ein weiterer Vorteil ist, dass sie vor Armut schützt, weil das Zusammenlegen von zwei Einkommen und ein gemeinsamer Haushalt einen höheren Wohlstand garantieren (Klein, 2015). Es erstaunt also nicht, dass über 90 % der Bevölkerung eine feste Zweierbeziehung als gewünscht und ideal ansehen (Peuckert, 2019, S. 74).

Die meisten Menschen wählen Partner*innen nach Ähnlichkeit hinsichtlich soziodemografischer Kriterien wie Bildung, Konfession und Familienstand (Peuckert, 2019, S. 59). Man kann annehmen, dass homosexuelle Menschen ebenfalls eine Paarbeziehung nach diesen Ähnlichkeitskriterien bevorzugen. In heterosexuellen Beziehungen verfügt bei einem unterschiedlichen Bildungsniveau meist der Mann über den höheren Abschluss. In 76 % der Fälle erzielt der Mann das höhere Einkommen.

Eine Studie von Schwarz und Hassebrauck (2012) an über 21.000 Männern und Frauen im Alter zwischen 18 und 65 zu Paarbeziehungspräferenzen ergab deutliche geschlechtsbezogene Unterschiede. Erheblich mehr Männer als Frauen konnten sich vorstellen, eine Person zu heiraten, die wesentlich weniger verdient und einen niedrigeren Bildungsgrad aufweist. Während Frauen sich einen Mann wünschen mit hoher Bildung und hohem Einkommen, der auch älter sein darf, wünschen sich Männer eine jüngere, attraktive und häusliche Frau. Dass Frauen Schönheit und Jugend gegen Status und Wohlstand tauschen aufgrund ihres eingeschränkteren Zugangs zu höheren Positionen, trifft aber nicht vollständig zu, da auch Frauen in hoher beruflicher Position großen Wert auf Status, Macht und Bildung des Mannes legen (Peuckert, 2019, S. 55).

Mit zunehmender Geschlechtergleichstellung reduzieren sich diese Präferenzen und Männer bevorzugen dann zunehmend Intelligenz vor Schönheit. Das zeigt eine Metastudie zu diesem Thema durch Zentner und Eagly (2015), die nach einer Sichtung aller Studien zu diesem Thema schlussfolgern, dass man die Person für eine Paarbeziehung danach auswählt, ob sie in einen bestimmten *Lebensentwurf* hineinpasst. Gegenwärtig werden Lebensentwürfe maßgeblich durch eine anwachsende Gleichstellung der Geschlechter geprägt (Peuckert, 2019, S. 56): Männer suchen demnach zurzeit häufiger Frauen mit Bildung und gutem Gehalt und Frauen ist das Aussehen der Männer wichtiger geworden (Diabaté et al., 2017).

Berk (2020, S. 739) hat auf der Basis von Untersuchungsergebnissen folgende Faktoren zusammengestellt, die eine Ehe positiv beeinflussen:

- Ähnlichkeit hinsichtlich des Status, der Bildung, der Religionszugehörigkeit und des Alters
- Alter der Eheschließung nach dem 23. Lebensjahr

- Dauer der Beziehung vor der Heirat mindestens sechs Monate
- Zeitpunkt der ersten Schwangerschaft nach dem ersten Ehejahr
- gute Beziehung zu der Verwandtschaft
- stabile Ehen in der Verwandtschaft
- gesicherter finanzieller und beruflicher Status
- geteilte familiäre Pflichten
- gute Konfliktlösungsfertigkeiten

Je mehr Faktoren zutreffen, desto größer ist die Wahrscheinlichkeit von Zufriedenheit in der Beziehung. Für gleichgeschlechtliche Paare existieren noch keine belastbaren Befunde aus vergleichbaren Studien.

Die Entscheidung für oder gegen Kinder

Elternschaft ist seit einigen Jahrzehnten keine alleinige Option mehr für junge Erwachsene. Das zeigt sich an der zunehmenden Anzahl Kinderloser. Die Kinderlosenquote der Frauen im Alter zwischen 45 und 49 Jahren betrug im Jahr 2018 in Deutschland 21 % (Statistisches Bundesamt, 2019). Die Quote kinderloser Männer ist in allen Altersstufen höher als die von Frauen. So sind in der Altersstufe zwischen 50 und 59 Jahren 17 % Frauen ohne eigenen Nachwuchs, aber 25 % der Männer. Theoretisch können Männer dann immer noch Vater werden, praktisch kommt das aber selten vor (a. a. O.).

Es gibt ca. 10–15 % ungewollt kinderlose Paare (Trappe, 2016). Für das niedrige, aber relativ stabile Geburtenniveau in Deutschland sind nach Peuckert (2019, S. 171) aus soziologischer Sicht ein Wertewandel, ein Wandel der Lebensformen, der Trend zur Individualisierung und die veränderte Rolle der Frau als Gründe anzusehen. Mit der Zunahme von Optionen ist die Erfüllung des Kinderwunsches nur noch eine Möglichkeit unter vielen. Bei kinderlosen Männern nimmt der Beruf die höchste Bedeutung ein, bei kinderlosen Frauen steht die Paarbeziehung an erster Stelle (Gründler et al., 2013). Verhütungsmittel machen eine Schwangerschaft planbar, man wird nicht mehr überrumpelt. Es ist möglich geworden, den Kinderwunsch zu verschieben, z. B. auf die Zeit nach der Karrierephase. Ab Mitte 30 geht der stark hinausgezögerte und auf ein Zeitfenster von fünf bis sieben Jahren begrenzte Kinderwunsch bereits deutlich zurück (a. a. O.). Kinder bedeuten eine langfristige biografische Festlegung, die nicht reversibel ist; eine Festlegung, die mit Freiheitsverlust und finanziellen Einbußen einhergeht.

Für Frauen ist die Vereinbarkeit von Beruf und Familie von zentraler Bedeutung. Je höher die berufliche Qualifikation desto später und desto weniger Kinder bekommen Frauen. Auch die Kinderbetreuungssituation spielt eine Rolle. So wird etwa die leichte Zunahme der Geburtsraten in Deutschland in jüngster Vergangenheit auf die Einführung des Elterngeldes und den Ausbau der Kindertagesstätten zurückgeführt.

Peuckert (2019, S. 213) nennt als wichtigen Grund für den Geburtenrückgang eine »strukturelle Rücksichtslosigkeit« der Gesellschaft gegenüber Familien. Er meint damit, dass das Wirtschaftssystem keine Rücksicht darauf nimmt, ob Arbeitnehmer*innen Elternpflichten haben; für das Wirtschaftssystem sei das irrelevant. Auch ist die Kinderzahl ein Indikator sozialer Ungleichheit. Mit steigender Kinderzahl sinkt die Erwerbstätigkeit der Frauen, eine sechsjährige berufliche Unterbrechung einer Vollzeittätigkeit bedeutet für eine Durchschnittsverdienerin einen Bruttoverlust von 194.000 Euro (Straubhaar, 2016).

Gesellschaftliche Rücksichtslosigkeit bedeutet auch, dass Eltern in einer Notsituation allein gelassen werden: Eine Pandemie beispielsweise mit geschlossenen Schulen bzw. Kitas bei gleichzeitigem elterlichem Homeoffice stellt Eltern, insbesondere Alleinerziehende vor unlösbare Probleme, was die Bewältigung der beruflichen und elterlichen Aufgaben betrifft.

Als zentrale Voraussetzung für eine positive Entscheidung für ein Kind wird das Vorhandensein einer verlässlichen Paarbeziehung angesehen (Eggen, 2004). Umgekehrt ausgedrückt ist das Fehlen geeigneter Partner*innen der am häufigsten angegebene Grund für Kinderlosigkeit. Gleichzeitig sind jedoch nur wenige Menschen davon überzeugt, dass die eigene Paarbeziehung das ganze Leben halten wird (a. a. O.).

Exkurs: Fakten zur Elternschaft

Die Mutterschaft beginnt aufgrund der Höherqualifikation von Frauen seit den 1970er Jahren immer später. Bei der Geburt des ersten Kindes sind Frauen gegenwärtig im Durchschnitt 31 Jahre, Männer 35 Jahre alt. Der Bildungsstand beeinflusst auch die Anzahl der Kinder: Je höher die Bildung von Frauen ist, desto weniger Kinder werden geboren.

Die Zwei-Kind-Familie ist die verbreitetste Lebensform mit Kindern. Die durchschnittliche Kinderzahl pro Frau von 1,5 (Statisches Bundesamt, 2020d) kommt dadurch zustande, dass viele Frauen, insbesondere Akademikerinnen, kinderlos bleiben.

Die Nichtehelichenquote (unverheiratete Paare mit Kindern) liegt bei 33 %.

Es gibt unterschiedliche Wege in die *Kinderlosigkeit*. Die zentralen Gründe sind die ungewollte Kinderlosigkeit, das wiederholte Aufschieben bis es schließlich zu spät ist und die lebenslang geplante und gewollte Kinderlosigkeit. Am häufigsten ist das wiederholte Aufschieben des Kinderkriegens aufgrund von Ambivalenzen und Unsicherheiten (Rupp, 2005, S. 22). Zwei weitere Gruppen kinderloser Personen sind diejenigen mit langen Ausbildungen und anschließenden unsicheren Beschäftigungsverhältnissen und jene mit negativen Paarbeziehungserfahrungen und langen Lebensphasen ohne Liebesbeziehung (Dorbritz, Panova & Passet-Wittig, 2016). Akademikerinnen sind ebenfalls häufiger kinderlos als Frauen mit niedrigerer Bildung. Bei Männern ist dieser Zusammenhang umgekehrt: Höher gebildete Männer sind seltener kinderlos. Erklärt wird dieser gegensätzliche Bildungszusammenhang damit, dass gebildete Frauen seltener gleich gut ausgebildete Personen finden oder auch wegen der schwierigen Vereinbarkeit von Beruf und Familie lieber kinderlos bleiben. Gebildete Männer dagegen sind sehr begehrt und suchen auch eher weniger gebildete Frauen (Mahne & Huxhold, 2017).

Kinder bedeuten eine hektische Rushhour, Planungsstress, hohe Arbeitsbelastung und finanzielle Einbußen: Peuckert kommt deshalb zu der Schlussfolgerung, dass es »nur schwer nachvollziehbar ist, dass überhaupt noch Kinder in die Welt gesetzt werden« (2019, S. 220). Demnach braucht es eher Argumente für Kinder als dagegen.

Junge Paare, befragt nach ihrem Kinderwunsch, formulieren diesen verständlicherweise selten eindeutig, sondern mit vielen »Wenns« und »Abers«, er ist konflikthaft, ambivalent. Der Kinderwunsch wird sowohl von sozial-normativen Faktoren wie z. B. Erwartungen der Herkunftsfamilie wie auch von psychischen Faktoren beeinflusst. So sind eine erhoffte Lebenserfüllung, Sinnstiftung im Leben zu finden und die Hoffnung auf persönliches Glück durch ein eigenes Kind bedeutsame Motive.

Berk (2020, S. 657) hat *Vorteile* und *Nachteile von Elternschaft* aus der Sicht junger Paare zusammengestellt. Paare erhoffen sich z. B.

- eine Bereicherung ihres Lebens sowohl durch die Zuneigung, die sie selbst geben und empfangen, als auch das Erleben des neuen Wachstums,
- eine gesellschaftliche Wertschätzung aufgrund der Elternschaft und
- Gefühle der eigenen Bedeutung, dadurch, dass man für andere da ist und diese unterstützt.

Als Nachteile wurden u. a. genannt

- der Verlust der eigenen Freiheit
- die finanzielle Belastung
- Verantwortung
- weniger Zeit für die Paarbeziehung
- zu viele Sorgen, die Kinder mit sich bringen
  (a. a. O.)

Ist die Entscheidung für Kinder getroffen, dann ist der darauffolgende Übergang zur Elternschaft einer der fundamentalsten Übergänge im Lebenslauf und eine klassische familiäre Entwicklungsaufgabe. Er wird im folgenden Kapitel als prototypisch für einen Übergang im Erwachsenenalter dargestellt.

5.1.2 Der Übergang zur Elternschaft

Übergänge sind Wendepunkte im Lebenslauf, die in der Regel mit dem Alter zusammenhängen. Sie sind Entwicklungsaufgaben, die eine Herausforderung darstellen; ihre Bewältigung bedeutet eine Anpassung an die neue Situation. Eine neue Rolle muss ausgefüllt und neue Kompetenzen erworben werden. Es sind Absprachen zu treffen und einzuhalten. Neben diesen äußeren Veränderungen vollziehen sich auch Veränderungen im Inneren, im Selbstbild: Es kommen neue Aspekte hinzu, die Wahrnehmung der eigenen Person erweitert sich. Normalerweise beginnt eine solche Anpassung an eine neue Lebenslage mit Unsicherheiten, Konflikten und

Verlusten. Erst nach geraumer Zeit ist der Übergang vollzogen und ein neues Gleichgewicht erreicht. Übergänge werden oft krisenhaft erlebt, auch wenn sie gewünscht und sozial anerkannt sind. Das trifft auch auf die Erstelternschaft zu.

Die Elternschaft leitet einen bedeutsamen Statuswechsel ein: Die Tochter wird selbst Mutter und nimmt damit den Status einer Mutter ein. Das Gleiche gilt für den Sohn, der Vater wird. Das beinhaltet eine Auseinandersetzung mit der mütterlichen/ väterlichen Rolle und damit eine Auseinandersetzung mit den eigenen Eltern: Eine erneute Identifikation mit der eigenen Mutter (dem eigenen Vater) als Prototyp der elterlichen Figur beginnt; es wird aber auch eine innere Trennung von den eigenen Eltern erforderlich. Zu einer inneren Abgrenzung gehört z. B. eine Auseinandersetzung mit der Beziehung zum gleichgeschlechtlichen Elternteil, mit der Vergegenwärtigung von Beziehungsmustern, die man keinesfalls mit seinem eigenen Kind wiederholen möchte; andere positive Aspekte der Beziehung möchte man übernehmen, mit diesen identifiziert man sich. Die Akzeptanz ihrer eigenen Weiblichkeit (eine Entwicklungsaufgabe des Jugendalters) ist eine weitere Voraussetzung für die mütterliche Identität. Dies gilt analog auch für die Männer.

Der Erwerb der Elternidentität ist die wichtigste Aufgabe beim Übergang zur Elternschaft (Schneewind, 2010; Gloger-Tippelt, 1988). Mutter- bzw. Vateridentität ist die innere Vorstellung von sich selbst als Mutter oder Vater. Es ist ein Entwicklungsprozess des wachsenden Bewusstseins Mutter/Vater zu werden und zu sein; er löst starke Emotionen aus wie etwa ein großes Verantwortungs- und Fürsorglichkeitsgefühl für ein vollkommen hilfloses Wesen, Beschützergefühle und ein großes Liebesgefühl, was nach der Geburt die neuen Eltern überfällt oder welches in den folgenden Wochen langsam wächst.

> **Definition: Elternidentität**
>
> *Mutter-* oder *Vateridentität* ist die innere, subjektive Sicht von sich selbst als Mutter bzw. Vater; ihre Entwicklung besteht in dem wachsenden Bewusstsein Vater/Mutter zu werden und dessen emotionalem Erleben. Es ist ein Schlüssel zur Empathie mit der Persönlichkeit des Kindes. Die Elternidentität ist das gemeinschaftliche Gefühl eine Lebensgemeinschaft zu sein, die solidarisch, kooperativ und unterstützend ist.

Das Elternwerden gilt als eine der größten Herausforderungen im Erwachsenenalter (Heinrichs & Hahlweg, 2008). Der Übergang von der Dyade zur Triade bietet große Chancen für die Entwicklung aller beteiligten Personen, aber auch Risiken für die individuelle, beziehungsbezogene und familiäre Entwicklung. Sowohl über die Chancen als auch über die Risiken werden Sie im Folgenden mehr erfahren.

Veränderungen auf der biologischen Ebene

Elternwerden ist ein mehrdimensionaler Prozess. Er beeinflusst alle vier Ebenen der Entwicklung. Die offensichtlichsten Veränderungen finden im Körper der Frau statt.

Auf der biologischen Ebene findet bei der Frau ein gewaltiger hormoneller Umstellungsprozess statt, der die Schwangerschaft, die Geburtsphasen und die Nachgeburtszeit (Post-partum-Phase) betrifft. Insgesamt ist das ein höchst komplexer, im Wesentlichen von den Hormonen gesteuerter Vorgang, der hier nur in groben Zügen beschrieben wird.

In der Zeit der Schwangerschaft verändern sich Hormonhaushalt, Stoffwechsel, Immunsystem und andere Organsysteme, um das Wachstum des Embryos zu ermöglichen. Gesteuert werden die Veränderungen durch das Hormonsystem. Die Anpassung des Organismus kann problemlos verlaufen oder mit verschiedenen Beschwerden, z. B. starker Übelkeit einhergehen.

Komplexe hormonelle Prozesse sorgen am Anfang für die Einnistung der Eizelle in die Gebärmutter. Sie beeinflussen das Immunsystem, damit der Embryo nicht als körperfremd abgestoßen wird; anschließend steuern sie die Wachstumsvorgänge in der Schwangerschaft. Hormone steigern auch die Produktion weiterer Hormone wie Östrogen und Progesteron, die den Erhalt der Schwangerschaft unterstützen. Östrogene sorgen z. B. für eine zunehmende Elastizität des Bindegewebes und der Blutgefäße sowie für einen gesteigerten Blutfluss zu den Geweben. Sie steuern das Wachstum der Gebärmutter und der Brustdrüsen und haben wichtige Funktionen im Geburtsverlauf. Hormone der Nebenniere passen die Elektrolyt- und Wasserausscheidung an die veränderten Kreislaufverhältnisse an. Es werden vermehrt Schilddrüsenhormone gebildet, sie nehmen Einfluss auf das Nervensystem des Kindes. Gegen Ende der Schwangerschaft kommt es zu einer Zunahme des Hormons Prolaktin, welches die Ausdifferenzierung der Brustdrüsen und die Milchproduktion anregt. Das Hormon Oxytocin sorgt im Verlauf der Geburt für eine Kontraktion der Gebärmuttermuskulatur, die Wehen. Oxytocin führt zu Entspannung und reduziert dadurch Stress, es steigert das Wohlbefinden. Da es bei liebevollen Körperberührungen ausgeschüttet wird, fördert es ab der Geburt die Beziehung zwischen Mutter und Kind.

Das Blutvolumen nimmt bis zum Ende der Schwangerschaft um ca. 40 % zu. Dies führt insgesamt zu einer verbesserten Durchblutung der Gewebe. Das Herz der Mutter muss mehr Blut durch das Gefäßsystem pumpen und wird dadurch etwas größer. Die gesamte Flüssigkeit im Körper einer schwangeren Frau nimmt im Laufe der Schwangerschaft um rund acht Liter zu. Darin sind rund ein bis eineinhalb Liter zusätzliches Blut enthalten, das im Körper zirkuliert und den wachsenden Embryo mitversorgt.

Der Körper der schwangeren Frau benötigt für die Wachstumsvorgänge des Embryos mehr Energie. Stoffwechselvorgänge sorgen in der ersten Schwangerschaftshälfte für die Neubildung von Fettgewebe, in der zweiten Schwangerschaftshälfte für das Wachstum des Embryos und der Plazenta. Die durchschnittliche Gewichtszunahme einer Frau während einer Schwangerschaft bis zur Geburt beträgt ca. 12,5 kg. Darin ist das Gewicht des Fötus bereits enthalten. Die in der

Schwangerschaft gebildeten Fettdepots werden vermehrt als Energielieferanten verwertet. Dadurch steht u. a. mehr Glukose für das Wachstum des Embryos zur Verfügung.

Die größte Veränderung erfährt in der Schwangerschaft die Gebärmutter, die um etwa das Zwanzigfache wächst. Auch die Durchblutung verstärkt sich um das zehn- bis zwanzigfache. Die Gebärmutter wiegt normalerweise etwa 50 Gramm, am Ende der Schwangerschaft hat sie ein Gewicht von etwa 1.500 Gramm.

Die körperlichen Veränderungen und die Ausschüttung von Hormonen nehmen Einfluss auf die Stimmung, die sozialen Beziehungen und die kognitive Ebene. Gloger-Tippelt (1988) hat auf der Basis der existierenden Forschungsergebnisse ein Phasenmodell des Übergangs zur Erstelternschaft konzipiert. Es wird im Folgenden dargestellt.

Paare werden Eltern: Ein Verlaufsmodell

Paare werden in dem Moment zu Eltern, in dem sie von der Schwangerschaft erfahren. Der Übergang zur Elternschaft beginnt also bereits vor der Geburt. Will man die psychologischen Entwicklungsschritte der Elternschaft untersuchen, ist es sinnvoll, an diesem Zeitpunkt zu beginnen. Das folgende Phasenmodell versteht den Übergang zur Elternschaft als einen sukzessiven Verarbeitungsprozess. Die idealtypischen Phasen geben eine grobe Orientierung und verdeutlichen die Art dieses Entwicklungsverlaufs.

Das Modell unterscheidet acht Entwicklungsphasen, die in zwei Zyklen stattfinden:

1. Zyklus: Schwangerschaft

1. *Verunsicherungsphase (bis zur 12. Woche)*

In der ersten Phase erfolgt die Konfrontation mit der Information schwanger zu sein. Das löst eine Vielzahl von Gefühlen aus: Ein Gefühl des Kontrollverlusts, emotionale Verunsicherung, Ambivalenz, Stimmungsschwankungen, Ängste, Labilität. Ist die Schwangerschaft schon lange herbeigesehnt, können aber auch Überschwang und Euphorie auftreten. Aber selbst bei einer gewünschten Schwangerschaft können nun, in der konkreten Situation, Zweifel aufkommen: Hält die Paarbeziehung, ist wirklich der richtige Zeitpunkt gekommen, auch z. B. in beruflicher Hinsicht? Es ist auch eine Phase der Unsicherheit, weil in diesen drei Monaten ein Schwangerschaftsabbruch noch möglich ist, aber auch Spontanaborte nicht selten sind. Ein Großteil der Schwangerschaften ist gewünscht, aber nicht unbedingt geplant. In dieser Phase muss die Erwünschtheit der Schwangerschaft geklärt werden. Für die Frau gehen die neuen Informationen bereits mit einem neuen veränderten Körpergefühl einher, für den Mann finden die Veränderungen zunächst im Kopf statt. Er antizipiert Veränderungen, sieht sich mit den neuen Rollenanforderungen als unterstützende und ernährende Person konfrontiert.

Der Prozess der Identitätsentwicklung, d. h. eine Auseinandersetzung mit der mütterlichen/väterlichen Rolle und damit eine Auseinandersetzung mit den eigenen Eltern beginnt bereits jetzt: Was waren positive Aspekte unserer Beziehung, was waren negative? Dieser Prozess der kritischen Reflexion kann sich im weiteren Verlauf intensivieren und auch die ersten Jahre als Elternteil anhalten.

2. *Anpassungsphase (12.–20. Woche)*

Die Schwangerschaft wird akzeptiert und positiv bewertet. Die Bedeutung für die persönliche Lebenssituation wird reflektiert und diskutiert. Körperliche Beschwerden wie Übelkeit lassen nach. Das Mitteilen der Schwangerschaft und die darauffolgenden positiven Reaktionen aus der Umwelt erleichtern die Anpassung an das Elternwerden. Eine aktive Verarbeitungsstrategie ist das Sammeln von Informationen über Schwangerschaft, Geburt und kindliche Entwicklung. Herztöne und Ultraschallbilder verstärken die konkrete Vorstellung vom Kind und Gefühle von Stolz und Staunen treten auf. Es bildet sich ein Selbstkonzept als Mutter, als Vater heraus.

3. *Konkretisierungsphase (bis zur 32. Woche)*

Diese Zeit wird als eine Phase des höchsten Wohlbefindens beschrieben. Jetzt treten regelmäßige Kindsbewegungen auf; sie fördern die Vorstellung vom Kind als einem eigenständigen Wesen und sind der Beweis, dass das Kind wirklich lebt. Die Eltern reagieren darauf mit Erleichterung und großer Freude. Die Auseinandersetzung mit dem Kind und dem eigenen Eltern-Selbstbild wird konkreter. Die Ängste sind in dieser Phase am niedrigsten, die Zuversicht ist am höchsten. Die Mutter-, Vaterrolle wird zunehmend thematisiert und das Vertrauen wächst, die Anforderungen dieser Rolle auch zu bewältigen.

4. *Phase der Antizipation und Vorbereitung (bis zur Geburt)*

Das Auftreten körperlicher Beschwerden am Ende der Schwangerschaft und die unmittelbare Erwartung der Geburt stößt eine neue psychische Verarbeitungsphase an. Die körperlichen Veränderungen der Frau erreichen ihren Höhepunkt und das Körperbild weicht maximal vom bisherigen Bild ab. Diese Phase wird überwiegend von Frauen als belastend und negativ erlebt. Im positiven Fall unterstützt der Mann seine Frau emotional. Die Aufmerksamkeit ist nun auf die bevorstehende Geburt gerichtet. Es können u. U. starke Angstgefühle bei der Frau aufkommen. Die Beziehung zum Baby als einem getrennten Wesen wird zunehmend antizipiert.

2. Zyklus: Geburt und nach der Geburt

5. Geburtsphase

Die Geburt ist ein individuelles Erlebnis, das von der Frau unterschiedlich wahrgenommen wird. Es hängt von äußeren Umständen ab wie dem Grad an Unterstützung durch Partner*in oder einer anderen vertrauten Person, der Länge der Geburt, von Komplikationen und der Schmerzhaftigkeit der Wehen. Es hängt auch von der Angst der Frau ab. Starke Angstgefühle können zu einer Verkrampfung der Muskulatur führen, die wiederum starke Schmerzen evoziert. Eine darauffolgende Medikation kann zu einer verminderten Bewusstheit führen, die Geburtskomplikationen zur Folge haben kann.

In den meisten Fällen ist die emotionale Befindlichkeit durch starkes Schmerzempfinden, großer Angst, Hilflosigkeit, Verlust der Kontrolle bei gleichzeitiger extremer körperlicher und psychischer Anstrengung gekennzeichnet. Es kann aber auch im Falle eines Kaiserschnitts oder einer rechtzeitig gesetzten lokalen Betäubung, einer Periduralanästhesie, alles ganz anders und bedeutend schmerzfreier verlaufen. Die Geburt kann als ein traumatisches Erlebnis abgespeichert werden oder als ein einzigartiges, intensives Erlebnis mit überwältigendem, glücklichem Ende.

Der Höhepunkt der Geburt stellt für die Eltern die erste Begegnung mit dem Kind dar.

6. *Phase der Überwältigung und Erschöpfung (4.–8. Woche nach der Geburt)*

Die Anwesenheit des Babys und die vollständige Einstellung auf seine Bedürfnisse ist eine völlig neue Situation und zunächst physisch und psychisch überwältigend. Es bedeutet einen absoluten Bruch mit dem vorher etablierten Alltagsleben. Die ungewohnte, permanente Versorgung des Säuglings stellt extrem hohe Anforderungen an die Eltern. Gefühlsmäßig wird ein Schwanken zwischen Freude und Euphorie auf der einen und Depression und Hilflosigkeit auf der anderen Seite beschrieben. Die ersten Wochen vergleicht Gloger-Tippelt (1988) mit der Phase der Verunsicherung. Es wird eine emotionale und kognitive Neuorientierung erforderlich; neue Handlungsstrategien entstehen.

Die ersten Wochen nach der Geburt, das *Wochenbett*, bedeuten für die Mutter psychisch und körperlich eine komplett neue Situation. Es ist eine Phase der Erschöpfung und der hormonellen Umstellung. Wenn sich die Plazenta abgelöst hat, kommt es zu einem schnellen Abfall der in der Plazenta gebildeten Schwangerschaftshormone. Dies löst die Rückbildungsvorgänge im Körper aus. Die Gebärmutter bildet sich zurück und drei bis fünf Tage nach der Geburt schießt die Milch ein. Auch das Stillen bewirkt eine Veränderung des Hormonhaushalts. Es erhöht die Produktion der Hormone Prolaktin und Oxytocin. Sie sind für die Milchbildung und den Milchfluss verantwortlich.

Eine Übergangsphase wie die Erstelternschaft samt ihrer Bewältigung kann als ein »kritisches« Ereignis bezeichnet werden, weil es auf allen Ebenen und besonders auf der körperlichen Ebene Stress erzeugt. Es ist eine »vulnerable« Phase für die Mütter, und die Gefahr, eine psychische Störung zu entwickeln, ist erhöht (▶ Kap. 1.4.1). Deshalb ist es nicht erstaunlich, dass die Hormonumstellung gemeinsam mit der Umstellung des gewohnten Lebens und neu auftretenden Ängsten, ob man alles bewältigen kann, bei vielen Frauen vorübergehend zu Stimmungsschwankungen führt. Man bezeichnet diese kurzfristige depressive Verstimmung im Wochenbett als Baby Blues (▶ Exkurs unten). Davon abzugrenzen sind die Wochenbettdepression und die Wochenbettpsychose, beides ernste Erkrankungen, die behandlungsbedürftig sind.

Exkurs: Baby Blues, Wochenbettdepression und Wochenbettpsychose

Nach der Entbindung können verschiedene affektive Zustände auftreten, die von einer leichten Traurigkeit über milde Depressionen bis zu schizophrenen Zuständen reichen können. Man unterscheidet ein allgemeines Stimmungstief (Baby Blues), die Wochenbett- bzw. postpartale Depression und die Wochenbettpsychose (Haenel, 2018).

Der Baby Blues äußert sich in Tränenausbrüchen, Stimmungsschwankungen oder Ängstlichkeit. Er tritt häufig auf und ist harmlos. Die Prävalenz beträgt 50–80 %. Typischerweise tritt er zwischen dem dritten und fünften Tag nach der Entbindung auf und dauert von wenigen Stunden bis zu wenigen Tagen. Erklärungen dafür sind zum einen die drastische hormonelle Umstellung in dieser Zeit durch den Milcheinschuss und die Erschöpfung durch die Geburt. Zum anderen kann das Stimmungstief als Anpassungsreaktion auf eine veränderte Situation oder als Reaktion auf eine ungünstige psychosoziale Situation verstanden werden.

Die postpartale Depression tritt in etwa 10 % der Fälle auf. Sie ist durch Reizbarkeit und extreme Erschöpfung gekennzeichnet. Es besteht die Unfähigkeit, Gefühle für das Kind zu entwickeln. Schuldgefühle und Suizidgedanken sind häufig. Eine medikamentöse und psychotherapeutische Behandlung ist nötig, oft müssen Mutter und Kind stationär aufgenommen werden.

Die Wochenbettpsychose ist ebenfalls schwerwiegend, aber selten. Sie tritt bei 0,1–0,2 % der Frauen auf. Gleichwohl ist die Zeit des Wochenbetts eine Zeit größter Gefährdung für die Entwicklung von Psychosen, besonders die ersten 30 Tage nach der Entbindung. Post partum tritt eine Psychose 16-mal häufiger auf als zu einem anderen Zeitpunkt. Gekennzeichnet ist der Zustand durch eine schwere Depression, Wahnvorstellungen, Halluzinationen, Zwängen und Zwangsvorstellungen (z. B. dem Kind etwas anzutun) Es ist ebenfalls eine stationäre psychiatrische Behandlung nötig (Haenel, 2018).

Kommentar: Die entwicklungspsychologische Erklärung dieser Erkrankungen als Folge einer erhöhten Vulnerabilität des Individuums in stressreichen Übergangsphasen wird ergänzt durch das biopsychosoziale Erklärungsmodell der klinischen Psychologie. Es besagt, dass eine genetische Krankheitsveranlagung durch ein Zusammenwirken mit stressvollen lebensgeschichtlichen, situativ-sozialen oder körperlich-hormonellen Belastungen zum Ausbruch kommen kann (vgl. Butcher et al., 2009, S. 297).

7. *Phase der Hoffnung und Umstellung (2.–6. Monat)*

Nach der großen Anstrengung der vorhergehenden Phase, tritt nun eine Phase der Erholung ein. Die Eltern entwickeln zunehmend Kompetenz und Selbstvertrauen, es treten Pflege- und Versorgungsgewohnheiten ein. Ihr elterliches Selbstbild wird zunehmend von Kompetenzüberzeugungen geprägt. Schon jetzt beginnt oft eine traditionelle Rollenverteilung: Der Mann arbeitet wieder Vollzeit, die Frau bleibt zuhause bei dem Baby und übernimmt Hausarbeit und Babyversorgung in Vollzeit. Es tritt eine gewisse Ernüchterung und ein Absinken der ehelichen Zufriedenheit ein, die u. a. in der Asymmetrie der Aufgabenverteilung und in der fehlenden gemeinsamen Zeit als Paar begründet ist.

Die Beziehung ist jetzt mehr eine instrumentelle Paarbeziehung, weniger eine romantische Liebesbeziehung wie in der Zeit vor der Elternschaft. Männer leiden häufiger unter der finanziellen Verantwortung und dem sexuellen Rückzug der Frau. Frauen leiden häufiger unter der häuslichen Isolierung und der finanziellen Abhängigkeit vom Partner.

8. *Gewöhnungsphase (6.–12. Monat)*

Die elterlichen Routinen stabilisieren sich weiterhin auf allen Ebenen. Auf der emotionalen Ebene lässt die Anspannung nach, das Stressempfinden ist geringer als zuvor und die Eltern vertrauen nun ihrer Kompetenz zur Bewältigung der familiären Aufgaben.

> **Übung**
>
> Versuchen Sie die Perspektive einer Frau zu übernehmen, die gerade entbunden hat und einen Baby Blues erlebt. Stellen Sie einige reale psychosoziale Belastungsfaktoren und einige von der Frau befürchtete Belastungsfaktoren zusammen, die zu ihrem Baby Blues beitragen.

Partnerschaftszufriedenheit und Traditionalisierungseffekt

Einer der häufigsten Befunde zur Paarbeziehung in der beginnenden Elternschaft ist die *sinkende Partnerschaftszufriedenheit* (Heinrichs & Hahlweg, 2008; Frevert, Cierpka & Joraschky, 2008; Schneewind, 2010). Sie nimmt bis zum Schulalter des Kindes weiter ab (Frevert, Cierpka & Joraschky, 2008). Viele Studien belegen

- ein Absinken der ehelichen Zufriedenheit,
- weniger Austausch von Zärtlichkeiten,

- eine eingeschränkte gemeinsame Kommunikation,
- eine veränderte sexuelle Beziehung,
- häufigeres Streiten und
- vermehrte auf das Kind bezogene Interaktionen, welche zur Entfremdung und Distanzierung in der Paarbeziehung führen können.

Frauen sind unzufriedener als Männer; sie sind nach der Geburt stärker eingebunden in familiäre Aufgaben und dadurch stärker in ihren Bedürfnissen eingeschränkt. Der Einbruch in ihren Lebenslauf ist massiver als bei Männern: Durch die Übernahme der Alltagsarbeit mit Kleinkind und Haushalt gehen sie auch arbeitsbiografische Kompromisse ein. Frauen wünschen sich eine egalitärere Aufgabenverteilung (Krampen & Reichle, 2008). Im weiteren Verlauf liegen dementsprechend häufige Streitpunkte in der Frage, wieweit sich jeder zugunsten der Kinder in den eigenen Interessen zurücknimmt und zu wessen Lasten dies erfolgt. Auch unterschiedliche Erziehungsstile können später aufeinanderprallen. Die mit den Erziehungsstilen verbundenen Normen werden oft aus Loyalität zu der eigenen Herkunftsfamilie beibehalten (Frevert, Cierpka & Joraschky, 2008).

Allerdings sind die Zufriedenheitsverläufe unterschiedlich. Wie das neue Leben mit Kind bewältigt wird, hängt von der Paarbeziehung, von situativen und individuellen Faktoren ab. Aus familientherapeutischer Sicht stehen im Rahmen der *Paarbeziehung* zahlreiche Aushandlungsprozesse zwischen den frisch gebackenen Eltern an: Sie müssen Aufgaben und Funktionen neu verteilen, Übereinkünfte treffen und gemeinsame Vorstellungen über die zukünftige berufliche Entfaltung beider beteiligten Personen herstellen. Wenn bei diesem oft auch kontroversen Austausch die Bedürfnisse des Gegenübers berücksichtigt werden, ist das eine gute Voraussetzung für konstruktive Lösungen zur Zufriedenheit beider (Frevert, Cierpka & Joraschky, 2008). Werden die jeweiligen Bedürfnisse weder ausgesprochen noch miteinander abgeglichen, entstehen Enttäuschung und Ärger. *Enttäuschte Erwartungen* insbesondere hinsichtlich der Unterstützung in der Paarbeziehung bei der Kinderbetreuung und der Arbeitsteilung im Haushalt können die Ursache für eskalierende Konflikte sein (McHale & Rotman, 2007).

Aufgrund enttäuschter Erwartungen kann schon nach der Geburt die elterliche Dyade schwächer werden, zugunsten einer starken Mutter-Kind-Dyade. Bereits das Baby übernimmt dann die Funktion zu unterstützen, zu entlasten und zentrale Defizite des Partners auszugleichen (Frevert et al., 2008). Es wird parentifiziert.

> **Merke!**
>
> Der stärkste Prädiktor für die nach der Geburt einsetzende sinkende Partnerschaftszufriedenheit sind enttäuschte gegenseitige Erwartungen. Die Enttäuschung schwächt die elterliche Dyade, es kann eine starke Mutter-Kind Dyade entstehen, bei der das Kind Defizite ausgleichen soll und auf diese Weise bereits parentifiziert. wird. Dieser Entwicklung kann gegengesteuert werden, wenn das Paar sich gegenseitig seine Bedürfnisse mitteilt, die Aufgabenverteilung aushandelt und Übereinkünfte über die Bewältigung des Alltags trifft.

Situative Belastungen sind etwa eine fehlende Unterstützung durch den Freundeskreis oder Familienmitglieder, eine Vollzeittätigkeit der Mutter bei fehlender Unterstützung durch den*die Partner*in, geringe finanzielle Ressourcen, eine kurze Kennenlernzeit, ein frühes Heiratsalter, ein niedriger Bildungsstatus und die Wahrnehmung des Kindes als schwierig (Krampen & Reichle, 2008). *Persönlichkeitsmerkmale* sind ebenfalls bedeutsam für die Partnerschaftszufriedenheit. Flexible, anpassungsfähige, sozial verträgliche Menschen mit Beziehungskompetenz, Empathie und niedriger Kränkbarkeit haben bessere Chancen, die neue Lebensphase positiv zu bewältigen (a. a. O.).

Eine Paarbeziehung, die vor der Ankunft des Kindes zufriedenstellend war, bleibt es in der Regel nachher auch. War das Paarklima geprägt von einem hohen Zusammenhalt, hoher Aktivität und niedriger Kontrolle, dann wird das Kind als Bereicherung erlebt. Dagegen werden unglückliche Ehen nach der Ankunft des Kindes noch unglücklicher (Houts et al., 2008). Eine schlechte Paarbeziehung verschlechtert sich durch eine Krise bzw. durch eine Stresssituation weiter.

Hinter der in der Literatur häufig zitierten Durchschnittskurve (Reichle, 2002), die eine generelle Verschlechterung der Paarbeziehung darstellt, verbergen sich also unterschiedliche Verläufe; es gibt Ausschläge nach oben und nach unten und man kann auch von positiven Verläufen ausgehen (a. a. O.). Bei kinderlosen Paaren nimmt die Zufriedenheit mit der Beziehung ebenfalls schon bald nach der Hochzeit ab, bei Paaren mit Kindern allerdings doppelt so schnell wie bei kinderlosen Paaren.

Der Traditionalisierungseffekt

Ein weiterer häufig beschriebener Effekt der Erstelternschaft ist der Traditionalisierungseffekt (z.B. Lamprecht, Wagner, Lang, 2008; Kortendiek, 2008; Müller & Zilien, 2016). Er beschreibt die Tatsache, dass es vor allem nach der Geburt des ersten Kindes zu einer Umstrukturierung der Arbeitsteilung kommt. Der Traditionalisierungseffekt ist der maßgebliche Grund für die bereits beschriebene weibliche Unzufriedenheit. Waren vor der Geburt beide Eltern berufstätig, sind es nach der Geburt die Frauen, die Kinderbetreuung und Hausarbeit übernehmen und hierzu zeitweise aus dem Beruf aussteigen oder anschließend über viele Jahre ihre Erwerbstätigkeit reduzieren. Die Männer behalten in der Regel das Ausmaß ihrer Erwerbstätigkeit bei.

Viele Paare kehren also zu einer alten, gesellschaftlich überwunden geglaubten Rollenverteilung zurück, auch wenn vor der Geburt eine Gleichverteilung im Haushalt angestrebt wurde. Die Beziehung wird wieder traditioneller. Damit erhöht sich auch die Polarisierung zwischen bezahlter und unbezahlter Arbeit (Schwarz & Schwahn, 2016). Selbst bei Paaren, bei denen die Frauen wieder in gleichem Umfang wie die Männer erwerbstätig werden, bleibt die traditionelle Arbeitsteilung in Haushalt und Kinderbetreuung bestehen (Peuckert, 2019, S. 196). Die Gesamtbelastung der Frauen übertrifft im Jahr des beruflichen Wiedereinstiegs mit 16,7 Stunden pro Tag die Gesamtbelastung ihres Partners um fast 4 Stunden (a. a. O.). Auch bei nichtehelichen Lebensgemeinschaften führt die Geburt des ersten Kindes zu einem Traditionalisierungseffekt (Wunderlich, Helffrich & Klindworth, 2004).

Man kann sich vorstellen, dass das 2007 eingeführte Elterngeld- bzw. Elternzeitgesetz bei gleichzeitigem Ausbau der institutionalisierten Kinderbetreuung langfristig zu einer Verringerung des Traditionalisierungseffekts führen wird, da Frauen dadurch mehr Möglichkeiten zur früheren Wiederaufnahme der Berufstätigkeit eingeräumt werden.

> **Merke!**
>
> Die Traditionalisierung ist kein vorübergehendes Phänomen, denn sie dauert mindestens die ersten fünf Jahre nach der Geburt des ersten Kindes an (Reichle, 2002) und erhält einen weiteren Schub mit der Geburt des zweiten Kindes (Peuckert, 2019, S. 197). Ausschlaggebend ist nicht die Geburt des Kindes, sondern die Aufgabe bzw. Reduktion der Erwerbstätigkeit der Frau. Jahre später, wenn längst beide Personen wieder Vollzeit arbeiten und die Kinder aus dem Haus sind, bleibt die traditionelle Arbeitsverteilung bestehen. Sie hat sich verfestigt (Huinink & Reichart, 2008).

Seit geraumer Zeit wird in der Literatur ein Einstellungswandel bei den Männern bezüglich der Arbeitsteilung im Haushalt beschrieben, der sich aber nicht in Handlungen umsetzt. Schneewind (2010) nennt ihn die »gedankliche Emanzipation der Männer«, Peuckert (2019, S. 429) bezeichnet diese Diskrepanz zwischen Beteuerung und Handlung als »verbale Aufgeschlossenheit bei weitgehender Verhaltensstarre«.

Gemeint ist damit, dass Männer das, was sie denken und theoretisch als richtig bewerten, nämlich eine gerechte Arbeitsteilung in der Paarbeziehung, nur in geringem Maß in die Tat umsetzen. Männer wollen ein stärker traditionelles Lebenskonzept für Frauen. Sie bewerten die Erwerbstätigkeit von Frauen niedriger und die Familienarbeit höher als Frauen dies tun (a. a. O.). Ob aber diese Einstellung noch bei den gegenwärtig jungen Männern vorherrscht, die erst in einigen Jahren Väter werden, werden künftige Studien zeigen.

Maternal Gatekeeping

Wenn die Mutter im Verlauf einer traditionellen Aufgabenteilung überwiegend die Pflege und Versorgung des Säuglings, die auch das Stillen einschließt, übernimmt, kann sich der Vater ausgeschlossen fühlen. Werden dann noch seine väterlichen Aktivitäten kritisiert, tritt er den Rückzug an. Das Gefühl der Zurückweisung kann auch durch das geringere Bedürfnis nach Sexualität bei der Partnerin in der ersten Zeit nach der Geburt verstärkt werden (Cierpka et al., 2014). Als Reaktion zieht sich der Mann verstärkt in andere Bereiche, z. B. in den Beruf zurück. Es entsteht ein Kreislauf, in dem sich die Frau mit dem Kind alleingelassen fühlt und der Mann sich aus dem Familienleben herausgedrängt fühlt.

Maternal Gatekeeping ist ein Verhalten der Mutter im ersten Babyjahr, welches das Rollenverständnis und das Engagement des Vaters beeinflusst. Ihr mütterliches

Verhalten und ihre mütterlichen Überzeugungen verstärken oder behindern das väterliche Engagement (Schoppe-Sullivan et al., 2008). Sie ist der Gatekeeper, als »Pförtnerin«« regelt sie den Zugang des Vaters zum Kind: Sie hebt die Schranke zwischen Vater und Kind oder hält sie geschlossen (Cierpka et al., 2014).

Es gibt verschiedene Gründe, warum die Mutter den Zugang zum Kind verschlossen hält. Sie hat sehr hohe Ansprüche an die Ausführung der Pflegeaktivitäten, denen der Vater in ihren Augen nicht gerecht wird. Sie zieht ihre »Daseinsberechtigung« aus dem Mutterdasein, d. h. ihr Selbstwert hängt wesentlich von ihrer Mutterrolle ab, deshalb muss sie diese bestätigen und verteidigen. Vielleicht hängt sie auch tradierten Geschlechterrollen an.

> **Definition: Maternal Gatekeeping**
>
> *Maternal Gatekeeping* ist das mütterliche Regulieren der Vater-Kind Beziehung. Es beschreibt das mütterliche Zulassen und Bestärken oder das Verhindern des väterlichen Zugangs zum Kind in der ersten Zeit nach der Geburt. Das Gatekeeping beeinflusst wesentlich das väterliche Engagement.
>
> Das Gatekeeping-Verhalten der Mutter hat einen wesentlichen Einfluss auf das Co-Parenting, das sich durch elterliche Solidarität, Unterstützung und Aufgabenaufteilung auszeichnet (▶ Kap. 4.3.3).

Nach der Geburt des ersten Kindes schließt sich eine erneute Rushhour an, die *familiäre Rushhour*. Beide Geschlechter sind mit dem Problem konfrontiert, Beruf und Familie zu kombinieren. Nach der Rushhour der Lebensentscheidungen im Alter zwischen 27 und 35, beginnt nun die Rushhour im Familienzyklus, in der die Eltern von Kleinkindern eine sehr hohe Arbeitsbelastung durch Beruf und Familie bewältigen müssen (Panova et al., 2017). Diese familiäre Rushhour erreicht ihren Höhepunkt in den ersten drei Lebensjahren des zweiten Kindes. Die hohe Arbeitsbelastung dieser Rushhour von einem Wochenpensum von 65 Stunden reduziert sich erst auf ein Pensum von unter 60 Stunden, wenn das jüngste Kind in der Grundschule ist (a. a. O.). Insgesamt kann man die Zeit zwischen 25 und 40 Jahren als intensiven Lebensabschnitt, als *Rushhour des Lebens* bezeichnen.

Die meisten Ehen werden im sechsten Ehejahr geschieden und scheitern demzufolge bereits im fünften Ehejahr (Statista, 2019). Wahrscheinlich sind Gründe dafür in der hohen Arbeitsbelastung und in einer fehlenden konstruktiven Bewältigung der zahlreichen, insbesondere paarbezogenen Krisen zu sehen. Umso wichtiger ist es, Unterstützungsangebote durch Elternkurse anzubieten, die den Schwerpunkt nicht nur auf einen Beziehungsaufbau zum Baby legen (wie etwa SAFE, ▶ Kap. 4.2.1), sondern auch auf die Paarbeziehung. Ein Kernziel ist die Förderung hilfreicher Konfliktlösungsstrategien. Ein solches Angebot ist das Unterstützungsprogramm »Wir werden Familie« (▶ Exkurs unten).

Exkurs: Präventionsprogramm »Wir werden Familie«

»Wir werden Familie« von Reichle (1999) ist ein Kurs zur Vorbereitung auf die erste Elternschaft. Die Paare sollen lernen, Einschränkungen als beeinflussbar wahrzunehmen, Ungerechtigkeitserlebnisse zu verändern, eine bessere Arbeitsverteilung einzuleiten und Belastungen zu vermindern. Diese Kursziele sollen durch das Erlernen und Anwenden einer konstruktiven Gesprächsführung erreicht werden. Die Bausteine sind:

- Lebensveränderungen besprechen und anhand eines Zeitkuchens das individuelle und gemeinsame Zeitbudget besprechen (Baustein 1)
- Regeln einer guten Gesprächsführung kennenlernen und einüben (Baustein 2)
- Umgang mit eigenen Gefühlen lernen (Emotionskontrolle) (Baustein 3)
- Umgang mit Belastungen, Streit. Fortführung: Schritte einer guten Gesprächsführung (Baustein 4)
- Umgang mit Belastungen: Bewältigungsstrategien erlernen (Baustein 5)

Eltern zu werden und eine Familie zu gründen, ist eine Möglichkeit den Lebenslauf zu gestalten. Kulturen unterscheiden sich in der Bedeutsamkeit und der Verbreitung von Elternschaft. In der westlichen Welt gewinnen zunehmend alternative Lebensläufe an Bedeutung, zu denen u. a. Ein-Eltern-Familien und Patchworkfamilien gehören. Andere Entwicklungsverläufe sind das Leben ohne Kinder, eine Regenbogenfamilie zu gründen oder ein Singledasein zu führen. Mit diesen Lebensformen beschäftigt sich das übernächste Kapitel (▶ Kap. 5.3).

Zusammenfassung

Das frühe Erwachsenenalter ist eine Zeit der Rushhour des Lebens, ein intensiver Lebensabschnitt, der durch eine hohe zeitliche Verdichtung verschiedener Lebensaufgaben und dem Treffen wichtiger Entscheidungen gekennzeichnet ist. Vielfältige Optionen der Lebensgestaltung stehen in Konkurrenz zur Umsetzung des Kinderwunsches. Sie haben zu einem Hinauszögern des Kinderkriegens bzw. zu einem fehlenden Kinderwunsch und in Folge zu einer niedrigen Geburtenrate in Deutschland geführt.

Die Entscheidung für Kinder ist eine der entscheidendsten Weichenstellungen im Erwachsenenalter. Die Erstelternschaft ist ein zentrales Übergangsereignis, das der Bewältigung bedarf. Ein einheitlicher Befund der entwicklungspsychologischen Forschung ist das Absinken der Zufriedenheit in der Paarbeziehung nach der Geburt des ersten Kindes. Hauptursachen sind die Rückkehr zur traditionellen Rollenverteilung, die Zunahme an Belastungen und ein Defizit im Austausch über gegenseitige enttäuschte Erwartungen. Paarbeziehungskonflikte und fehlende Sexualität (aus Sicht der Männer) und fehlende Unterstützung (aus Sicht der Frauen) führen zu Krisen. Situative Bedingungen, Merkmale des Paares und individuelle Eigenschaften der beteiligten Personen moderieren das Ausmaß der (Un-)Zufriedenheit. Nach der

Geburt des ersten Kindes beginnt eine zweite Rushhour, die erst mit dem Eintritt des jüngsten Kindes in die Grundschule endet.

Verständnisfragen

- Stellen Sie die zentralen Aspekte von Mutter- bzw. Vateridentität und von Elternidentität zusammen.
- Beschreiben Sie affektive Zustände und Erkrankungen, die postpartal auftreten können.
- Was ist der Traditionalisierungseffekt und welche Gründe hat er?
- Definieren Sie Maternal Gatekeeping und führen Sie mögliche Gründe dafür auf.

5.2 Das mittlere Erwachsenenalter

Das mittlere Erwachsenenalter gibt weniger enge Entwicklungs- und Entscheidungsfristen vor als das frühe Erwachsenenalter. Es ist eher geprägt von einer Stabilisierung des Erreichten. Beruflich findet eine Etablierung statt und auch privat richtet man sich in einer bestimmten Lebensform ein. Die Vielfalt an Lebensformen, die in den letzten Jahrzehnten immer weiter zugenommen hat, wirkt sich auch auf das mittlere Erwachsenenalter aus.

Auch im mittleren Erwachsenenalter leben Paare unverheiratet zusammen oder suchen in Internetforen nach neuen (Lebensabschnitts-)Partner*innen. Homosexuelle Paare heiraten und bekommen auf unterschiedlichen Wegen Kinder und die Zahl der (zumeist weiblichen) Alleinerziehenden und (zumeist männlichen) Alleinstehenden nimmt stetig zu. Auch die Zahl kinderloser Ehepaare nimmt zu. Nichtsdestotrotz ist das Lebensmodell »Ehepaar mit Kindern« das am weitesten verbreitete Modell im mittleren Erwachsenenalter: 40 % aller Menschen zwischen 35 und 59 Jahren leben dieses Modell. Das frühe und mittlere Erwachsenenalter ist eine Zeit der stetigen Rollenzunahme.

Havighurst (1974) ermittelte als typische Entwicklungsaufgaben im mittleren Erwachsenenalter:

- das Erreichen einer befriedigenden beruflichen Position
- sich als ein verantwortliches Mitglied der Gesellschaft engagieren
- sich um die alten Eltern zu kümmern

Diese Themen betreffen die Mehrzahl der Menschen dieser Lebensphase, unabhängig davon, welches Lebensmodell sie gewählt haben. Trotz hoher Scheidungsraten und auch in Phasen der Arbeitslosigkeit müssen diese Entwicklungsaufgaben bewältigt werden.

Erikson (2003) sieht in dieser Lebensphase die Verantwortung für die nächste Generation in Form der Weitergabe von Wissen und Lebenserfahrung als wichtigste Aufgabe an. Er bezeichnet diese Aufgabe als *Generativität*. Sie beinhaltet die von Havighurst aufgezeigte Aufgabe, ein verantwortliches Mitglied der Gesellschaft zu sein und das Kümmern um andere. Versteht man Generativität ausschließlich als Fortpflanzung, beginnt sie bereits im frühen Erwachsenenalter mit der Geburt von Kindern. Erikson meint aber mit Generativität alles, was einen selbst überdauert und was man weitergibt: alle Arten von Ideen, Kreativität, Lebenserfahrung und Lebenshilfe. Generativität bezieht sich nicht nur auf das Erziehen der eigenen Kinder, sondern auch auf die Arbeit als Erzieher*in, Lehrkraft, Mentor*in usw. Durch das Sich-Kümmern um andere Menschen und die Weitergabe von Lebenserfahrung wird man selbst – im übertragenen Sinn – unsterblich.

Exkurs: Wie kann man Generativität erforschen?

Forscher*innen führen z. B. Interviews mit offenen Fragen zu Lebenszielen und befriedigenden Aktivitäten durch und werten die Antworten nach Bezügen zur Generativität aus. Man kann Menschen sich selbst beschreiben lassen, man kann Menschen per Fragebogen oder Interview bezüglich ihrer »generativen« Eigenschaften einschätzen: hinsichtlich Fürsorglichkeit, Verantwortungsgefühl und Selbstsicherheit.

Generativität nimmt tendenziell in der Lebensmitte zu und zieht sich wie ein roter Faden durch die Lebensgeschichte von Erwachsenen im mittleren Alter (Berk, 2020, S. 819). Menschen, die sehr generativ sind, haben u. a. eine ausgeprägte Autonomie, weisen kaum Ängste oder Depressionen auf, akzeptieren sich selbst und haben eine hohe Lebenszufriedenheit (Westermeyer, 2004). Generative Menschen haben häufig Führungsqualitäten und fördern Nachwuchskräfte (Zacher et al., 2011). Sie kümmern sich um das Wohlergehen anderer und im Umgang mit jüngeren Personen zeigen sie einen demokratischen Erziehungsstil, der auf Vertrauen und offener Kommunikation basiert (▶ Kap. 4.2.1) (Pratt et al., 2008).

Insgesamt findet man ein breites gesellschaftliches und ehrenamtliches Engagement bei diesen Menschen (Berk, 2020, S. 820). Hinter generativem Verhalten steht eine optimistische Sicht auf die Welt: Es lohnt sich, diese Welt zum Besseren zu verändern (Erikson, 1950). Der Gegenpol der Generativität ist nach Erikson die *Stagnation*: Eine Person hat ihre Ziele wie z. B. Ehe, Kinder und berufliche Karriere erreicht und verharrt dabei; sie ist selbstbezogen und nur auf ihr eigenes Wohl bedacht. Der eigene Vorteil steht im Mittelpunkt, das Interesse an anderen ist gering. Ein in dieser Weise stagnierender Mensch hat nach Erikson die Lebensaufgabe dieser Lebensphase verfehlt.

5.2.1 »Typische« Krisen im Erwachsenenalter?

Gibt es alterstypische Themen im mittleren Erwachsenenalter? Häufig untersucht wurden zwei vermeintliche Krisen dieser Zeit, die Empty-Nest-Krise und die Midlife-Crisis.

Die *Empty-Nest-Krise* bezeichnet das Phänomen, dass die erwachsen gewordenen Kinder das Haus verlassen, als ein krisenhaftes familiäres Geschehen. Es trifft Eltern in der Mitte ihres Lebens und wurde hauptsächlich bei Müttern untersucht. Die Krise kann Trauer und Abschiedsschmerz auslösen und sogar zu Depressionen führen. Aufgrund veränderter gesellschaftlicher Phänomene ist sie aber gegenwärtig nur noch selten zu beobachten. Mütter sind heutzutage überwiegend berufstätig, ihre Identität speist sich nicht mehr nur aus dem Mutter- und Hausfrauendasein, sondern auch aus ihren beruflichen Leistungen, ihren Hobbys und Ehrenämtern. Viele Eltern erleben sich jetzt wieder mehr als Paar und lassen Gemeinsamkeiten neu aufleben. Deshalb wird der Auszug der Kinder weit überwiegend als Gewinn an Freiheit definiert. So konnte eine Literaturübersicht von Fahrenberg (1986) keine systematischen Effekte finden, die eine Generalisierung eines solchen Phänomens erlauben. Er stellte vielmehr fest, dass moderierende Variablen darüber entscheiden, ob Mütter (und wahrscheinlich auch Väter) den Auszug des letzten Kindes als Krise erleben. Können diese Merkmale bejaht werden, stellt sich keine Krise ein:

- Zufriedenheit der Mutter mit ihrem Leben
- eine gute Gesundheit der Mutter
- eine gute Paarbeziehung
- Berufstätigkeit der Mutter
- die Mutter hat Pläne für die Zukunft
- der Auszug erfolgte einvernehmlich

Neuere Studien bestätigen diesen Befund, zumindest was westliche Gesellschaften betrifft (z.B. Mitchell & Lovegreen, 2009), sodass dieses Thema inzwischen für die Forschung nicht mehr relevant ist, auch wenn es in den Medien immer wieder diskutiert wird.

Eine weitere sogenannte Krise im Erwachsenenalter ist die *Midlife-Crisis*. Sie beinhaltet die krisenhafte Bilanzierung des bisher im Leben Erreichten. Das Resultat der Bilanz löst den Wunsch aus, die Uhr zurückzudrehen, um die Weichen noch einmal anders zu stellen. Die Midlife-Crisis soll im Alter von Mitte 40 auftreten, wenn die Optionen insgesamt weniger werden, die Unzufriedenheit über berufliche und familiäre Einzwängung steigt und man erkennt, dass Veränderungsmöglichkeiten begrenzt sind. Der Begriff stammt von Levinson (1977) und seine Theorie beruht auf einer Interviewstudie mit Männern; es handelte sich um eine hoch selektive Stichprobe aus 49 weißen und gebildeten Männern zwischen 35 und 45 Jahren. Zentrale Themen der Männer waren:

- Ernüchterung wegen nicht erfüllter Jugendträume
- der Druck, Entscheidungen zu treffen bezüglich der gegenwärtigen Lebensstruktur

- die Lebensbereiche Ehe, Kinder und Beruf
- der Wunsch, Polaritäten d. h. innere Ambivalenzen auszubalancieren: Maskulinität versus Femininität, Leben versus Tod, Abhängigkeit versus Unabhängigkeit

Große Nachfolgestudien fanden keine Evidenz für das Vorhandensein einer Krise in der Lebensmitte. So ergab eine Interviewstudie an 724 Männern und Frauen, dass nur 26 % der 50-Jährigen von einer erlebten Midlife-Crisis berichteten, wobei das Alter, in der die Krise erlebt wurde, häufig weit unter 40 Jahren lag (Wethington, 2000).

Bei einer weiteren großen amerikanischen Studie, der *Midus-Studie* (Ryff & Davidson, 2009) gab ein Viertel der Teilnehmenden zwar an, eine Krise erlebt zu haben; diese hing aber ebenfalls nicht mit dem Alter zusammen, sondern mit schwierigen Lebensereignissen. Die Midus-Studie konnte sogar viele positive Veränderungen in der Lebensmitte feststellen. Bei Männern waren die genannten wesentlichen Veränderungen in der Lebensmitte passiert und waren beruflicher Art. Bei Frauen hatten die wesentlichen Veränderungen bereits im frühen Erwachsenenalter stattgefunden und waren eher familiärer Art (Paarbeziehung, Kinder).

Bei der Schilderung der Ereignisse in den Untersuchungen handelt es sich eher um Wendepunkte als um Krisen. Diejenigen, die diese Wendepunkte als Krisen erlebten, waren häufig im frühen Erwachsenenalter an der Verwirklichung ihrer Ziele gehindert worden – durch Lebensumstände, familiäre Verpflichtungen oder niedriges Einkommen und empfanden darüber Bedauern. Diese Wendepunkte sind individuell und haben im Wesentlichen mit Festlegung zu tun (Perrig-Chiello, 2011). In der Rückschau, die in allen Altersstufen stattfinden kann, gab es Möglichkeiten, die man realisiert hat oder die man nicht wahrgenommen hat und die jetzt verschlossen sind. Jede Entscheidung bedeutet eine Festlegung, durch die individuell erreichbare Alternativen aussortiert werden.

Möglicherweise ist das mittlere Erwachsenenalter eine Phase im Lebenslauf, in welcher solche biografischen Festlegungen verstärkt deutlich werden (a. a. O.). Diese Festlegungen können sich auf die berufliche Karriere beziehen, weil sich z. B. das Ende der beruflichen Aufstiegsmöglichkeiten abzeichnet. Biografische Festlegungen können aber auch im privaten und familiären Bereich auftreten, wenn sich z. B. die Chancen einer neuen Partner*innenwahl reduzieren. Das bisher Erreichte und Nichterreichte – vor dem Hintergrund sich allmählich eingrenzender Optionen – wird in dieser Lebensphase erstmals in seiner Bedeutung sichtbar. Das ist aber keineswegs eine einheitlich auftretende Bewertung, ebenso wenig wie sie mit einer Midlife-Crisis einhergeht.

Obschon nicht empirisch nachgewiesen, erfreut sich der Begriff der Midlife-Crisis jedoch großer populärer Beliebtheit. Dass aber bilanzierende Rückblicke in allen Lebensphasen stattfinden, steht im Einklang mit dem Konzept der Entwicklungspsychologie, welches den gesamten Lebenslauf als eine kontinuierliche Kette krisenhafter Herausforderungen, die bewältigt werden müssen, definiert. Wann diese Krisen auftreten, ist individuell verschieden. Eine Dreißigjährige, die ihr Studium abbricht, kann gleichermaßen wie eine soeben geschiedene Vierzigjährige in eine Bilanzierungskrise geraten. Mit zunehmendem Alter sind es besonders körperliche

Altersanzeichen, die Verlustgefühle hervorgerufen. Es hängt vom Individuum ab, ob sie krisenhaft erlebt werden. Eine Frau mit unerfülltem Kinderwunsch wird das Klimakterium eventuell krisenhafter verarbeiten als eine gleichaltrige Frau, die Mutter und Großmutter ist.

Entwicklung ist ein individueller, kein universeller Prozess, deshalb sind Lebenskrisen wie eine Bilanzierung nicht altersnormiert. So zeigen Befragungen an jungen Erwachsenen, dass im Vergleich zur Lebensmitte eher diese Altersstufe mit großen Eruptionen einhergeht (»Rushhour«) : Einen Beruf finden, eine tragfähige Paarbeziehung aufbauen, Kinder bekommen und großziehen.

Exkurs: Individualität kontra Midlife-Crisis

Ein generell stattfindendes Lebensresümee in der Mitte des Lebens würde bedeuten, dass alle Menschen in diesem Alter (ca. 40–48 Jahre) an demselben Entwicklungspunkt stehen, weil sie alle bisher denselben normierten Lebenslauf hatten: Die Kinder sind flügge, die Ehe ist in die Jahre gekommen, beruflich ist alles, was möglich war, erreicht.

Das gesellschaftliche Stereotyp besagt, dass beim Mann in einer solchen Lebenssituation der Wunsch nach einer jüngeren Geliebten und einem flotten Motorrad entsteht. Lebensläufe sind aber individuell verschieden und nicht universell. Ein frisch verheirateter »später« Vater, der mit 50 Jahren einen Säugling spazieren fährt, bilanziert anders als sein gleichaltriger langjährig verheirateter Freund, der bereits Großvater geworden ist, oder als sein Bruder, der kinderloser Junggeselle ist. Ebenso unterscheidet sich der Lebenslauf einer 50-jährigen Frau, die soeben ihre Silberhochzeit gefeiert hat, von dem ihrer zwei Jahre älteren, frisch geschiedenen Schwester, die sich gerade über ein Internetportal neu verliebt hat.

Drastische Umwälzungen aufgrund von Bilanzierungen treten im mittleren Alter also individuell durchaus auf, sind aber statistisch für diese Lebensphase nicht bedeutsam nachweisbar. Eine große amerikanische Studie (Berk, 2020, S. 725) zeigte, dass Männer eher das mittlere Erwachsenenalter als veränderungsintensiv bewerten, und zwar bezogen auf die Themen Beruf und Karriere, Frauen dagegen eher das frühe Erwachsenenalter als verdichtete Zeitspanne erleben, in der Heirat, Kinder und Kindererziehung als intensive Themen im Vordergrund stehen.

Die Sandwich-Position

Das mittlere Erwachsenalter ist geprägt von einer *Vielzahl von Rollen* (u. a. Eltern, Großeltern, Partner*in, Kolleg/in, Chef*in, Tochter oder Sohn alter Eltern). Aus diesen Rollen ergeben sich zahlreiche Verpflichtungen. So steht der Mensch in seinen mittleren Lebensjahren in der Mitte dreier Generationen. Er muss seine eigenen Bedürfnisse ausbalancieren zwischen den Ansprüchen der eigenen Kinder an ihn und denen seiner alten Eltern an ihn. Die erwachsenen Kinder brauchen weiterhin Unterstützung emotionaler und finanzieller Art, die eigenen Eltern

5.2 Das mittlere Erwachsenenalter

Abb. 5.2: In der Sandwich-Falle (angefertigt von Sabrina Hilz)

werden pflegebedürftig und nehmen ebenfalls erhebliche Ressourcen in Anspruch. Dass es zumeist die Frauen in der Familie sind, deren Ressourcen eingefordert werden, hat in der Fachliteratur zu dem geflügelten Wort »Pflege ist weiblich« geführt. Wegen dieser Verantwortung für zwei Generationen wird die mittlere Generation auch als *Sandwich-Generation* (▶ Abb. 5.2) bezeichnet. Auch von diesem Phänomen sind nicht alle mittelalten Menschen betroffen: Abgesehen von kinderlosen Personen verteilt sich das Kümmern um die Eltern unter den Geschwistern unterschiedlich und manchmal einseitig.

Menschen im mittleren Erwachsenenalter erleben aber trotz dieser Verantwortlichkeiten ihr Leben als positiv. Und alte Menschen, befragt in welche Lebensphase sie sich zurückwünschen, wünschen sich mit großer Mehrheit in das mittlere Alter zurück (Staudinger & Bowen, 2010).

5.2.2 Gesundheit im mittleren Erwachsenenalter

Im mittleren Erwachsenenalter tritt erstmals das Thema Gesundheit deutlicher in den Vordergrund. Gesundheitliche Risikoverhaltensweisen, die vor vielen Jahren begonnen wurden, wie Rauchen, übermäßiger Alkoholkonsum, Bewegungsmangel und Übergewicht, können bereits ihre Auswirkungen in Krankheiten wie Bluthochdruck, Arthrose und Diabetes zeigen. In dieser Lebensphase wird es schwieriger, die Grenzen der eigenen Leistungsfähigkeit und des eigenen Alterns zu ignorieren. Gravierende Lebensereignisse wie eigene Krankheiten oder solche im nahen Umfeld und altersbedingte körperliche Veränderungen wie ergraute Haare, Falten oder das Klimakterium bei der Frau können der Anstoß zu einer veränderten und gesundheitsbewussteren Lebensweise sein.

Exkurs: Beispiele für altersbedingte körperliche Veränderungen

- Bereits im Alter von 30 Jahren verschlechtert sich die Sehkraft und das Gehör lässt nach.
- Ab Mitte 30 nimmt bei Frauen die Fruchtbarkeit ab, bei Männern ab 40.
- Ab Mitte 30 ergrauen und lichten sich die Haare.
- Ab Ende 30 werden die Knochen poröser und schwächen das Skelett; sie machen es empfindlicher für Brüche (stärker bei Frauen als bei Männern).
- Allmählich verschlechtert sich das Herz-Kreislaufsystem. Die Arterienwände versteifen, Plaques sammeln sich an und der Blutfluss zu den Körperzellen reduziert sich.
- Allmählich verschlechtert sich das Atmungssystem. Unter körperlicher Anstrengung nimmt die Atmungsaktivität ab und die Atmungsfrequenz zu. Für die Lunge wird es schwieriger, ihr volles Volumen zu verwalten.
- Allmählich verschlechtert sich das Immunsystem. Durch die geringere Produktion von T- und B-Zellen, die Krankheiten abwehren, ist die Immunreaktion beeinträchtigt.
- Allmählich nehmen die Muskeln ab. Nerven, welche die Muskeln stimulieren, sterben ab, Sehnen und Bänder versteifen sich und reduzieren die Geschwindigkeit und Flexibilität der Bewegung (Berk, 2020, S. 664f.).

Der körperliche Abbau beginnt in einigen Bereichen schon früh im Leben. Aber auch im Erwachsenenalter lässt sich der Gesundheitszustand durch Eigeninitiative beeinflussen, z. B. durch körperliche Aktivität.

Exkurs: Double standard of aging

Erstmals ab der Altersstufe des mittleren Erwachsenenalters wendet die Gesellschaft negative Stereotype des Alterns an. Die Stereotype über Merkmale des körperlichen Alterns werden vermehrt auf Frauen angewandt. Der Begriff des *Double standard of aging* meint das Messen mit zweierlei Maß (Antonucci, Birditt & Webster, 2010). Viele Frauen im mittleren Erwachsenenalter fühlen sich wohl und sind auf vielfältige Weise aktiv. Gleichwohl werden sie von der Umwelt als unattraktiver und mit negativeren Eigenschaften beschrieben als Männer desselben Alters (Lemish & Muhlbauer, 2012). Da bei Frauen der soziale Status eher als bei Männern mit körperlicher Attraktivität verbunden wird, sind Frauen in diesem Alter stärker mit dieser gesellschaftlichen Abwertung konfrontiert.

Körperliche Aktivität und Gesundheit

Laut WHO ist körperliche Aktivität jede Bewegung, die den Energieumsatz steigert. Auf der Basis wissenschaftlicher Erkenntnisse schlägt die WHO vor, dass Kinder und Jugendliche sich täglich mindestens 60 Minuten bewegen sollten. Für Erwachsene und Senioren werden mindestens 150 Minuten moderate körperliche Aktivität oder 75 Minuten intensive Aktivität wöchentlich vorgeschlagen, um gesundheitsförderliche Effekte zu erzielen (Finger et al., 2017).

Körperliche Aktivität meint aerobe Aktivität; dabei werden große Mengen von Sauerstoff verbraucht. Laufen, Schwimmen, Rudern, Walken, Radfahren, Tanzen, Skilanglauf gehören dazu. Durch Ausdauer und Intensität wird die Herzfrequenz auf eine individuell optimale Höhe gebracht. Im Erwachsenenalter ist das Aktivitätsniveau niedriger: Nur 43 % der Frauen und 48 % der Männer bewegen sich 150 Minuten pro Woche sportlich aktiv (Finger et al., 2017).

Körperliches Training hat auf viele chronische Krankheiten einen positiven Effekt. Sowohl vorbeugende als auch rehabilitative Wirkungen sind nachgewiesen z. B. bei Herzerkrankungen, Krebs, Diabetes, Übergewicht, Bluthochdruck, Muskel- und Knochenerkrankungen wie Osteoporose und Stoffwechselprozessen. Körperliche Aktivität beugt nicht nur körperlichen Erkrankungen vor (▶ Exkurs unten), sie fördert auch die Langlebigkeit: 2–3 Stunden Bewegung pro Woche senken bereits das Mortalitätsrisiko (Hardman & Stensel, 2009).

Exkurs: Gesundheitliche Effekte von körperlicher Aktivität

Erstmals im Jahr 1953 wurde ein Zusammenhang zwischen körperlicher Aktivität und Herz-Kreislauferkrankungen festgestellt. Eine Untersuchung am Personal der Londoner Doppeldeckerbusse ergab folgendes: Die Busfahrer mit ihrer hauptsächlich sitzenden Tätigkeit erlitten doppelt so häufig Herzinfarkte oder den plötzlichen Herztod wie die Fahrkartenkontrolleure, die regelmäßig die Treppen hoch und runter liefen (Voelcker-Rehage, 2018).

Die schützenden Effekte von körperlicher Aktivität sind unabhängig von Körpergewicht, Ernährungsverhalten und dem sonstigen Gesundheitsverhalten. Selbst bei sehr alten Menschen, die noch nie sportlich aktiv waren, lassen sich noch durch entsprechend zugeschnittene Bewegungsprogramme Fortschritte und Verbesserungen im Herz-Kreislauf-System erreichen.

Im mittleren Erwachsenenalter trägt körperliche Aktivität nicht nur zu einer besseren körperlichen Gesundheit bei, die Wahrnehmung eigener Fitness führt auch zu mehr Selbstwirksamkeit und einem besseren Stressmanagement (Maxwell & Lynn, 2015). Körperliche Aktivität steigert das psychische Wohlbefinden, weil es u. a. Depressionen senkt.

Körperliche Aktivität und Depressionen

Dass Bewegung auch das Risiko senkt, an Depressionen zu erkranken und sich positiv auf bereits vorhandene Depressionen auswirkt, konnten zahlreiche Studien belegen. Die Effekte waren sogar vergleichbar hoch wie eine medikamentöse Therapie oder eine Psychotherapie (Brand et al., 2006). Stimmungssteigerung durch sportliche Betätigung lässt sich zum einen biologisch erklären, da u. a. sogenannte »Glückshormone« (Endorphine) ausgeschüttet werden. Zum anderen lenkt Sport von grübelnden Gedanken ab und vermittelt Selbstwirksamkeitsgefühle (a. a. O.). Allerdings weiß man noch wenig über die Wirkweise und den Zusammenhang zwischen Bewegung und Stimmungslage. Körperliche Aktivität beeinflusst auch das Denken, wie im Folgenden ausgeführt wird.

Körperliche Aktivität und Kognition

Bewegung verbessert auch die *kognitiven Funktionen* (Voelcker-Rehage, 2018), also das Denken, die Wahrnehmung, das Gedächtnis, das Problemlösen und die Sprache. Da die Kontrolle über diese Funktionen mit zunehmendem Alter immer mehr nachlässt, ist auch für diesen Bereich Sport als Prävention sehr sinnvoll. Bei Menschen aller Altersstufen findet man direkt nach der sportlichen Aktivität Verbesserungen in ihren Gedächtnisleistungen und der Konzentration (Hogan, Mata & Carstensen, 2013).

Bei alten Menschen kann man durch Ausdauertrainings und durch Koordinationstrainings Verbesserungen in weiteren kognitiven Funktionen wie z. B. der Aufmerksamkeit nachweisen (Voelcker-Rehage & Niemann, 2013). Für diese Verbesserungen reichen zwei bis drei wöchentliche Aktivitäten von 30 Minuten. Auch gibt es Hinweise, dass ein aktiver Lebensstil das Auftreten von Demenz reduziert. Frauen, die 150 Minuten pro Woche spazieren gingen, hatten einen besseren Schutz vor Demenz als nicht aktive Frauen (a. a. O.).

Kognitive Funktionen werden nicht nur durch körperliche Aktivität, sondern durch einen insgesamt aktiven Lebensstil, einen anspruchsvollen Beruf und soziale Kontakte gefördert. Hat man sich im Beruf mit neuen Herausforderungen auseinandersetzen müssen, bleibt diese Flexibilität auch im Alter erhalten. Dagegen wirken sich monotone Tätigkeiten im Berufsleben negativ auf die geistige Flexibilität aus.

> **Merke!**
>
> Kognitive Funktionen werden gefördert durch:
>
> - körperliche Bewegung
> - einen aktiven Lebensstil
> - einen anspruchsvollen Beruf
> - soziale Kontakte

> **Merke!**
>
> Was trägt zu psychischem Wohlbefinden im Erwachsenenalter bei?
>
> Es gibt ein enges Geflecht zwischen körperlichem und psychischem Wohlbefinden im mittleren Erwachsenenalter. Körperliche Aktivität wirkt stimmungshebend und verbessert kognitive Funktionen. Das steigert die Selbstwirksamkeit und ein gutes Stressmanagement. Weiterhin trägt ein hohes Maß an Kontrolle über wichtige Bereiche des eigenen Lebens wie Familie, Beruf und Gesundheit zum Wohlbefinden bei (Lang et al., 2016). Das Gefühl der Kontrolle führt zu einer positiven Sicht auf Probleme (Lachman, Neupert & Agrigoroaei, 2011). Der persönliche Lebenseinsatz für Dinge, die einem wichtig sind, trägt ebenfalls zu vermehrter psychischer Gesundheit und Lebenszufriedenheit bei (Staudinger & Bowen, 2010). All diese Aspekte sind Komponenten der Selbstwirksamkeit.

Frauen- und Männergesundheit im Lebenslauf

Das Gesundheitsverhalten ist je nach Lebensphase und Lebensalter unterschiedlich ausgeprägt. So ist das Jugendalter eine eher gesundheitsriskante Lebensphase (▶ Kap. 3.3.2), während Menschen ab dem mittleren Erwachsenenalter verstärkt darauf achten, ihre Gesundheit zu erhalten und zu verbessern. Aber nicht nur in Bezug auf das Alter unterscheidet sich das Gesundheitsverhalten, auch die Schichtzugehörigkeit und das Geschlecht sind wichtige Unterscheidungsmerkmale. Die Gesundheitsunterschiede zwischen den Geschlechtern sind auf biologische und auf psychosoziale Faktoren zurückzuführen:

- Frauen und Männer haben unterschiedliche biologische Risiken aufgrund unterschiedlicher genetischer und hormoneller Ausstattung.
- Frauen und Männer werden vom Gesundheitssystem unterschiedlich behandelt.
- Frauen und Männer erwerben aufgrund ihrer Lebenssituation und ihres Lebenslaufs unterschiedliche Risiken.
- Männer und Frauen gehen unterschiedlich mit Krankheiten und Beschwerden um.

(Faltermaier, 2017, S. 325)

Erst seit kurzer Zeit beschäftigt sich die Wissenschaft mit geschlechtsbedingten biologischen Einflüssen auf Gesundheit, Krankheit und Krankheitsrisiken. So wurden etwa in der medizinischen Forschung Medikamente lange Zeit nur an männlichen Ratten erforscht und anschließend entsprechend der Wirkung an männlichen Zellen dosiert. Aspirin etwa zur Prävention von Herzinfarkten wurde nur an Männern getestet. Heute weiß man, dass es auch nur bei diesen präventiv wirkt. Bei Frauen wirkt Aspirin dagegen präventiv gegen Schlaganfall.

Viele Einflussfaktoren verändern die Wirkung von Medikamenten. So wiegen Frauen weniger als Männer, haben weniger Muskelmasse und mehr Fettmasse; im

Laufe ihres Lebens verändert sich die Zusammensetzung ihrer weiblichen Hormone und sie nehmen in verschiedenen Lebensphasen häufig Hormone zur Verhütung ein, die ebenfalls die Wirkung von Medikamenten verändern. Frauen haben weniger Wasser im Körper, ihr Darm arbeitet langsamer und die Medikamente bleiben länger im Körper. Frauen benötigen deshalb oft nur die Hälfte der angegebenen Dosierung, die auf den männlichen Körper normiert ist (Regitz-Zagrosek & Schmid-Altringer, 2020, S. 191).

Frauen benötigen auch nur die Hälfte der Dosis einer Grippeimpfung, weil ihre Hormone, speziell das Östrogen, ihre Immunabwehr stärken, während das Testosteron die Immunabwehr bei Männern hemmt.

Auch das Gesundheitssystem hat Einfluss auf die Gesundheit der Geschlechter, es behandelt männliche und weibliche Patient*innen unterschiedlich. So haben z. B. Frauen andere Herzinfarktsymptome als Männer, sie haben nicht unbedingt Atemnot und Stechen in der Brust, sondern eher Rückenschmerzen und Übelkeit. Frauen brauchen deshalb doppelt so lange bis sie diese Symptome ernst nehmen und zum medizinischen Fachpersonal gehen. Vom medizinischen Fachpersonal werden diese Symptome dann auch weniger ernst genommen als die Symptome der Männer. Frauen mit Herzinfarktsymptomen werden langsamer und schlechter behandelt und eher wieder nach Hause geschickt. Ein weiterer Grund dafür ist, dass Frauen ihre Beschwerden ausführlicher und genauer beschreiben als Männer und deshalb eher als hypochondrisch eingeschätzt werden (a. a. O.).

Im Fall von Depressionen werden dagegen Männer schlechter behandelt: Ihre Depression wird häufiger übersehen. Während sich Depressionen bei Frauen eher lehrbuchartig auf internalisierende Weise als Antriebsschwäche und Traurigkeit äußern, agieren Männer ihre Depression eher aus, werden aggressiv oder zeigen Suchtverhalten; ihr Verhalten ist externalisierend und eher untypisch für eine Depression. Depressionssymptome in Lehrbüchern sind also eher auf Frauen zugeschnitten (Möller-Leimkühler, 2010).

Ein bekanntes Phänomen, das auf die Gesundheit der Geschlechter zurückgeführt wird, ist die unterschiedliche *Lebenserwartung*. In den Industrienationen unterscheiden sich die Geschlechter um 5–8 Jahre zugunsten der Frauen. Gegenwärtig liegt in Deutschland die Lebenserwartung von Frauen bei 84,1 und bei Männern bei 79,1 (Statista, 2020b). Insbesondere in der Altersspanne zwischen 15 und 65 Jahren ist die männliche Mortalitätsrate etwa doppelt so hoch wie bei Frauen dieses Alters (vgl. Brähler et al., 2001). Wie lässt sich dieses »Geschlechterparadox« (vgl. Kolip, 2003) erklären, demzufolge Frauen zwar das vermeintlich »kränkere und schwächere Geschlecht« sind (vgl. Sieverding, 2005), aber eine höhere Lebenserwartung haben?

Zunächst interessiert die Frage, ob biologische oder soziale Faktoren bedeutsamer für die Lebensdauer sind und ob auch geschlechtstypisches Verhalten Einfluss auf die Lebensdauer hat. Die Klosterstudie (Luy, 2009; 2011) gibt Antworten.

Exkurs: Klosterstudie

Die Klosterstudie (Luy, 2009; 2011) verglich die Lebenserwartung von zwei Stichproben mit sehr unterschiedlichem Lebensstil: Mönche und Männer der

Allgemeinbevölkerung. Sie ging von der Hypothese aus, dass es zwischen Mönchen und Männern der Allgemeinbevölkerung keine Unterschiede in der Lebenserwartung geben dürfte, wenn biologische, also nicht beeinflussbare Faktoren eine bedeutsame Rolle spielen würden.

Sollten jedoch soziale Faktoren ausschlaggebend sein, müsste es einen bedeutsamen Unterschied zwischen Männern innerhalb und außerhalb des Klosters in der Lebenserwartung geben, denn der Lebensstil von Mönchen und Nicht-Mönchen unterscheidet sich gravierend. In diesem Fall dürfte auch zwischen Nonnen und Mönchen kein bedeutsamer Unterschied bestehen, da beide Gruppen in nahezu identischen Lebensumständen leben. Die Ergebnisse zeigten, dass die Mönche im Durchschnitt nur ein bis zwei Jahre kürzer lebten als Frauen (Nonnen und Frauen der Allgemeinbevölkerung). Dagegen lebten die Männer der Allgemeinbevölkerung sechs Jahre kürzer als die beiden Frauengruppen und viereinhalb Jahre kürzer als die Mönche.

Fazit: Biologische Unterschiede sind demnach nur für ca. ein bis zwei Jahre Unterschied in der Lebenserwartung der Geschlechter verantwortlich, nicht-biologische Faktoren dagegen für ca. fünf Jahre. Der Lebensstil ist also bedeutsamer für die Lebenserwartung.

Die Klosterstudie ergab, dass die Lebensdauer und damit Gesundheit und Krankheit eng mit der Lebenssituation zusammenhängen. Dazu gehören der Lebensstil, die Sozialisation und die individuellen Ressourcen. In diesen Faktoren unterscheiden sich die Geschlechter in typischer Weise. Biologische Faktoren sind dagegen weniger bedeutend.

Welche Geschlechtsunterschiede, die für eine längere Lebenserwartung der Frauen sprechen, sind bekannt?

- Frauen haben eine höhere Aufmerksamkeit für ihren Körper. Sie berichten häufiger über Beschwerden und nehmen Signale ihres Körpers eher wahr.
- Sie ernähren sich gesünder (mehr Gemüse und Obst, weniger Fleisch) als Männer.
- In Familien sind Frauen häufig die Expertinnen für die Gesundheit der Familienmitglieder.
- Frauen suchen ärztliche Behandlung im Falle von Beschwerden schneller auf als Männer und nehmen präventive Angebote häufiger in Anspruch. So sind Männer z. B. in Stressbewältigungskursen oder bei Entspannungstrainings kaum vertreten.
- Das aktive Aufsuchen von Hilfe und das Annehmen von Unterstützung sind generell weibliche Bewältigungsstile. Sie sind günstig, weil sie soziale Ressourcen aktivieren. Soziale Unterstützung ist ein Schutzfaktor in Stresssituationen. Auf diesen Schutzfaktor greifen Frauen in allen Altersstufen erheblich häufiger zurück als Männer.
- Frauen pflegen auch ihr Leben lang soziale Beziehungen und Netzwerke aktiver als Männer das tun. Bei ihnen ist deshalb die Gefahr von Vereinsamung im Alter z. B. durch Verwitwung viel geringer als dies bei Männern der Fall ist.
- Das Fehlen eines sozialen Netzes macht Männer im Fall von Krisen und Krankheit abhängiger von der Zuwendung ihrer Partnerin, die häufig gleichzeitig ihre

engste Vertraute ist. Frauen haben in der Regel eine Reihe von wichtigen emotionalen Beziehungen, bei denen sie Entlastung suchen und auch finden.
- Aufgrund eines fehlenden sozialen Netzwerks und der geringen Fähigkeit, sich Hilfen zu erschließen, ist die Gruppe der geschiedenen, alleinlebenden und verwitweten Männer gesundheitlich gefährdeter und zeigt auch einen deutlich schlechteren Gesundheitszustand als verheiratete Männer. In einer Ehe bzw. einer informellen Paarbeziehung zu leben, stellt also für Männer einen Schutzfaktor dar. Dieser Schutzfaktor zeigt sich besonders deutlich in bildungsfernen Schichten.
- Männer zeigen mehr Risikoverhaltensweisen, die gesundheitsschädlich sind und zu einer Verkürzung des Lebens beitragen. Sie konsumieren mehr Alkohol und Nikotin. Sie üben häufiger gefährliche Sportarten aus, haben mehr Autounfälle und sind häufiger in Gewalthandlungen verstrickt als Frauen. Auch dies sind Ursachen für ihre kürzere Lebenserwartung: In allen Altersstufen sind die Mortalitätsraten bei Männern aus diesen Gründen drei- bis viermal höher als bei Frauen (vgl. Sieverding, 2005; 2010).

Die kürzere Lebenserwartung ist demnach teilweise von den Männern »selbstverschuldet«. Schadet also die männliche Rolle der Gesundheit? Darüber gibt die *Marlboro-Studie* Aufschluss (▶ Exkurs unten). Sie bestätigt diese Vermutung. Rollenverhalten und Rolleneigenschaften beruhen auf gesellschaftlichen Erwartungen. Aufgrund ihres biologischen Geschlechts werden Frauen und Männern unterschiedliche Rollen zugewiesen. Traditionell ist der Mann für die materielle Basis der Familie zuständig. Er sichert das Überleben der Familie und definiert sich damit über Leistung.

Die gesellschaftlich den Männern zugeschriebenen Eigenschaften werden als instrumentell bezeichnet und umfassen Merkmale wie »wettbewerbsorientiert«, »unabhängig«, »abenteuerlustig«, »Druck standhaltend«, »entscheidungsstark«. Frauen werden dagegen expressive Eigenschaften zugeschrieben; diese dienen der Herstellung und Aufrechterhaltung sozialer Beziehungen. Expressive Merkmale sind demnach »freundlich«, »sanft«, »verständnisvoll« und »hilfreich«.

Diese Werte sind natürlich einem Wandel unterlegen und weichen gerade in den letzten Jahren etwas auf. Dass Männer, die besonders dem Männlichkeitsideal von Stärke, Macht und Überlegenheit entsprechen, sich in riskanten Verhaltensweisen engagieren und weiterhin Schwächen wie etwa Krankheitssymptome nicht zugeben und vielleicht auch gar nicht registrieren, ist leicht vorstellbar und wird durch Untersuchungen bestätigt (vgl. Kolip & Hurrelmann, 2016). Männer assoziieren im Gegensatz zu Frauen Gesundheit eher mit Leistungsfähigkeit: Der Körper soll funktionieren. Frauen verbinden mit dem Körper eher Wohlbefinden.

Exkurs: Der Marlboro-Mann

In einer Studie (Sieverding, 2004) sollte überprüft werden, ob Männer, die das Selbstkonzept eines Macho-Mannes haben, wie es die Marlboro-Werbefigur vertritt, weniger Beschwerden angeben als Männer, deren Selbstkonzept dem Marlboro-Mann eher unähnlich ist. Die Ergebnisse der Untersuchung an 450

Studierenden bestätigten die Hypothese. Männer, die dem Marlboro-Mann in ihrem Selbstkonzept ähnelten, gaben deutlich weniger Beschwerden an als die dem Marlboro-Mann eher unähnlichen Männer. Letztere hatten ähnlich hohe Beschwerdewerte wie die untersuchten Frauen.

Tipp: Suchen Sie einmal mit einer Bildersuche nach Marlboro-Männern im Internet.

Traditionelle Rollenvorstellungen sind zeitgeschichtlichen Veränderungen unterworfen und Männer dürfen mehr und mehr ihre expressiven Anteile zeigen. Dass diese Veränderung für sie vorteilhaft ist, ergaben Untersuchungen, nach denen »expressive« Männer eine koronare Herzerkrankung länger überleben als »normale« Männer (Hunt et al., 2007). Die Anpassung von Frauen an männliches Verhalten hat dagegen einen gegenteiligen Effekt: Seitdem Frauen Männer in der Häufigkeit des Rauchens zunehmend einholen, erkranken sie ebenfalls vermehrt an Lungenkrebs. Insgesamt lässt sich festhalten, dass eine Feminisierung von Männern im Sinne von expressivem Verhalten ihrer Gesundheit hilft, während eine Maskulinisierung des Gesundheitsverhaltens den Frauen schadet.

Der Einfluss des Geschlechts auf die Gesundheit wird auch vom sozioökonomischen Status moderiert. So beträgt der Unterschied in der Lebenserwartung zwischen der höchsten und der niedrigsten Einkommensgruppe bei Männern 10,8 Jahre und bei Frauen 8,4 Jahre. Ein Mann der höchsten Einkommensgruppe hat eine um vier Jahre höhere Lebenserwartung als eine Frau der niedrigsten Einkommensgruppe (a. a. O.).

Solche Unterschiede in der Lebenserwartung reduzieren sich in dem Maße, wie die Lebenssituation beider Geschlechter sich angleicht (▶ Exkurs: Klosterstudie). Ein niedriger sozialer Status tritt mit häufigerem Rauchen, Übergewicht und weniger sportlicher Aktivität auf. Es ist daher nicht verwunderlich, dass ein niedriger sozialer Status mit einem erhöhten Herz-Kreislauf-Risiko einhergeht. Ein Zusammenhang, der für beide Geschlechter gilt. Aber auch Umweltfaktoren wie schlechtere Arbeitsbedingungen, eine ungünstigere Wohngegend und erhöhte Luftverschmutzung spielen eine wichtige Rolle für die Lebenserwartung.

Im Gegensatz zu Arbeitsbedingungen lassen sich Lebensstile eher selbst wählen. Das Erwachsenenalter ist von unterschiedlichen Lebensstilen geprägt. Im folgenden Kapitel (▶ Kap. 5.3) erfahren Sie mehr darüber.

Zusammenfassung

Die für das mittlere Erwachsenenalter als typisch beschriebenen Krisen wie das Empty-Nest-Syndrom und die Midlife-Crisis sind empirisch nicht nachgewiesen. Dagegen beschreibt der Begriff der Sandwich-Position treffend die vielfältigen Verpflichtungen der mittleren Generation den jüngeren und älteren Generationen gegenüber. Das Thema Gesundheit wird in dieser Lebensphase zunehmend relevant.

Gesellschaftliche Erwartungen an geschlechtsbezogenes Verhalten und entsprechende Einstellungen haben eine erhebliche Bedeutung für die Gesundheit von Frauen und Männern und auch für ihre unterschiedliche Lebenserwartung. Traditionell männliches Rollenverhalten geht mit riskanterem Gesundheitsverhalten einher. Je mehr sich die Geschlechter in einer Gesellschaft angleichen, desto geringer fallen diese Unterschiede aus.

Verständnisfragen

- Definieren Sie Generativität.
- Warum ist es plausibel, dass die Existenz einer Midlife-Crisis empirisch nicht nachweisbar ist?
- Welche Erklärung gibt es für die Unterschiede in der Lebenserwartung zwischen den Geschlechtern?

5.3 Lebensstile im Erwachsenenalter

Unterschiedliche Lebensstile und auch ihre gesellschaftliche Akzeptanz haben in den letzten Jahrzehnten deutlich zugenommen. Die klassische Ehe und Familie sind nicht mehr die einzigen akzeptierten Lebensstile. Paare wohnen unverheiratet zusammen oder wohnen getrennt, sie bekommen nichteheliche Kinder, schieben das Elternwerden bis Mitte 30 hinaus oder verzichten ganz auf Kinder. Die verschiedenen Lebensformen sind unterschiedlich stabil (am stabilsten sind Ehen) und unterscheiden sich bezüglich ihrer Beziehungszufriedenheit. Am weitesten verbreitet sind aber immer noch Ehe und Familie: 40 % aller Menschen im mittleren Erwachsenen leben dieses Modell und 70 % der Kinder in Deutschland wachsen in Familien mit zwei leiblichen Eltern auf. Deshalb werden zunächst Aspekte des ehelichen und familiären Zusammenlebens dargestellt aus Sicht der beteiligten Erwachsenen.

5.3.1 Ehe und Familie

Die Ehe ist meistens der Endpunkt der Suche nach einer romantischen Paarbeziehung, auch wenn immer mehr Menschen lange Zwischen- oder Vorphasen durchlaufen. Sie ist die stabilste Beziehungsform mit gleichzeitig der höchsten Beziehungszufriedenheit (Tai, Baxter & Hewitt, 2014).

Seit den 1960er Jahren befindet sich die Ehe auf dem Rückzug (Kaindl & Schipfer, 2017). Heiraten ist keine Selbstverständlichkeit mehr, die Heiratsneigung ist stark gesunken und hat sich in den letzten vierzig Jahren – ebenso wie die Geburtenrate – auf einem niedrigen Niveau eingependelt (Peuckert, 2019, S. 30). Menschen heiraten nicht nur deutlich später, sondern auch deutlich seltener. Eine repräsentative Brigitte-Studie (Allmendinger, 2009) untersuchte die Einstellungen junger Frauen zur Ehe und stellte eine zunehmende Gleichgültigkeit der Institution Ehe gegenüber fest. Es ist wichtiger geworden, ob man gefühlsmäßig übereinstimmt und sich entscheidet zusammenzuwohnen; der Trauschein ist dafür weniger bedeutsam. Ein häufiger Grund für eine Heirat ist eine Schwangerschaft (Kreyenfeld & Bastin, 2010). Weitere Gründe sind finanzielle Vorteile oder auch ein spontan-emotionaler Entschluss. Nur ein Drittel nennt traditionelle Werte als Grund für die Eheschließung (Schneider & Rüger, 2007, S. 146).

Soziolog*innen bewerten den Rückgang der Heiratsneigung als den auffälligsten familiären Wandlungsprozess in den letzten Jahrzehnten in Deutschland. Ursachen liegen in der zunehmenden Liberalisierung der Sexualmoral, der zunehmenden Gleichstellung von Frauen, die nicht mehr ihren Wert über den Status der Ehefrau gewinnen, sondern eine steigende Bildungs- und Erwerbsbeteiligung vorweisen. Die Ehe ist in der westlichen Welt keine Voraussetzung mehr für individuelle Freiheiten (Zusammenleben, Status, Kinder bekommen, Sexualität leben). Mit dem Rückgang der Ehe nehmen andere Lebensformen zu wie ein Singleleben, Lebensgemeinschaften, getrennt wohnende Paare und unterschiedlich zusammengesetzte Folgefamilien nach Scheidung.

Die Rolle von Frauen in der Familie

In Familien mit minderjährigen Kindern sind zu zwei Drittel beide Elternteile berufstätig, wobei nahezu alle Frauen in Teilzeit arbeiten. Ein Drittel sind sogenannte »Hausfrauenehen« (Peuckert, 2019, S. 409). Die Einführung des Elterngeldes und der Ausbau von Kitas hat jedoch zu einer Zunahme der weiblichen Erwerbstätigkeit geführt, die allerdings fast immer Teilzeitarbeit ist. Aus politischer Sicht werden lange Phasen von Teilzeitarbeit sehr kritisch bewertet, weil diese in der Regel zu weiblicher Altersarmut führt. Eine egalitäre 50:50 Aufteilung von Erwerbstätigkeit eines Paares mit Kindern ist in keinem Land der Welt realisiert (Hipp & Leuze, 2015). In Deutschland tragen Frauen max. 35 % der gesamten Erwerbstätigkeit des Paares bei.

Eine egalitärere Aufteilung der Erwerbstätigkeit findet statt, wenn die Frau einen Beruf mit dem gleichen Status hat wie ihr Partner (Wippermann, 2016a). Viele berufstätige Paare mit kleinen Kindern sind mit ihren Arbeitszeiten unzufrieden. Arbeiten beide in Vollzeit, würden sie gerne ihre Arbeitszeit verkürzen; arbeitet der Mann Vollzeit und die Frau Teilzeit, würden beide gerne ihre Arbeitszeiten einander angleichen, ist der Mann der Alleinverdiener, würde er gerne seine Arbeitszeit reduzieren (Allensbach, 2015). Die meisten Mütter und Väter finden, dass sie zu wenig Zeit für ihr Privatleben haben.

Berufstätige Mütter in Deutschland sind im Dauerstress (Berger, 2009). Das berichten 70 % der Akademikerinnen. Trotzdem sind berufstätige Mütter insgesamt glücklicher als nicht berufstätige Mütter (a. a. O.). Sie haben

- ein höheres Selbstwertgefühl,
- weniger Angstgefühle,
- eine bessere physische Gesundheit,
- eine höhere Ehezufriedenheit und
- mehr Lebenszufriedenheit (Faltermaier et al., 2014, S. 218).

> **Merke!**
>
> Dass trotz Dreifachbelastung mit Haushalt, Kindern und Beruf die Berufstätigkeit zur Zufriedenheit der Mütter beiträgt und sogar ein Schutzfaktor für die Gesundheit, speziell für die psychische Gesundheit darstellt, ist ein durchgehender Befund der Entwicklungspsychologie des Erwachsenenalters.

Der weibliche Lebenslauf ist im Vergleich zum männlichen Lebenslauf, der häufig geprägt ist von einer jahrzehntelangen beruflichen Vollzeittätigkeit, durch die flexible Anpassung an unterschiedliche Tätigkeiten und multiple Rollen gekennzeichnet. Er besteht aus zahlreichen unterbrochenen und wieder aufgenommenen beruflichen und privaten Biografiepfaden: Vollzeiterwerbstätigkeit, Kinderzeiten, Teilzeitarbeit, wieder Kinderzeiten, anschließend eventuell eine neue berufliche Tätigkeit, weil es den alten Arbeitsplatz oder sogar Beruf inzwischen nicht mehr gibt usw.

Multiple Rollen sind für Männer und Frauen vorteilhaft. Untersuchungen zeigen das übereinstimmend: Wer sich sowohl in der Familie als auch im Beruf engagiert, ist gesünder, psychisch stabiler und zufriedener mit seinem Leben. Berufstätige Frauen verarbeiten z. B. häuslichen Ärger besser, wenn sie berufliche Erfolgserlebnisse haben. Viele Rollen bedeuten auch viele Kontakte und viel Unterstützung (Muffels & Kempermann, 2011; Frech & Damaske, 2012). Der flexible Wechsel zwischen unterschiedlichen Tätigkeiten hält zudem kognitiv fit. Kennen sich beide Personen mit den unterschiedlichen familiären Aufgaben aus, können sie sich nicht nur besser austauschen, sondern entwickeln auch Verständnis für die jeweilige Arbeit der anderen Person.

Die Forschungsfrage, wie sich die Berufstätigkeit von Müttern auf die Entwicklung ihrer Kinder auswirkt, wird seit den 1950er Jahren des letzten Jahrhunderts bis heute immer wieder untersucht (zuletzt z. B. McMunn et al., 2012; Fan, Fang & Markussen, 2015).

> **Merke!**
>
> Eine aktive Vaterrolle und ein intensives Vater-Kind-Verhältnis haben positive Auswirkungen auf die kindliche Entwicklung. Väter unterstützen die Autonomieentwicklung. Sie beeinflussen die kognitive und die sprachliche Entwicklung, die Schulleistungen, die soziale und emotionale Entwicklung, die Empathiefähigkeit und das Selbstvertrauen (Juncke, Braukmann & Heimer, 2016; Seiffge-Krenke, 2016, S. 29).

Die Ergebnisse der Forschung zur mütterlichen Berufstätigkeit zeigen übereinstimmend keine Nachteile für die kindliche Entwicklung; nicht die Berufstätigkeit, sondern die *Zufriedenheit der Mutter* ist die entscheidende Variable für die kindliche Entwicklung, wie Ursula Lehr in ihrer Habilitationsschrift bereits 1968 herausfand

(Lehr, 1968). Eine zufriedene Mutter verhält sich positiv im Umgang mit ihren Kindern und ist die beste Voraussetzung für eine gelungene kindliche Persönlichkeitsentwicklung (Lange, 2007). Ob die Mutter am zufriedensten zu Hause oder im Beruf ist, ist individuell verschieden.

> **Merke!**
>
> Die Berufstätigkeit von Müttern ist ein strukturelles Merkmal von Familien. Nicht die Struktur einer Familie beeinflusst die kindliche Entwicklung, sondern die Qualität der Beziehungen innerhalb der Familie. Die familiären Beziehungen und das Familienklima werden von der Zufriedenheit der Mutter mit ihrem Leben maßgeblich beeinflusst. Es ist also nicht bedeutsam, ob die Mutter berufstätig ist oder nicht, sondern ob sie zufrieden ist mit dem, was sie tut. Das Beste für die kindliche Entwicklung ist eine zufriedene Mutter.

Familienleben im Erwachsenenalter: Familiäre Arbeitsteilung

Die meisten Menschen nennen Familien- und Paarbeziehungen als die wichtigsten Fundamente eines glücklichen Lebens. Befunde der Lebensqualitätsforschung weisen darauf hin, dass Menschen in Paarbeziehungen und Familien ein höheres Wohlbefinden aufweisen als alleinlebende Personen (vgl. Layard, 2006). Der Grund dafür ist die emotionale Unterstützung, die als eine der Hauptleistungen von Familien angesehen wird. Soziale Unterstützung ist *Emotionsarbeit* (Schwarz & Schwahn, 2016).

In der Soziologie unterscheidet man bezahlte Arbeit (Produktionsarbeit) von unbezahlter Arbeit (Reproduktionsarbeit). Die bezahlte Arbeit versorgt den Haushalt finanziell. Die unbezahlte Arbeit sorgt für das Wohlergehen aller Mitglieder. Dazu zählt Hausarbeit wie z. B. das Kochen, Putzen, Einkaufen, Waschen und die Kinderbetreuung. Auch das Versorgen und Pflegen der alten und kranken Mitglieder der Familie sind ein Teil davon, das Kontakthalten zu Familienmitgliedern und das Ausrichten von Familienfeiern ebenfalls. Sie schafft und erhält die Gesellschaft. Diese unbezahlte Arbeit im Hintergrund macht Produktionsarbeit erst möglich.

Emotionsarbeit ist unbezahlte Arbeit; sie ist Beziehungsarbeit und primär Sache der Mütter, insbesondere, wenn sie sich schwerpunktmäßig über ihre weiblich-expressiven Selbstanteile definieren (vgl. Erickson, 2005). Das familiäre Beziehungsmanagement steuert die emotionalen Bindungen zwischen den Familienmitgliedern, hält sie aufrecht und stärkt sie. Emotionsarbeit zeigt sich u. a. in folgendem Verhalten (Seery & Crowley, 2000):

- Verbaler Austausch
- Zeit für Familieninteraktionen
- die Rolle der Zuhörenden übernehmen
- die andere Person trösten und aufbauen

- eine angenehme Familienatmosphäre herstellen
- anderen Familienmitgliedern bei Problemen beistehen und ihren Selbstwert stärken

Beziehungsarbeit ist ein Teil des Selbstverzichts von Müttern und gehört zum Müttermythos, der besagt, dass die weibliche Identität sich aus dem Umsorgen der Kinder und weiterer Personen der Familie speist. Es erstaunt deshalb nicht, dass die Forschungsliteratur Hinweise auf folgenden Zusammenhang enthält: Je stärker die gesamte Emotionsarbeit auf den Schultern der Mütter ruht, umso stärker entstehen daraus für sie physische und psychische gesundheitliche Kosten (vgl. Strazdins & Broom, 2004).

Man kann von einer Polarisierung der Geschlechtsrollen innerhalb der Familie ausgehen. Der Mann ist zuständig für den Unterhalt, die Frau für die Hausarbeit, Kinderbetreuung und Beziehungsarbeit. Alle großen Familienstudien kommen zu dem Ergebnis, dass die weibliche zeitliche Arbeitsbelastung durch Haus- und Kinderarbeit weit über der Belastung der Männer liegt (BMFSFJ, 2009; Allensbach, 2015; Wippermann, 2016a) und sich diese ungleiche Arbeitsbelastung nur sehr langsam ändert.

Auch *Kinderbetreuungszeiten* sind ungleich verteilt und werden weit überwiegend von den Frauen geleistet (Juncke, Braukmann & Heimer, 2016). Männer schätzen ihre eigenen Kinderbetreuungszeiten viel höher ein als die ihrer eigenen Väter und bewerten das auch als positiv (a. a. O.), aber jede dritte Frau wünscht sich mehr Unterstützung bei der Kinderbetreuung durch den Partner (a. a. O.). Auch Mütter in Vollzeitberufstätigkeit kümmern sich mehr um ihre Kinder als ihre Partner.

In Familien mit »aktiven Vätern«, die im Vergleich zu anderen Vätern viel Zeit mit ihren Kindern verbringen, verbringen die Mütter ebenfalls mehr Zeit mit den Kindern, nicht weniger (Walper & Lien, 2018). Die Betreuungszeiten der Väter sind also gemeinsame Zeiten mit den Müttern, eine intensivierte Elternzeit. Allerdings fanden Dotti Sani und Treas (2016), die über viele Jahre Tagebucheintragungen von Eltern auswerteten, heraus, dass sich Väter im Jahr 1965 nur 16 Minuten am Tag mit ihren Kindern beschäftigten (Mütter: 54 Minuten), während es 2012 bereits viermal so lange war, nämlich 69 Minuten pro Tag (Mütter: 104 Minuten).

Die *Unzufriedenheit mit der traditionellen Rollenverteilung* spielt auch in Konflikten und bei Scheidungen eine erhebliche Rolle. Frauen sind generell unzufriedener in der Ehe und auch mittelalte alleinstehende Frauen wollen lieber Singles bleiben als mittelalte alleinstehende Männer, die gerne wieder eine Ehe eingehen würden. Frauen reichen häufiger die Scheidung ein und ein häufiger Grund für Auseinandersetzungen ist die häusliche Arbeitsteilung (Klammer & Klenner, 2004). Besonders im Erwachsenenalter stehen Gleichheitserwartungen bei Frauen im Konflikt mit Ungleichheitserfahrungen im Alltag, die in vielen Bereichen stattfinden, z. B. bei der Einkommenslücke und den Karrieremöglichkeiten. Im vorliegenden entwicklungspsychologischen Kontext werden nur die familiären Auswirkungen thematisiert. Insgesamt lässt sich schlussfolgern, dass die Identitätsentwürfe der Geschlechter noch nicht optimal zusammenpassen, es aber langsame Fortschritte gibt. Ein wichtiger Schritt zur gegenseitigen Anpassung stellt die Einführung des Elterngeldes im Jahr 2007 dar, die es Vätern ermöglicht, intensiv in das Familienleben einzusteigen.

Alternativmodell Doppelkarriere?

Bei Doppelkarrierepaaren haben beide Personen eine hohe Bildung und eine hohe Berufsorientierung, beide verfolgen eine eigenständige Berufslaufbahn (Solga & Wimbauer, 2005, S. 9). In Deutschland gibt es 6–8 % zusammenlebende Paare mit Doppelkarriere (Burkart, 2018). Meist handelt es sich um Akademiker*innenpaare. Kinderlose Akademikerpaare praktizieren dieses Modell der beiderseitigen Vollzeit-Doppelkarriere häufiger als Paare mit Kindern. Bekommen Doppelkarrierepaare Kinder gibt es zwei Karriereverlaufsmuster (Bathmann, Müller & Cornelißen, 2011). Das erste Modell ist die Doppelung des männlichen Karrieremodells: Der Beruf hat für beide Vorrang. Beide können die Strategie verfolgen, möglichst wenig Zeit in Familienaufgaben zu investieren; diese werden an Haushalts- und Kinderbetreuungshilfen delegiert. Eine andere Strategie ist das *Geteilte-Karriere-geteilte-Sorge-Modell*. Hier versuchen beide die Zeit für Beruf und Familie auszubalancieren und teilen sich die Familienarbeit möglichst gleichmäßig.

Doppelkarrierepaare leben im Vergleich zu anderen Paaren eine überdurchschnittlich egalitäre Paarbeziehung, sie erkaufen sich diese durch das Bezahlen von Unterstützung im Haushalt und bei der Kinderbetreuung (Peuckert, 2019, S. 376); trotzdem investieren auch in diesem Arrangement die Frauen mehr Zeit in den Haushalt. Sie haben die Oberaufsicht über den Haushalt und sind zuständig für das Vereinbarkeitsmanagement, im Zweifelsfall hat die Karriere des Mannes Vorrang (a. a. O.).

5.3.2 Alleinwohnende Menschen, alleinlebende Menschen und Living-Apart-Together

Die Zahl der alleinwohnenden Personen hat in den letzten Jahren in allen Altersstufen stark zugenommen. Im Jahr 2017 gab es 17 Millionen alleinwohnende Personen, das entspricht 41 % von allen Privathaushalten (Bundesinstitut für Bevölkerungsforschung, 2017). In der Gruppe der 25–44-Jährigen, einer Gruppe im traditionellen Familienlebensalter, hat sie sich sogar verfünffacht (a. a. O.). Es gibt zahlreiche altersspezifische Gründe dafür. Junge Menschen verlassen früher das Elternhaus und schalten eine lange Phase des Alleinwohnens vor das Zusammenziehen bzw. die Heirat. Durch verbesserte Bildung und erhöhte Einkommen speziell für Frauen ist das Alleinwohnen möglich geworden. In späteren Altersstufen ist die Instabilität von Beziehungen ein weiterer Grund. Im höheren Alter ist die Verwitwung speziell bei Frauen, die eine höhere Lebenserwartung haben, der Grund für das Alleinwohnen.

Leben in einer Partnerschaft beide getrennt voneinander, wird das als *Living-Apart-Together* (LAT) bezeichnet. Fast jeder dritte Alleinwohnende lebt in einer solchen Beziehung (Peuckert, 2019, S. 74). LAT stellt oft eine Vorstufe zur Ehe dar

(Lois & Lois, 2012). Getrennte Wohnsitze können auch durch unterschiedliche, weit auseinanderliegende Arbeitsplätze bedingt sein und eine Notlösung darstellen. Etwa 15 % aller Paare leben in dieser Form eine Beziehung auf Distanz (Burkart, 2018, S. 172). Das LAT variiert stark mit dem Alter. Unter 30-jährige leben zu 18 % in dieser Lebensform, 30–45-Jährige noch zu 5 % und 45–60-Jährige nur zu 1–3 % (Burkart, 2018, S. 177).

Was sind die Vorteile einer solchen Beziehungsform? Beide bleiben unabhängig, sie bewahren ihren Freiraum und meiden durch eigene Wohnungen Auseinandersetzungen um Alltagsprobleme (Schneider & Ruckdeschel, 2003). Sie können sich intensiver ihren beruflichen Aktivitäten und ihren Hobbies widmen. In der gemeinsam verbrachten Zeit engagieren sie sich mehr als es in herkömmlichen Beziehungen der Fall ist. Autonomie und Selbstentfaltung werden als wichtig angesehen und dem Bedürfnis nach einer emotional bedeutsamen und verbindlichen Beziehung wird trotzdem Rechnung getragen (Schneider, Limmer & Ruckdeschel, 2002, S. 164). Ein Drittel der alleinerziehenden Personen lebt in einer LAT-Beziehung. Sie sind bezüglich ihres Stresserlebens und ihres psychischen Wohlbefindens genauso zufrieden wie Mütter in Kern- und Stiefvaterfamilien und zufriedener als alleinerziehende Personen ohne Paarbeziehung (Traub, 2005).

Alleinlebende Menschen (Single) sind im Gegensatz zu alleinwohnenden Personen Erwachsene, die keine stabile intime Paarbeziehung außerhalb des eigenen Haushalts haben (Peuckert, 2019, S. 74) und auch ohne Kind leben. Im mittleren Erwachsenenalter gibt es 14 % alleinlebende Personen ohne feste Paarbeziehung (a. a. O.). Partner*innenlosigkeit ist allerdings häufig eine befristete Lebensform, die im Laufe der Biografie immer wieder eintreten kann und durch Biografiebrüche wie Trennungen und Scheidungen bedingt ist.

In Deutschland bleiben gebildete Frauen mit hohem Einkommen und Männer mit besonders niedriger Bildung am häufigsten ohne Paarbeziehung (Lengerer, 2011). Wohlhabende und karriereorientierte Frauen haben eventuell hohe Ansprüche an jeweilige Partner, vor denen sich Männer fürchten. Männer mit geringem Einkommen und geringer Bildung sind nicht begehrt, haben aber vielleicht auch zu wenig Selbstbewusstsein, um sich auf die Suche nach einer Paarbeziehung zu begeben. Frauen ohne Paarbeziehung genießen auch häufiger als Männer ohne Paarbeziehung die Freiheit und Unabhängigkeit ihres Status (Monyk, 2007).

Die meisten Menschen ohne Paarbeziehung im mittleren Erwachsenenalter haben eine ambivalente Einstellung zur Paarbeziehung. Auf der einen Seite schätzen sie Nähe, Geborgenheit und Rückhalt, auf der anderen Seite bevorzugen sie ihre Unabhängigkeit (Schmidt et al., 2006). Auch wenn viele Menschen ohne Paarbeziehung eine eigene Kompromisslosigkeit zugeben und ihren Lebensstil nicht zugunsten einer Liebesbeziehung verändern wollen, streben die meisten doch eine solche Liebesbeziehung an. Nur 5 % wollen dauerhaft allein bleiben (Monyk, 2007).

Alleinwohnen und Fehlen einer Paarbeziehung sind selten angestrebte Lebensmodelle. Metastudien zeigen ein ungebrochenes Bedürfnis nach einer festen Zweierbeziehung (Peuckert, 2019, S. 143). Stabile Beziehungen werden als wichtige emotionale und soziale Quellen angesehen.

5.3.3 Gleichgeschlechtliche Ehen und Regenbogenfamilien

Seit 2017 dürfen homosexuelle Paare heiraten und sind damit heterosexuellen Paaren gleichgestellt. Die Heiratserlaubnis löste das Recht zur eingetragenen Lebensgemeinschaft, das seit 2001 bestand, ab. Von allen zusammenlebenden Paaren im Jahr 2017 machten homosexuelle Paare nur ein halbes Prozent aus. Auch wenn man von einer doppelt oder dreifach so hohen Dunkelziffer ausgehen kann, handelt es sich immer noch um eine kleine Gruppe (Krack-Roberg et al., 2016).

> **Exkurs: Weitere sexuelle Ausrichtung: LGBT**
>
> LGBT ist eine Abkürzung und ein Sammelbegriff, der weibliche und männliche Homosexuelle, Bisexuelle und Transgender-Menschen umfasst. Transgender bedeutet, dass die eigene Geschlechtsidentität nicht mit dem eigenen biologischen Geschlecht übereinstimmt. Der Begriff »Non-Binary« umfasst zusätzlich Personen, die sich keinem Geschlecht zugehörig fühlen und die sich nicht einordnen lassen wollen. Abzugrenzen davon sind intersexuelle Menschen. Sie werden mit einem uneindeutigen Geschlecht geboren. Das hat unterschiedliche biologische Ursachen wie etwa Abweichungen der Geschlechtschromosomen oder genetisch bedingte hormonelle Entwicklungsstörungen.
>
> Dass Abweichungen von der Norm auch in relativ toleranten Gesellschaften in der Regel zu Ausgrenzungen und Diskriminierungen führen, ist bedrückend und für die betroffenen Personen eine sehr belastende Tatsache. Die Entwicklung der sexuellen Identität, das Akzeptieren der eigenen Ausrichtung und das Coming-out werden wesentlich durch die negativen Reaktionen der Umwelt erschwert.

Unterscheiden sich homo- und heterosexuelle Paare in Bezug auf ihre Beziehungsvorstellungen? Studien finden eher keine Unterschiede bezüglich der Erwartungen an eine gute Beziehung. Sowohl homo- als auch heterosexuelle Paare wünschen sich verbindliche, langfristige und emotional befriedigende Beziehungen (Burkart, 2018, S. 145). Es ist auch nicht überraschend, dass sich Homo- und Heterosexuelle bezüglich ihrer Persönlichkeitsstruktur nicht unterscheiden (Kroh et al., 2017).

Zwischen weiblichen und männlichen Homosexuellen findet man dieselben Unterschiede bzgl. Treuevorstellungen wie bei Heterosexuellen. Weibliche Homosexuelle tendieren in einer Paarbeziehung mehr zu Monogamie, während männliche Homosexuelle eher sexuell nicht exklusive Beziehungen bevorzugen (Burkart, 2018, S. 148). Homosexuelle Männer und Frauen fühlen sich jeweiligen Partner*innen ebenso stark verbunden wie Heterosexuelle, ihr Wunsch an die Beziehung ist Exklusivität und Dauerhaftigkeit (Buba et al., 2001). Konflikte beziehen sich meist auf das Aushandeln von gegenseitigem Freiraum, auf die Arbeitsteilung im Haushalt und auf Eifersucht und Sexualität. In homosexuellen Paarbeziehungen herrschen ein geringeres Machtgefälle und mehr gemeinschaftliche Arbeitsteilung (Rupp & Haag, 2016). Die Hausarbeit wird relativ gleich verteilt (Biblarz & Savci, 2010). Hausarbeiten, wie Putzen, Waschen, Kochen, Spülen, Einkaufen werden gemeinsam oder abwechselnd erledigt; mit dieser gewählten Arbeitsteilung sind drei Viertel der befragten Personen zufrieden (Rupp & Haag, 2016). Dass homosexuelle

Paare das heterosexuelle Modell: Mann gleich Geldverdiener, Frau gleich Hausfrau imitieren, ist empirisch widerlegt (a. a. O.). Homosexuelle Paare verteilen die Aufgaben flexibler und weniger geschlechtstypisch Die Arbeitsverteilung ist weniger geplant als vielmehr ohne Absprachen eingespielt (Buba et al., 2001).

Homosexuelle sind durchschnittlich etwas weniger mit ihrem Leben zufrieden, etwas depressiver und haben mehr psychische Probleme, was an Stigmatisierungs- und Diskriminierungserfahrungen liegen dürfte (Kroh et al., 2017).

Ungefähr die Hälfte aller Homosexuellen hat einen Kinderwunsch (Haag, 2016). Frauen bevorzugen zur Erfüllung eine künstliche Befruchtung, Männer eine Adoption. *Regenbogenfamilien* sind zu 93 % Mutterfamilien (Rupp & Eggen, 2011). Sie sind eine recht seltene Familienform: 2015 wuchsen 9.500 minderjährige Kinder bei gleichgeschlechtlichen Eltern auf, insgesamt gab es in diesem Jahr 13 Millionen minderjährige Kinder (Peuckert, 2019, S. 514).

Zur Hälfte stammen die Kinder in Regenbogenfamilien aus früheren heterosexuellen Beziehungen. In der anderen Hälfte werden sie mit Hilfe einer *Insemination* und Samenspende in der gegenwärtigen Beziehung geboren. Bei einer Insemination handelt es sich um die Übertragung des Samens in die Gebärmutter mittels Spritze. Es ist die häufigste Methode künstlicher Befruchtung (▶ Kap. 5.3.4).

Auch als Eltern leben gleichgeschlechtliche, lesbische Paare eine gleichberechtigtere Aufgabenverteilung als heterosexuelle Paare. So erledigen lesbische Paare Tätigkeiten häufiger zusammen oder im Wechsel und kehren auch schneller nach der Geburt zu einem egalitäreren Arrangement zurück (Dürnberger, 2011, S. 164). Bei ihnen findet also der typische Traditionalisierungseffekt nicht statt. Die leibliche Mutter übernimmt aber zunächst mehr die Rolle des »Caregivers«, während die andere Mutter als »Breadwinner« fungiert.

Das Erziehungsverhalten gleichgeschlechtlicher, lesbischer Eltern ist durch Fürsorglichkeit und Zugewandtheit geprägt, es gibt keine Unterschiede zum Erziehungsverhalten in anderen Familienformen (a. a. O.).

Stellt das Aufwachsen bei homosexuellen Eltern ein Entwicklungsrisiko dar?

Seltene Familienformen haben häufig mit Vorurteilen zu kämpfen. Das galt früher für Ein-Eltern-Familien und für unverheiratete Eltern, ehe diese Formen sich gesellschaftlich etablierten. Gegenwärtig werden Regenbogenfamilien die Vorurteile entgegenbracht, mit denen auch Homosexuelle konfrontiert werden.

> **Übung**
>
> Stellen Sie in Ihrer Freundesrunde die Frage zur Diskussion, ob das Aufwachsen bei homosexuellen Eltern für Kinder ein Entwicklungsrisiko darstellt. Sammeln Sie die Argumente. Berichten Sie über die Forschungsergebnisse zu dieser Frage.

In einer Metastudie konnten keine systematischen Unterschiede bezüglich der kognitiven, emotionalen, psychischen und sozialen Entwicklung zwischen Kindern aus Regenbogenfamilien und Kindern mit heterosexuellen Eltern festgestellt werden (Crowl, Ahn & Baker, 2008). Kinder, die bei gleichgeschlechtlichen Eltern aufwachsen, haben keine Probleme in Bezug auf ihre Geschlechtsrollenidentität, ihre schulische und berufliche Entwicklung verläuft gut und sie besuchen doppelt so häufig das Gymnasium wie Kinder aus heterosexuellen Familien (Rupp, 2009). Sie schätzen sich sogar etwas selbstsicherer, toleranter und offener ein als ihre Freund*innen aus heterosexuellen Familien (a. a. O.).

Angloamerikanische Studien kommen zu denselben Ergebnissen: Kinder mit homosexuellen Eltern entwickeln sich gut und tendenziell sogar besser als Kinder aus anderen Familien (z. B. Bos, Van Balen & Van den Boom, 2007; Golombek & Tasker, 2015). Die einzigen Unterschiede sind Probleme aufgrund von Stigmatisierungen und Schikanen bei Kindern aus homosexuellen Familien im Vergleich zu Kindern aus heterosexuellen Familien (Ray & Gregory, 2001).

> **Merke!**
>
> Die Basis eines förderlichen familiären Entwicklungskontextes in emotionaler, kognitiver und sozialer Hinsicht sind qualitativ gute Beziehungen. Nicht relevant sind dagegen äußere Merkmale. Das wird an den folgenden drei Beispielen verdeutlicht.

1. Kinder mit gleichgeschlechtlichen Eltern unterscheiden sich in ihrer Entwicklung nicht von Kindern mit heterosexuellen Eltern. Es gibt eher leicht positive Unterschiede zugunsten der Kinder homosexueller Eltern.

Fazit: Nicht die Struktur, also die Zusammensetzung der Familie ist maßgeblich für eine günstige kindliche Entwicklung, sondern vielmehr die Qualität der innerfamiliären Beziehungen.

2. Die Berufstätigkeit von Müttern beeinflusst nicht die kindliche Entwicklung. Die familiären Beziehungen werden von der Zufriedenheit der Mutter mit ihrem Leben maßgeblich beeinflusst, nicht von ihrem beruflichen oder hausfraulichen Status.

Fazit: Es ist nicht bedeutsam, ob die Mutter berufstätig ist oder nicht, sondern ob sie mit ihrem Leben zufrieden ist. Ihre (Un-)Zufriedenheit beeinflusst die kindliche Entwicklung.

3. Hartnäckig halten sich in der Gesellschaft die Vorurteile über Einzelkinder (sie seien einsam, unsozial und verwöhnt). Vergleichsuntersuchungen zwischen Geschwister- und Einzelkindern erbringen keine Unterschiede (Kasten, 2007). Eine Untersuchung an 1.000 Grundschulkindern ergab, dass die meisten Einzel- und Geschwisterkinder sich in ihrer Familie wohlfühlten, Einzel- und Geschwisterkinder nannten gleich viele Freundschaftsbeziehungen, waren in der Schule gleichermaßen beliebt und hatten vergleichbare Schulleistungen (Teubner, 2005). Einzelkinder sind sogar sozial etwas aufgeschlossener als Geschwisterkinder, weil sie von sich aus aktiv werden müssen,

um Spielkameradschaften zu finden im Gegensatz zu Geschwisterkindern, die diese zu Hause vorfinden (Kasten, 2007).

Fazit: Nicht die Struktur der Familie, hier die Anzahl der Geschwister, sondern der Erziehungsstil (ein verwöhnender Erziehungsstil hat nichts mit der Anzahl der Kinder zu tun), das Familienklima und die Familiendynamik beeinflussen die kindliche Entwicklung in Richtung auf ein angemessenes Sozialverhalten.

5.3.4 Inseminationsfamilien

Ein unerfüllter Kinderwunsch ist insbesondere für Frauen eine hohe psychische Belastung; es stellt ein kritisches Lebensereignis dar, welches bewältigt werden muss. Es gibt unterschiedliche Bewältigungsmöglichkeiten: Man kann Alternativen zu einem Leben mit Kind suchen und finden, man kann eine Adoption anstreben oder ein Pflegekind annehmen. Eine weitere Möglichkeit ist die Entscheidung für reproduktionsmedizinische Verfahren. Sie sind sowohl körperlich als auch psychisch mit großem Stress verbunden. Die Wahrscheinlichkeit mit einem Verfahren der künstlichen Befruchtung ein Kind zu bekommen, liegt nur bei ca. 22 % (Peuckert, 2019, S. 349). Die größte Belastung für die behandelten Paare ist der Wechsel zwischen Hoffnung und anschließender Enttäuschung während der Behandlungszyklen (Rauprich, Berns & Vollmann, 2011).

Im Folgenden soll nur auf psychologische Begleiterscheinungen des Inseminationsverfahrens eingegangen werden, welches Paare mit Kinderwunsch, aber auch Frauen ohne Paarbeziehung und gleichgeschlechtliche Partnerinnen in Anspruch nehmen können.

Bei einer homologen Insemination wird die Eizelle der Frau mit dem Samen ihres Mannes befruchtet. Bei diesem Verfahren wird der Zeugungsakt durch ärztliches Fachpersonal durchgeführt; es ist kein privater Akt mehr, aber das biologische Vater-Mutter-Kind Verhältnis bleibt erhalten. Es wird deshalb vermutlich psychologisch ohne größere Probleme verarbeitet. Anders sieht es bei einer heterologen Insemination aus, bei der Samen oder Eizelle von anderen Personen sind. Die Eizelle kann mit der Samenspende einer fremden Person befruchtet werden oder die Frau erhält die Eispende einer fremden Frau, die sie mit dem Samen ihres Mannes befruchten lässt und austrägt. In beiden Fällen ist die Einheit von biologischer und sozialer Elternschaft durchbrochen.

Bei der doppelt-heterologen Insemination sind Eizelle und Samen gespendet, das Kind wird von der sozialen Mutter ausgetragen. Die künftige Familienform entspricht biologisch in etwa einer Adoptivfamilie. Im Fall einer Samen- oder Eispende oder im Fall einer Leihmutterschaft entspricht die biologische Struktur der Familie einer Stieffamilie.

In Deutschland ist nur eine Samenspende erlaubt, eine Eispende nicht. Die neuen medizinischen Fortpflanzungstechniken sind den psychologischen Erkenntnissen und Hilfestellungen vorausgeeilt. So muss eine durch die heterologe Insemination entstandene asymmetrische biologische Beziehung beider Eltern zum Kind bewältigt werden. Dem sozialen Vater muss es gelingen, den biologischen Vater, den Samenspender gedanklich zu verdrängen und selbst in die Vaterrolle zu wachsen.

Die Andersartigkeit der Familie lässt sich nach außen gut verbergen, da sie nicht sichtbar ist und sie lässt sich auch nach innen, dem Kind gegenüber verbergen. Ebenso wie Adoptivkinder möglichst früh über ihre Herkunft aufgeklärt werden sollten, wird aus psychologischer Sicht auch Offenheit gegenüber Spenderkindern empfohlen (Bernat, 2002). Im Gegensatz dazu tendieren jedoch nur 10–20 % der benannten Eltern dazu, ihre Kinder aufzuklären (Walper & Wendt, 2011, S. 225). Untersuchungen an Jugendlichen und Erwachsenen zeigen bei diesen aber eine erschwerte Identitätsbildung (a. a. O.). Während es inzwischen umfangreiche Untersuchungen über die Probleme in anderen Familienformen wie Adoptiv-, Patchwork- und Ein-Eltern-Familien gibt, hinkt die Untersuchungslage in diesem Feld noch hinterher.

Zusammenfassung

In Paarbeziehungen ist die Aufgabenverteilung ein zentrales (Konflikt-)Thema. Obwohl sich Frauen und Männer eine gleichberechtigte Aufgabenverteilung in Familie und Haushalt wünschen, liegt die zeitliche Belastung dafür bei Frauen deutlich höher. Da Hausarbeit unbezahlte Arbeit ist, Erwerbsarbeit aber nicht, ist diese Arbeitsteilung ein Hauptmerkmal sozialer und materieller Ungerechtigkeit der Geschlechter mit weitreichenden Folgen für weibliche Altersarmut. Frauen haben in der Familie die Gesamtkoordination inne und übernehmen auch die Beziehungsarbeit. Männer übernehmen klar umrissene Einzelaufgaben.

Frauen- und Männerrollen befinden sich in der westlichen Welt in einem Modernisierungswandel: Die traditionelle Rollenverteilung wird mehrheitlich abgelehnt. Die Hausfrauenehe verliert an Bedeutung (Wippermann, 2016a, 2016b). Die Mehrheit sieht die Rolle von Vätern nicht nur als Ernährer, sondern auch als aktive Erzieher (BMFSFJ, 2009) und auch Väter nehmen seit 2007 Elternzeit. Die Modernisierung der männlichen Rolle vollzieht sich allerdings sehr viel langsamer als die der weiblichen (Peuckert, 2019, S. 452).

Seit einigen Jahrzehnten haben unterschiedliche Lebens- und Beziehungsformen deutlich zugenommen. Die stärkste Zunahme verzeichnen nichteheliche Lebensgemeinschaften. Sie und andere neue Beziehungsformen sind häufig ein Durchgangsstadium, das am Ende des frühen Erwachsenenalters in der Ehe mündet. Im mittleren Erwachsenenalter haben neue Familienformen ebenfalls zugenommen und sind oft Folge von Scheidung. Nicht-traditionelle Familienformen findet man häufiger bei Paaren mit höheren Bildungsabschlüssen. Eine weitere Familienform sind Regenbogenfamilien.

Verständnisfragen

- Was ist Emotionsarbeit und wer übernimmt sie in der Familie?
- Schadet die mütterliche Berufstätigkeit der Entwicklung der Kinder? Begründen Sie Ihre Antwort.

- Schadet das Aufwachsen in einer Regenbogenfamilie der Entwicklung der Kinder? Begründen Sie Ihre Antwort.

5.4 Soziale Beziehungen im Erwachsenenalter

Die meisten Erwachsenen leben in engen, persönlichen Beziehungen. Menschen haben in der Lebensmitte mehr Beziehungen als in jeder anderen Lebensphase, sie haben Bindungen an ältere und an jüngere Generationen, sie haben lange bestehende Freundschaften und stehen noch im Berufsleben. Auch in dieser Lebensphase sind die Beziehungen Veränderungen unterworfen: Trennung und Scheidung finden statt, die erwachsenen Kinder verlassen die Eltern und die Eltern bleiben als Paar zurück, das sich wieder auf ihre eigene Beziehung besinnen muss. Die eigenen Eltern werden alt und sterben oder sie werden pflegebedürftig und es findet zwischen den erwachsenen Kindern und den alten Eltern eine Rollenumkehr statt. Es werden Enkelkinder geboren und die Erwachsenen in der Lebensmitte werden zu Großeltern, die wichtige Aufgaben übernehmen.

Soziale Beziehungen können positive und negative Effekte haben. Positive Beziehungen sind sozial unterstützend und stellen einen wichtigen Resilienzfaktor dar. Soziale Beziehungen können aber auch schaden und die individuelle Vulnerabilität verstärken. Im folgenden Kapitel wird eine zentrale Beziehungsform im Erwachsenenalter, die Paarbeziehung, in ihren hilfreichen und konfliktreichen Aspekten dargestellt.

Die wichtigsten Unterstützungssysteme sind Paarbeziehungen, die Ehe und die Familie, weil hier die emotionalen Bindungen besonders stark sind. *Soziale Unterstützung* kann auf vielerlei Weise helfen Stress zu reduzieren: Trost, Ermutigung, emotionale Zuwendung, Informationen geben und Motivieren haben hilfreiche und entlastende Wirkung. Enge Beziehungen bieten soziale Unterstützung also in emotionaler als auch in instrumenteller Form (finanziell, pflegen, entlasten). Soziale Unterstützung kann sogar zu schnellerer Gesundung bei körperlicher Krankheit führen.

Sozial integrierte Menschen, die mit Unterstützung rechnen, sind lebenszufriedener, gesünder und haben eine höhere Lebenserwartung als Menschen ohne Kontakte, die eine mögliche Unterstützung als eher unwahrscheinlich einschätzen.

5.4.1 Die Paarbeziehung

Spätestens mit dem Auszug der Kinder setzt die nachelterliche Lebensphase ein. Der Auszug der Kinder aus dem Elternhaus, der für die herangewachsenen Kinder meist ein normaler lebenszyklischer Prozess ist, verändert die Lebenslage der Eltern. Die Eltern werden auf ihre Paarbeziehung zurückgeworfen bzw. für alleinerziehende Frauen bedeutet der Wegzug der Kinder häufig der Beginn des Alleinlebens.

Welche Phasen durchläuft eine *langjährige Paarbeziehung* bis zum Erreichen des mittleren Lebensalters und wie geht es danach weiter?

In Anlehnung an Hantel-Quitmann (2016, S. 53 ff.) und Schneewind, Graf & Gerhard (2000) lassen sich folgende Phasen unterscheiden:

Von der Verliebtheit zur gelebten Liebe

Das Paar stimmt sich aufeinander ein, es synchronisiert sich. Die gemeinsamen Aufgaben werden verteilt, ein gemeinsamer Freundeskreis wird aufgebaut. Man einigt sich auf die Zukunfts- und Familienplanung.

Von der Paarbeziehung zur Elternschaft

Mit der Geburt eines Kindes werden Probleme mit der Herkunftsfamilie aktiviert. Diese müssen gelöst und nicht auf das jeweilige Gegenüber projiziert werden. Zentrale Aufgabe ist auch die Paarbeziehung neben der Elternbeziehung beizubehalten.

Das Paar mit kleinen Kindern

Die elterlichen Pflichten stehen im Mittelpunkt. Das Paar sollte trotzdem seine Eigenständigkeit bewahren und z. B. nicht nur Baby-Talk, sondern auch regelmäßig einen Paar-Talk durchführen. Insgesamt müssen Ansprüche an die Paarbeziehung zurückgestellt werden.

Das Paar mit älteren Kindern, Jugendlichen

Ein flexibles Stressmanagement muss weiterentwickelt werden, gute Konfliktlösungsstrategien sind wichtig, Konflikte in der Elternbeziehung sollten nicht auf die Paarbeziehung übertragen werden.

Von der Elternschaft zur Paarbeziehung

Ein neues Paararrangement ohne anwesende Kinder wird nötig. Ein Verhandeln über ein neues Lebenskonzept kann erforderlich sein. Bei Stieffamilien erlebt das Paar eventuell jetzt erstmals eine kinderlose Zeit.

Das ältere Paar

Ein neues Beziehungsarrangement wird durch veränderte Umstände nötig, weil z. B. die Frau noch berufstätig ist, der berentete Mann den Haushalt macht oder weil beide zu Hause sind und erstmals den ganzen Tag gemeinsam verbringen. Die Paar-

und Elternbeziehung wird eventuell um die Großelternbeziehung erweitert. Der Partner*innenverlust wegen Heimaufenthalt oder Tod wird antizipiert oder tritt ein.

5.4.2 Was hält Paare zusammen?

Paare im mittleren Erwachsenenalter haben offensichtlich einige Hürden erfolgreich genommen. Wie haben es diese langjährigen Eheleute geschafft, zusammen zu bleiben? Was hält die Paare zusammen? Das Kriterium einer guten Beziehung ist die Zufriedenheit in der Ehe. Langjährige Ehepaare sind oft mit ihrer Ehe zufrieden. Als Merkmale einer guten Beziehung nennen sie gegenseitige Wertschätzung, gemeinsame Aktivitäten, gemeinsame Ziele und Werte (Lang et al., 2012, S. 113).

Wie lässt sich gegenseitige Wertschätzung über viele gemeinsame Jahre erhalten? Nach der *Dreieckstheorie* von Sternberg (2006) besteht Liebe aus den Komponenten Intimität, Leidenschaft und Verpflichtung:

- *Intimität* ist die emotionale Komponente, die zärtliche Kommunikation, das Interesse für das Wohlbefinden des Gegenübers.
- *Leidenschaft* ist die körperliche, die sexuelle Komponente.
- *Verpflichtung* ist die kognitive Komponente, die Entscheidung, sich zu lieben und diese Liebe zu bewahren.

Zu Beginn der Beziehung ist die leidenschaftliche Liebe, die sexuelle Anziehung am stärksten ausgeprägt. Mit der Zeit nimmt sie ab und geht über in Intimität und Verpflichtung, beides ist die Basis einer kameradschaftlichen Zuneigung und Fürsorge. Die leidenschaftliche Liebe ist ein starker Prädiktor, dass das Paar zunächst zusammenbleibt. Ohne die Nähe, das Vertrauen und die gemeinsamen Einstellungen und Werte bricht die Beziehung aber bald auseinander. Die Wandlung von der leidenschaftlichen Beziehung zur Gemeinschaftlichkeit wird von der Verpflichtung der anderen Person gegenüber getragen. Sich verpflichtet zu fühlen auf empathische, respektvolle und fürsorgliche Weise zu kommunizieren, ist ein Prädiktor für die Langlebigkeit der Beziehung.

Studien über Paare zeigen, dass sich bereits im ersten Ehejahr die Verliebtheit vermindert (Berk, 2020, S. 645). Die Zufriedenheit nimmt ab, man verbringt weniger Zeit miteinander und interessiert sich weniger für das Wohlergehen des Gegenübers. Gründe dafür sind zahlreiche Alltagsverpflichtungen, die ermüden und vergessen lassen, dass die Beziehung durch Interesse und Bemühung lebendig gehalten werden muss (a. a. O.).

Merke!

Eine Beziehung, die dauerhaft von diesen Merkmalen geprägt ist, hat gute Chancen bis ins hohe Alter zu dauern:

- Wärme
- Empathie
- Fürsorge
- Respekt
- Akzeptanz

Einer der wichtigsten Einflüsse auf die Zufriedenheit und damit die Dauer der Beziehung ist der *Umgang mit Konflikten* (Lang et al., 2012, S. 113). Alle empirischen Befunde zur Partnerschaftszufriedenheit und zur Scheidungsforschung weisen auf die Wichtigkeit guter Konfliktbewältigungsstrategien und Kommunikationsfähigkeiten hin. Beides sind offensichtlich entscheidende Determinanten (z. B. Hahlweg, Feinstein & Müller, 1988, Gottman & Silver, 2018; Schulz von Thun, 2010; Hantel-Quitmann, 2016; Bodenmann, 2016).

Mit zunehmendem Verlauf der Ehe wird das konkrete Verhalten des Gegenübers für das gute Miteinanderauskommen relevant (Lang et al., 2012, S. 114). Verhält sich das Gegenüber nach eigener Einschätzung inakzeptabel, führt das zu Konflikten. Untersuchungen belegen, dass unglückliche Paare untaugliche Konfliktstrategien anwenden, die zu einer Verhärtung der Fronten und zu einer Eskalation führen.

Die Paartherapeuten Gottman und Silver (2018, S. 67 ff.) beschreiben vier Kommunikationsfehler in Konfliktsituationen, die sie wegen ihrer zerstörerischen Auswirkungen als apokalyptische Reiter bezeichnen. Diese sind:

- Kritik
- Verachtung
- Rechtfertigung
- Mauern

Kritik ist häufig ein Angriff oder wird als solcher aufgefasst. Sie ist häufig entwertend und pauschal und löst deshalb einen Gegenangriff aus.

Beispiel für Kritik:

»Ich hatte Dich doch gebeten, koffeinfreien Kaffee mitzubringen. Nie denkst Du an meine Wünsche. Immer denkst Du nur an Deine Sachen.«

Verachtung vermittelt dem Gegenüber, dass er unterlegen ist. Sie tritt oft mit Sarkasmus und Spott gepaart auf.

Beispiel für Verachtung:

»Das nennst Du Aufräumen? Kannst Du denn nichts richtigmachen? Gib mir mal ein paar Kisten für den ganzen Müll.«

Rechtfertigung beendet ebenfalls den Konflikt nicht, weil man keine Verantwortung übernimmt, sondern häufig mit einem Gegenvorwurf reagiert.

Beispiel für Rechtfertigung auf die Kritik, dass der falsche Kaffee gekauft wurde:

»Was kann ich dafür? Du hast nicht gesagt, welche Sorte Kaffee ich mitbringen soll«.

Mauern ist eine Blockadehaltung. Das Spannungsniveau ist so hoch, dass die mauernde Person nicht mehr spricht, sondern mit einem versteinerten Pokerface reagiert. Mauern macht es unmöglich, einen Konflikt zu lösen.

Beispiel: Streitverhalten

Im Streitbeispiel von Gottman und Silver (2018, S. 70) werden alle vier apokalyptischen Reiter angewendet.

Tab. 5.1: Die vier apokalyptische Reiter in einer Streitsituation (Gottman & Silver, 2018, S. 70)

Er:	Ich finde, wir sollten Thanksgiving dieses Jahr bei meinem Vater verbringen.
Sie:	Aber ich habe meinen Eltern schon gesagt, dass wir zu ihnen kommen!
Er:	Aber wir waren doch schon letztes und vorletztes Jahr bei deinen Eltern.
Sie:	Das liegt daran, dass du nie die Initiative ergreifst und etwas organisierst [Kritik].
Er:	Ich hatte eben sehr viel zu tun [Rechtfertigung].
Sie:	Ach, das ist ja eine schöne Ausrede. Im Gegensatz zu dir habe ich nicht nur herumgesessen und mir gedacht: »Oh, vielleicht sollte ich mal Pläne machen«, um mich dann bloß auf die faule Haut zu legen [Verachtung]. Und jetzt überlegst du es dir im letzten Moment anders und bestehst darauf, dass wir zu deinem Vater fahren. Das ist wirklich egoistisch [Kritik].
Er:	Du willst, dass alles immer nach deinem Kopf geht [Kritik]. Aber wieso rede ich überhaupt mit dir – du bist einfach lächerlich [Verachtung]. *(Er wendet sich ab und sagt kein Wort mehr)*
Sie:	Ach so, jetzt tust du so, als wäre ich nicht vorhanden und schmollst.
Er:	*(Schweigen)* [Mauern].
Sie:	Hallo! Jemand zu Hause? Das ist ja mal wieder typisch [Verachtung]!

Wie das Beispiel zeigt, geht es bei Konflikten häufig darum Recht zu haben, als Sieger*in aus dem Streit hervorzugehen und der anderen Person seine vermeintlichen Schwächen nachzuweisen. Ein solcher Kampf eskaliert schnell: Die gegenseitigen Verletzungen nehmen zu, ein Einlenken wird immer schwieriger. Durch ein solches Streitverhalten wird die Beziehung langfristig zerstört.

Die Paar- und Familienforscher Hahlweg, Feinstein und Müller (1988) analysierten das *Streitverhalten* von Paaren und stellten fest, dass Paare, die ihre Ehequalität als hoch einschätzten, bei einem Streit spätestens nach vier aufeinanderfolgenden Antworten den Streit abbrachen. Paaren mit mittlerer Ehequalität glückte es, nach acht aufeinanderfolgenden Reaktionen den Streit abzubrechen. Beiden Gruppen gelang es auf diese Weise, Eskalationen zu verhindern. Paare mit niedriger Ehequalität hatten dagegen größte Schwierigkeiten, sich aus dem negativen Zirkel zu lösen.

Dieser Ansatz, der beobachtbares Streitverhalten analysiert, wird sinnvoll ergänzt durch die bindungsbasierte Paartherapie, die sich mit den nicht sichtbaren Auslösern für Streit beschäftigt, nämlich mit den unerfüllten Wünschen und Bedürfnissen und dauerhaften Verletzlichkeiten, die beide Personen aus der Kindheit mitbringen (Roesler, 2016). Werden diese unerfüllten Wünsche und »Narben« aus der Vergangenheit durch Konflikte immer wieder aktiviert, entsteht hoher psychischer und physiologischer Stress (Johnson, 2006).

Wie sehen gute Konfliktlösungsstrategien aus, durch die gegenseitige Wünsche und Bedürfnisse vorwurfsfrei und ohne »apokalyptische Reiter« geäußert und anschließend befriedigt werden können?

Eine gute Methode, um zunächst einen Teufelskreis zu verlassen, ist die Metakommunikation. Die *Metakommunikation* ist das Sprechen über die Art des Umgangs miteinander. Man begibt sich aus der Situation und betrachtet sie von einer übergeordneten Warte (Schulz von Thun, 2010, S. 91 ff.). Auf diese Weise schafft man (inneren) Abstand. Kritisch und mit Abstand sich selbst und das eigene Verhalten zu betrachten, gehört zum Prozess der *Selbstreflexion*.

Definition: Metakommunikation

Metakommunikation ist die Kommunikation über die Kommunikation, also eine Auseinandersetzung über die Art des Umgangs miteinander. Man tritt aus der Situation heraus und betrachtet sie von außen. Auf diese Weise kann man eine Eskalationsspirale beenden. Neben der Thematisierung des Kommunikationsverhaltens ist auch das Thematisieren von Beziehungsaspekten zwischen zwei Personen eine Metakommunikation. Für beides ist Selbstreflexion notwendig.

Bei der Metaemotion spricht man über seine Gefühle, statt sie in dem Moment auszuleben. Man greift die Gefühle des Gegenübers auf, wertfrei, akzeptierend und verständnisvoll.

Definition: Selbstreflexion

Selbstreflexion ist ein Prozess der Selbstbeobachtung, ein kritisches und vergleichendes Nachdenken über das eigene Innenleben: die Gefühle, Motive und Gedanken. In einer Beratungssituation sind nicht nur Klient*innen, sondern auch die psychosoziale Fachkraft gefordert, das eigene Verhalten kritisch zu reflektieren.

Hinsichtlich der Bevorzugung konstruktiver Konfliktlösungsstrategien unterscheiden sich die aktuellen Ansätze der Paartherapie kaum. Alle schlagen einen Kommunikationsstil vor, bei dem empathisch zugehört wird, keine Vorwürfe und Entwertungen der anderen Person stattfinden, Kritik in Wünsche umgewandelt wird und die eigene Position klar und ehrlich vertreten wird. Weiterhin ist die Basis einer konstruktiven Auseinandersetzung die Überzeugung: Ich allein bin für meine Gefühle verantwortlich, keine andere Person.

Ein Modell zur Konfliktlösung, das diese verschiedenen Komponenten sehr gut integriert, ist das Modell der Konstruktiven Konfliktlösung nach Gordon. Es wird deshalb exemplarisch für ein erlernbares Training für Paare im Folgenden dargestellt.

Abb. 5.3: Metakommunikation: Den Konflikt von einem Balkon aus betrachten (angefertigt von Sabrina Hilz in Anlehnung an Schulz von Thun, 2010, S. 91)

5.4.3 Konstruktive Konfliktlösung nach Gordon

Gordon hat ein Modell der zwischenmenschlichen Beziehungsgestaltung, das von Wertschätzung, Empathie und Echtheit gekennzeichnet ist, zu einem praxisorientierten Modell der konstruktiven Konfliktlösung entwickelt. Es ist ein erlernbares Trainingsprogramm zur Konfliktlösung und zur Streitschlichtung und eignet sich nicht nur für Paarkonflikte, sondern auch für Konflikte in Familie, Schule und Beruf (Gordon, 2012a, 2012b, 2012c).

Sein Konfliktlösungsmodell sieht ein »niederlageloses« Ergebnis vor, eine »Win-Win« Lösung, die keine Verliererpartei, sondern nur Gewinnerparteien kennt. Eine solche Konfliktlösung, die beide Streitparteien zufriedenstellt, erreicht man durch ein Verhalten, das gekennzeichnet ist durch:

- empathisches Eingehen auf das Gegenüber durch aktives Zuhören
- sich selbst klar und deutlich ausdrücken durch Ich-Botschaften
- eine Kompromisslösung ohne Niederlage und Gesichtsverlust

Empathie bedeutet die Perspektive der anderen Konfliktpartei zu übernehmen und dadurch Verständnis für ihre Position zu entwickeln. Das Verhalten wird dadurch nachvollziehbar. Das *aktive Zuhören* ist ein aufmerksames, mitfühlendes Zuhören. Die Methode des aktiven Zuhörens soll es dem Gegenüber erleichtern, seine Position darzustellen. Man ist kompromissbereit und stellt eigene Hypothesen oder Lösungsvorschläge zurück. Aktives Zuhören vermittelt dem Gegenüber Wertschätzung: Deine Gedanken und Gefühle interessieren mich. Dadurch verbessert sich bereits die Beziehung.

Während aktives Zuhören empathisches Verhalten mit dem Gegenüber bedeutet, ist die *Ich-Botschaft* Ausdruck der Empathie mit dem eigenen Erleben und Ausdruck von Transparenz. Voraussetzung für diese Strategie ist eine geschärfte Selbstwahrnehmung. Sie führt zu Offenheit gegenüber dem eigenen Erleben. Ich-Botschaften sind konfrontativ. Es wird eindeutig eine Position bezogen und damit Verantwortung für das eigene Gefühl übernommen: »Das möchte und brauche ich.«

In Konfliktsituationen beinhalten Ich-Botschaften den eigenen Ärger; er wird jedoch niemals abwertend und etikettierend (»Du bist rücksichtslos.«) ausgedrückt. Solche Botschaften werden im Gegensatz als Du-Botschaften bezeichnet. Rosenberg, der das Konzept der gewaltfreien Kommunikation entwickelte (vgl. 2016) nennt sie »Wolfssprache« (Baller & Schaller, 2017, S. 66ff.), weil sie das Gegenüber bekämpfen. Sie erzeugen Druck auf das Gegenüber und verschlechtern die Beziehung. Du-Botschaften sind deshalb unwirksame Maßnahmen zur Konfliktlösung. Sie entwerten das Gegenüber und lösen deshalb eine Verteidigungsposition oder eine Trotzreaktion aus. In jedem Fall verhindern sie die Bereitschaft zu einer konstruktiven Konfliktlösung.

Demgegenüber bewertet eine gute Ich-Botschaft nicht, sondern beschreibt, wie sich das Verhalten des Gegenübers auf das eigene Erleben auswirkt.

Bei der Ich-Botschaft besteht das Ziel darin, eigenes Verhalten zu reflektieren und dazugehörende Gefühle zu verbalisieren: Wie fühle ich im Moment? Das teile ich als eine ehrliche Botschaft mit und bleibe authentisch. Marshall Rosenberg legt in seinem *Konzept der gewaltfreien Kommunikation* Wert auf das Mitteilen des eigenen Bedürfnisses und die Äußerung einer Bitte. Bedürfnisse sind die Ursache für Gefühle und das Erkennen der Bedürfnisse hilft beim Verstehen der eigenen Gefühle. Auch das Gegenüber wird eher die Ich-Botschaft nachempfinden und erfüllen, wenn es diese nicht als Forderung erlebt, sondern das Bedürfnis dahinter erkennt.

> **Beispiel: Ich-Botschaft – Beschreibung der Situation, des Gefühls, des Bedürfnisses, der Bitte**
>
> Falsch: »Ich fühle mich vernachlässigt.«
> Das ist eine verkappte Du-Botschaft. Sie ist ein Vorwurf und heißt: »Du vernachlässigst mich.«
> Richtig: »Diese Woche habe ich jeden Abend allein verbracht (Situation). Ich fühlte mich einsam und traurig (Gefühl). Denn ich habe ein Bedürfnis nach Nähe, Gemeinschaft, Kontakt (Bedürfnis). Ich bitte Dich, nächste Woche zwei oder drei Abende mit mir gemeinsam zu verbringen« (Bitte).

Ich-Botschaften:

- fördern bei der empfangenden Person die Bereitschaft, sich zu ändern
- verletzen nicht
- enthalten im Gegensatz zu Du-Botschaften keine Bewertungen und gefährden daher auch die Beziehung nicht.

> **Übung**
>
> Versuchen Sie beim nächsten Konflikt mit einer vertrauten Person, wenn Sie sich in ihren Bedürfnissen übergangen fühlen, eine Ich-Botschaft zu formulieren. Achten Sie auf die Wirkung.

Die »niederlagelose« Methode der Konfliktlösung

Konflikte sind in Paarbeziehungen, aber auch in allen anderen zwischenmenschlichen Beziehungen, unvermeidlich. Gordon bezeichnet sie als Situationen, in denen Verhaltensweisen oder Bedürfnisse zweier oder mehrerer Personen in einen Gegensatz geraten. Ihre konstruktive Lösung führt zu einer Verbesserung zwischenmenschlicher Beziehungen.

Meist laufen Konfliktlösungen nach einem Konzept von Sieg oder Niederlage ab: Es ist ein Machtkampf, den der oder die Stärkere gewinnt. Das gewaltfreie Modell nach Gordon und Rosenberg lehnt solche Lösungen ab, da sie weder einen respektvollen, gemeinschaftlichen Umgang miteinander, eine grundsätzliche Akzeptanz der anderen Person noch das Fördern eines gleichberechtigten Dialogs beinhalten. Machtkämpfe zerstören die Beziehung.

5.4 Soziale Beziehungen im Erwachsenenalter

Die Konfliktbewältigung nach Gordon läuft ohne Niederlage ab. Es handelt sich dabei um einen Prozess, bei dem beide Parteien gemeinsam mögliche Lösungen suchen und dann entscheiden, welches die beste Lösung zur Befriedigung der Bedürfnisse beider Seiten ist. Nachdem durch Ich-Botschaften und aktives Zuhören das Problem samt Motiven und Bedürfnissen auf beiden Seiten klar umrissen ist, wird gemeinsam eine für beide Seiten befriedigende Lösung gesucht und gefunden.

Berufsbezug

Auch für die professionelle psychologische Durchführung beratender oder therapeutischer Gespräche sind die Komponenten Perspektivenübernahme, Empathie und Selbstreflexion das Standardwerkzeug: Die psychologische Fachkraft ist dem Gegenüber nahe (Empathie) und wahrt gleichzeitig die nötige Distanz, um den Überblick zu behalten und ihr eigenes Verhalten zu beobachten (Selbstreflexion). Ihr Verhalten und Erleben ist für das Gegenüber transparent und ohne Fassade. Das Mitteilen des eigenen Erlebens kann in Form von Ich-Botschaften erfolgen. Ein solches Gesprächsverhalten ist ein aktiver Prozess, der erlernt werden kann.

Wenn Sie sich also intensiver mit dem Konzept der konstruktiven Konfliktlösung beschäftigen, verbessern Sie auch ihre interpersonellen Kompetenzen für den professionellen Umgang mit Menschen.

Zusammenfassung

Eine wichtige Beziehung im Erwachsenenalter ist die Paarbeziehung. Eine Paarbeziehung ist eine der stärksten emotionalen Beziehungen, sie bietet emotionale und instrumentelle Unterstützung und gewinnt mit zunehmendem Alter oft noch an Bedeutung. Die Entwicklungspsychologie teilt das Leben eines Paares in verschiedene Phasen, die immer wieder eine flexible Anpassung an veränderte Lebensumstände erforderlich machen. Paare, die lange zusammenbleiben, behandeln sich in der Regel wertschätzend und haben dieselben Interessen, Werte und Einstellungen. Sie sind zufrieden mit ihrer Beziehung. Ein wichtiges Kriterium für Zufriedenheit ist auch ein guter Umgang mit Konflikten.

Verständnisfragen

- Was meinen Gottman und Silver mit den vier apokalyptischen Reitern?
- Beschreiben Sie die Komponenten einer Ich-Botschaft.

5.5 Weitere wichtige Beziehungen im mittleren Erwachsenenalter

Im vorliegenden Kapitel werden weitere wichtige Beziehungen im Erwachsenenalter und ihre Veränderungen thematisiert: Die Ablösungsprozesse von den erwachsen werdenden Kindern und die Neugestaltung dieser Beziehung auf Augenhöhe, die Rollenübernahme als Großeltern, sowie die Rollenumkehr zwischen mittelalten Erwachsenen und ihren alten Eltern. Auch die eigenen Geschwister verdienen als lebenslange Begleiter Erwähnung.

5.5.1 Eltern und ihre erwachsenen Kinder

Ob Eltern sich mit ihren Kindern, die selbst junge Erwachsene sind, gut verstehen, hängt wesentlich von dem bisherigen Beziehungsverlauf im Kindes- und Jugendalter einschließlich eines positiv verlaufenen Prozesses der Loslösung ab. Eine wichtige Familienentwicklungsaufgabe nach dem Auszug der Kinder ist die Neugestaltung der Beziehung auf Augenhöhe. Eltern müssen akzeptieren, dass die erwachsenen Kinder ihr eigenes Leben führen, andere Pläne, Werte und Lebenseinstellungen haben als sie vielleicht befürworten.

Während des gesamten mittleren Erwachsenenalters geben Eltern ihren Kindern mehr Unterstützung und Hilfe als umgekehrt (Berk, 2020, S. 839). Das trifft insbesondere zu, wenn die Kinder noch nicht verheiratet, in der Ausbildung oder arbeitslos sind. Je nach eigenen Möglichkeiten ist die Unterstützung finanzieller, praktischer, emotionaler oder sozialer Art. Die mittelalten Eltern bleiben weiterhin bei der Entwicklung ihrer erwachsenen Kinder engagiert und werden für ihre aktive Elternrolle mit regem Kontakt belohnt.

Eltern bedeutet die Beziehung zu ihren Kindern viel und es steigert ihr psychisches Wohlbefinden, wenn sie hilfreich sein können (Fingerman et al., 2012). Sie bezeichnen ihre Kinder als Quelle des Glücks und der Erfüllung. Wenn junge Erwachsene sich ein eigenes Leben aufbauen, sind es besonders die Mütter, die die Rolle der familialen Integrationsfigur einnehmen und die Familie zusammenführen, gemeinsame Feste organisieren und sicherstellen, dass alle Mitglieder miteinander in Verbindung bleiben (Berk, 2020, S. 840).

> **Exkurs: Empfehlungen für gute Beziehungen**
>
> Vorschläge der Entwicklungspsychologin Berk, wie Eltern Konflikte mit ihren erwachsenen Kindern vermeiden und eine positive Beziehung erhalten:
>
> - Verhalten Sie sich respektvoll und unterstützend.
> - Verhalten Sie sich dem Alter Ihrer Kinder angemessen (Keine Tipps wie »Zieh Dich warm an, iss vernünftige Dinge«).
> - Akzeptieren Sie andere Lebensstile als Ihre eigenen.
> - Helfen Sie nur dann bei Problemen, wenn Sie darum gebeten werden.

- Achten Sie auf Ihre eigenen Bedürfnisse.
  (Berk, 2020, S. 840)

Mit dem *Auszug der Kinder* lösen sich die Familienbande nicht auf – multilokal bestehen sie weiter. Räumliche Entfernungen zwischen den Kindern und Eltern nehmen seit einigen Jahren zu. Die Gründe dafür sind Ausbildungen im Ausland, globalisierte Produktionen usw. Aber auch eine große Distanz tut der Verbundenheit keinen Abbruch; ihr wird mit aktuellen Kommunikationsformen (soziale Netzwerke, Videotelefonie) begegnet. Diese engen Beziehungen konnten u. a. Mahne und Huxhold (2017) in mehreren Untersuchungen in den Jahren 1996 bis 2014 zwischen erwachsenen Kindern und ihren Eltern feststellen.

Zu allen Untersuchungszeitpunkten hatten mindestens 78 % der Eltern zu ihren außerhalb des Haushalts lebenden Kindern mindestens einmal pro Woche Kontakt und berichteten über eine enge Verbundenheit und wenige Konflikte. Mütter hatten häufiger Kontakt zu ihren Kindern und fühlten sich auch ihren Kindern enger verbunden als die Väter. Die Autor*innen kommen zu dem Schluss, dass die Beziehung zwischen älteren Eltern und erwachsenen Kindern insgesamt von sehr hoher Qualität ist.

Mit der Familiengründung der Kinder wird diese Beziehung weiter aktiviert. Denn die längere Lebenserwartung bedeutet nicht nur eine längere nachelterliche Lebensphase, sondern auch die Chance einer langjährigen Enkelkind-Großelternbeziehung.

5.5.2 Die Großeltern

Enkelkinder sind erwiesenermaßen für die Großeltern eine beglückende Ressource. Die Beziehung zu ihnen ist eine der wenigen Verbindungen, die im Alter noch dazukommt. Neben der emotionalen Bereicherung ist sie auch eine sinnstiftende Ressource. Viele Frauen und Männer im mittleren Lebensalter unterstützen ihre Kinder in erheblichem Maße durch die Betreuung der Enkelkinder. Angesichts der häufigen beruflich-familialen Unvereinbarkeiten bei jungen Familien nehmen Großeltern, insbesondere die Großmütter, bei der Kleinkindbetreuung nachweislich eine wichtige und oft unersetzliche Stellung ein (Perrig-Chiello, Höpflinger & Suter, 2008). In der Großelternrolle zeigt sich in klassischer Weise generatives Verhalten (▶ Kap. 5.2).

Eine Längsschnittstudie an fast zehntausend Großeltern aus zehn Nationen zeigt sogar, dass Großmütter, die wöchentlich mit ihren Enkelkindern aktiv sind, bessere kardiovaskuläre Werte haben und sich gesünder fühlen, unabhängig davon, wie ihre Gesundheit vor der Großelternschaft war (Di Gessa, Glaser & Tinker, 2016).

Die höhere Lebenserwartung wirkt sich auch auf die Rolle der Großeltern aus, denn sie bedeutet, dass viele Menschen ein Drittel ihres Lebens in der Rolle der Großeltern sein können und sogar häufig noch Urgroßeltern werden. Erwachsene im mittleren Lebensalter bewerten ihre Großelternrolle als sehr bedeutsam, sie kommt direkt nach der partnerschaftlichen und der Elternrolle. Sie erleben die Großelternschaft als wichtigen Meilenstein mit folgenden positiven Auswirkungen:

- erlebte Wertschätzung durch die Enkelkinder
- eigenes Weiterleben durch die Nachkommen
- erneute Beschäftigung mit der eigenen Vergangenheit
- mit Enkelkindern Spaß haben und sie verwöhnen, ohne Verantwortung zu übernehmen.

(Hebblethwaite & Norris, 2011)

Welche positiven Auswirkungen haben die Großeltern aus Sicht der Eltern und Enkelkinder? Eine der wichtigsten Funktionen für die Eltern ist ihre Entlastung durch die Kinderbetreuung der Großeltern, insbesondere wenn die Kinder noch klein sind. Sie können eine Mentor*innenfunktion erfüllen, indem sie Werte vermitteln und Vorbilder für das Lösen von Problemen sind. Großeltern schauen auf Probleme ihrer Enkel distanzierter, gelassener und verständnisvoller als die Eltern. Sie können zwischen Eltern und Kindern vermitteln und bei den Eltern um Verständnis für ihre Kinder werben.

Eine wichtige Funktion ist auch, durch Zeit und Ruhe das Leben ihrer Enkel zu »entstressen«, es ist eine Beziehung jenseits des Lebens- und Schulstresses (Höpflinger, 2009). Abgesehen von der Säuglingsbetreuungszeit finden die häufigsten Großeltern-Enkel-Aktivitäten im Alter von 7–11 Jahren statt. Im Jugendalter nehmen die gemeinsamen Aktivitäten leicht ab, die Großeltern bleiben aber wichtige Ansprechpersonen (Höpflinger, 2009). Insgesamt sind Großeltern häufig wichtige Bezugspersonen; sie werden in ihrer Bedeutung direkt nach den Eltern genannt (Höpflinger & Hummel, 2006).

Konflikte zwischen den Generationen können entstehen, wenn die erwachsenen Kinder durch ihre Elternschaft auf ungelöste frühere Konflikte mit ihren Eltern stoßen. Eltern und Großeltern können auch unterschiedliche Erziehungspraktiken bevorzugen. Großeltern sollten akzeptieren, dass ihre Kinder als Eltern den Erziehungsstil allein bestimmen und dass sie ein »Engagement ohne Einmischung« erwarten.

In einer Schweizer Studie zählten Frauen und Männer mittleren Alters die erlebte oder antizipierte Großelternschaft zu den positivsten Übergängen ihres bisherigen Lebens. Sie stand in einer Reihe mit der ersten großen Liebe, der Heirat sowie – bei Frauen – Schwangerschaft und Geburt der Kinder (Höpflinger, 2003). Andere Übergänge wurden neutral bzw. ambivalent erlebt: Dazu gehörten der antizipierte Übergang zum Altsein und das antizipierte oder erlebte Klimakterium.

> **Übung**
>
> Reflektieren Sie zunächst Ihre Einstellung zu alten Menschen im Allgemeinen. Haben Sie eher Respekt vor der Lebenserfahrung und Weisheit alter Menschen oder belächeln Sie eher ihre Vergesslichkeit und andere Defizite? Wie lässt sich Ihre Beziehung zu Ihren Großeltern beschreiben? Welchen »Gewinn«, welchen »Verlust« stellen sie für Sie als Enkelkind dar?

Abb. 5.4: Urgroßmutter mit Urenkeln (Privatbesitz der Autorin)

Manchmal übernehmen Großeltern auch die Erzieher*innenrolle und tragen dann große Verantwortung. In den USA leben etwa 2,7 Millionen Kinder bei den Großeltern (Berk, 2020, S. 843). Gründe dafür sind massive Schwierigkeiten der Eltern wie Drogenmissbrauch, psychische Krankheit oder Kindesmisshandlung. In Deutschland fällt das Aufwachsen bei den Großeltern unter den allgemeinen Begriff der Verwandtenpflege, sodass es schwierig ist, genaue Zahlen zu erhalten. Großeltern, die die Elternrolle für ihre Enkelkinder übernehmen, haben keine typische Alterslebensphase. Sie haben weniger Zeit für ihre eigenen Aktivitäten, sind erheblich belasteter und auch wegen ihres eigenen Alters sorgenvoller, was die Zukunft ihrer Enkel*innen betrifft (a. a. O.). Je nach ihrer eigenen Lebenssituation benötigen sie finanzielle und weitere Unterstützungsmaßnahmen wie etwa erzieherische Beratung durch den Staat. In Deutschland haben sie Anspruch auf Pflegegeld. Eine repräsentative Studie in den USA ergab, dass Kinder, die bei ihren Großeltern aufwuchsen, sich genauso positiv entwickelten und sogar bessere schulische Leistungen erbrachten und weniger Krankheiten hatten als Kinder aus Alleinerziehenden- oder Patchworkfamilien (Rubin et al., 2008).

Eine emotionale Bindung zwischen Großeltern und Enkelkindern muss erarbeitet werden. Die Qualität der Beziehung hängt wesentlich von der mittleren Generation ab. Ist die Beziehung zwischen Eltern und Großeltern gut, entwickelt sich auch die Beziehung zwischen Großeltern und Enkelkindern positiv. Die Eltern fördern dann als *Gatekeeper* den Zugang zu den Enkelkindern. Der stärkste Prädiktor für eine enge Bindung an ältere Enkelkinder ist, in ihrer Nähe zu wohnen.

Weiterhin ist das Geschlecht der mittleren Generation von Bedeutung: Zu Enkeln von Söhnen haben Großeltern weniger Kontakt als zu den Enkeln von Töchtern (Mahne & Klaus, 2017).

Großmütter der mütterlichen Seite haben mehr Kontakt zu ihren Enkeln als Großmütter väterlicherseits und beide Großmüttertypen sehen ihre Enkel häufiger als beide Großvätertypen. Diese Befunde treffen auf zahlreiche Länder zu (Euler, 2011). Großmütter sind auch etwas zufriedener mit ihrer Rolle als es Großväter sind. Aus evolutionsbiologischer Sicht lässt sich der größere Einsatz der Großmütter mütterlicherseits damit erklären, dass diese im Gegensatz zu Großeltern väterlicherseits sicher sein können, ihre eigenen Gene weitergegeben zu haben (▶ Exkurs unten).

Exkurs: Warum Großmütter mütterlicherseits evolutionsbiologisch eine Sonderposition einnehmen

Die Forschung zeigt übereinstimmend, dass Großmütter mütterlicherseits den engsten Kontakt zu ihren Enkeln pflegen und die meiste Unterstützung anbieten (Voland, Chasiotis & Schiefenhövel, 2005; Greve & Bjorklund, 2018, S. 74). Die evolutionsbiologische Erklärung dafür ist, dass Großmütter mütterlicherseits sicher sein können, ihre eigenen Gene an die Enkelkinder weitergegeben zu haben, da ihre Töchter diese Kinder zur Welt gebracht haben. Es lohnt sich also, in den Nachwuchs zu investieren. Die Großmutter väterlicherseits dagegen kann sich nicht sicher sein, dass ihre Schwiegertochter wirklich die Gene ihres Sohnes und nicht die eines anderen Mannes weitergibt.

Das großmütterliche Verhalten zeigt die Fortführung des mütterlichen Engagements und der Beziehungsbereitschaft Jahre zuvor. Das ausgeprägtere Fürsorgeverhalten auf Seiten des weiblichen Geschlechts beruht möglicherweise zum Teil auf einem biologisch festgelegten größeren Interesse. Das weibliche Initiieren, Pflegen und Aufrechterhalten von Beziehungen ist gesellschaftlich anerkannt und wird erwartet.

Auch aus Sicht der heranwachsenden Enkel haben die Großmütter und von diesen die Großmütter mütterlicherseits das größte Interesse an ihnen und zeigen das größte Engagement (Höpflinger & Hummel, 2006). So sind Großmütter zum Beispiel interessierter an dem Freundeskreis, der Kleidung und insgesamt dem Leben ihrer Enkelkinder und ihr Interesse gilt in gleichem Maße den Enkelsöhnen wie den Enkeltöchtern (a. a. O.). Trotzdem schätzen die Enkelkinder die Beziehung zu den Großmüttern nicht als wichtiger ein als die Beziehung zu ihren Großvätern.

5.5.3 Die Geschwisterbeziehung über den Lebenslauf

Geschwisterbeziehungen sind die längsten Beziehungen im Leben eines Menschen. Wie die Beziehungen zu den Eltern sind sie Primärbeziehungen. Durch das gemeinsame Aufwachsen oft ab der Geburt ist ihre Beziehung von großer Nähe geprägt. Ältere Geschwister können zu wichtigen Bindungspersonen werden, wenn die Eltern ausfallen und damit Pufferfunktion bei Belastungen erhalten. Die Geschwisterbeziehung ist nicht freiwillig wie eine Freundschaftsbeziehung und auch nicht so leicht aufkündbar. Kennzeichnend für Geschwisterbeziehungen ist eine hohe *Ambivalenz:* Auf der einen Seite existieren stark positive Gefühle wie *Verbundenheit* und *Solidarität*, auf der anderen Seite können lebenslange Gefühle der *Rivalität* und des *Hasses* bestehen bleiben (Kasten, 2020, S. 150).

Forschungsbefunde zeigen einen typischen Verlauf der Geschwisterbeziehung über das Leben, der als u-förmig bezeichnet wird (Bedford, 1998). Eine enge, in jedem Fall aber zeitlich intensive Geschwisterbeziehung in der Kindheit wird im Jugendalter von engen Freundschaftsbeziehungen abgelöst. Spätadoleszente und junge Erwachsene haben zu ihrem Freundeskreis eine engere emotionale Beziehung als zu ihren Geschwistern (Pulakos, 1989). Im frühen Erwachsenenalter sind die Geschwisterkontakte ebenfalls nicht häufig, der Aufbau einer eigenen Paarbeziehung, die berufliche Entwicklung und der räumliche Abstand sind dafür verantwortlich. Erst im mittleren Erwachsenenalter erfolgt wieder eine Annäherung, die häufig bedingt ist durch die gemeinsame Verantwortung für die alternden Eltern.

Schneewind und Grandegger (2005) nennen als Entwicklungsaufgaben in Bezug auf die Geschwisterbeziehung gegenseitige Unterstützung und Kooperation. Beides kommt bei der Betreuung der alten Eltern, beim Tod der Eltern und bei der Auflösung des Elternhauses zum Tragen. Im hohen Alter, wenn der Partner, die Partnerin, enge Freund*innen und Familienmitglieder gestorben sind, festigen sich die Geschwisterbeziehungen weiterhin. Die in der Kindheit durch ungünstiges Elternverhalten ausgelöste Geschwisterrivalität, die ihren Ursprung im Vergleichen der Geschwister oder im Bevorzugen eines Geschwisters hat, hält oft ein Leben an und wird noch befeuert durch Vergleiche des beruflichen oder privaten Erfolgs. Oft werden erstmals im hohen Alter solche *Geschwisterkonflikte* wie Rivalität besprochen und beendet (Kasten, 2020, S. 125).

Natürlich ist ein solch idealtypischer Verlauf oft nicht gegeben. So kann gerade die Auflösung des Elternhauses und das Verteilen des Erbes zu tiefgreifenden Konflikten und zu einem Zerwürfnis führen. Auch die Versorgung und Pflege der alten Eltern kann Spannungen und Streit hervorrufen, wenn sich die meist männlichen Geschwister aus der Verpflichtung heraushalten und die zumeist weiblichen Geschwister die Hauptverantwortung übernehmen (Kasten, 1998, S. 155).

Ob Geschwister später wieder aufeinander zugehen, hängt von vielen Faktoren ab, z. B. von der räumlichen Nähe zueinander. Auch das Geschlecht spielt eine Rolle. Schwestern sind sich lebenslang am engsten verbunden, sie stehen sich näher als Brüder oder gemischte Geschwisterpaare. Eine lebenslange Rivalität ist am häufigsten zwischen Brüdern zu beobachten und besonders dann, wenn sie altersmäßig nahe beieinander sind (Kasten, 2020, S. 150).

Insgesamt scheint eine positive Beziehung zu einer Schwester das subjektive Wohlbefinden von Männern und Frauen zu steigern. Ein solcher Effekt auf das Wohlbefinden durch Brüder existiert dagegen nicht (Cicirelli, 1989). Alte Menschen ziehen lieber in ein Altersheim als mit einem Geschwister zusammen. Am ehesten sind sie aber dazu bereit, wenn es sich bei dem Geschwister um eine Schwester handelt (Borland, 1987).

Auch im mittleren und hohen Alter bleibt demnach die Ambivalenz der Geschwisterbeziehung erhalten, das gleichzeitige Vorhandensein von Zuneigung und Abneigung, von Verbundenheit und Abgrenzung, von Solidarität und Rivalität, von Distanz und Nähe. Die Verläufe der Geschwisterbeziehung sind jedoch verschieden und ob im Alter die Verbundenheit oder Distanziertheit und Gleichgültigkeit überwiegen, ist nicht vorhersagbar.

5.5.4 Beziehung zu den alten Eltern

Die zunehmende Lebenserwartung in den letzten Jahrzehnten führt zu einer Verlängerung der gemeinsamen Lebenszeit von Generationen. Zu keiner Zeit lebten so viele Familienmitglieder verschiedener Generationen in verschiedenen Positionen (Urenkel, Enkel, Kinder, Eltern, Großeltern, Urgroßeltern) gleichzeitig. Vier- und Fünf-Generationen-Familien werden immer häufiger.

Gegenwärtig kann die Großelternzeit eine sehr lange Phase darstellen, auch können Frauen und Männer damit rechnen, selbst noch im sechsten und siebten Lebensjahrzehnt zumindest einen Elternteil (meist die Mutter) zu besitzen. Das mittlere und spätere Erwachsenenalter ist aber auch diejenige Lebensphase, in welcher häufig das Altern und Sterben der eigenen Eltern bewältigt werden müssen. Kinder im mittleren Erwachsenenalter und ihre Eltern werden also zusammen alt. Wie gestaltet sich ihre Beziehung und welche Veränderungen ergeben sich, wenn sich die Gesundheit der alten Eltern verschlechtert?

Häufig führt das Älterwerden der Eltern zu einer *Rollenumkehr:* Die Eltern, die ihre Kinder betreut und gepflegt haben, werden ihrerseits jetzt zunehmend abhängig und pflegebedürftig. Standen sie den Kindern auch noch im Erwachsenenalter mit Rat und Tat zur Seite, müssen diese nun selbst die Rolle übernehmen. Zählt die Großelternschaft zu einem der positivsten Übergänge im Alter, gehören der Tod des Vaters bzw. der Mutter und die erlebte Pflegebedürftigkeit der Eltern zu den am negativsten erlebten Lebensveränderungen (Perrig-Chiello & Perren, 2005).

Der Tod der eigenen Eltern ist ein kritisches Lebensereignis, welches gesellschaftlich zwar wenig thematisiert wird, jedoch viele der befragten Frauen und Männer mittleren Alters stark und für längere Zeit betrifft und bewegt. Frauen und Männer im mittleren und späteren Erwachsenenalter werden mit dem Tod ihrer Elterngeneration selbst zur ältesten noch lebenden Generation. Sie treten an die Spitze des Generationengefüges. Der Abschied von den Eltern bedeutet also auch mit der zeitlichen Begrenztheit des eigenen Lebens konfrontiert zu werden.

Die längste Lebenserwartung haben Frauen und es sind die Töchter und Schwiegertöchter, die die Beziehungen zu den Eltern intensiver gestalten als es die Söhne und Schwiegersöhne tun und die auch später die Pflege der alten Eltern weit überwiegend übernehmen (Zink & Jall, 2009).

Zusammenfassung

Menschen im mittleren Erwachsenenalter sind mit neuen Rollen (Großeltern) und mit der Neudefinition ihrer alten Rollen (z. B. als Eltern, als Geschwister und als

Kinder ihrer alten Eltern) befasst. Eine erfolgreiche Neudefinition bedeutet, dass sie eine Beziehung auf Augenhöhe zu ihren erwachsenen Kindern entwickeln, eine neue Rolle als Großeltern ausfüllen und ihre Rolle als Kinder ihrer alten Eltern neu definieren. Dazu gehört, dass sie eine Rollenumkehr akzeptieren.

Verständnisfragen

- Nennen Sie drei elterliche Strategien zur Beibehaltung einer guten Beziehung zu den erwachsenen Kindern.
- Nennen Sie einige wichtige Funktionen von Großeltern für ihre Kinder und Enkelkinder.

6 Hohes Alter

Einleitung

In Kapitel 5 haben Sie viel über Beziehungen und ihre Bedeutung gelernt. Im hohen Alter verringert sich die Beziehungsvielfalt wieder: Der*die Partner*in und weitere Bezugspersonen wie Geschwister und Freunde sterben und durch eine eingeschränkte Mobilität ist es schwerer, verbleibende Kontakte und Aktivitäten umzusetzen und gegebenenfalls die Berentung können einen Verlust darstellen. Wie gehen alte Menschen mit diesen Verlusten um und gibt es auch Gewinne?

Eine zentrale Frage der Gerontologie ist, wie die Lebenszufriedenheit im hohen Alter trotz Verlusten und schwerer Krankheiten erhalten bleiben kann. Über ein solches »erfolgreiches Altern« und weitere Bedingungen des hohen Alters erfahren Sie in diesem Kapitel ebenfalls mehr.

6.1 Das hohe Alter

Beginnen Sie anhand der Beantwortung der folgenden Fragen mit einer kleinen Prüfung Ihres Alltagswissens über das Alter und die Alten. Die Fragen entstammen einem umfangreichen Fragebogen, der Einstellungen über das Alter erfasst (Palmore, 1998, ▶ Tab. 6.1).

Tab. 6.1: Test zu Altersstereotypen[2] (Palmore: The facts of aging quiz, 1998, S. 19 ff. Übersetzung der Autorin)

	Ja	Nein
Psychotherapien haben wenig Erfolg bei alten Menschen.	☐	☐
Die Mehrheit alter Menschen hat kein Interesse an Sexualität.	☐	☐
Die Mehrheit älterer Menschen ist sozial isoliert und einsam.	☐	☐
Die Mehrheit der alten Menschen kann sich an Veränderungen nicht anpassen.	☐	☐

---

2 Alle Fragen müssen aufgrund wissenschaftlicher Kenntnisse mit »Nein« beantwortet werden! Bei sämtlichen Feststellungen handelt es sich um Vorurteile. Das folgende Kapitel korrigiert diese Vorurteile mit Hilfe wissenschaftlicher Forschungsergebnisse.

Tab. 6.1: Test zu Altersstereotypen (Palmore: The facts of aging quiz, 1998, S. 19 ff. Übersetzung der Autorin) – Fortsetzung

	Ja	Nein
Alte Menschen können nichts Neues mehr lernen.	☐	☐
Wenn ältere Menschen ihre Aktivitäten vermindern, geht es ihnen besser als wenn sie das nicht tun.	☐	☐
Es gibt ungefähr gleich viele Witwen wie Witwer unter den alten Menschen.	☐	☐

Die *Altersbilder* in unseren Köpfen haben nicht nur auf unser eigenes Verhalten, sondern auch auf das Leben alter Menschen einen großen Einfluss. Negative Altersbilder aus der Umwelt werden übernommen und treten im Sinne einer sich selbst erfüllenden Prophezeiung ein.

Wird das eigene Altern negativ und defizitorientiert betrachtet, werden Vorsorgeuntersuchungen und körperliche Trainings weniger wahrgenommen, als wenn der Blick auf das eigene Älterwerden positiv ist. Eine negative Selbstwahrnehmung wirkt sich also negativ auf das eigene Gesundheitsverhalten aus. Demgegenüber geht eine positive Sicht mit mehr Aktivität, besseren Gedächtnisleistungen und einer besseren Erholung nach Erkrankungen einher. Positive Altersbilder können bei betroffenen Personen sogar zu einer höheren Lebenserwartung führen (Levy, 2009). Die eigenen Altersbilder haben also eine große Bedeutung für das eigene seelische und körperliche Wohlbefinden.

In allen Altersstufen haben Menschen Vorstellungen über das hohe Alter. Diese Altersbilder sind individuelle oder gesellschaftliche Vorstellungen und Einstellungen zum Alter und zu alten Menschen. Abgesehen von wenigen positiven Aspekten (würdevoll, altersweise), enthalten diese »subjektiven Theorien« über das Alter in unserer Gesellschaft eher negative Vorstellungen, die mehr von Verlusten als von Gewinnen des Alters ausgehen. Nachlassende geistige Fähigkeiten, Demenz, schlechte Stimmung und Rigidität gehören zu den negativen Beschreibungen des Alters (Staudinger & Kessler, 2018).

Exkurs: Altersbilder steuern das Verhalten!

Nach dem Teufelskreis-Modell (Filipp & Mayer, 2005) aktiviert die Begegnung mit einem älteren Menschen negative Altersbilder, die eine Veränderung des Verhaltens des jüngeren Menschen bewirken. So konnte man in alltäglichen Pflegesituationen beobachten, dass einfache Wörter, kurze Sätze und eine hohe Lautstärke benutzt wurden, um das vermeintlich geringere Kompetenzniveau der älteren Person zu treffen. Nonverbal konnten bei den Pflegenden ein aufgesetztes Lächeln, verschränkte Arme und ein Ausweichen des Blickkontakts beobachtet werden.

In Studien ließ sich nachweisen, dass ein solcher Umgang das Selbstwertgefühl älterer Personen beeinträchtigt und sie eigene Defizite und Inkompetenz dafür verantwortlich machen (ein Studienüberblick findet sich bei Voos & Rothermund, 2019). Dass sich ältere Menschen aus solchen für sie unangenehmen

Kontakten zurückziehen, dadurch sozial isolierter werden und dann wirklich ein schnellerer kognitiver Abbau stattfindet, ist gut vorstellbar.

6.2 Merkmale des Alters

Bedeutende Entwicklungspsycholog*innen wie Ursula Lehr und Hans Thomae, das Ehepaar Baltes, Erik Erikson und Robert Havighurst entwickelten das Lebensspannenkonzept (▶ Kap. 1.2.6) und erforschten speziell das hohe Lebensalter. Ihnen ist es zu verdanken, dass das mittlere und hohe Alter ebenfalls als wichtige Entwicklungsphasen in der Entwicklungspsychologie anerkannt wurden und seit einigen Jahren erforscht werden. Sie sind die wissenschaftlichen »Väter« und »Mütter« der Gerontologie.

> **Definition: Gerontologie**
>
> Die Lehre vom Älterwerden des alten Menschen wird als *Gerontologie* bezeichnet. Als ein Teilgebiet der Entwicklungspsychologie beschäftigt sie sich mit der Beschreibung, Erklärung und Veränderung von körperlichen, psychischen, sozialen, historischen und kulturellen Aspekten des Alterns und des Alters, einschließlich der Analyse von altersrelevanten Umwelten und sozialen Institutionen (Baltes & Baltes, 1992).

In der Definition finden sich die Begriffe des »Alters« und des »Alterns«. Alternsprozesse beginnen schon früh. Im dritten Lebensjahrzehnt vermindert sich bereits die Sehfähigkeit, ebenso die Hörfähigkeit; nach dem dritten Lebensjahrzehnt verringert sich die Muskelkraft und um die Lebensmitte beginnt die Herzmuskelmasse abzunehmen (▶ Kap. 5.2.2). Das Altern ist also ein Prozess des kontinuierlichen Wandels, der über den gesamten Lebenslauf anhält. Es gibt keinen Zeitpunkt, ab dem festgestellt werden kann: Nun beginnt das Alter. Altern beginnt ab der Geburt (Baltes et al., 1990; Kruse, 2006, 2011). Es ist nicht nur ein Abbauprozess, sondern ein Entwicklungsvorgang, der Veränderungen einer Person im Erleben und Verhalten mit sich bringt. Demgegenüber ist das Alter eine Zeitspanne. Die Gerontologie interessiert sich besonders für die Untersuchung von Alternsprozessen im höheren Alter. Dieser Altersabschnitt wird im Folgenden als das Alter bezeichnet.

> **Definition: Altern und Alter**
>
> *Altern* ist ein lebenslanger Entwicklungsvorgang. Er ist ein Veränderungsprozess zentraler Bereiche, aus dem relativ überdauernde Veränderungen im Erleben und Verhalten resultieren. Er verläuft multidirektional, multidimensional und mul-

tifaktoriell. Bei der Erforschung des Alterns des älteren Menschen wird weniger nach universellen Gesetzmäßigkeiten als vielmehr nach der Erklärung unterschiedlicher Altersverläufe und Altersformen gesucht (Kruse, 2011; Thomae, 1983). Der ältere Mensch ist nicht nur Spielball der Umstände, sondern kann seinen Alterungsprozess aktiv mitbestimmen, er hat die Chance zum konstruktiven Altern (Faltermaier et al., 2014, S. 168).

Das *Alter* ist eine Zeitspanne im individuellen Lebenslauf (Faltermaier et al., 2014, S. 230) und beginnt mit ca. 60 Jahren.

Repräsentative Studien, die auch den Verlauf des Alters betrachten, entstanden ab den 1960er Jahren. Lehr und Thomae (1987) führten eine der ersten Längsschnittstudien an alten Menschen durch (BOLSA Studie) und konnten anhand ihrer Ergebnisse mit zahlreichen Vorurteilen aufräumen, die bis dahin mit dem Alter verbunden waren. Ab 1965 begannen sie, 222 Männer und Frauen zu untersuchen, die alle um 1900 geboren waren. In insgesamt acht aufeinander folgenden Untersuchungen wurden mittels Interviews, Persönlichkeitsfragebögen, psychomotorischen Funktionstests, Verhaltensbeobachtung und medizinischen Untersuchungen insgesamt eintausend Merkmale pro Person und pro Untersuchung erhoben und ausgewertet. Im Jahr 1980 nahmen noch 53 Personen teil, im Jahr 2000 lebten noch vier Teilnehmerinnen.

Eine weitere bedeutende Studie ist die Berliner Altersstudie (BASE Studie, Lindenberger et al., 2010), eine ebenfalls thematisch breit angelegte, multidisziplinäre Längsschnittuntersuchung des Alters. Die BASE Studie untersuchte Menschen im Alter von 70 bis über 100 Jahren. Sie begann 1993 und umfasst insgesamt 14 Untersuchungstermine.

Eine dritte große Studie ist die Generali-Hochaltrigenstudie (Kruse & Sittler, 2015), welche sehr alte Menschen (85–100-Jährige) in den Mittelpunkt ihrer Untersuchung stellte.

Eine vierte große Untersuchung ist der Deutsche Alterssurvey (DEAS; Mahne et al., 2017). In einem Zeitraum von 18 Jahren (von 1996–2014) wurden Menschen zwischen 40 und 85 Jahren im Querschnitt und Längsschnitt zu ihren privaten Lebensformen, zum Ruhestand, der sozialen Sicherung, den Wohnformen und vielem mehr befragt. Die Autorinnen wollten mit ihrer Studie insbesondere einen möglichen Wandel im Alterungsprozess erfassen, der durch veränderte gesellschaftliche Strukturen (mehr Singles, weniger Kinder, größere räumliche Distanzen u.v.m.) entsteht.

Insgesamt hatten die Studien zum Ziel, Alternsprozesse zu erfassen und Fragen zu beantworten wie:

- Ist der Lebensverlauf eher kontinuierlich oder eher diskontinuierlich, d. h. ist das Erleben und Verhalten eines alten Menschen dasselbe wie im mittleren Alter?
- Haben ältere Menschen Kapazitäts- und Handlungsreserven?
- Entwickeln sie Kompensationsmechanismen für altersbedingte Defizite?
- Halten sich Gewinne und Verluste im Alter die Waage oder ist das Alter eine Phase des Abbaus auf allen Ebenen?

- Lässt sich das Alter in Unterphasen unterteilen?
- Sind individuelle Unterschiede im Alter aus lebensgeschichtlichen Daten vorhersagbar?
- Wie stellen sich Zusammenhänge zwischen medizinischen, psychologischen und sozioökonomischen Merkmalen dar?

Zur Beantwortung dieser Fragen wurden in allen vier Studien umfangreiche Daten u. a. zur geistigen und körperlichen Gesundheit, zur intellektuellen Leistungsfähigkeit, zur psychischen Befindlichkeit sowie zur sozialen und ökonomischen Situation erhoben. Im weiteren Verlauf dieses Kapitels werden ausgewählte Ergebnisse der Studien dargestellt.

Abgesehen vom Perspektivenwandel der Entwicklungspsychologie, der Entwicklung mittlerweile als lebenslangen Prozess entwirft (Baltes, 1990; Wahl & Schilling, 2010, S. 312), ist ein weiterer Grund für die wissenschaftliche Hinwendung zum hohen Alter in der Tatsache zu sehen, dass die Lebenserwartung stetig ansteigt und immer mehr Menschen in Deutschland zur Gruppe der hochaltrigen Menschen (älter als 80 Jahre) gehören. Die 85-Jährigen sind die in den nächsten Jahren am stärksten wachsende Bevölkerungsgruppe und gegenwärtig ist es möglich, bei Eintritt in die Rente noch ein Viertel seines Lebens vor sich zu haben. Es ist deshalb auch aus volkswirtschaftlicher Perspektive relevant, diese Altersgruppe zu erforschen. Gesundheits- und Pflegeausgaben sowie Armut im Alter verursachen zunehmend Kosten.

In diesem Kontext sind wichtige Fragen: Wie kann man alte Menschen fördern, ihre Selbstständigkeit möglichst lange zu erhalten und ihnen z. B. Wohnformen anbieten, die weniger kosten und gleichzeitig ihren Bedürfnissen entgegenkommen? Daran schließen sich gesellschaftspolitische Fragen an, z. B. wie man Städte altersgerecht einrichtet, etwa durch mehr Barrierefreiheit und neue, altersgerechte Wohnformen (Altenwohngemeinschaften, Mehrgenerationenhäuser).

In der Literatur finden sich verschiedene Einteilungen des Alters. Eine verbreitete Einteilung der alten Menschen ist die in »junge Alte« (ab 60 Jahre) und »alte Alte« (ab 80 Jahren). Die über 80-Jährigen werden auch als Hochbetagte, Hochaltrige oder Langlebige bezeichnet (Lehr, 2007). Baltes et al. (1990) sprechen von vier Lebensaltern. Das erste umfasst Kindheit- und Jugendalter, das zweite das Erwachsenenalter, das dritte Lebensalter bezeichnet die Altersspanne zwischen 60 und 80 Jahren und das vierte Lebensalter die Zeit ab 80 Jahren.

> **Exkurs: Alterseinteilung innerhalb des Alters**
>
> Das dritte Lebensalter: 60–80 Jahre (junge Alte)
>
> Das vierte Lebensalter: ab 80 Jahre (alte Alte, Hochbetagte, Hochaltrige)

Für die Lebensqualität im Alter ist weniger das kalendarische Alter als das funktionale Alter aussagekräftig (Lehr, 2007, S. 23). Das funktionale Alter spiegelt die Funktionsfähigkeiten wider; sie sind nicht nur an das chronologische Alter gebunden, sondern hängen von biologischen und sozialen Faktoren ab, die während des ganzen Lebens einwirkten wie z. B. ein aktiver Lebensstil, körperliches Training, vielseitige geistige Anregung und das Zusammensein mit anderen Menschen (Lehr & Thomae, 1987).

> **Merke!**
>
> Zeitlebens vorhandene biologische und soziale Faktoren, die die Lebensqualität im Alter positiv beeinflussen:
>
> - Aktiver Lebensstil
> - Körperliches Training
> - Geistige Anregung
> - Soziale Kontakte

Jemand, der sein Leben lang körperlich und geistig aktiv war und viele Kontakte gepflegt hat, ist gut auf das Alter vorbereitet, weil er Interessen und Beziehungen hat. Beides puffert geistigen Abbau und Einsamkeit ab. Ein weiteres wichtiges Unterscheidungskriterium innerhalb der Gruppe der alten Menschen ist der Gesundheitszustand. So gibt es große Differenzen zwischen Menschen desselben Alters. Sie können entweder sehr rüstig sein oder bereits schwer erkrankt, dement und pflegebedürftig.

Aber auch alte Menschen unterschiedlichen Alters unterscheiden sich manchmal in unerwarteter Weise. So kann ein 60-Jähriger bereits senil sein, ein 90-Jähriger aber noch sehr rüstig. Auch die Familien- und Wohnsituation ist relevant. Ist ein alter Mensch alleinlebend, alleinstehend und ohne Kinder? Lebt er mit einem pflegebedürftigen Gegenüber zusammen oder ist er selbst pflegebedürftig? Es sind vielfältige Faktoren, die den Alternsprozess positiv oder negativ beeinflussen.

Insgesamt sind ältere Menschen also eine Bevölkerungsgruppe, deren Mitglieder sich untereinander sehr stark unterscheiden.

> **Berufsbezug**
>
> Hat man mit alten Menschen beruflich zu tun, sind differenzierte Kenntnisse über die Wohn- und Familiensituation wichtig, weil sie Voraussetzung sind für die Einleitung von Kontakt-, Hilfs- und Unterstützungsmaßnahmen. Kenntnisse über den Gesundheitszustand und die geistige Verfassung sind ebenfalls unerlässlich.

Da sich alte Menschen in zahlreichen Merkmalen ihrer Persönlichkeit und ihrer Lebenssituation gravierend unterscheiden, sind globale Aussagen über »die Alten« gar nicht möglich. Deshalb lässt sich auch keine verbindliche Altersangabe machen, ab wann ein genereller Verfall oder ein Verlust von Funktionen festgestellt werden kann. Wie in allen anderen Lebensphasen auch, gibt es im Alter ebenso bedeutende intraindividuelle wie auch interindividuelle Unterschiede hinsichtlich des Beginns und der Geschwindigkeit von Veränderungen. Auch unterscheiden sich Menschen in ihren Möglichkeiten, altersbedingte Verluste zu kompensieren.

Entwicklung als Veränderungsprozess bedeutet aber neben den Verlusten (von Funktionen, von Gesundheit, von Rollen) auch die Gewinne zu betrachten. So verliert man z. B. die soziale Rolle des oder der berufstätigen Person, gewinnt aber u. U. die Rolle als Großelternteil.

Trotz dieser großen Variabilität des Alterns gibt es Hinweise (Kruse & Sitter, 2015; Lindenberger et al., 2010), dass die Mitte des neunten Lebensjahrzehnts einen Wendepunkt darstellt: Zu diesem Zeitpunkt findet in verstärktem Maße ein Einbruch im subjektiven Wohlbefinden statt, der mit einem erhöhten Auftreten von Erkrankungen, einer verminderten Mobilität und einem sozialen Rückzug einhergeht (▶ Abb. 6.1).

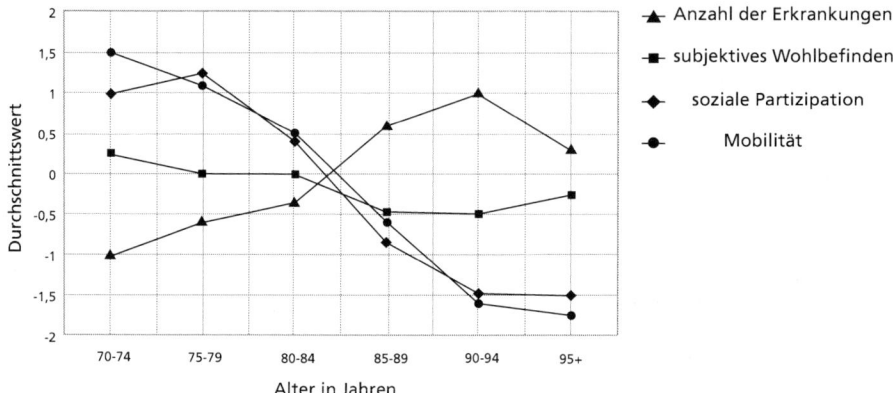

Abb. 6.1: Verlauf von subjektivem Wohlbefinden, Anzahl der Erkrankungen, sozialer Teilhabe und Mobilität im dritten und vierten Lebensalter (aus Smith et al., 2010, S. 541)

6.3 Theorien zum Alter

Eine der ersten Theorien über das Alter war die *Disengagement-Theorie* (Cumming & Henry, 1961). Sie besagt, dass sowohl die gesellschaftliche Umwelt als auch das Individuum selbst sich mit zunehmendem Alter einen sukzessiven Rückzug aus sozialen Rollen und Aufgaben wünscht. Da Krankheit und Tod des Individuums mit zunehmendem Alter immer wahrscheinlicher werden, reduziere sich die Bereitschaft zum Engagement der einzelnen Person. Das Altern sei deshalb geprägt vom Disengagement (Rückzug) aus gesellschaftlichen Rollen, eingeleitet durch den beruflichen Ruhestand. Das sei für das gesellschaftliche Funktionieren auch notwendig, weil dadurch für die nachfolgenden Generation Platz geschaffen wird.

Als Gegenposition zu dieser Theorie entwickelte sich die *Aktivitätstheorie* (Tartler, 1961), die besagt, dass nur der Mensch zufrieden ist, der von anderen Menschen gebraucht wird und noch wichtige Funktionen zu erfüllen hat. Die sozialen und psychischen Bedürfnisse würden sich mit dem Alter nämlich nicht verändern. Subjektives Wohlbefinden und Zufriedenheit stellten sich dann ein, wenn eine Person aktiv sei, etwas leiste und von anderen Menschen gebraucht werde. Optimal sei deshalb ein Altern, bei dem die Aktivitäten des mittleren Erwachsenenalters so lange wie möglich beibehalten würden, weil dies nicht nur das Gefühl des Gebrauchtseins stärke, sondern auch der Einschränkung der sozialen Kontakte entgegenwirken würde (Havighurst, 1976).

Beide Theorien sind in ihrer Allgemeingültigkeit widerlegt, weil sie nicht die Individualität und damit die Unterschiedlichkeit der Menschen berücksichtigen. Alle Altersstudien (z. B. Lindenberger et al., 2010; Kolland, 1996; Lehr & Thomae, 1987; Kruse & Sittler, 2015) weisen vielmehr darauf hin, dass beide Theorien je nach der spezifischen Sozialisation, der spezifischen Persönlichkeitsstruktur und der jeweiligen Lebenssituation zutreffend sein können.

Dieser individuellen Sichtweise folgt eine weitere Alterstheorie, die *Kontinuitätstheorie*. Sie verbindet die Aktivitäts- und die Disengagement-Theorie, denn sie geht davon aus, dass Menschen auch im Alter ihren lebenslang bevorzugten Lebensstil aufrechterhalten möchten. Häusliche Menschen tendieren demnach auch im Alter zum Rückzug, während sozial aktive Menschen weiterhin viele soziale Kontakte benötigen, um sich wohlzufühlen (Kricheldorff, 2015).

Steht bei der Kontinuitätstheorie der Wunsch im Vordergrund, auch als alter Mensch seine Lebensgewohnheiten beizubehalten, besagt die *Kompetenztheorie*, dass es alten Menschen gelingen kann, ihre lebenslang erworbenen Kenntnisse und Fähigkeiten einzusetzen, um sich dadurch das Alter zu erleichtern (Olbrich, 1987). Typische Strategien sind die Kompensation von Einschränkungen, die Selektion von geeigneten Hilfen und die Optimierung noch vorhandener Fähigkeiten. Diese Strategien werden im Rahmen des SOK-Modells (▶ Kap. 6.5) im Weiteren ausführlicher dargestellt.

Die Möglichkeiten und Grenzen der individuellen Reaktion auf das Alter hängen also von einem »vielfältigen Geflecht sozialer, biographischer und gesundheitlicher Bedingungen« (Thomae, 1983, S. 147) ab und jeder Mensch wird auf unterschiedliche Art glücklich. Deshalb lässt sich nicht von einem einzigen Konzept des befriedigenden Lebens im Alter ausgehen.

Trotzdem sind nach Backes und Clemens (2013, S. 139) einige wenige globale Aussagen über alte Menschen nachgewiesen. Das sind folgende:

- Zurückgezogene alte Menschen sind seltener zufrieden als aktivere alte Menschen.
- Der bislang gewohnte Lebensstil prägt auch die Gestaltung des Alters.
- Traditionelle Geschlechtsrollen werden im Alter weiterhin gelebt: Die sozioemotionale Rolle erfüllt die Frau, die instrumentelle Rolle erfüllt der Mann.

> **Merke!**
>
> Auf die Gruppe der alten Menschen trifft das Postulat der Entwicklungspsychologie ebenso zu wie auf alle anderen Altersstufen: Entwicklung ist ein individueller Prozess, der unterschiedliche Richtungen nehmen kann. Weiterhin ist er ein differenzieller Prozess, d. h. Menschen unterscheiden sich untereinander in ihrer Entwicklung. Deshalb kann niemals eine einzige Theorie über das Alter für alle alten Menschen Allgemeingültigkeit haben; sie trifft nur im Einzelfall zu.

6.4 Der Umgang mit Verlusten

Ein herausragendes Charakteristikum des höheren Alters stellt die zunehmende Einschränkung der verfügbaren Ressourcen (Baltes, 1997; Lehr, 2007) und der Umgang mit diesen Verlusten dar. Eine der Hauptaufgaben im Alter besteht deshalb darin, diese Verluste zu kompensieren. Je älter ein Mensch wird, umso mehr muss er sich mit

- körperlichen (sensorischen, motorischen) Einschränkungen,
- chronischen körperlichen Erkrankungen,
- hirnorganischen Beeinträchtigungen und Erkrankungen,
- Hilfsbedürftigkeit,
- Pflegebedürftigkeit,
- Multimorbidität (das gleichzeitige Bestehen mehrerer Krankheiten),
- dem Verlust wichtiger Bezugspersonen,
- einem ausgedünnten sozialen Netz, reduzierten Kontakten und
- geringer bzw. keiner Kontrolle über diese Prozesse

auseinandersetzen (Hautzinger, 2012).

Außerdem lässt die *kognitive Kontrolle* im Alter nach. Kognitive Kontrolle ist ein Oberbegriff für geistige Funktionen, mit denen Menschen ihr eigenes Verhalten je nach Umweltbedingung steuern. Sie dienen dazu, das eigene Handeln möglichst optimal einer Situation anzupassen, um das selbst gesteckte Ziel zu erreichen. Kognitive Kontrolle ist überall im Alltag von zentraler Bedeutung und unverzichtbar für eine eigenständige Lebensführung. Kontrollprozesse werden besonders dann eingesetzt, wenn automatisiertes Handeln zur Problemlösung nicht mehr ausreicht.

> **Definition: Kognitive Kontrolle**
>
> Mit *kognitiver Kontrolle* sind übergeordnete kognitive Prozesse gemeint, die sensorische, motorische, emotionale und kognitive Prozesse in Gang setzen und

6.4 Der Umgang mit Verlusten

beeinflussen. Das Ziel ist eine optimale Anpassung an die Umwelt (Kray & Schneider, 2018).

Beispiel:

Der Gang über eine vielbefahrene Straße verlangt ein hohes Ausmaß kognitiver Kontrolle: Aufmerksamkeit, Hörvermögen, Konzentration, Sehkraft, Gleichgewichtssinn und motorische Fähigkeiten sind erforderlich. Einzelne Komponenten der kognitiven Kontrolle können sich gegenseitig ersetzen. So können nachlassende sensorische Funktionen durch erhöhte Konzentration ausgeglichen werden.

Die kognitive Kontrolle lässt mit dem Alter nach. Bezüglich der kognitiven Kontrolle unterscheiden sich kleine Kinder und alte Menschen kaum.

Bedeutet das Nachlassen der kognitiven Kontrolle auch generell einen Verlust an kognitiven Fähigkeiten, an Intelligenzleistungen? Das muss sehr differenziert betrachtet werden, wie der folgende Exkurs verdeutlicht.

Abb. 6.2: Kleine Kinder und alte Menschen nähern sich an (angefertigt von Sabrina Hilz in Anlehnung an Klie & Gaymann, 2015, S. 55)

Exkurs: Kognitive Entwicklung im Alter

Wie verändert sich die kognitive Leistung im Alter? Eine berühmte Studie dazu stammt von Schaie (2005), der Versuchspersonen zwischen 25 und 74 Jahren querschnittlich und längsschnittlich untersuchte. Die Querschnittsergebnisse zeigten starke Abbauprozesse bereits ab dem 25. Lebensjahr u. a. im logischen Denken, in der räumlichen Orientierung und im verbalen Gedächtnis, während numerische Fähigkeiten und der Wortschatz stabil blieben. Die Längsschnittergebnisse zeigten dagegen eine hohe Stabilität der Fähigkeiten bis zu einem Alter von 67 Jahren.

Warum zeigten Querschnittstudien diesen starken Abbau, Längsschnittergebnisse dagegen weniger? Bei einem Vergleich von jungen und alten Menschen gibt es nicht nur altersspezifische Unterschiede, sondern auch generationen- bzw. kohortenspezifische Unterschiede wie z B. weniger Schulbildung in früheren Generationen. Bei Längsschnittstudien dagegen gibt es einen Lerneffekt durch die wiederholten Testungen, sodass die Leistungen zunehmend besser ausfallen und mögliche Abbauprozesse durch die Wiederholungen kompensiert werden.

Weiterhin ist die kognitive Leistung kein globales Ganzes, sondern besteht aus einzelnen Komponenten. So unterscheidet man fluide und kristalline Leistungen (Horn & Cattell, 1966). Kristalline kognitive Leistungen beinhalten kultur- und erfahrungsabhängiges Wissen, sprachliches Wissen und Schulbildung. Fluide kognitive Leistungen umfassen nichtsprachliche Fähigkeiten und die Geschwindigkeit beim abstrakten und schlussfolgernden Denken. Fluide Leistungen kommen also beim Erschließen von Sachverhalten und beim Erkennen von Zusammenhängen zum Einsatz, während sich kristalline Fähigkeiten beim Abrufen bekannter, abgespeicherter Sachverhalte zeigen.

Berücksichtigt man diese Unterscheidung, dann zeigt sich ein charakteristischer Verlauf beider Komponenten über die Lebensspanne. Während die kristallinen Fähigkeiten bis ins hohe Alter relativ stabil bleiben und erst ab dem Alter von 80 Jahren abnehmen, setzt ein Abbau der fluiden Leistungen, insbesondere der Geschwindigkeits- und der Gedächtnisleistung ab dem Ende des dritten Lebensjahrzehnt ein. Dieser Abbau beschleunigt sich nochmal ab dem 60. Lebensjahr (Reischies & Lindenberger, 2010).

Die Differenzierung der kognitiven Leistung in einzelne Komponenten führte also zu der Erkenntnis eines charakteristischen Verlaufs kognitiver Komponenten. Dieser zeigt einen dynamischen Verlustverlauf (fluide Komponenten), aber ebenso eine erhebliche kognitive Reserve (kristalline Komponenten).

Die Unterscheidung der kognitiven Leistungen relativierte das lange Zeit in der Öffentlichkeit vorherrschende Bild eines einseitigen kognitiven altersbedingten Abbaus und hat dadurch zu einem positiveren Altersbild beigetragen.

Im Folgenden werden die Auswirkungen der Ausdünnung des sozialen Netzes und des Verlusts wichtiger Bezugspersonen betrachtet. Beides hängt eng miteinander zusammen. Es ist bedingt durch Kinderlosigkeit, Ledigsein oder das Leben im Heim. Der bedeutendste Grund dafür ist aber der Verlust der Partner*in. All diese Faktoren führen zum Alleinsein.

Alleinsein im Alter

Menschen, die gegenwärtig alt sind und in einer heterosexuellen Beziehung leben, sind üblicherweise verheiratet. Sie stammen aus einer Generation, in der die Ehe besonders für Frauen aufgrund fehlender Berufsausbildung und des gesellschaftlichen Status von großer Bedeutung war. Männer sind aufgrund ihrer kürzeren Lebenserwartung und der Tatsache, dass sie meist ein paar Jahre älter sind als ihre Ehefrauen, in der Regel bis zu ihrem Tod verheiratet. Frauen dagegen sind im Alter oft verwitwet und alleinlebend. Das hat für beide Geschlechter weitreichende Folgen. Männer werden zum Beispiel überwiegend bis zu ihrem Tod gepflegt, meist von ihrer Ehefrau. Frauen müssen dagegen im Alter allein zurechtkommen (Bamler, 2009).

Alte Frauen haben aber im Gegensatz zu alten Männern ein größeres soziales Netzwerk. Ähnlich wie zu ihren Kindern haben sie emotional enge Beziehungen zu Freund*innen und Geschwistern. Diese Beziehungen suchen sie auf, um Unterstützung und Trost zu bekommen (Böger, Huxhold & Wolff, 2017). Ihnen gelingt das, weil sie – wie schon anhand anderer Befunde dargestellt – sozial interessierter und emotional expressiver sind. Da sich Männer im Alter aber nicht einsamer fühlen als ihre weiblichen Gleichaltrigen (Böger, Wetzel & Huxhold, 2017), ist ihr kleineres soziales Netzwerk möglicherweise Ausdruck andersartiger Bedürfnisse und wird nicht als Defizit wahrgenommen.

Für Männer bleibt im Alter die Ehefrau weiterhin zentrale Bezugsperson und wichtigste Unterstützungsquelle. Frauen behalten auch im hohen Alter ihre Gatekeeper-Rolle bei, indem sie verwandtschaftliche Beziehungen pflegen und ihren Ehepartner in soziale Beziehungen einbinden; das ist ein Gewinn für Männer. Eine stabile Paarbeziehung ist für letztere besonders wichtig, weil sie ab dem Alter von 40 Jahren stark auf ihr enges soziales Umfeld und auf eine funktionierende Paarbeziehung fokussiert sind.

Frauen kommen dagegen auch allein mit Hilfe ihres Netzwerks enger Beziehungen gut zurecht. Für Frauen im Alter ist der Partner nicht unbedingt die wichtigste Bezugsperson (Bamler, 2009). Männer profitieren im Alter mehr von der Ehebeziehung als umgekehrt und sind auch mit der Ehe zufriedener als Frauen, ein immer wiederkehrender Forschungsbefund (z. B. Höpflinger, 2003). Frauen fühlen sich vom Partner weniger unterstützt als umgekehrt; ein möglicher Grund für die größere Unzufriedenheit sind traditionelle Rollenbilder, die unbezahlte Hilfeleistungen als »weibliches Geschäft« ansehen (Bamler, 2009). Sind alte Frauen pflegebedürftig, werden sie in der Regel ebenfalls von Frauen unterstützt, eher nicht von ihren Ehemännern (Umberson & Williams, 2005).

Insgesamt verspüren zwar partnerlose Personen im Alter einen größeren Bedarf nach Unterstützung als Menschen in einer Paarbeziehung; aber Frauen haben eher als Männer dann Bedarf nach mehr Rat und Aufmunterung, wenn sie in einer Paarbeziehung und mit Kindern leben, wohingegen Männer eher als Frauen dann Bedarf haben, wenn sie keine Partnerin und keine Kinder haben (Huxhold et al., 2010, S. 229).

Dieser Befund, dass die Ehe für Frauen (aus vielerlei Gründen) belastender und weniger unterstützend ist als für Männer, wird ergänzt durch Studien zur Lebenserwartung von Ehemännern im Vergleich zu Single-Männern. Sie ergeben, dass Ehemänner zwei Jahre länger leben als ledige Männer, ledige Frauen dagegen genauso lange leben wie Ehefrauen. Die Ehe ist für Männer demnach lebensverlängernd, für Frauen nicht. Welche Erklärungen gibt es für diesen Befund? Verheiratete

Männer erlangen durch die Partnerin Pflege und eine bessere Ernährung. Auch sorgt die Partnerin für Sozialkontakt, der im Alter besonders förderlich ist, weil er kognitiv anregt und zur Zufriedenheit beiträgt (Bamler, 2009). Frauen haben umgekehrt keine Vorteile durch ihren Ehemann, die zur Lebensverlängerung beitragen (a. a. O.).

Gegenwärtig bestehen die meisten Singlehaushalte aus Frauen über 60 Jahre: Der Anteil der alleinwohnenden Frauen ist bei den über 80-Jährigen laut dem statistischen Bundesamt fast vier Mal so hoch wie bei den Männern (Statistisches Bundesamt, 2020b).

Verwitwung: Der Verlust der Paarbeziehung

Die Verwitwung bedeutet den Verlust einer langjährigen emotional hochbesetzten Beziehung, wobei es dabei nicht von zentraler Bedeutung ist, wie befriedigend oder konfliktreich sie verlaufen ist (Wagner, Schütze & Lang, 2010). Als das häufigste kritische Lebensereignis im Alter hat es entsprechende psychische und soziale Folgen. Es zählt zu den negativsten und stressreichsten Übergängen im Alter. Aufgrund der höheren Lebenserwartung und des jüngeren Alters im Vergleich zum Partner trifft es Frauen häufiger als Männer. Der Tod des vertrautesten Menschen bedeutet einen Bruch im Lebenslauf der betroffenen Person. Neben der Bewältigung der meist großen Trauer erfordert es eine Reorganisation des bisherigen Lebens und eine Neuausrichtung.

Mit dem Ende einer Paarbeziehung durch den Tod geht auch das Ende einer Haushaltsgemeinschaft einher; der verwitwete alte Mensch wird künftig allein leben.

Die erste Zeit nach einer Verwitwung ist durch eine erhöhte Anfälligkeit für körperliche und psychische Erkrankungen gekennzeichnet (Jin & Chrisatakis, 2009; Schaan, 2009). Auf welche Weise eine Verwitwung langfristig bewältigt wird, hängt sowohl von den Umständen des Verlustes als auch von den sozialen und psychischen Ressourcen der überlebenden Person ab (Stroebe, Schut & Stroebe, 2007). Ein plötzlicher Tod ist schwerer zu verkraften, als wenn der Tod nach langer vorheriger Krankheitszeit eintritt. Bei der Verarbeitung der Trauer sind vorangegangene psychische Probleme ein bedeutender Risikofaktor. Es ist ein häufiger Befund der Trauerforschung, dass Personen, die zuvor an psychischen Störungen wie z. B. Depressionen oder Angststörungen litten, mit hoher Wahrscheinlichkeit auch im Umgang mit einem Verlust Schwierigkeiten erleben (Boerner, 2012).

In der Verwitwungsforschung zeigen die meisten Studien in Bezug auf Geschlechtsunterschiede, dass Männer stärker unter dem Verlust leiden. Sie berichten mehr über depressive Symptome, über höhere Einsamkeitswerte und einen stärkeren Rückgang an Lebenszufriedenheit (Cheng & Chan, 2006; Lee et al., 2001; Stroebe, Stroebe & Schut, 2001).

Verwitwete berichten im Vergleich zu verheirateten Personen durchschnittlich über mehr depressive Symptome, höhere Einsamkeitswerte, eine niedrigere Lebenszufriedenheit, weniger positive Emotionen, ein höheres allgemeines Stresslevel sowie eine schlechtere subjektive Gesundheit (Ong, Fuller-Rowell & Bonanno, 2010).

Trotz der generell negativen Auswirkungen der Verwitwung auf das Wohlbefinden, gibt es große individuelle Unterschiede im Ausmaß der Beeinträchtigung (Stroebe et al., 2008). Die Bewältigung des Verlusts und seiner Folgen und die Anpassung an die neuen Lebensumstände nach der Verwitwung hängen längerfristig sowohl von den verfügbaren Ressourcen der betroffenen Person als auch vom Kontext der Verwitwung ab (Stroebe, Stroebe & Schut, 2001). Personale Ressourcen und soziale Unterstützung vermindern die negativen Auswirkungen und erleichtern die Bewältigung.

> **Übung**
>
> Die Forschung zum Thema Verwitwung im Alter stellt übereinstimmend fest, dass sie besser bewältigt wird, wenn neben sozialer Unterstützung personale Ressourcen vorliegen.
>
> Welche personalen Ressourcen könnten gemeint sein? Welche Kompetenzen und Strategien könnten helfen, mit einem gravierenden Verlust fertig zu werden?
>
> Tipp: Blättern Sie in ▶ Kap. 1.6 nach.

Ungefähr die Hälfte der verwitweten Personen zeigt schon bald nach dem Verlust ein resilientes Bewältigungsmuster (Bonanno, Westphal & Mancini, 2011). Wie gut sich eine Person an die neue Situation anpasst und wie lange der Trauerprozess dauert, hängt von der Persönlichkeit (Resilienz, Bewältigungsstile), dem Gesundheitszustand, der Beziehungsqualität zum verstorbenen Gegenüber und von der finanziellen Situation ab. Günstige Bewältigungsstrategien sind zum Beispiel Beziehungen aufrechtzuerhalten und neue einzugehen. Dadurch erhält man unterschiedliche Formen sozialer Unterstützung, die bei der Bewältigung der Verwitwung helfen (Pai & Carr, 2010). Solche Strategien wenden extravertierte Menschen eher an.

Der Persönlichkeitsfaktor *Extraversion* zeichnet sich durch geselliges und gesprächiges Verhalten aus, er erleichtert es, Beziehungen zu anderen Menschen aufzunehmen (Stroebe & Schut, 1999). Kontakt und Unterstützung wirken sich dann wieder auf das Wohlbefinden aus (a. a. O.). Extraversion ist ein personaler Resilienzfaktor ebenso wie Unterstützung durch die Umwelt ein sozialer Resilienzfaktor ist. Psychische Resilienz wird in Krisen aktiviert und steht z. B. mit der Erholung von verlustspezifischem Stress in Zusammenhang (Ong et al., 2006). Resiliente Menschen können in der Auseinandersetzung mit einem erschütternden Erlebnis ein gesundes und stabiles Wohlbefinden aufrechterhalten (Bonanno, Wortman & Nesse, 2004).

Auch der Kontext ist wichtig: Wie war die Qualität der Beziehung vor dem Verlust? Eine gute Beziehung, die durch Wärme und eine große Nähe gekennzeichnet ist, erschwert die Adaptation an den Verlust, während der Verlust einer konfliktreichen Beziehung weniger Trauer zur Folge hat (Carr et al., 2000; Prigerson, Maciejewski & Rosenheck, 2000). Auch wenn Verwitwung für die meisten betroffenen Personen ein belastendes Erlebnis darstellt, kann sie also in manchen Fällen als Erlösung empfunden werden, besonders wenn eine lange Phase belastender Pflege vorausging.

Ein entscheidender Faktor für die Verarbeitung ist die *Zeitdauer* seit dem Verlust. Mit zunehmender Zeitdauer gelingt in der Regel die Bewältigung des Verlustes, das Wohlbefinden steigert sich wieder. Dies konnte empirisch vielfach bestätigt werden (Clark & Georgellis, 2013; Lucas et al., 2003). Jedoch zeigen die Untersuchungen auch große Unterschiede bezüglich des benötigten Zeitraums und auch das Ausmaß des wiedergewonnenen Wohlbefindens erreicht oft nicht mehr das Ausgangsniveau (z. B Itzhar-Nabarro & Smoski, 2012; Clark & Georgellis, 2013; Koren & Lowenstein, 2008; Bennett, 1998; Lucas et al., 2003).

Bei der Bewältigung einer Krise wie sie die Verwitwung darstellt handelt es sich um einen Prozess der Trauer, der sich über die Zeit verändert. Untersucht man einen solchen Prozess, ist insbesondere die Längsschnittstudie die angemessene und aussagekräftige Methode, weil man mit ihr einen längerfristigen Verlauf erfassen kann.

Ein Beispiel dafür ist die Studie von Perrig-Chiello und Margelisch (2015) an einer großen Schweizer Stichprobe. Die verwitweten Personen waren zum Zeitpunkt der Befragung durchschnittlich seit vier Jahren verwitwet, die zweite Befragung fand nach zwei weiteren Jahren statt. Die Autorinnen konnten eine starke psychische Belastung bei den überlebenden Personen feststellen. Sie war bei den Frauen deutlich stärker ausgeprägt; eine Ursache dafür waren die durch die Witwenschaft aufgetretenen finanziellen Probleme. Trotz der Hilfe bei der Bewältigung dieser spezifischen Herausforderungen durch ihre Kinder oder Freunde wirkten sich diese stressreichen und belastenden Herausforderungen negativ auf das Wohlbefinden der betroffenen Personen aus. Rückwirkend beurteilten die verwitweten Männer ihre Beziehung positiver als es die verwitweten Frauen taten. Befragt wurden sie nach der Zufriedenheit mit der Kommunikation, mit der Konfliktlösung und mit dem Grad an Unterstützung durch das Gegenüber.

Insgesamt gelang der Hälfte der Stichprobe die Bewältigung gut, sie zeigte ein resilientes Profil. Zum ersten Befragungszeitpunkt lebten 30 % der Witwer und 7 % der Witwen in einer neuen Paarbeziehung, zwei Jahre später waren es bereits 36 % der Witwer und 9 % der Witwen. Von denjenigen, welche aktuell nicht in einer Paarbeziehung lebten, wünschte sich etwa ein Viertel der befragten Personen eine neue Paarbeziehung, während für die restlichen 75 % eine neue Paarbeziehung im Moment nicht oder überhaupt nicht mehr in Frage kam. Diese Zahlen zeigen, dass einem beachtlichen Teil der verwitweten Personen eine Neuorientierung im Sinne einer neuen Paarbeziehung gelingt.

Berentung: Nicht nur ein Verlust

Der Eintritt in den Ruhestand bedeutet den Verlust wichtiger Rollen und Funktionen. Weiterhin zieht er zahlreiche Veränderungen der Alltagsgestaltung, der sozialen Kontakte und der Leistungsanforderungen und auch der Leistungsbewertungen nach sich. Eine u. U. wichtige Quelle der Anerkennung und der Selbstbestätigung fällt weg. Berufsbedingte soziale Kontakte brechen ab. Das stellt besonders für alleinlebende Menschen einen Verlust dar. Auch eine Paarbeziehung ändert sich durch die Berentung. Das Paar ist nach vielen Jahren des getrennten Tagesablaufs wieder vereint und muss eine neue Form des Zusammenlebens finden: Wie verteilt man die Hausarbeit neu, wie arrangiert man sich mit unterschiedlichen Wünschen in Bezug auf gemeinsame bzw. getrennte Zeit? Besteht noch eine ausreichende gemeinsame Grundlage für die Paarbeziehung? Lange verdrängte Paarbeziehungskonflikte können durch das vermehrte Zusammensein wieder aktualisiert werden (Faltermaier et al., 2014, S. 267 f.).

Ein weiterer Bereich, der eine Anpassung erforderlich macht, ist die Veränderung der *Zeitstruktur*. Es gibt weder einen strukturierten Tagesablauf noch einen festgelegten Wochen-, Monats- oder Jahresablauf, der durch Feierabend, Urlaub usw. eingeteilt ist. Es ist eine große Chance, die nun zur Verfügung stehende Zeit wieder selbstbestimmt einzuteilen. Es bedeutet aber auch aktiv zu werden, Ziele zu entwickeln, Hobbies wieder aufzugreifen oder neu zu beginnen und sich darüber klar zu werden, was einen selbst erfüllt und dem eigenen Leben Sinn gibt. Wie lange diese Neuorientierung dauert, hängt davon ab, wie sehr das Leben vor der Berentung bereits mit sozialen Kontakten, Hobbies und außerberuflichen Tätigkeiten angefüllt war. Es hängt aber auch davon ab, wie selbstbestimmt und eigenverantwortlich eine Person in ihrem Beruf arbeiten konnte bzw. wie fremdbestimmt und monoton die Arbeit war. War man es beruflich gewohnt zu gestalten, Entscheidungen zu treffen und sich selbst zu verwirklichen, gelingt dies auch in der neuen Situation gut (Lehr, 2007, S. 232 ff.). Studien konnten ebenfalls zeigen, dass nur etwa ein Drittel der betroffenen Personen mit Einsamkeit, Langeweile und Sinnverlust zu kämpfen hat (a. a. O.).

Diese Zahl relativiert die Sicht auf die Berentung als generell kritisches Lebensereignis. Das Bild des Rentenschocks, welches lange Zeit in der wissenschaftlichen Literatur vorherrschte, gilt heute als widerlegt (Mutwill & Krauth, 2015). Der Übergang in den Ruhestand, so die aktuelle Ruhestandsforschung, stellt kein derart einschneidendes Ereignis dar – weder für Frauen noch für Männer (Mayring, 2000). Wetzel, Huxhold & Tesch-Römer (2016, S. 1004 f.) fanden in einer Untersuchung unmittelbar nach dem Übergang in den Ruhestand sogar einen Anstieg des Wohlbefindens. Sie sahen diesen positiven Effekt im Zusammenhang mit einer Befreiung von der Last der Arbeit bzw. von der Arbeitslosigkeit bei jenen, die vor dem Erreichen des Rentenalters keine Arbeit hatten. Sie waren nun von dem Stigma der Arbeitslosigkeit befreit. Ob dieses gehobene Wohlbefinden auch längere Zeit andauerte, war von den jeweiligen Ressourcen abhängig. Als ausschlaggebender Faktor erwies sich *Bildung*. Personen mit geringer Bildung äußerten einen Verlust an Lebensqualität. Dies ist dadurch erklärbar, dass niedrige Bildung meist mit geringerem Einkommen, mehr gesundheitlichen Problemen, weniger Freizeitaktivitäten und einem kleineren sozialen Netzwerk verbunden ist. Überraschenderweise hatten weitere Faktoren wie Alter und Geschlecht keine besonderen Auswirkungen auf das Wohlbefinden (Wetzel, Huxhold & Tesch-Römer, 2016, S. 1002).

Großes Wohlbefinden mit der Berentung äußern Personen,

- die ihre Ziele im Beruf erreichten,
- die mit ihrem Beruf zufrieden waren,
- die am Arbeitsplatz einen hohen Handlungsspielraum hatten,
- die ihre Ziele auch im privaten Bereich erreicht hatten,
- die instrumentelle und emotionale Unterstützung in sozialen Beziehungen erfuhren,
- die sich vor dem Ruhestand gesund fühlten,
- deren Persönlichkeit Eigenschaften wie Selbstwirksamkeit, Optimismus, emotionale Stabilität und Introversion aufwies,
- die positive Altersbilder hatten und
- die eine bejahende Sicht von Pensionierung hatten.

(Mayring, 2000)

Neben denjenigen berenteten Personen, die sich genauso wohl oder sogar besser fühlen als vor der Rente, gibt es auch Risikogruppen, die sich durch einen Abfall des Wohlbefindens auszeichnen. Hierzu gehören häufiger Frauen und Menschen mit einem geringeren sozioökonomischen Status und einem kleineren sozialen Netzwerk (Mayring, 2000). Die Längsschnittstudie von Mayring (2000) trägt der Tatsache Rechnung, dass die Rentenzeit ein Prozess mit unterschiedlichen Phasen ist, wie dies auch bei anderen Lebensphasen der Fall ist. Er begann seine Studie ein halbes Jahr vor dem Rentenbeginn und beendete sie anderthalb Jahre nach Beginn des Renteneintritts. Er fand keine starken Einbrüche im Erleben, aber Veränderungen in verschiedenen Zufriedenheitsdimensionen. So stieg die Freizeitzufriedenheit kontinuierlich an, die finanzielle, die gesundheitliche und die Zufriedenheit mit dem gesellschaftlichen Status sanken aber.

Tagebuchaufzeichnungen der untersuchten Personen zeigten sehr individuelle Verläufe. In dieser ersten Zeit wurden viele Freizeitaktivitäten und soziale Kontakte nachgeholt. Es wurden aber auch familiäre Probleme sowie Unsicherheit und Unzufriedenheit über die finanzielle Situation deutlich. Die Berentung bringt also Gewinne (Freizeit) und Verluste (Finanzen, Status) mit sich.

Folgende Fragen betreffen die äußeren Umstände und sind ebenfalls von großer Relevanz: War die Berentung freiwillig oder durch den Betrieb erzwungen, war der Beruf körperlich anstrengend, sodass eine Frühberentung erforderlich wurde, gab es dadurch große finanzielle Einbußen und körperliche Beschwerden.

Die Berentung ist ein Ereignis, welches vorhersehbar ist. Man wird nicht davon überrascht und kann sich daher darauf einstellen: Welches Hobby will ich wieder aufgreifen oder neu entwickeln, welches Ehrenamt will ich übernehmen, will ich Reisen nachholen und Kontakte wiederaufleben lassen? Mit diesen Fragen kann man sich schon vorher beschäftigen. Antizipation und Planung erleichtern den Übergang in die neue Lebensphase. Antizipation ist ein günstiger, problemorientierter Bewältigungsmechanismus. Antizipation ist auch ein Teil der Emotionskontrolle: Man nimmt unangenehme zukünftige Gefühle vorweg, spielt sie durch und kann sich dadurch auf sie vorbereiten. Antizipierte angenehme Gefühle, die bei Zielerreichung auftreten, helfen ebenfalls dabei, sich schon vorher mit der baldigen Berentung auseinanderzusetzen und Vorhaben in die Wege zu leiten.

6.4 Der Umgang mit Verlusten

> **Merke!**
>
> Antizipation ist ein sehr günstiger Bewältigungsmechanismus. Man bereitet sich innerlich auf bevorstehende Situationen vor, nimmt mögliche Probleme vorweg und spielt Lösungen durch. Dies ist besonders hilfreich bei vorhersehbaren Übergängen in neue Lebensphasen wie z. B. die Berentung.
> Er ist auch nützlich für die Emotionskontrolle, weil gleichermaßen Gefühle innerlich vorweggenommen und vorstellbar werden. Es hilft dabei, später nicht von starken Gefühlen überwältigt zu werden.

Geschlechtstypische Unterschiede zeigen, dass Männer mehr unter dem Verlust des Berufes leiden, besonders auch dann, wenn sie unfreiwillig ausscheiden müssen und auch noch keine Alternative zu ihrem Beruf aufgebaut haben (Barnes & Parry, 2004, S. 229 f.). Ein Mann erlebt offensichtlich den Verlust des Berufes häufiger als Statusverlust und als Verlust der Rolle des Ernährers der Familie und der Rolle als beruflicher Experte. Gleichzeitig muss er hinnehmen, dass sein öffentliches und soziales Ansehen nicht mehr selbstverständlich ist. Vieles, was sich unter dem Einfluss eines gesellschaftlich dominanten Männerbildes an Haltungen und Einstellungen »biografisch aufgebaut und verfestigt hat«, wird nun in Frage gestellt: »die Fixierung auf das Funktionieren-Müssen, die Abspaltung der inneren Hilflosigkeit, das erlernte Dominanzstreben, die Leistungsorientierung« (Böhnisch, 2016, S. 260 f.).

Der Übergang in die Rente ist für Männer aufgrund dieser stärkeren Berufsorientierung häufig einschneidender als für Frauen (Stiehler, 2020). Männer sind auch häufiger nach der Berentung noch weiter erwerbstätig, wobei der finanzielle Aspekt dabei keine Rolle spielt (Hanemann, 2020), sondern eher fehlende andere Schwerpunkte und Interessen. Die Weichen für ein positives Rentnerdasein werden bereits im mittleren Erwachsenenalter gestellt (Möller-Leimkühler, 2020). Diese Lebensphase ist speziell für Männer eine vulnerable Phase, in der sie häufig einen ungesunden Lebensstil pflegen und es verpassen, Sinn- und Interessensstrukturen jenseits der Erwerbsrolle aufzubauen (a. a. O.). Auch das Pflegen von Freundschaften und der Aufbau von Hobbies in dieser Lebensphase sind Schutzfaktoren, die Altersprozesse abpuffern können.

Männer leiden mehr als Frauen unter Schlafstörungen und Depressionen nach Eintritt in den Ruhestand und beeinflussen dadurch auch die Stimmung ihrer Frauen. Dieses Phänomen ist das »retired husband syndrome« (Bertoni & Brunello, 2017). Dass der Übergang in die Rente für Frauen keinen Einfluss auf ihre psychische Gesundheit hat, erklären Studien mit der speziellen weiblichen Erwerbsbiografie, die durch Auszeiten und fehlende Karrierewahrnehmung zugunsten der Familie gekennzeichnet ist. Auch der geübte Umgang mit multiplen Rollenanforderungen führt zu einer größeren Flexibilität im Umgang mit neuen Lebenssituationen. Frauen haben darüber hinaus prosoziale Stressverarbeitungsstrategien und größere soziale Netzwerke. Sie verhalten sich nach dem Prinzip »tend and befriend« (Taylor et al., 2000) und nicht nach dem Prinzip »fight or flight« (a. a. O.). All das hilft bei einer besseren Verarbeitung der Berentung (Siegrist & Möller-Leimkühler, 2020).

Männer und Frauen, denen der Übergang leichtfiel, stützten sich je nach Geschlecht auf unterschiedliche Ressourcen. Männer, die sich am leichtesten mit der Berentung abfanden, hatten meist egalitäre Vorstellungen von Beziehungen, verfügten über genug ökonomische Ressourcen, um ihren bevorzugten Lebensstil aufrecht zu erhalten und hatten eine sehr individualistische Weltsicht. Bei den Frauen dagegen waren es die Anforderungen durch die Familienrolle, die ihnen auch für den Übergang in den Ruhestand Struktur und Halt gaben.

Eine wesentliche Bewältigungsressource stellten soziale Beziehungen dar, die bei Männern in gemeinsam geteilten Aktivitäten mit Freund*innen gelebt wurden, während Frauen die Intimität und Unterstützung in privater Sphäre bevorzugten (Barnes & Parry, 2004, S. 239). Schließlich ergab sich auch in den ehelichen Beziehungen die Notwendigkeit zu Neuaushandlungen, die sich für Paare mit traditionellen Vorstellungen schwieriger gestalteten. Nach einiger Zeit hatten jedoch die meisten Paare die Herausforderungen bewältigt und entwickelten eine neue Intimität.

6.5 Erfolgreiches Altern: ein Gewinn

Die lange Zeit vorherrschende Sichtweise des Alters als eine ausschließlich von Defiziten geprägte Lebensphase änderte sich durch die Forschungsergebnisse, dass objektiv beeinträchtigte alte Menschen trotzdem ihr Leben als sehr zufrieden und sogar glücklich beschrieben (Lehr & Thomae, 1987). So spiegelten sich widrige Lebensumstände (z. B. gesundheitliche und finanzielle Beeinträchtigungen) kaum in der Bewertung des subjektiven Wohlbefindens der betroffenen Personen wider. Die Zufriedenheitswerte änderten sich auch über die Jahre, in denen immer weitere Beeinträchtigungen und Einschränkungen auftraten, nicht. Dieses Phänomen wird auch als *Zufriedenheitsparadox* beschrieben (Staudinger & Freund, 1998; Staudinger, 2000). Zufriedene alte Menschen wenden – unabhängig von ihrem objektiven Zustand – Mechanismen zur Lebensbewältigung an, die unglückliche und unzufriedene alte Menschen nicht benutzen.

Diese Mechanismen beschreibt das Ehepaar Baltes (1989, 1992) in seinem Modell des »erfolgreichen« Alterns. Für die Forschenden ist Altwerden und Erfolg kein Widerspruch; in einer sehr positiven und ressourcenorientierten Sichtweise betonen sie die Möglichkeit des Individuums, aktiv gestaltend in den Prozess des Alterns einzugreifen. Erfolg ist dabei die gelungene Anpassung der einzelnen Person an die biologischen, sozialen und psychologischen Gegebenheiten ihrer Situation (Baltes & Baltes, 1989). Sie konnten zeigen, dass ein solches »gutes Altern« nicht durch ein generelles Verhalten, wie z. B. durch Disengagement oder durch Aktivität, erzielt werden kann, sondern je nach Lebensstil auf unterschiedlichen Wegen zu erreichen ist (Thomae, 1980).

Strategien erfolgreichen Alterns: Optimierung durch Selektion mit Kompensation

Die Theorie des erfolgreichen Alterns basiert auf der Beobachtung, dass ältere Personen, genau wie jüngere Personen, »stille Reserven« haben, die sich durch Üben, Lernen und gezieltes Training aktivieren lassen (Baltes & Baltes, 1989). Die altersbedingten Defizite, die z. B. durch eine nachlassende Leistungsfähigkeit der kognitiven Kontrolle bedingt sind, müssen also nicht als Schicksal akzeptiert werden, sondern können teilweise durch Aktivierung dieser Reserven ausgeglichen werden. Zwar werden diese Kapazitätsreserven mit zunehmendem Alter immer enger gesteckt. Trotzdem kann es älteren Menschen dadurch gelingen, ein positives Selbstbild und eine große subjektive Zufriedenheit beizubehalten und eine Einflussnahme und Kontrolle über ihr Leben wahrzunehmen.

Wie können solche erfolgreichen Bewältigungsprozesse angesichts der beschriebenen vielfältigen Verluste aussehen? Welche Strategien sind sinnvoll, weil sie Defizite kompensieren? Antworten gibt das von Paul und Margret Baltes (1989) entwickelte SOK-Modell erfolgreichen Alterns, in dem sie als zentrale Strategien *Selektion, Optimierung und Kompensation* beschreiben. Ihre Anwendung trägt wesentlich zum subjektiven Wohlbefinden bei. Erfolg wird in diesem Modell als Maximierung von Gewinnen bei gleichzeitiger Minimierung von Verlusten definiert (Baltes & Baltes, 1992). Solche Strategien wenden Menschen in allen Lebensphasen an; sie stellen lebenslang eine wichtige Vorgehensweise dar, eigene Mängel auszugleichen. Im Alter kommt ihnen aber aufgrund der altersbedingten Verluste eine besondere Bedeutung zu.

Definition: Optimierung durch Selektion mit Kompensation

- *Optimierung* bedeutet, die noch zur Verfügung stehenden Ressourcen optimal einzusetzen und zu trainieren.
  - **Beispiel:** Man zieht mit Absicht jeden Morgen die Schuhe an, obwohl Hausschlappen auch reichen würden. Das Anziehen der Schuhe dient dem Training der Gelenkigkeit (Bücken) und der Feinmotorik (Schnüren).
- *Selektion* bedeutet eine wohlüberlegte Auswahl und Spezifizierung von Vorhaben aus den vorhandenen Lebensmöglichkeiten, die mit den vorhandenen eigenen Möglichkeiten noch zu verwirklichen sind.
  - **Beispiel:** Man wählt aus der Vielzahl an Spazierwegen nur noch solche aus, die asphaltiert sind, und/oder solche, die in regelmäßigen Abständen mit Bänken ausgestattet sind.
- *Kompensation* bedeutet, dass nicht mehr vorhandene Fähigkeiten durch andere Fähigkeiten oder Hilfsmittel kompensiert werden.
  - **Beispiel:** Es werden Hilfsmittel wie etwa Einkaufszettel, Sehhilfen, ein Rollator oder ein Gehstock benutzt.

Insgesamt gelingt es offensichtlich der Mehrzahl der alten Menschen ein positives Selbstbild zu bewahren, denn die Berliner Altersstudie zeigt, dass die meisten alten Menschen mit ihrem Leben zufrieden sind. Zwei Drittel fühlen sich gesund und schätzen sich sogar gesünder ein als Gleichaltrige. Sie sind der Meinung, dass sie ihr Leben selbst bestimmen können (Mayer et al., 2010). Außerdem haben noch neun von zehn alten Menschen ausgeprägte Lebensziele und nur ein Drittel ist eher vergangenheitsorientiert (a. a. O.). Lässt man alte Menschen die Frage »Wer bin ich?« beantworten, beschreiben alte und sehr alte Menschen sich selbst und ihren Tagesablauf insgesamt positiv (Smith & Baltes, 2010). Die positiv getönte Selbstsicht zeigt sich auch in der Selbsteinschätzung als wesentlich jünger als es dem chronologischen Alter entspricht. Mit zunehmendem Alter verringert sich die Einschätzung des eigenen Alters noch weiter (▶ Abb. 6.3).

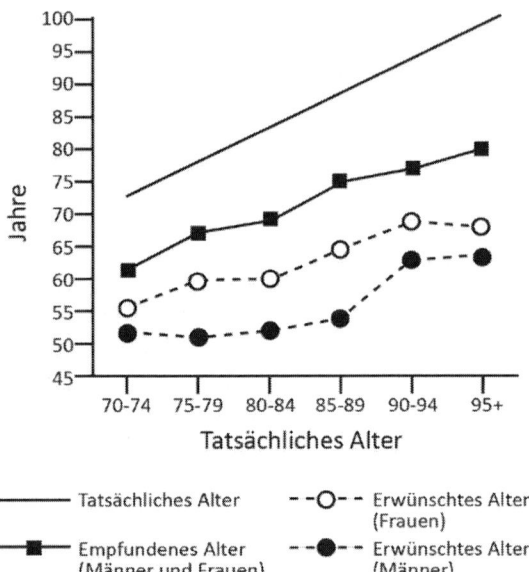

Abb. 6.3: Diskrepanz zwischen tatsächlichem, empfundenem und gewünschtem Alter bei 70–90-jährigen Männern und Frauen (aus Smith & Baltes, 2010, S. 256)

Wie die Abbildung zeigt, nimmt die Diskrepanz zwischen dem realen Alter und dem empfundenen Alter mit zunehmender Zeit zu. Anfang 70-Jährige schätzen sich zehn Jahre jünger ein, 90-Jährige dagegen schätzen sich um 16 Jahre jünger ein. Die Geschlechter unterscheiden sich bezüglich des erwünschten Alters. So geben Männer ein um sieben Jahre jüngeres Wunschalter an als Frauen.

> **Übung**
>
> Wie interpretieren Sie diese Selbstüberschätzungen? Sind sie positiv, weil sie die Stimmung heben oder sind unrealistische Selbsteinschätzungen gefährlich, weil

> sie zu riskantem Verhalten führen könnten? Überlegen Sie sich Argumente für beide Positionen.

Natürlich spiegeln diese positiven Einstellungen nicht unbedingt die objektive Situation wider. Die subjektive Sicht ist besser als die objektive Sicht. Das ist das Ergebnis der Berliner Altersstudie (Mayer et al., 2010). Die positive Sicht resultiert aus den erfolgreichen Bewältigungsstrategien und möglicherweise auch aus »generationsspezifischer Genügsamkeit« (a. a. O.). Zwar konnte die Studie zeigen, dass psychiatrische Erkrankungen und Depressionen mit dem Alter nicht zunehmen. Aber der körperliche und geistige Abbau und die Zunahme chronischer Leiden sind im hohen Alter unausweichlich. So haben fast alle alten Menschen in der Studie (a. a. O.) mindestens eine chronische Erkrankung und ein Drittel leidet sogar an einer lebensbedrohlichen Erkrankung. Mit hohem Alter steigt das Risiko für Demenz rasch an; abgesehen davon unterliegen alle alten Menschen einem graduellen Abbau ihrer geistigen Fähigkeiten. Alte Menschen können zwar dazulernen, aber das Gedächtnis, die sensorischen Sinne und die kognitiven Funktionen verschlechtern sich kontinuierlich. Anpassungsleistungen stoßen also irgendwann an ihre Grenzen.

> **Merke!**
>
> Ein Großteil der alten Menschen fühlt sich trotz zunehmender Einschränkungen in zahlreichen Lebensbereichen wohl. Dieses hohe subjektive Wohlgefühl ist ein Kriterium für »erfolgreiches Altern«. Es entsteht aus einer gelungenen Anpassung an das Alter durch Selbstakzeptanz, positive Beziehungen zu anderen Personen, Autonomie, Umweltkontrolle, Lebenssinn und persönlichem Wachstum (Jopp, 2003, S. 27). Objektive Kriterien erfolgreichen Alterns sind Gesundheit und Langlebigkeit.

Daseinsthemen und Lebenslagen im Alter

Havighurst (1976) beschreibt die folgenden Entwicklungsaufgaben des Alters. Nach ihm sind es notwendige Anpassungsprozesse an altersbedingte Defizite, die vorausgehend bereits thematisiert wurden:

Späteres Erwachsenenalter (ab 60 Jahre)

- Anpassung an das Nachlassen der Kräfte und der Gesundheit
- Anpassung an den Ruhestand und ein vermindertes Einkommen
- Anpassung beim Tod des*r Partners*in
- Aufbau einer expliziten Angliederung an die eigene Altersgruppe
- In flexibler Weise die sozialen Rollen annehmen und sich daran anpassen
- Aufbau befriedigender Lebensumstände

Nach Erikson (1988) ist die Aufgabe des Alters die *Ich-Integrität* (▶ Kap. 1.4.2) zu erreichen. Sie bedeutet, den nahenden Tod zu akzeptieren und sich mit dem vergangenen Leben auszusöhnen. Man kommt mit dem eigenen Leben ins Reine und ist zufrieden mit dem, was man erreicht hat. Erfolge und Enttäuschungen in beruflichen Dingen, in Liebesbeziehungen, in der Kindererziehung und in Freundschaften werden rückblickend als zum Leben gehörend und notwendig akzeptiert, um dem Verlauf des Lebens einen Sinn zu geben. Wünsche, die sich nicht erfüllt haben, führten zu anderen Wegen im Leben, die insgesamt stimmig waren und in das Leben passten.

Eine längsschnittliche Untersuchung an Frauen ergab, dass gelebte Generativität im mittleren Erwachsenenalter einer Ich-Integrität im höheren Erwachsenenalter vorausging (Berk, 2020, S. 932). Ich-Integrität im Alter wiederum korreliert mit besserer psychischer Befindlichkeit, größerer Selbstakzeptanz, größerer ehelicher Zufriedenheit, engeren Beziehungen zu den Kindern und größerem ehrenamtlichen Engagement (a. a. O.).

Eine solch positive Bilanzierung der Entscheidungen der Vergangenheit, die auch die Fehler akzeptiert, fördert die Einstellung, die begrenzte Gegenwart ohne Verbitterung zu genießen und dem nahenden Tod gelassener entgegenzusehen. Generativität hilft dann dabei, eine zunehmend negativere Gewinn-Verlust-Bilanz zu akzeptieren und ein neues Gleichgewicht des psychischen Wohlbefindens zu finden (Höpflinger & Perrig-Chiello, 2008).

Alte Menschen, die ihre intrinsischen (inneren, lohnenden, nicht materiellen) Ziele erreicht haben, fürchten den Tod weniger als alte Menschen, die sich auf das Erreichen extrinsischer Ziele (Geld, Anerkennung) fokussieren (Van Hiel & Vansteenkiste, 2009). Gelingt diese Ich-Integrität nicht, also dem eigenen Leben und seinem Lebenslauf Sinn zu geben, entsteht *Verzweiflung* und *Verbitterung* weil das Gefühl aufkommt, zu viele falsche Entscheidungen in der Vergangenheit getroffen zu haben, die in der verbleibenden Zeit nicht mehr revidiert werden können. Die Selbstverachtung kann auch in Verachtung für andere Menschen umschlagen. Der Tod kann nicht akzeptiert werden, denn das Leben ist unabgeschlossen und unbefriedigend.

Über weitere selbstgestellte Aufgaben und Daseinsthemen gewann die Generali-Hochaltrigenstudie Aufschluss (Kruse & Sittler, 2015). Sie befragte 400 Frauen und Männer im Alter von 85–98 Jahren in ausführlichen Interviews über ihre Erwartungen an ihr Leben. Die fünf am häufigsten genannten Anliegen waren:

1. Freude und Erfüllung in einer emotional tieferen Begegnung mit anderen Menschen
2. Intensive Beschäftigung mit der Lebenssituation und Entwicklung nahestehender Menschen, vor allem in der eigenen Familie und in den nachfolgenden Generationen
3. Erfüllung im Engagement für andere Menschen
4. Bedürfnis, auch weiterhin gebraucht zu werden und geachtet zu sein, vor allem von nachfolgenden Generationen
5. Sorge vor dem Verlust der Autonomie

Viele alte Menschen wünschen sich demnach Kontakte vielfältiger Art, nicht nur familiäre, sondern auch in der Gesellschaft. Dass ältere Menschen über kognitive, lebenspraktische und sozialkommunikative Kompetenzen verfügen, die sie befähigen, innerhalb unserer Gesellschaft ein mitverantwortliches Leben zu führen – zum Beispiel im Sinne eines ehrenamtlichen Engagements in der Kommune, im Verein oder in der Nachbarschaft – wurde ebenfalls in der Studie nachgewiesen (a. a. O.); verbesserte materielle, soziale und gesundheitliche Ressourcen erlauben vielen diese Gestaltungsmöglichkeiten. Unsere Gesellschaft sollte deshalb ältere Menschen in stärkerem Maße als handelnde Mitbürger*innen ansehen (Kruse, 2015). Die Entwicklung medizinischer Kompensationsmöglichkeiten ist in den letzten Jahrzehnten stark vorangetrieben worden, Maßnahmen der psychologischen Prävention und Intervention im Alter – die Teilhabe der alten Menschen an der Gesellschaft zählt dazu – sollten ebenso stark gefördert werden.

Lebensbedingungen im Alter sind von soziodemografischen Merkmalen, Gesundheitsmerkmalen, Merkmalen des sozialen Netzwerks, materiellen und Wohnbedingungen geprägt. Die BASE Studie (Lindenberger et al., 2010) konnte zeigen, dass sich alte Menschen bezüglich ihrer finanziellen Situation stark unterscheiden. Die finanzielle Situation im Alter hängt eng mit dem Familienstand und dem Geschlecht zusammen (Mayer & Wagner, 2010). So lässt sich von einer Feminisierung des Alters und einer Feminisierung der Altersarmut sprechen. Zwei Drittel der über 60-Jährigen und drei Viertel der über 75-Jährigen sind weiblich (a. a. O.).

In Bezug auf Paarbeziehungen sind drei Viertel aller Männer zwischen 70 und 73 Jahre alt und ein Viertel im Alter über 90 Jahre verheiratet. Von den 70–74-jährigen Frauen sind dagegen nur 20 % verheiratet und im hohen Alter (über 80 Jahre) gibt es nahezu keine Frau mit Ehepartner*in mehr (Wagner, Schütze & Lang, 2010). Mit dem Überleben von Frauen geht vermehrt Alleinleben und Altersarmut wegen geringer oder fehlender vorhergehender Berufstätigkeit einher. Alleinlebende alte Frauen haben den höchsten Pflegebedarf und gelten aufgrund der beschriebenen Merkmale als klassische Klientel der Sozialhilfe.

Befragt man sehr alte Männer und Frauen nach ihrer körperlichen Verfassung, beurteilen Männer im Vergleich zu Frauen diese generell als besser. Ein Grund kann darin liegen, dass Frauen eher zu krankheitsbedingter Invalidität und zu chronischen Krankheiten neigen, Männer eher zu lebensbedrohlichen Krankheiten (Baltes, 2010). Bei denselben Krankheiten ist die Mortalität bei den Frauen niedriger (a. a. O.). Frauen leben demnach zwar länger, aber nicht unbedingt besser. Ihr Leben im hohen Alter ist unglücklicher, einsamer und aufgrund chronischer Krankheiten beschwerlicher, Männer dagegen leben zwar kürzer, aber beschwerdefreier.

Aufgrund des demografischen Wandels wird sich auch das System der innerfamiliären Pflege verändern. Da immer weniger Kinder immer mehr alten Menschen für Pflegeaufgaben zur Verfügung stehen und Töchter aufgrund veränderter Familienkonstellationen (u. a. Scheidung, Berufstätigkeit) weniger Pflegebereitschaft zeigen können, wird die Pflege vermutlich weitgehend in professionelle Hände übergehen. Jedoch werden alte Männer weiterhin in Zweierbeziehungen leben, alte Frauen dagegen allein. Frauen müssen also häufiger in ein Alters- oder Pflegeheim ziehen (Backes & Clemens 2013, S. 362).

Zusammenfassung

Wie in allen anderen Lebensphasen verläuft auch im Alter die Entwicklung multidirektional, multidimensional und multifaktoriell. Deshalb geht man heute nicht mehr davon aus, dass es für das Alter spezifische und allgemeingültige Theorien der Entwicklung gibt. Ergebnisse aus repräsentativen Längsschnittstudien (Generali-Hochaltrigenstudie, 2015; Berliner Altersstudie BASE, 2010; Bonner Längsschnittstudie BOLSA, 2015) zeigen, dass Altern ein höchst individueller Prozess ist. Aus den Befunden dieser Studien wurde die Theorie des erfolgreichen Alterns (Baltes, 1997) entwickelt, die den alten Menschen als Gestalter seiner Entwicklung betrachtet. Erfolgreiches Altern geht mit der Anwendung der Strategien der Selektion, Optimierung und Kompensation einher, welche die negativen Folgen eines geringen Ressourcenstatus abfedern und somit das subjektive Wohlbefinden erhalten.

Das Klischee vom Alter als negativer Lebensphase kann als widerlegt gelten. Das Alter stellt durch die zunehmende Lebenserwartung eine lange Lebensphase dar, die sehr unterschiedlich verläuft. So ist das dritte Lebensalter (60–80 Jahre) weitgehend eine Fortsetzung des mittleren Lebensalters, die Verluste sind noch gering und gut zu kompensieren.

Das vierte Lebensalter (ab 80 Jahren) ist dagegen schwieriger zu bewältigen und von zahlreichen Verlusten geprägt. In diesem Alter werden die Grenzen der Beeinflussbarkeit durch das Individuum deutlich sichtbar. Obwohl das hohe Alter mit einer Reduktion von Ressourcen einhergeht, stehen dennoch Anpassungsmechanismen zur Verfügung, die einen optimalen Einsatz der verbleibenden Ressourcen ermöglichen. Das vierte Alter fordert den Einsatz der Gesellschaft, um den steigenden Bedarf an externen Ressourcen wie medizinischen, technischen und kulturellen Hilfen zu decken.

Die noch weitgehend vorhandenen Ressourcen des dritten Alters sollten von der Gesellschaft aufgegriffen und genutzt werden. Die Primärgewinne eines gesunden und aktiven dritten Lebensalters können Sekundärgewinne nach sich ziehen (Weitergabe von Erfahrungen im Erwerbsleben und anderen Bereichen, ehrenamtliche Tätigkeiten, reduzierte medizinische Behandlungskosten). Davon profitieren sowohl Individuum als auch Gesellschaft.

Verständnisfragen

- Definieren Sie den Begriff »Gerontologie«.
- Definieren sie die Begriffe »Alter« und »Altern«. Arbeiten Sie die Unterschiede heraus.
- Fassen Sie kurz die Disengagement-Theorie und die Aktivitätstheorie zusammen. Warum sind Theorien über »das Alter« nicht zutreffend?
- Was ist mit »erfolgreichem Altern« gemeint?
- Beschreiben Sie das SOK-Modell der Optimierung durch Selektion und Kompensation.

7 Untersuchungsmethoden der Entwicklungspsychologie

Einleitung

Viele Forschungsfragen der Entwicklungspsychologie interessieren sich für die Veränderung des Menschen über den Lebenslauf. Besonders im Erwachsenenalter sind Altersveränderungen von Interesse. Altersunterschiede lassen sich anhand von Querschnittsuntersuchungen und Längsschnittuntersuchungen und einer Mischung aus beidem feststellen.

7.1 Längsschnitt- und Querschnittsuntersuchungen

Um Veränderungen über die Zeit zu untersuchen, werden häufig *Querschnittsuntersuchungen* angewandt. Hierbei werden mindestens zwei Stichproben unterschiedlichen Alters (Kohorten) bezüglich eines oder mehrerer Merkmale miteinander verglichen. Man vergleicht zwei Kohorten. *Kohorte* ist die Bezeichnung einer Gruppe von Personen, die zum gleichen Zeitpunkt bzw. im gleichen Zeitraum geboren wurden und daher vergleichbaren epochalen Einflüssen ausgesetzt waren oder sind.

Beispielsweise vergleicht man junge Erwachsene und alte Erwachsene bezüglich der Merkmale Geschwindigkeit der Wahrnehmung, Gedächtnisleistung und Allgemeinbildung. Die Ergebnisse sollen eine Aussage über Veränderungen dieser Merkmale über die Zeit erlauben. Bei der Interpretation der Ergebnisse muss man berücksichtigen, dass die Mitglieder beider Stichproben zu historisch unterschiedlichen Zeiten aufgewachsen sind. Gegenwärtig alte Menschen haben z. B. im Durchschnitt häufiger einen niedrigeren Bildungsgrad als gegenwärtig junge Erwachsene, sie haben Kriegsfolgen erlebt, sie haben sich nicht mit neuen Medien auseinandergesetzt und haben viele weitere andere zeittypische Erfahrungen gemacht, die sie von heutigen jungen Erwachsenen unterscheiden. Sie gehören also in vielerlei Hinsicht einer anderen Kohorte an als die junge Vergleichsstichprobe.

Kohorten sollen sich aber immer auf ein gleichartiges kulturelles Umfeld beziehen. Unterschiede, die zwischen verschiedenen Kohorten bestehen und sich auf das Vorhandensein unterschiedlicher sozialer und umweltbedingter Einflüsse zurückführen lassen, werden als *Kohorteneffekte* bezeichnet. Bei einem Kohorteneffekt in einer entwicklungspsychologischen Untersuchung sind demnach Unterschiede zwischen den Entwicklungsverläufen unterschiedlicher Geburtskohorten nicht unbedingt auf Entwicklungsprozesse zurückzuführen, sondern auf Einflüsse zeitgeschichtlich unterschiedlicher Lebensverhältnisse. Eine Interpretation wird dadurch erschwert.

Wirkliche Altersveränderungen können deshalb nur mit klassischen *Längsschnittstudien* gemessen werden. Dazu wird eine Stichprobe von Personen zu mehreren Messzeitpunkten im Hinblick auf verschiedene Merkmale untersucht. Solche Studien können individuelle Entwicklungsveränderungen darstellen und erklären. Sie sind deshalb die Methode der Wahl.

In *Längsschnittstudien* kann man je nach Fragestellung mehrmals tägliche Messungen mit wöchentlichen, monatlichen und jährlichen Messungen kombinieren. Längsschnittstudien können Tage oder Jahrzehnte umfassen. Will man zum Beispiel die psychische Verarbeitung des Übergangs in den Kindergarten messen oder den Trauerprozess nach dem Verlust des Partner, der Partnerin im hohen Alter, dann wird man im ersten Fall ein Design für ca. sechs Monate, im zweiten Fall ein Design für ein bis zwei Jahre entwickeln.

Die große Resilienzstudie von Emily Werner (▶ Kap. 1.6) begann mit der Untersuchung des Geburtsjahrgangs 1955 und umfasste einen Zeitraum von 40 Jahren. Ihr gelang es mit dieser Studie die relevanten Merkmale von Resilienz zu ermitteln und ein Resilienzkonzept aufzustellen, welches gegenwärtig noch gültig ist.

Längsschnittstudien sind also das beste Verfahren, um echte Veränderungen festzustellen. Aber sie sind natürlich wegen ihrer Untersuchungsdauer sehr aufwendig. Oft können erst die nachfolgenden Forschendengenerationen den Erfolg der Forschung ernten.

Außerdem stellt das Drop-out ein Problem dar: Die Drop-out-Quote bezeichnet die Abbruchrate der Versuchspersonen vor Abschluss der Studie: Je länger die Studie dauert, desto mehr schrumpft die ursprüngliche Stichprobe zusammen: Die ehemaligen Teilnehmenden verlieren das Interesse, können wegen Wegzug nicht mehr ermittelt werden, erkranken oder sterben. Weiterhin muss man mögliche Retest-Effekte berücksichtigen: Die Teilnehmenden erinnern sich bei wiederholter Abfrage an ihre vorherigen Antworten oder es gibt Lerneffekte z. B. bei wiederholter Vorlage von Intelligenztests.

Eine dritte entwicklungsbezogene Forschungsmethode ist die *Kohorten-Sequenzmethode*. Hierbei führt man an einer Stichprobe derselben Altersgruppe in unterschiedlichen Jahren Untersuchungen durch oder untersucht Teilnehmende unterschiedlichen Alters in den gleichen Jahren. Man kann also Längsschnitt- und Querschnittsvergleiche machen und Kohorteneffekte werden erkennbar.

7.2 Weitere Methoden der Entwicklungspsychologie

In der Entwicklungspsychologie werden dieselben Methoden angewandt, mit denen die anderen Fächer der Psychologie forschen. Dazu zählt die normale *Korrelations-*

studie. Sie erlaubt die Feststellung von Zusammenhängen zwischen Merkmalen. Größere Werte der einen Variablen gehen mit größeren Werten der anderen Variablen einher. Man könnte z. B. untersuchen, ob Schüchternheit bei Grundschulkindern mit Ängstlichkeit einhergeht. Eine andere Fragestellung wäre, ob männliches Geschlecht mit besseren Leistungen in Mathematik einhergeht und ob weibliches Geschlecht mit besseren Leistungen in sprachlichen Fähigkeiten einhergeht. Der entscheidende Nachteil von Korrelationsstudien ist, dass sie keine kausale Interpretation zulassen. Bedeutet der Zusammenhang zwischen Schüchternheit und Ängstlichkeit, dass Schüchternheit Ängstlichkeit verursacht oder dass Ängstlichkeit Schüchternheit verursacht? Es ist weiterhin möglich, dass keine der beiden Merkmale verursachend ist, sondern das gemeinsame Auftreten durch ein drittes, unbekanntes Merkmal verursacht wird.

Experimente untersuchen, unter welchen Bedingungen bestimmte Zusammenhänge auftreten. Man bestimmt dabei unabhängige und abhängige Variablen. Von den unabhängigen Variablen (z. B. Alter, Geschlecht, Bildungsstand) wird angenommen, dass sie einen Einfluss auf die abhängige Variable haben. So ist gut nachgewiesen, dass der Bildungsstand der Eltern einen Einfluss auf die Schulleistungen ihrer Kinder hat. Ebenso hat die Lärmbelästigung während der Ausführung einer Konzentrationsaufgabe einen Einfluss auf die Leistung.

Experiment: Das Marshmallow Experiment von Mischel (2014) zum Belohnungsaufschub

Das berühmte Experiment zum Belohnungsaufschub wurde von Mischel erstmals 1968 durchgeführt. Die Fähigkeit zum Belohnungsaufschub bedeutet, auf eine kleinere sofortige Belohnung zugunsten einer größeren, aber späteren Belohnung zu verzichten. Belohnungsaufschub auszuhalten bedeutet also, ein gewisses Maß an Frustrationstoleranz, Ausdauer und Impulskontrolle zu haben.

Den vierjährigen Kindern wurde eine Süßigkeit (ein Marshmallow) vorgesetzt; sie wurden vor die Wahl gestellt, es entweder sofort zu essen oder noch ein zweites zu bekommen, wenn sie einige Minuten warten konnten, ohne das erste Marshmallow zu essen. Die Kinder blieben mit dem Marshmallow allein in einem Raum und wurden gefilmt. Unabhängige Variablen sind hier z. B. das Alter und Geschlecht der Kinder. Die abhängige Variable ist die Länge des Belohnungsaufschubs (zugunsten des zweiten Marshmallows als Belohnung).

Mischel schloss an das Experiment eine Längsschnittstudie an. Er untersuchte die Kinder im Erwachsenenalter erneut. Anhand dieser Studie stellte er fest, dass die Fähigkeit zum Belohnungsaufschub sehr zuverlässig späteren akademischen Erfolg und eine Reihe von positiven Persönlichkeitseigenschaften vorhersagte. Die Fähigkeit zum Belohnungsaufschub in der Kindheit und späterer Erfolg im Leben korrelieren also positiv miteinander.

Viele Jahre später kritisierte man an der Marshmallow Studie, dass Mischel hauptsächlich Kinder seiner wissenschaftlichen Mitarbeiter*innen in das Experiment einbezogen hatte. Es war also eine selektierte Stichprobe, weil sie aus Kindern der gebildeten Mittelschicht zusammengesetzt war. Möglicherweise war

> also der spätere berufliche Erfolg auf die Schichtzugehörigkeit zurückzuführen und nicht auf die Fähigkeit zum Belohnungsaufschub im Alter von vier Jahren.

Experimente können im *Labor* stattfinden. In einem solchen Untersuchungsraum kann man alle Störvariablen ausschalten oder kontrollieren. Der Nachteil ist die unnatürliche Situation, die möglicherweise zu verzerrten Ergebnissen führt. Außerdem kann man Verhalten in einer künstlichen Situation nicht unbedingt auf Verhalten in Alltagssituationen übertragen. Experimente können auch in der natürlichen Umgebung der Versuchspersonen stattfinden, also z. B. in einem Zeltlager oder auf dem Schulhof. Sie finden im *Feld* statt und heißen deshalb Feldexperimente. Sie können wegen der natürlichen Umgebung eher verallgemeinert werden; der Nachteil ist, dass man Störquellen weniger gut kontrollieren kann.

Bei einer *Einzelfalluntersuchung*, die auch Fallstudie genannt wird, wird eine einzelne Person umfassend untersucht. Die Untersuchenden haben über einen längeren Zeitpunkt Kontakt zu der Person, befragen sie u. U. zu ihrem Tagesablauf, werten ihre Tagebücher aus, messen den Blutdruck usw. Fallstudien lassen sich im Gegensatz zu großen Studien nicht generalisieren. Sie sind aber wertvoll, um Hypothesen aufzustellen und Erfahrungen über seltene Phänomene zu sammeln. Häufig sind es psychotherapeutische Fallstudien, in denen Psychotherapieverläufe samt ihren Rückschlägen und Fortschritten beschrieben werden.

Eine berühmte Fallstudie aus der Entwicklungspsychologie stammt von Curtiss (1977), die den Fall Genie über viele Jahre dokumentierte. Genie war ein verwahrlostes Kind, das unter extrem deprivierten Verhältnissen aufgewachsen war. Die Eltern hatten nicht mit ihr gesprochen und meistens verbrachte sie ihre Zeit angebunden an einen Stuhl. Nach ihrer Befreiung baute Curtis zu ihr eine Beziehung auf, beobachtete und unterrichtete sie. Ihre Erfahrungen mit Genie erbrachten zahlreiche Erkenntnisse über sogenannte »Wolfskinder«.

Zusammenfassung

Eine der häufigsten Fragestellungen in der Entwicklungspsychologie bezieht sich auf Veränderungen von menschlichem Verhalten über die Zeit. Dafür eignen sich Längsschnittstudien, die zwar sehr zeitaufwendig sind, aber auch sehr aussagekräftig. Weitere Methoden sind Korrelationsstudien, Laborexperimente oder Feldexperimente sowie Einzelfallstudien.

Verständnisfrage

- Warum sind Längsschnittstudien die beste Methode, um Veränderungen zu erfassen?

Literaturverzeichnis

Achenbach, T. M. (1997). *Manual for the young adult self-report and young adult behavior checklist.* Burlington: University of Vermont, Department of Psychiatry.
Ahnert, L. (2010). *Wieviel Mutter braucht ein Kind? Bindung – Bildung – Betreuung: öffentlich und privat.* Heidelberg: Spektrum Akademischer Verlag.
Ahnert, L. & Rickert, H. (2000). Belastungsreaktionen bei beginnender Tagesbetreuung aus der Sicht früher Mutter-Kind-Bindung. *Psychologie in Erziehung und Unterricht*, 47(3), 189–202.
Ahnert, L. & Spangler, G. (2014). Die Bindungstheorie. In L. Ahnert (Hrsg.), *Theorien der Entwicklungspsychologie* (S. 404–435). Berlin: Springer.
Ainsworth, M. D. S. (1979). Attachment as Related to Mother-Infant Interaction. In J. S. Rosenblatt, R. A. Hinde, C. Beer, & M.-C. Busnel (Hrsg.), *Advances in the Study of Behavior* (S. 1–51). New York: Academic Press.
Ainsworth, M. D. S. (2004). Ein ethologischer Zugang zur Persönlichkeitsentwicklung. In K. Grossmann & K. E. Grossmann (Hrsg.), *Bindungen— Das Gefüge psychischer Sicherheit* (S. 112–145). Stuttgart: Klett-Cotta.
Alberstötter, U. (2004). Hoheskalierte Elternkonflikte – professionelles Handeln zwischen Hilfe und Kontrolle. *Kind-Prax*, 3, 90–99.
Albert, M., Hurrelmann, K., & Quenzel, G. (2015). Jugend 2015: eine pragmatische Generation im Aufbruch. In Shell Deutschland Holding GmbH (Hamburg) (Hrsg.), *Fischer-Taschenbuch: Vol. 3401. Jugend 2015. 17. Shell Jugendstudie* (S. 375–387). Frankfurt am Main: Fischer.
Albert, M., Quenzel, G., Hurrelmann, K., & Kantar, P. (2019). Jugend 2019. Eine Generation meldet sich zu Wort. 18. Shell Jugendstudie (Shell Jugendstudie, 18). Weinheim: Beltz.
Alberts, A., Elkind, D. & Ginsberg, S. (2007). The Personal Fable and Risk-Taking in Early Adolescence. *Journal of Youth and Adolescence*, 36(1), 71–76.
Allensbach (Institut für Demoskopie Allensbach) (2015). *Weichenstellung für die Aufgabenteilung in Familie und Beruf. Untersuchungsbericht zu einer repräsentativen Befragung von Elternpaaren.* Allensbach: IfD Allensbach.
Allmendinger, J. (2009). *Frauen auf dem Sprung: Wie junge Frauen heute leben wollen – Die BRIGITTE-Studie.* München: Pantheon.
Alt, C. & Lange, A. (2010). In der Negativ-Spirale. *DJI-Bulletin*, 89, 7–9.
Amato, P. R. (2000). The Consequences of Divorce for Adults and Children. *Journal of Marriage and Family*, 62(4), 1269–1287.
Amato, P. R. (2001). Children of divorce in the 1990 s: An update of the Amato and Keith (1991) meta-analysis. *Journal of Family Psychology*, 15(3), 355–370.
Amato, P. R. & DeBoer, D. D. (2001). The Transmission of Marital Instability Across Generations: Relationship Skills or Commitment to Marriage? *Journal of Marriage and Family*, 63(4), 1038–1051.
Amato, P. R., King, V. & Thorsen, M. L. (2016). Parent-Child Relationships in Stepfather Families and Adolescent Adjustment: A Latent Class Analysis: Parent-Child Relationships in Adolescence. *Journal of Marriage and Family*, 78(2), 482–497.
Antonucci, T. C., Birditt, K. S. & Webster, N. J. (2010). Social Relations and Mortality: A More Nuanced Approach. *Journal of Health Psychology*, 15(5), 649–659.
Asendorpf, J. B. (2011). *Persönlichkeitspsychologie.* Berlin: Springer.
Asendorpf, J. B. & Kandler, Chr. (2012). Verhaltens- und molekulargenetische Grundlagen. In W. Schneider & U. Lindenberg (Hrsg.), *Entwicklungspsychologie* (S. 82–99). Weinheim: Beltz.

Asendorpf, J. B. & Kandler, Chr. (2018). Verhaltens- und molekulargenetische Grundlagen. In W. Schneider & U. Lindenberg (Hrsg.), *Entwicklungspsychologie* (S. 81–97). Weinheim: Beltz.
Astington, J. W. & Baird, J. A (2005). *Why language matters for theory of mind.* Oxford: Oxford University Press.
Backes, M. & Clemens, W. (2013). *Lebensphase Alter. Eine Einführung in die sozialwissenschaftliche Alternsforschung.* Weinheim: Beltz.
Baldwin, S. A. & Hoffmann, J. P. (2002). The Dynamics of Self-Esteem: A Growth-Curve Analysis. *Journal of Youth and Adolescence, 31*(2), 101–113.
Baller, G. & Schaller, G. (2017). *Kommunikation im Krankenhaus.* Berlin: Springer.
Baltes, P. B. (1990). Das Doppelgesicht des Alterns. In Max-Planck-Gesellschaft zur Förderung der Wissenschaften (Hrsg.), *Jahrbuch / Max-Planck-Gesellschaft zur Förderung der Wissenschaften* (S. 41–60). Göttingen: Vandenhoeck & Ruprecht.
Baltes, P. B. (1997). On the incomplete architecture of human ontogeny: Selection, optimization, and compensation as foundation of developmental theory. *American psychologist, 52*(4), 366–380.
Baltes, P. B. (2010). Die Berliner Altersstudie. In U. Lindenberger, K. U. Smith & P. Mayer (Hrsg.), *Geschlechtsunterschiede in der Berliner Altersstudie* (S. 597–622). Berlin: Akademie Verlag.
Baltes, P. B. & Baltes, M. M. (1989). Erfolgreiches altern: Mehr Jahre und mehr leben. In M. M. Baltes (Hrsg.), *Erfolgreiches Altern: Bedingungen und Variationen* (S. 5–10). Mannheim: Huber.
Baltes, P. B. & Baltes, M. M. (1992). Gerontologie: Begriff, Herausforderung und Brennpunkte. In P. B. Baltes & J. Mittelstrass (Hrsg.), *Zukunft des Alterns und gesellschaftliche Entwicklung* (S. 1–34). Berlin: De Gruyter.
Baltes, P. B., Lindenberger, U. & Staudinger, U. (2006). Life span theory in developmental psychology. In R. Lerner (Hrsg.), *Handbook of child psychology. Vol. 1: Theoretical models of human development* (S. 32–44). New York: Wiley.
Bamler, V. (2009). Persönliche Beziehungen im Alter. In K. Lenz & F. Nestmann (Hrsg.), *Handbuch persönliche Beziehungen* (S. 527–541). Weinheim: Juventa.
Bandura, A. (1997). *Self-efficacy: The exercise of control.* New York: Freeman.
Baris, M. A., Garrity, C., Coates, C., Duvall, B. & Johnson, E. (2001). *Working with high-conflict families of divorce: A guide for professionals.* Lanham: Jason Aronson.
Barker, E. T. & Galambos, N. L. (2003). Body Dissatisfaction of Adolescent Girls and Boys: Risk and Resource Factors. *The Journal of Early Adolescence, 23*(2), 141–165.
Barnes, H. & Parry, J. (2004). Renegotiating identity and relationships: Men and women's adjustments to retirement. *Ageing and society, 24*(2), 213–233.
Barth, R. (2004). »Gespenster am Esstisch«. Psychodynamische Aspekte in der Behandlung von Fütterstörungen. In U. A. Papoušek (Hrsg.), *Regulationsstörungen der frühen Kindheit* (S. 249–262). Bern: Huber.
Bathmann, N., Müller, D. & Cornelißen, W. (2011). Karriere, Kinder, Krisen: Warum Karrieren von Frauen in Paarbeziehungen scheitern oder gelingen. In W. Cornelißen, A. Rusconi & R. Becker (Hrsg.), *Berufliche Karrieren von Frauen* (S. 105–149). Wiesbaden: VS Verlag für Sozialwissenschaften.
Baumgarten, F., Klipker, K., Göbel, K, Janitza, S. & Hölling, H. (2018). Der Verlauf psychischer Auffälligkeiten bei Kindern und Jugendlichen – Ergebnisse der KiGGS-Kohorte. *Journal of Health Monitoring, 3*(1), 60–64.
Baumrind, D. (1966). Effects of Authoritative Parental Control on Child Behavior. *Child Development, 37*(4), 887–907.
Beckh, K., Bröning, S., Walper, S. & Wendt, E.-V. (2013). Liebesbeziehungen junger Erwachsener aus Scheidungsfamilien. Eine Beobachtungsstudie zur intergenerationalen Transmission des Scheidungsrisikos. *Zeitschrift für Familienforschung, 25*(3), 309–330.
Bedford, V. H. (1998). Sibling relationship troubles and well-being in middle and old age. *Family Relations: An Interdisciplinary Journal of Applied Family Studies, 47*(4), 369–376.
Belsky, J. (2006). Early child care and early child development: Major findings of the NICHD study of early child care. *European Journal of Developmental Psychology, 3*(1), 95–110.

Belsky, J., Jaffee, S. R., Sligo, J., Woodward, L. & Silva, P. A. (2005). Intergenerational Transmission of Warm-Sensitive-Stimulating Parenting: A Prospective Study of Mothers and Fathers of 3-Year-Olds. *Child Development*, 76(2), 384–396.
Bengel, J., Meinders-Lücking, F. & Rottmann, N. (2009). *Schutzfaktoren bei Kindern und Jugendlichen: Stand der Forschung zu psychosozialen Schutzfaktoren für Gesundheit*. Köln: Bundeszentrale für gesundheitliche Aufklärung (BZgA).
Bennett, K. M. (1998). Longitudinal changes in mental and physical health among elderly, recently widowed men. *Mortality*, 3(3), 265–273.
Berg, F. (2014). *Übungsbuch Resilienz: 50 praktische Übungen, die der Seele helfen, vom Trauma zu heilen*. Paderborn: Junfermann Verlag.
Berger, E. M. (2009). Maternal Employment and Happiness: The Effect of Non-Participation and Part-Time Employment on Mothers' Life Satisfaction. SOEPpaper No. 178, DIW Berlin Discussion Paper No. 890.
Berk, L. E. (2011). *Entwicklungspsychologie* (5. Aufl.). München: Pearson Studium.
Berk, L. E. (2020). *Entwicklungspsychologie* (7. Aufl.). München: Pearson Studium.
Bernat, E. (2002). Der anonyme Vater im System der Fortpflanzungsmedizin: Vorfindliches, Rechtsethik und Gesetzgebung. In H. Walter (Hrsg.), *Männer als Väter. Sozialwissenschaftliche Theorie und Empirie* (S. 256–286). Gießen: Psychosozial-Verlag.
Bertoni, M. & Brunello, G. (2017). Pappa ante portas: The effect of husband's retirement on the wife's mental health in Japan. *Social Science & Medicine*, 175, 135–142.
Biblarz, T. J. & Savci, E. (2010). Lesbian, Gay, Bisexual, and Transgender Families. *Journal of Marriage and Family*, 72(3), 480–497.
Bielefeld, J. & Baumann, S. (Hrsg.) (1991). *Körpererfahrung: Grundlage menschlichen Bewegungsverhaltens*. Göttingen: Hogrefe.
Bilz, L. (2008). *Schule und psychische Gesundheit: Risikobedingungen für emotionale Auffälligkeiten von Schülerinnen und Schülern*. Wiesbaden: VS Verlag für Sozialwissenschaften.
Bilz, L. (2014). Werden Ängste und depressive Symptome bei Kindern und Jugendlichen in der Schule übersehen? *Zeitschrift für Pädagogische Psychologie*, 28(1–2), 57–62.
Bischof-Köhler, D. (2009). Empathie. In E. Bohlken & C. Thies (Hrsg.), *Handbuch Anthropologie. Der Mensch zwischen Natur, Kultur und Technik* (S. 312–336). Stuttgart: Metzler.
BMFSFJ (2009). *Familienreport 2009 – Leistungen, Wirkungen, Trends*. Zugriff am 8.4.2021 unter https://www.bmfsfj.de/bmfsfj/service/publikationen/familienreport-2009/95770.
BMFSFJ (2010). *Familienreport 2010—Leistungen, Wirkungen, Trends*. Zugriff am 20.10.2020 unter https://www.bmfsfj.de/bmfsfj/service/publikationen/familienreport-2010/74518.
BMFSFJ (2017). *Familienreport 2017- Leistungen, Wirkungen, Trends*. Zugriff am 07.08.2021 unter https://www.bmfsfj.de/resource/blob/119524/f51728a14e3c91c3d8ea657bb01bbab0/familienreport-2017-data.pdf.
BMFSFJ (2019). *Neue Statistik zur Unterstützung Alleinerziehender durch das Unterhaltsvorschussgesetz (UVG)*. Zugriff am 6.4.2021 unter https://www.bmfsfj.de/resource/blob/138166/4c4ec28b9ed03cbd5034b773b751d4f7/statistik-unterhaltsvorschussgesetz-data.pdf.
BMFSFJ (2021). *Allein- und getrennt Erziehende fördern und unterstützen*. Zugriff am 6.4.2021 unter https://www.bmfsfj.de/bmfsfj/themen/familie/chancen-und-teilhabe-fuer-familien/alleinerziehende« \o »https://www.bmfsfj.de/bmfsfj/themen/familie/chancen-und-teilhabe-fuer-familien/alleinerziehende.
Boden, J. M., Fergusson, D. M. & Horwood, L. J. (2008). Does adolescent self-esteem predict later life outcomes? A test of the causal role of self-esteem. *Development and Psychopathology*, 20(1), 319–339.
Bodenmann, G. (2016). *Lehrbuch Klinische Paar- und Familienpsychologie*. Bern: Huber.
Boeger, A. (2018). Project Adventure—Wie die Outward-Bound-Idee das schulische Lernen bereichert. In W. Michl & H (Hrsg.), *Handbuch Erlebnispädagogik* (S. 251–253). München: Ernst-Reinhardt.
Boeger, A., Schut-Ansteeg, Th. (Hrsg.) (2005). *Erlebnispädagogik in der Schule—Wirkungen und Methoden*. Berlin: Logos Verlag.
Boerner, K. (2012). Umgang mit Verwitwung. In H.W. Wahl, C. Tesch-Römer & J. Philipp-Ziegelmann (Hrsg.), *Angewandte Gerontologie. Interventionen für ein gutes Altern in 100 Schlüsselbegriffen* (S. 230–235). Stuttgart: Kohlhammer.

Böger, A., Huxhold, O. & Wolff, J.K. (2017). Wahlverwandtschaften: Sind Freundschaften für die soziale Integration wichtiger geworden? In K. Mahne, J.K. Wolff, J. Simonson & C. Tesch-Römer (Hrsg.), *Altern im Wandel* (S. 257–271). Wiesbaden: Springer VS.

Böger, A., Wetzel, M. & Huxhold, O. (2017). Allein unter vielen oder zusammen ausgeschlossen: Einsamkeit und wahrgenommene soziale Exklusion in der zweiten Lebenshälfte. In K. Mahne, J.K. Wolff, J. Simonson & C. Tesch-Römer (Hrsg.), *Altern im Wandel* (S. 273–285). Wiesbaden: Springer VS.

Böhnisch, L. (2016). *Sozialpädagogik der Lebensalter. Eine Einführung.* Weinheim, Basel: Beltz.

Bolognini, M., Plancherel, B., Bettschart, W. & Halfon, O. (1996). Self-esteem and mental health in early adolescence: Development and gender differences. *Journal of Adolescence, 19*(3), 233–245.

Bonanno, G. A., Westphal, M. & Mancini, A. D. (2011). Resilience to loss and potential trauma. *Annual review of clinical psychology, 7,* 511–535.

Bonanno, G. A., Wortman, C. B. & Nesse, R. M. (2004). Prospective patterns of resilience and maladjustment during widowhood. *Psychology and aging, 19*(2), 260–271.

Borke, J. & Hawellek, Ch. (2011). Trotz – entwicklungspsychologische und klinische Perspektiven. In H. Keller (Hrsg.), *Handbuch der Kleinkindforschung* (4. Aufl.) (S. 1076–1086). Bern: Huber.

Borke, J. & Keller, H. (2014). Kultursensitive Beratung. In M. Cierpka (Hrsg.), *Frühe Kindheit 0–3 Jahre* (S. 345–352). Berlin: Springer.

Borland, D. C. (1987). The sibling relationship as a housing alternative to institutionalization in later life. *Lifestyles, 8*(3), 55–69.

Bos, H. M., Van Balen, F. & Van den Boom, D. C. (2007). Child adjustment and parenting in planned lesbian-parent families. *American Journal of Orthopsychiatry 77*(1), 38–48.

Bowlby, J. (1984). *Bindung: Eine Analyse der Mutter-Kind-Beziehung.* Frankfurt am Main: Fischer.

Brähler, E., Stöbel-Richter, Y., Huinink, J. & Glander, H. J. (2001). Zur Epidemiologie gewollter und ungewollter Kinderlosigkeit in Ost- und Westdeutschland. *Reproduktionsmedizin, 17*(3), 157–162.

Brand, R., Schlicht, W., Grossmann, K. & Duhnsen, H. (2006). Effects of a physical exercise intervention on employees' perceptions of quality of life: a randomized controlled trial. *Soz.-Präventivmed., 51,* 14–23.

Braukhane, K. & Knobeloch, K. (2011). *Das Berliner Eingewöhnungs-Modell. Theoretische Grundlagen und praktische Umsetzung.* Zugriff am 20.05.2021 unter https://www.kita fachtexte.de/fileadmin/Redaktion/Publikationen/KiTaFT_Braukhane_Knobeloch_2011.pdf.

Brazelton, T.B. (1994). *Babys erstes Lebensjahr.* München: DTV.

Bretherton, J. & Oppenheim, D. (2003). The MacArthur Story Stem Battery: Development, administration, reliability, validity and reflections about meaning. In R. Emde, D. Wolf & D. Oppenheim (Hrsg.), *Revealing the inner worlds of younger children* (S. 55–80). Oxford: Oxford University Press.

Brisch, K. H. (2005). Das Wechselspiel von Genetik, Verhalten und Psychodynamik. In L. Thun-Hohenstein (Hrsg.), *Übergänge. Wendepunkte und Zäsuren in der kindlichen Entwicklung* (S.13–38). Göttingen: Vandenhoeck & Ruprecht.

Brisch, K. H. (2011). SAFE – primäre Gewaltprävention. *Sozialpädagogische Impulse, 1,* 19–21.

Brisch, K. H. (2014). *Die Bedeutung von Bindung in Sozialer Arbeit, Pädagogik und Beratung. Bindungsorientierung in der Sozialen Arbeit: Grundlagen – Forschungsergebnisse – Anwendungsbereiche.* Dortmund: Borgmann.

Brisch, K. H. & Hellbrügge, T. (Hrsg.) (2015) *Bindung und Trauma: Risiken und Schutzfaktoren für die Entwicklung von Kindern.* Stuttgart: Klett-Cotta.

Brown, B. (1999). »You're going out with who?« Peer group influences on adolescents' romantic relationships. In W. Furman, B. Brown & C. Feiring (Hrsg.), *The development of romantic relationships in adolescence* (S. 291–329). Cambridge: Cambridge University Press.

Brown, J. D. & Lawton, M. (1986). Stress and Well-Being in Adolescence: The Moderating Role of Physical Exercise. *Journal of Human Stress, 12*(3), 125–131.

Buba, H. P., Vaskovics, L. A., Becker, D. & Weiß, H. (Hrsg.) (2001). *Benachteiligung gleichgeschlechtlich orientierter Personen und Paare.* Köln: Bundesanzeiger.

Bucher, A. A. (2001). *Was Kinder glücklich macht: Historische, psychologische und empirische Annäherungen an Kindheitsglück.* Weinheim: Juventa-Verlag.
Bühler, C. & Hetzer, H. (1932). *Kleinkindertests.* Leipzig: Barth.
Bundesinstitut für Bevölkerungsforschung (2017). *Bevölkerung in Deutschland.* Zugriff am 3.12.2020 unter https://www.bib.bund.de/Publikation/2017/pdf/Bevoelkerung-in Deutschland.pdf?__blob=publicationFile&v=3.
Bundeszentrale für gesundheitliche Aufklärung. (2006). *FORUM Sexualaufklärung – Körper.* FORUM.
Bundeszentrale für politische Bildung. (2007). *Immer weniger Kinder in Deutschland.* Zugriff am 20.10.2020 unter https://www.bpb.de/politik/hintergrundaktuell/69874/geburtenrueckgang-13-09-2007.
Burkart, G. (2018). *Soziologie der Paarbeziehung.* Wiesbaden: Springer.
Butcher, J. N., Mineka, S., Hooley, J. M., Plata, G. & Schleider, K. (2009). *Klinische Psychologie.* München: Pearson Studium.
Carr, D., House, J. S., Kessler, R. C., Nesse, R. M., Sonnega, J. & Wortman, C. (2000). Marital quality and psychological adjustment to widowhood among older adults: A longitudinal analysis. *The Journals of Gerontology Series B: Psychological Sciences and Social Sciences, 55*(4), 197–207.
Carter, E. A. & McGoldrick, M. (Hrsg.) (1989). *The Changing family life cycle: A framework for family therapy.* New York: Gardner Press.
Cattarin, J. A. & Thompson, J. K. (1994). A Three-Year Longitudinal Study of Body Image, Eating Disturbance, and General Psychological Functioning in Adolescent Females. *Eating Disorders, 2*(2), 114–125.
Charles, R. & Ritz, D. (2005). *Ray: Die Autobiographie.* München: Heyne.
Chen, Z. & Kaplan, H. B. (2001). Intergenerational Transmission of Constructive Parenting. *Journal of Marriage and Family, 63*(1), 17–31.
Cheng, S. T. & Chan, A. C. (2006). Filial piety and psychological well-being in well older Chinese. *The Journals of Gerontology Series B: Psychological Sciences and Social Sciences, 61*(5), 262–269.
Cicchetti, D. (1999). Developmental psychopathology: Historical underpinnings, conceptual and methodological issues, and prevention and intervention implications. In R. Earthier, C. von Hagon, G. Roper & G. Noam (Hrsg.), *Klinische Entwicklungspsychologie* (S. 11–44). Weinheim: PVU.
Cicirelli, V. G. (1989). Feelings of attachment to siblings and well-being in later life. *Psychology and Aging, 4*(2), 211–216.
Cierpka, M. (2011). *Faustlos. Wie Kinder Konflikte gewaltfrei lösen lernen.* Freiburg: Herder.
Cierpka, M., Frey, B., Scholtes, K. & Köhler, H. (2014). Von der Partnerschaft zur Elternschaft. In M. Cierpka (Hrsg.), *Frühe Kindheit 0–3 Jahre. Beratung und Psychotherapie für Eltern mit Säuglingen und Kleinkindern* (S. 115–126). Berlin Heidelberg: Springer.
Clark, A. E. & Georgellis, Y. (2013). Back to baseline in Britain: adaptation in the British household panel survey. *Economica, 80*(319), 496–512.
Collins, E. (1991). Body figure perceptions and preferences among preadolescent children. *International Journal of Eating Disorders, 10*(2), 199–208.
Collins, N. & Steinberg, L. (2006). Adolescent Development in Interpersonal Context. In N. Eisenberg, W. Damon & R. M. Lerner (Hrsg.), *Handbook of child psychology: Social, emotional, and personality development* (S. 1003–1067). New York: Wiley.
Costello, E. J., Mustillo, S., Erkanli, A., Keeler, G. & Angold, A. (2003). Prevalence and Development of Psychiatric Disorders in Childhood and Adolescence. *Archives of General Psychiatry, 60*(8), 837–844.
Covey, L. & Feltz, D. (1991). Physical activity and Adolescent Female Psychological Development. *Journal of Youth and Adolescence, 20*(4), 463–474.
Cratty, B. (1986). *Perceptual and motor development in infants and children.* London: Pearson.
Crockett, L. & Petersen, A. C. (1987). Pubertal status and psychosocial development: Findings from the Early Adolescence Study. In R. M. Lerner & T. T. Foch (Hrsg.), *Biological-Psychosocial Interactions in Early Adolescence: A Life-Span Perspective* (S. 173–188). Hillsdale, NJ: Erlbaum.

Crowl, A., Ahn, S. & Baker, J. (2008). A meta-analysis of developmental outcomes for children of same-sex and heterosexual parents. *Journal of GLBT family studies*, 4(3), 385–407.
Cumming, E. & Henry, W. E. (1961). *Growing old, the process of disengagement.* New York: Basic Books.
Curtiss, S. (1977). *Genie. Psycholinguistic Study of a Modern-Day »Wild Child«*. London: Academic Press.
Daudert, E. (2001). *Selbstreflexivität, Bindung und Psychopathologie: Zusammenhänge bei stationären Gruppenpsychotherapie-Patienten.* Hamburg: Kovač.
De Casper, A. & Fifer, W. P. (1980). Of human bonding: newborns prefer their mothers voices. *Science, 208,* 1174–1176.
DGKJP (2007). *Leitlinien zur Diagnostik und Therapie von psychischen Störungen im Säuglings-, Kindes- und Jugendalter* (3. Aufl.). Köln: Deutscher Ärzte Verlag.
Di Gessa, G, Glaser, K. & Tinker, A. (2016). The impact of caring for grandchildren on the health of grandparents in Europe: A life course approach. *Social Science and Medicine ,152,* 166–175.
Di Pietro, A. (2012). Maternal stress in pregnancy. Considerations for fetal development. *Journal of Adolescent Health, 51*(2), 53–58.
Diabaté, S., Ruckdeschel, K., Bujard, M., Schneider, N. F., Naderi, R. & Lück, D. (2017). *Alles wie gehabt? Partnerschaft und Elternschaft in Deutschland. Bundesinstitut für Bevölkerungsforschung.* Zugriff am 19. 4. 2022 unter https://www.bib.bund.de/Publikation/2017/pdf/Famili enleitbilder-Alles-wie-gehabt-Partnerschaft-und-Elternschaft-in-Deutschland.pdf?__blob= publicationFile&v=2:Wiesbaden.
Dorbritz, J., Panova, R. & Passet-Wittig, J. (2016). *Gewollt oder ungewollt? Der Forschungsstand zu Kinderlosigkeit.* Wiesbaden: Bundesinstitut für Bevölkerungsforschung.
Döring-Seipel, E. & Seip, M. (2016). *Projekt »Psychosoziale Basiskompetenzen«: Standortbestimmung und Selbstprofessionalisierung.* Wiesbaden: Springer.
Dornes, M. (1993). *Der kompetente Säugling: Die präverbale Entwicklung des Menschen.* Frankfurt am Main: Fischer.
Dornes, M. (2013). *Die Seele des Kindes: Entstehung und Entwicklung* (4. Aufl.). Frankfurt am Main: Fischer.
Dotti Sani, G. M. & Treas, J. (2016). Educational Gradients in Parents' Child-Care Time Across Countries, 1965–2012: Educational Gradients in Parents' Child-Care Time. *Journal of Marriage and Family, 78*(4), 1083–1096.
Dreher, M. & Dreher, E. (1985). Entwicklungsaufgaben im Jugendalter. Bedeutsamkeit und Bewältigungskonzepte. In D. Liepmann & A. Sticksrud (Hrsg.), *Entwicklungsaufgaben und Bewältigungsprobleme in der Adoleszenz* (S. 124–137). Göttingen: Hogrefe.
Dürnberger, A. (2011). Die Verteilung elterlicher Aufgaben in lesbischen Partnerschaften. *Zeitschrift für Familienforschung, 7,* 147–166.
Ecarius, J. (2002). *Familienerziehung im historischen Wandel.* Wiesbaden: VS Verlag für Sozialwissenschaften.
Eckhardt-Henn, A., Hoffmann, S., Heuft, G. & Hochapfel, G. (2018). *Neurotische Störungen und Psychosomatische Medizin. Mit einer Einführung in Psychodiagnostik und Psychotherapie.* Stuttgart: Schattauer.
Edelstein, B. & Grellmann, S. (2013). Welche Abschlüsse erreichten Schüler früher und heute? (Bundeszentrale für politische Bildung). Zugriff am 26.09.2021 unter https://www.bpb.de/ gesellschaft/bildung/zukunft-bildung/159282/welche-abschluesse-erreichten-schueler-frueher-und-heute.
Egeren, L. A. V., van & Hawkins, D. P. (2004). Coming to Terms with Coparenting: Implications of Definition and Measurement. *Journal of Adult Development, 11*(3), 165–178.
Eggen, B. (2004). Kinder? Jein!: Anmerkungen zur Allensbach-Studie »Einflussfaktoren auf die Geburtenrate«. *Statistisches Monatsheft Baden-Württemberg, 12,* 10–13.
Eisenberg, Nancy, Fabes, R. A., Murphy, B., Karbon, M., Smith, M. & Maszk, P. (1996). The relations of children's dispositional empathy-related responding to their emotionality, regulation, and social functioning. *Developmental Psychology, 32*(2), 195–209.
Elkind, D. (1967). Egocentrism in Adolescence. *Child Development, 38*(4), 1025–1034.

Elsner, B.& Pauen, S. (2012). Vorgeburtliche Entwicklung und früheste Kindheit. In W. Schneider & U. Lindenberger (Hrsg.), *Entwicklungspsychologie* (S. 159–187). Weinheim: Beltz.
Erickson, M. F. & Egeland, B. R. (2016). *Die Stärkung der Eltern-Kind-Bindung: Frühe Hilfen für die Arbeit mit Eltern von der Schwangerschaft bis zum zweiten Lebensjahr des Kindes durch das STEEP-Programm.* Stuttgart: Klett-Cotta.
Erickson, R. J. (2005). Why emotion work matters: Sex, gender, and the division of household labor. *Journal of Marriage and Family*, 67(2), 337–351.
Erikson, E. H. (1988). *Der vollständige Lebenszyklus.* Frankfurt am Main: Suhrkamp.
Erikson, E. H. (1950). *Childhood and society.* New York: Norton.
Erikson, E. H. (2003). *Jugend und Krise: Die Psychodynamik im sozialen Wandel.* Stuttgart: Klett-Cotta.
Erikson, E. H. (2005). *Kindheit und Gesellschaft* (14. Aufl.). Stuttgart: Klett-Cotta.
Erikson, E. H. (2017). *Identität und Lebenszyklus: Drei Aufsätze* (28. Aufl.). Berlin: Suhrkamp.
Euler, H. (2011). Grandparents and extended kin. In C. Salomon & T. K. Shackelford (Hrsg.), *The Oxford Handbook of Evolutionary Family Psychology* (S. 199–207). New York: Oxford University Press.
Fahrenberg, B. (1986). Die Bewältigung der »empty nest situation« als Entwicklungsaufgabe der älterwerdenden Frau—Eine Literaturanalyse. *Zeitschrift für Gerontologie, 19*, 323-333.
Falkai, P., Wittchen, H.-U., Döpfner, M., Gaebel, W., Maier, W., Rief, W., Saß, H., Zaudig, M. & American Psychiatric Association (Hrsg.) (2018). *Diagnostisches und statistisches Manual psychischer Störungen DSM-5* (2., korrigierte Aufl.). Göttingen: Hogrefe.
Faltermaier, T. (2017). *Gesundheitspsychologie* (2., überarbeitete und erweiterte Aufl.). Stuttgart: Kohlhammer.
Faltermaier, T. Mayring, P., Saup, W., Strehmel, P. (2014). *Entwicklungspsychologie des Erwachsenenalters.* Stuttgart: Kohlhammer.
Fan, X., Fang, H. & Markussen, S. (2015). *Mothers' Employment and Children's Educational Gender Gap.* Cambridge: National Bureau of Economic Research.
Fend, H. (2005). *Entwicklungspsychologie des Jugendalters.* Leverkusen: Leske & Budrich.
Ferraro, A. (2016). Binuclear families. In C. L. Shehan (Hrsg.), *The Wiley Blackwell Encyclopedia of Family Studies* (S. 1–4) Hoboken, NJ: Wiley. https://www.researchgate.net/profile/Anthony-Ferraro-4/publication/313793559_Binuclear_Families/links/5b26dc4a0f7e9b0e374e5ad1/Binuclear-Families.pdf.
Filipp, S.-H. & Mayer, A.-K. (2005). Alter und Altern: Zur Bedeutung von Altersstereotypen. *Politik und Zeitgeschichte, 49*, 25–31.
Finger, J., Mensink, G., Lange, C. & Manz, K. (2017). Gesundheitsfördernde körperliche Aktivität in der Freizeit bei Erwachsenen in Deutschland. *Journal of Health Monitoring, 2*(2), 37–44.
Fingerle, M., Freytag, A. & Julius, H. (1999). Ergebnisse der Resilienzforschung und ihre Implikationen für die (heil-)pädagogische Gestaltung von schulischen Lern- und Lebensumwelten. *Zeitschrift für Heilpädagogik, 50*, 302–309.
Fingerman, K. L., Cheng, Y. P., Birditt, K. & Zarit, S. (2012). Only as happy as the least happy child: multiple grown children's problems and successes and middle-aged parents' well-being. *Journals of Gerontology Series B: Psychological Sciences and Social Sciences, 67*(2), 184–193.
Flaake, K. (2014). *Neue Mütter – Neue Väter.* Gießen: Psychosozial-Verlag
Flammer, A. & Alsaker, F. (2002). *Entwicklungspsychologie der Adoleszenz: Die Erschließung innerer und äußerer Welten im Jugendalter.* Bern: Hans Huber.
Flom, R. & Pick, A. (2003). Verbal encouragement and joint attention. *Infant Behavior and Development, 26*, 121–134.
Fox, N. (1995). Of the way we were: Adult memories about attachment experiences and their role in determining infant-parent relationships: A commentary on van IJzendoorn (1995). *Psychological Bulletin, 117*(3), 404–410.
Fraiberg, S. (1980). *Clinical studies in infant mental health: The first year of life.* London: Routledge.

Franz, M. (2016). Langzeitfolgen von Trennung und Scheidung. In U. T. Egle, P. Joraschky, A. Lampe, I. Seiffge-Krenke & M. Cierpka (Hrsg.), *Sexueller Missbrauch, Misshandlung, Vernachlässigung: Erkennung, Therapie und Prävention der Folgen früherer Stresserfahrungen* (S. 119–137). Stuttgart: Schattauer.

Frech, A. & Damaske, S. (2012). The Relationships between Mothers' Work Pathways and Physical and Mental Health. *Journal of Health and Social Behavior, 53*(4), 396–412.

Freund, A. & Nikitin, J. (2018). Junges und mittleres Erwachsenenalter. In W. Schneider & U. Lindenberger (Hrsg.), *Entwicklungspsychologie* (S. 259–282). Weinheim: Beltz.

Frevert, G., Cierpka, M. & Joraschky, P. (2008). Familiäre Lebenszyklen. In M. Cierpka (Hrsg.), *Handbuch der Familiendiagnostik* (S. 171–197). Berlin: Springer.

Frick, J., Petermann, F. & Rüedi, J. (2018). *Die Droge Verwöhnung. Beispiele, Folgen, Alternativen.* Göttingen: Hogrefe.

Frith, C.D. & Frith, U. (2011). Mechanisms of social cognition. *Annual of Revised Psychology, 63*, 1–27.

Fröhlich-Gildhoff, K., Becker, J. & Fischer, S. (2020). *Prävention und Resilienzförderung in Grundschulen – PRiGS. Ein Förderprogramm.* München: Ernst-Reinhardt.

Fröhlich-Gildhoff, K., Dörner, T. & Rönnau-Böse, M. (2019). *Prävention und Resilienzförderung in Kindertageseinrichtungen – PRiK. Ein Förderprogramm.* München: Ernst-Reinhardt.

Frydenberg, E. & Lewis, R. (1993). Boys play sport and girls turn to others: Age, gender and ethnicity as determinants of coping. *Journal of Adolescence, 16*(3), 253–266.

Fuhrer, U. (2007). *Erziehungskompetenz: Was Eltern und Familien stark macht.* Bern: Huber.

Gensicke, T. (1996). Sozialer Wandel durch Modernisierung, Individualisierung und Wertewandel. *Aus Politik und Zeitgeschichte, 46*(42), 3–17.

George, C., Kaplan, N. & Maine, M. (1985). *The Adult Attachment Interview.* Berkeley: University of California

Gibbons, F. X., Gerrard, M., Cleveland, M. J., Wills, T. A. & Brody, G. (2004). Perceived Discrimination and Substance Use in African American Parents and Their Children: A Panel Study. *Journal of Personality and Social Psychology, 86*(4), 517–529.

Gibson, E.J. & Walk, R.D. (1960). The ›visual cliff‹. *Scientific American, 202*, 64–71.

Glasl, F. (2020). *Konfliktmanagement Ein Handbuch für Führungskräfte und Berater.* Bern: Haupt.

Gloger-Tippelt, G. (1988). *Schwangerschaft und erste Geburt. Psychologische Veränderungen der Eltern.* Stuttgart: Kohlhammer.

Goldman, A. & Sripada, C. (2005). Simulationistische Modelle der gesichtsbasierten Emotionserkennung. *Science Direct Cognition, 94*, 193–213.

Goldstein, E. B. (2015). *Wahrnehmungspsychologie. Der Grundkurs* (9. überarbeitete und aktualisierte Aufl.). Berlin & Heidelberg: Springer & Spektrum Akademischer Verlag.

Golombek, S. & Tasker, F. (2015). Socioemotional development in changing families. In M. E. Lamb (Hrsg.), *Handbook of child psychology and developmental science: Vol. 3. Socioemotional processes* (S. 419–463). Hoboken, NJ: Wiley.

Gordon, T. (2012a). *Familienkonferenz in der Praxis: Wie Konflikte mit Kindern gelöst werden.* München: Heyne.

Gordon, T. (2012b). *Lehrer-Schüler-Konferenz: Wie man Konflikte in der Schule löst.* München: Heyne.

Gordon, T. (2012c). *Managerkonferenz: Effektives Führungstraining.* München: Heyne.

Gottman, J. M. & Silver, N. (2018). *Die Vermessung der Liebe: Vertrauen und Betrug in Paarbeziehungen.* Stuttgart: Klett-Cotta.

Green, M.F., Penn, D.L., Bentall, R., Carpenter, W.T., Gaebel, W., Gur, R.C., Kring, A.M., Park, S., Silverstein, S.M. & Heinssen, R. (2008). Social cognition in schizo-phrenia: an NIMH workshop on definitions, assessment, and research opportunities. *Schizophrenia Bulletin, 34*, 1211–1220.

Greve, W. & Bjorklund, D. (2018). Evolutionäre Grundlagen. In W. Schneider & U. Lindenberger (Hrsg.), *Entwicklungspsychologie* (S. 61–79). Weinheim: Beltz.

Grolnick, W. S. & Farkas, M. S. (2002). Parenting and the development of children's self-regulation. In M. H. Bornstein (Hrsg.), *Handbook of parenting: Practical issues in parenting* (S. 89–110). Mahwah, NJ: Lawrence Erlbaum Associates.

Grossmann, K. (2014). Identity development in attachment relationships (Sviluppo dell'identità nelle relazioni di attaccamento). *Attachment and Complex Systems (Attaccamento e Sistemi Complesso), 1*(1), 25–44.
Grossmann, K. & Grossmann, K. (2012). *Bindungen. Das Gefüge psychischer Sicherheit.* Stuttgart: Klett-Cotta.
Grossmann, K. & Grossmann, K. (2017). Bindung und psychische Sicherheit. In: P. Zimmermann & G. Spangler (Hrsg.), *Feinfühlige Herausforderung* (S. 243–256). Gießen: Psychosozial-Verlag.
Grubert, J. (2016). Depressionen und Ängste bei Schüler_innen—Unauffällige Auffälligkeiten. *Potsdamer Zentrum für empirische Inklusionsforschung, 17*, 1–11.
Gründler, S., Dorbritz, J., Lück, D., Naderi, R., Ruckdeschel, K., Schiefer, K. & Schneider, N. (2013). *Familienleitbilder. Vorstellungen, Meinungen, Erwartungen.* Wiesbaden: Bundesinstitut für Bevölkerungsforschung.
Haag, C. (2016). Homosexual Women and Men on the Way to Parenthood –Intentions and Implications. In F. Steger, J. C. Joerden & A. Kaniowski (Hrsg.), *Ethik in der Pränatalen Medizin* (S. 115–138). Frankfurt am Main: Peter Lang.
Haeberli, H. & Egger, P. (2007). *Lexikon Allgemeinbildung.* Bern: Hep Verlag
Haenel, T. (2018). *Depression: Leben mit der schwarz gekleideten Dame.* Heidelberg: Spektrum.
Haffner, J., Steen, R., Roos, J., Klett, M. Resch, F. (2007). Jugendliche und ihr Körperempfinden. *BZgA Forum, 3*, 12–17.
Hahlweg, K., Feinstein, E. & Müller, U. (1988). Analyse familiärer und partnerschaftlicher Kommunikation. In M. Cierpka (Hrsg.), *Familiendiagnostik* (S. 153–169). Berlin Heidelberg: Springer.
Hall, J. A. (2011). Sex differences in friendship expectations: A meta-analysis. *Journal of Social and Personal Relationships, 28*(6), 723–747.
Hampel, P. & Petermann, F. (2003). *Anti-Stress-Training für Kinder* (2. Aufl.). Weinheim: Beltz.
Hanemann, F. (2020). Was kommt nach der Arbeit? Fazit für Gesellschaft und Politik. In H. Jürges, J. Siegrist & M. Stiehler (Hrsg.), *Männer und der Übergang in die Rente* (S. 177–188). Gießen: Psychosozial Verlag
Hannover, B. & Greve, W. (2018). Selbst und Persönlichkeit. In W. Schneider & U. Lindenberger (Hrsg.), *Entwicklungspsychologie* (S. 559–578). Weinheim: Beltz.
Hantel-Quitmann, W. (2015). *Klinische Familienpsychologie Familien verstehen und helfen.* Stuttgart: Klett-Cotta.
Hantel-Quitmann, W. (2016). *Basiswissen Familienpsychologie: Familien verstehen und helfen.* Stuttgart: Klett-Cotta.
Hardman, A. E. & Stensel, D. J. (2009). *Physical activity and health: The evidence explained.* London New York: Routledge.
Harlow, H. F. (1958). The nature of love. *American Psychologist, 13*(12), 673–685.
Hartup, W. & Abecassis, M. (2004). Friends and enemies. In K. Smith & C. Hart (Hrsg.), *Blackwell Handbook of Childhood Social Development* (S. 285–306). New York: Blackwell Publishing.
Hautzinger, M. (2012). Gruppenpsychotherapie mit Älteren. In B. Strauß & D. Mattke (Hrsg.), *Gruppenpsychotherapie* (S. 391–403). Berlin, Heidelberg: Springer.
Havighurst, R. J. (1953). *Human development and education.* Longmans, Green.
Havighurst, R. J. (1974). *Developmental tasks and education* (3., überarbeitete Aufl.). New York: McKay
Havighurst, R. J. (1976). Education through the adult life span. *Educational Gerontology, 1*(1), 41–51.
HBSC-Studienverbund Deutschland (2015). *Studie Health Behaviour in School-aged Children – Faktenblatt »Körperbild und Diätverhalten von Kindern und Jugendlichen«.* Zugriff am 07.12.2020 unter https://gbebund.de/pdf/Faktenbl_koerperbild_diaetverhalten_2015_14.pdf
Heaven, P. & Ciarrochi, J. (2008). Parental styles, gender and the development of hope and self-esteem. *European Journal of Personality, 22*(8), 707–724.
Hebblethwaite, S. & Norris, J. (2011). Expressions of generativity through family leisure: Experiences of grandparents and adult grandchildren. *Family Relations: An Interdisciplinary Journal of Applied Family Studies, 60*(1), 121–133.

Hedervari-Heller, E. (2014). Bindung und Bindungsstörungen. In M. Cierpka (Hrsg.), *Frühe Kindheit 0–3—Beratung und Psychotherapie für Eltern mit Säuglingen und Kleinkindern* (S. 57–677). Heidelberg: Springer.

Heinrichs, N. & Hahlweg, K. (2008). Vorbereitung auf die Elternschaft. In F. Petermann & W. Schneider (Hrsg.), *Angewandte Entwicklungspsychologie, Enzyklopädie der Psychologie, Serie V, Band 7* (S. 777–826). Göttingen: Hogrefe.

Heinzel, St. (2020). Antidepressive Effekte von Sportinterventionen. *Psychotherapeut, 65*(3), 143–148.

Helgeson, V. S. & Cohen, S. (1996). Social support and adjustment to cancer: Reconciling descriptive, correlational, and intervention research. *Health Psychology, 15*(2), 135–148.

Herpertz, S., de Zwaan, M. & Zipfel, S. (Hrsg.) (2015). *Handbuch Essstörungen und Adipositas*. Heidelberg: Springer.

Hess, T. & Starke, C. (2018). Patchworkfamilien. In K. von Sydow & U. Borst (Hrsg.), *Systemische Therapie in der Praxis* (S. 679–691). Weinheim: Beltz.

Hetherington, E. M. & Kelly, J. (2002). *For Better Or For Worse: Divorce Reconsidered*. New York: WW Norton & Company.

Hetzer, H. (1982). Kinder- und Jugendpsychologische Forschung im Wiener Psychologischen Institut von 1922 bis 1938. *Zeitschrift für Entwicklungspsychologie und Pädagogische Psychologie, 14*(3), 175–224.

Hipp, L. & Leuze, K. (2015). Institutionelle Determinanten einer partnerschaftlichen Aufteilung von Erwerbsarbeit in Europa und den USA. *KZfSS Kölner Zeitschrift für Soziologie und Sozialpsychologie, 67*(4), 659–684.

Hofer, M. (2002). Familienbeziehungen in der Entwicklung. In M. Hofer, E. Wild & P. Noack (Hrsg.), *Lehrbuch Familienbeziehungen* (S. 4–27). Bern: Huber.

Hogan, C. L., Mata, J. & Carstensen, L. L. (2013). Exercise holds immediate benefits for affect and cognition in younger and older adults. *Psychology and Aging, 28*(2), 587–594.

Hohmann, C. & Schwarzer, R. (2009). Selbstwirksamkeitserwartung. In J. Bengel & M. Jerusalem (Hrsg.), *Handbuch der Gesundheitspsychologie und Medizinischen Psychologie* (S. 61–67). Göttingen: Hogrefe.

Holodynski, M. & Oerter, R. (2012). Emotion. In W. Schneider & U. Lindenberger (Hrsg.), *Entwicklungspsychologie* (S. 492–515). Weinheim: Beltz.

Holtmann, M. & Schmidt, M. H. (2004). Resilienz im Kindes- und Jugendalter. *Kindheit und Entwicklung, 13*(4), 195–200.

Honkanen-Schoberth, P. (2014). *Starke Kinder brauchen starke Eltern: Der Elternkurs des Deutschen Kinderschutzbundes*. Freiburg im Breisgau: Kreuz.

Höpflinger, F. (2003). Lebenszufriedenheit und Wohlbefinden im höheren Lebensalter. In B. Boothe & B. Ugolini (Hrsg.), *Lebenshorizont Alter*, (S. 69–88). Zürich: vdf ETH Zürich.

Höpflinger, F. (2009). Beziehungen zwischen Großeltern und Enkelkindern. In K. Lenz & F. Nestmann (Hrsg.), *Handbuch persönliche Beziehungen* (S. 311–336). Weinheim: Juventa.

Höpflinger, F. & Hummel, C. (2006). Heranwachsende Enkelkinder und ihre Großeltern. *Zeitschrift für Gerontologie und Geriatrie, 39*, 33–40.

Höpflinger, F. & Perrig-Chiello, P. (2008). Die nachberufliche Lebensphase-Generationenbeziehungen in späteren Lebensjahren. In C. Perrig-Chiello, F. Höpflinger & C. Suter (Hrsg.), *Generationen – Strukturen und Beziehungen. Generationenbericht Schweiz* (S. 188–213). Zürich: Seismo.

Horn, J. & Cattell, R. (1966). Age differences in primary mental ability factors. *Journal of Gerontology, 21*, 210–220.

Houts, R., Barnett-Walker, K., Paley, B. & Cox, M. (2008). Patterns of couple interaction during the transition to parenthood. *Personal Relationships, 15*(1), 103–122.

Hufer, A., Kornadt, A., Kandler, C. & Riemann, R. (2020). Genetic and environmental variation in political orientation in adolescence and early adulthood: a nuclear twin family analysis. *Journal of Personality and Social Psychology, 118*, 762–776.

Huinink, J. & Reichart, E. (2008). Der Weg in die traditionelle Arbeitsteilung—Eine Einbahnstraße? In W. Bien & J. Marbach (Hrsg.), *Familiale Beziehungen, Familienalltag und soziale Netzwerke* (S. 44–76). Wiesbaden: VS Verlag für Sozialwissenschaften.

Hunt, K., Lewars, H., Emslie, C. & Batty, D. (2007). Decreased risk of death from coronary heart disease amongst men with higher ›femininity‹ cores: A general population cohort study. *International Journal of Epidemiology, 36*(3), 612–620.
Hurrelmann, K. & Bauer, U. (2018). *Einführung in die Sozialisationstheorie: Das Modell der produktiven Realitätsverarbeitung* (13. Aufl.). Weinheim: Beltz.
Hurrelmann, K. & Quenzel, G. (2013). Lebensphase Jugend: *Eine Einführung in die sozialwissenschaftliche Jugendforschung*. Landsberg: Juventa.
Hurrelmann, K. & Quenzel, G. (2016). *Lebensphase Jugend: Eine Einführung in die sozialwissenschaftliche Jugendforschung* (13., überarbeitete Aufl.). Weinheim, Basel: Beltz Juventa.
Huxhold, O., Mahne, K., Naumann, D. (2010). Soziale Integration. In A. Motel-Klingebiel, S. Wurm & C. Tesch-Römer (Hrsg.), *Altern im Wandel. Befunde des Deutschen Alterssurveys (DEAS)* (S. 215–233). Stuttgart: Kohlhammer.
Ihle, W., Lauch, M., Schmidt, M. Esser, G. (2007). Geschlechtsunterschiede in der Entwicklung psychischer Störungen. In St. Lautenbacher, O. Güntürkün & M. Hausmann (Hrsg.), *Gehirn und Geschlecht* (S. 211–223). Heidelberg: Springer.
Itzhar-Nabarro, Z. & Smoski, M. J. (2012). A review of theoretical and empirical perspectives on marital satisfaction and bereavement outcomes: Im plications for working with older adults. *Clinical Gerontologist, 35*(3), 257–269.
Jacobi, F., Höfler, M. Strehle, J., Mack, S., Gerschler, A., Scholl, L., Busch, M., Hapke, U., Maske, U., Gaebel, W., Maier, W., Wagner, M., Zielasek, J, Wittchen, H.U. (2014). Psychische Störungen in der Allgemeinbevölkerung: Studie zur Gesundheit Erwachsener in Deutschland und ihr Zusatzmodul »Psychische Gesundheit«(DEGS1-MH). *Der Nervenarzt, 85*, 77–87.
Jacubeit, T. (2004). Gespenster am Esstisch. Psychodynamische Aspekte in der Behandlung von Fütterstörungen. In M. Papoušek, M. Schieche & H. Wurmser (Hrsg.), *Regulationsstörungen der frühen Kindheit* (S. 263–280). Bern: Huber.
Jin, L. & Chrisatakis, N. A. (2009). Investigating the mechanism of marital mortality reduction: The transition to widowhood and quality of health care. *Demography, 46*(3), 605–625.
Johnson, S. (2006). *Attachment processes in couple and family therapy*. New York: Guilford.
Jopp, D. (2003). *Determinanten erfolgreichen Alterns: Personale Ressourcen und adaptive Strategien des Lebensmanagements*. Dissertation. Berlin: Freie Universität Berlin.
Julius, H., Beetz, A., Kotrschal, K. Turner, D. & Uvnäs-Möberg, K. (2014). *Bindung zu Tieren: psychologische und neurobiologische Grundlagen tiergestützter Interventionen*. Göttingen: Hogrefe.
Julius, H. & Goetze, H. (2000). Resilienz. In J. Borchert (Hrsg.), *Handbuch der sonderpädagogischen Psychologie* (S. 294–304). Göttingen: Hogrefe.
Juncke, D. Braukmann, J. & Heimer, A. (2016). *Väterreport—Vater sein in Deutschland heute*. Berlin: Bundesministerium für Familie, Senioren, Frauen und Jugend.
Jungbauer, J. (2014). *Familienpsychologie kompakt: Mit Arbeitsmaterial zum Download*. Weinheim: Beltz PVU.
Jungbauer, J. (2017). *Entwicklungspsychologie des Kindes- und Jugendalters: Ein Lehrbuch für Studium und Praxis sozialer Berufe*. Weinheim, Basel: Beltz Juventa.
Kacic, V. & Zimmermann, F. (2020). Suizidalität und Suizidprävention bei Kindern und Jugendlichen. *Kinder- und Jugendschutz in Wissenschaft und Praxis, Vol. 65*, 2–5
Kaindl, M. & Schipfer, R. (2017). *Familien in Zahlen 2016: Statistische Informationen zu Familien in Österreich*. Zugriff am 7.12.2020 unter https://ucris.univie.ac.at/portal/de/publications/familien-in-zahlen-2017(032eaa68-3e3a-4836-90cb-1fe1d72f4a0a).html.
Kandler, C., Penner, A., Richter, J. & Zapko-Willmes, A. (2019). The Study of Personality Architecture and Dynamics (SPeADy): A longitudinal and extended twin family study. Twin Research and Human *Genetics, 22*, 548–553.
Kanitz, A. von (2021). *Emotionale Intelligenz*. Freiburg: Haufe.
Kasten, H. (1998). Geschwisterbeziehungen im Lebenslauf. In M. Wagner & Y. Schütze (Hrsg.), *Verwandtschaft, Geschwister* (S. 147–161). München: Ernst-Reinhardt.
Kasten, H. (2007). *Einzelkinder und ihre Familien*. Göttingen: Hogrefe.
Kasten, H. (2020). *Geschwister*. München: Ernst-Reinhardt.
Keller, H. (2007). *Cultures of infancy*. Mahwah, N.J: Lawrence Erlbaum Associates.

Keller, H. (2010). Die motorische Entwicklung aus kulturvergleichender Perspektive. In I. Hunger & R. Zimmer (Hrsg.), *Bewegte Kindheit* (S. 23–43). Schorndorf: Verlag Hofmann.

Keller, H., Yovsi, R., Borke, J., Kartner, J., Jensen, H. & Papaligoura, Z. (2004). Developmental Consequences of Early Parenting Experiences: Self-Recognition and Self-Regulation in Three Cultural Communities. *Child Development, 75*(6), 1745–1760.

Kienbaum, J., Schuhrke, J. & Ebersbach, M. (2019). *Entwicklungspsychologie der Kindheit* (2., überarbeitete Aufl.). Stuttgart: Kohlhammer.

King, V. (2009). Stepfamily Formation: Implications for Adolescent Ties to Mothers, Nonresident Fathers, and Stepfathers. *Journal of Marriage and Family, 71*(4), 954–968.

Klammer, U. & Klenner, C. (2004). Geteilte Erwerbstätigkeit—Gemeinsame Fürsorge. Strategien und Perspektiven der Kombination von Erwerbs- und Familienleben in Deutschland. In S. Leitner, I. Ostner & M. Schratzenstaller (Hrsg.), *Wohlfahrtsstaat und Geschlechterverhältnis im Umbruch. Was kommt nach dem Ernährermodell?* (S. 177–207). Wiesbaden: Springer.

Klein, T. (2015). Partnerwahl. In F. Schwartz, B. Badura, R. Busse & R. Leidl (Hrsg.), *Gesundheitswesen* (S. 642–653). München: Urban und Fischer.

Klie, Th. & Gaymann, P. (2015). *Demensch. Texte und Zeichnungen.* Heidelberg: Medhochzwei Verlag.

Klein-Heßling, J. & Lohaus, A. (2015). *Bleib locker. Stresspräventionstraining für Kinder* (2. Aufl.). Göttingen: Hogrefe.

Kling, K. C., Hyde, J. S., Showers, C. J. & Buswell, B. N. (1999). Gender differences in self-esteem: A meta-analysis. *Psychological Bulletin, 125*(4), 470–500.

Knäuper, B. & Schwarzer, R. (1999). Gesundheit über die Lebensspanne. In R. Oerter, C. von Hagen, G. Röper & G. Noam (Hrsg.), *Klinische Entwicklungspsychologie* (S. 711–727). Weinheim, Basel: Beltz.

Kolip, P. (2003). Frauen und Männer. In F. Schwartz, B. Badura, R. Busse, R. Leidl, H. Raspe, J. Siegrist & U. Walter (Hrsg.), *Das Public Health Buch. Gesundheit und Gesundheitswesen* (S. 642–653). München: Urban & Fischer.

Kolip, P. & Hurrelmann, K. (2016). *Handbuch Geschlecht und Gesundheit: Männer und Frauen im Vergleich.* Bern: Hogrefe.

Kolland, F. (1996). *Kulturstile älterer Menschen.* Wien: Böhlau.

Konrad-Adenauer-Stiftung (2018). *Jahresbericht—Einblicke in das Jahr 2018*. Zugriff am 20.10.2021 unter https://www.kas.de/documents/252038/4521287/Deutschland.+Das+nächste+Kapitel+-+Jahresbericht+2018.pdf/7c0d0886–163e-65a5–4a2d-9d0a9f9edb61.

Koren, C. & Lowenstein, A. (2008). Late-life widowhood and meaning in life. *Ageing International, 32*(2), 140–155.

Korkmaz, B. (2011). Theory of mind and neurodevelopmental disorders of childhood. *Pediatric Research, 69*, 101–108.

Kortendiek, B. (2008). Familie: Mutterschaft und Vaterschaft zwischen Traditionalisierung und Modernisierung. In R. Becker & B. Kortendiek (Hrsg.), *Handbuch der Geschlechterforschung* (S. 434–445). Wiesbaden: VS Verlag

Kracke, B., & Noack, P. (2008). Konflikte in Familien: Möglichkeiten der Prävention und Bewältigung. In Petermann & W. Schneider (Hrsg.), *Angewandte Entwicklungspsychologie* (S. 547–570). Göttingen: Hogrefe.

Krack-Roberg, E., Rübenach, S., Sommer, B. & Weinmann, J. (2016). Lebensformen in der Bevölkerung. Kinder und Kindertagesbetreuung. In Bundeszentrale für politische Bildung (Hrsg.), *Datenreport 2016—Ein Sozialbericht für die Bundesrepublik Deutschland* (S. 43–59). Berlin: Destatis & WZB.

Krampen, G. & Reichle, B. (2008). Entwicklungsaufgaben im frühen Erwachsenenalter. In R. Oerter & L. Montada (Hrsg.), *Entwicklungspsychologie* (S. 333–365). Weinheim: Beltz PVU.

Kray, J. & Schneider, W. (2018). Kognitive Kontrolle, Selbstregulation und Metakognition. In W. Schneider & U. Lindenberger (Hrsg.), *Entwicklungspsychologie* (S. 471–490). Weinheim: Beltz.

Kreikebaum, S. P. (1999). *Körperbild, Körperzufriedenheit, Diätverhalten und Selbstwert bei Mädchen und Jungen im Alter von sieben bis dreizehn Jahren: Eine interkulturelle Vergleichsstudie (USA – D) und Längsschnittuntersuchung (D)*. Unveröffentlichte Doktorarbeit. Köln: Universität Köln.

Kreyenfeld, M. & Bastin, S. (2010). Nichteheliche Elternschaft. In J. Goldstein, M. Kreyenfeld, J. Huinink, D. Konietzka & H. Trappe (Hrsg.), *Familie und Partnerschaft in Ost- und Westdeutschland. Ergebnisse im Rahmen des Projektes »Demographic Differences in Life Course Dynamics in Eastern and Western Germany«* (S. 28–29). Rostock: Max-Planck-Institut für demographische Forschung.

Kricheldorff, C. (2015). Altern im Gemeinwesen aus sozialgerontologischer Perspektive. In A. van Rießen, C. Bleck & R. Knopp (Hrsg.), *Sozialer Raum und Alter(n)* (S. 15–30). Stuttgart: Kohlhammer.

Krist, H., Kavsek, M., & Wilkening, F. (2012). Wahrnehmung und Motorik. In W. Schneider & U. Lindenberger (Hrsg.), *Entwicklungspsychologie* (S. 363–384). Weinheim: Beltz.

Kroh, M., Kühne, S., Kipp, C. & Richter, D. (2017). Einkommen, soziale Netzwerke, Lebenszufriedenheit: Lesben, Schwule und Bisexuelle in Deutschland. *DIW-Wochenbericht, 84* (35), 687–698.

Kruse, A. (2006). Altern, Kultur und gesellschaftliche Entwicklung. *Report, 29*(3), 9–17.

Kruse, A. (2011). Menschenbilder und Altersbilder – Differenzierte Repräsentationen des Alters in ihrer Bedeutung für personale Entwicklungsprozesse. In M. Hilgert & M. Wink (Hrsg.), *Menschen-Bilder. Darstellungen des Humanen in der Wissenschaft* (S. 215–227). Berlin: Springer.

Kruse, A. (2015). *Im Alter entsteht etwas Neues*. Zugriff am 5.12.2021 unter https://www.faz.net/aktuell/rhein-main/gerontopsychologe-andreas-kruse-ueber-das-altern-13925483.html

Kruse, A. & Sittler, L. (2015). Zusammenfassende Darstellung der Generali Hochaltrigenstudie. In G. Geiger, E. Gurk, M. Juch, B. Kohn, A. Eng & K. Klinzing (Hrsg.), *Menschenrechte und Alter* (S. 77–92). Opladen: Barbara Budrich.

Kühnert, Chr. (2007). Warum leiden mehr Frauen an Depressionen? In St. Lautenbacher, O. Güntürkün & M. Hausmann (Hrsg.), *Gehirn und Geschlecht* (S. 331–346). Heidelberg: Springer.

Lachman, M. E., Neupert, S. D. & Agrigoroaei, S. (2011). The Relevance of Control Beliefs for Health and Aging. In K. W. Schaie & S. L. Willis (Hrsg.), *Handbook of the Psychology of Aging* (S. 175–190). Amsterdam: Elsevier.

Lamb, M. (2010). How do fathers influence child's development? Let me count the ways. In M. Lamb (Hrsg.), *The role of the father in child development* (S. 1–26). New York: Wiley.

Lamprecht, J., Wagner, J. & Lang, F. (2008). Kinder? Küche? Karriere? – Dringlichkeitswunsch des Kinderwunsches, Geschlechtsrollenorientierung und Aufgabenverteilung in kinderlosen Partnerschaften. *Zeitschrift für Entwicklungspsychologie und Pädagogische Psychologie, 40*(3), 112–123

Lang, F. R., Gerstorf, D., Weiss, D. & Wagner, G. G. (2016). On Differentiating Adaptation From Disposition Concepts. *Journal of Individual Differences, 37*, 206–210.

Lang, F. R., Martin, M., Pinquart, M. & Allemand, M. (2012). *Entwicklungspsychologie — Erwachsenenalter*. Göttingen: Hogrefe.

Lange, A. (2007). Kindheit und Familie. In J. Ecarius (Hrsg.), *Handbuch Familie* (S. 239–259). Wiesbaden: VS Verlag für Sozialwissenschaften.

Langlois, J. H., Kalakanis, L., Rubenstein, A. J., Larson, A., Hallam, M. & Smoot, M. (2000). Maxims or myths of beauty? A meta-analytic and theoretical review. *Psychological Bulletin, 126*(3), 390–423.

Largo, R., Jenni, O. (2005). Was verstehen wir unter einer kindgerechten Sauberkeitserziehung? *Sonderheft Frühe Gesundheitsförderung und Prävention, 76*, 6–10.

Laucht, M., Schmidt, M. & Esser, G. (2000). Risiko- und Schutzfaktoren in der Entwicklung von Kindern und Jugendlichen. *Frühförderung interdisziplinär, 19*, 97–108.

Layard, P. R. G. (2006). *Happiness: Lessons from a new science*. New York: Penguin.

Lazarus, R. S. (1991). *Emotion and Adaptation*. New York: Oxford University Press.

Lazarus, R. S. (1999). *Stress and Emotion: A new Synthesis*. London: Free Association Books.

Lazarus, R. S. & Folkman, S. (1984). *Stress, appraisal and coping*. New York: Springer.

Lazarus, R. S. & Folkman, S. (1986). Cognitive Theories of Stress and the Issue of Circularity. In M. H. Appley & R. Trumbull (Hrsg.), *Dynamics of Stress: Physiological, Psychological and Social Perspectives* (S. 63–80). New York: Plenum Press.

Lecanuet, J.P. & Jacquet, A. J. (2002). Fetal responsiveness to m aternal assive swinging in low heart rate variability state: Effects of stimulation direction and duration. *Developmental Psychobiology, 40,* 57–67.

Lecce, S., Caputi, M., & Pagnin, A. (2014). Long-term effect of theory of mind on school achievement: The role of sensitivity to criticism. *European Journal of Developmental Psychology, 11*(3), 305–318.

Lee, G. R., DeMaris, A., Bavin, S. & Sullivan, R. (2001). Gender differences in the depressive effect of widowhood in later life. *The Journals of Gerontology Series B: Psychological Sciences and Social Sciences, 56*(1), 56–61.

Lehr, U. (1968). *Die Frau im Beruf: »Eine psychologische Analyse der weiblichen Berufsrolle«.* Frankfurt am Main: Athenäum.

Lehr, U. M. (2007). *Psychologie des Alterns.* Wiebelsheim: Quelle & Meyer.

Lehr, U. & Thomae, H. (1987). *Formen seelischen Alterns. Ergebnisse der Bonner Gerontologischen Längsschnittstudie* (BOLSA). Stuttgart: Enke Verlag.

Lemish, D. & Muhlbauer, V. (2012). »Can't Have it All«: Representations of Older Women in Popular Culture. *Women & Therapy, 35*(3–4), 165–180.

Lengerer, A. (2011). *Partnerlosigkeit in Deutschland.* Wiesbaden: VS Verlag für Sozialwissenschaften.

Lenz, A. (2014). *Kinder psychisch kranker Eltern.* Göttingen: Hogrefe.

Lenze, A. & Funcke, A. (2016). *Alleinerziehende unter Druck.* Bielefeld: Bertelsmann Stiftung.

Leor, J., Poole, W. K. & Kloner, R. A. (1996). Sudden Cardiac Death Triggered by an Earthquake. *New England Journal of Medicine, 334*(7), 413–419.

Lerner, R. (2006). Developmental Science, Developmental Systems, and Contemporary Theories of Human Development. In R. Lerner & W. Damon (Hrsg.), *Handbook of Child Psychology: Theoretical Models of Human Development* (S. 1–17). New York: Wiley.

Lerner, R. & Spanier, G. (1980). *Adolescent development.* New York: McGraw-Hill.

Leven, I. & Schneekloth, U. (2015). Familie, Schule, Freizeit: Kontinuitäten im Wandel. In Shell Deutschland (Hrsg.), *Jugend 2015* (S. 111–151). Frankfurt am Main: Fischer.

Levine, M. & Smolak, L. (2006). *The prevention of eating problems and eating disorders: Theory, research and practice.* Mahwah, NJ: Lawrence Erlbaum.

Levinson, D. J. (1977). The Mid-Life Transition: A Period in Adult Psychosocial Development. *Psychiatry, 40*(2), 99–112.

Levy, B. (2009). Stereotype embodiment: A psychosocial approach to aging. *Current Directions in Psychological Science, 18*(6), 332–336.

Lewis, M. & Brooks-Gunn, J. (1979). *Social cognition and the acquisition of self.* New York: Plenum Press

Liebenwein, S. & Weiß, S. (2012). Erziehungsstile. In U. Sandfuchs, W. Melzer, B. Dühlmeier & A. Rausch (Hrsg.), *Handbuch Erziehung* (S. 160–168). Bad Heilbrunn: Klinkhardt.

Lindenberger, U., J. Smith, K. Mayer & P. Baltes (2010). *Die Berliner Altersstudie* (3. erweiterte Aufl.). Berlin: Akademie Verlag.

Lohaus, A., Fridrici, M. & Domsch, H. (2017). *Jugendliche im Stress: Was Eltern wissen sollten.* Berlin: Springer.

Lohaus, A. & Vierhaus, M. (2015). *Entwicklungspsychologie des Kindes- und Jugendalters.* Heidelberg: Springer.

Lois, D. & Lois, N. (2012). »Living apart together« – eine dauerhafte Alternative? *SozW Soziale Welt, 63*(2), 117–140.

Lorenz, K. (1988). *Hier bin ich – und wo bist Du? Ethologie der Graugans.* München: Piper.

Lösel, F. (2012). Entwicklungsbezogene Prävention von Gewalt und Kriminalität: Ansätze und Wirkungen. *Forensische Psychiatrie, Psychologie, Kriminologie, 6*(2), 71–84.

Lösel, F. & Bender, D. (1999). Die Bielefelder Invulnerabilitätsstudie: Von generellen Schutzfaktoren zu differentiellen protektiven Prozessen: Ergebnisse und Probleme der Resilienzforschung In G. Opp, M. Fingerle & A. Freytag (Hrsg.), *Was Kinder stärkt. Erziehung zwischen Risiko und Resilienz* (S. 37–58). München: Ernst-Reinhardt.

Lösel, F. & Weiss, M. (2015). Sozialisation und Problemverhalten. In K. Hurrelmann, U. Bauer, M. Grundmann & S. Walper (Hrsg.), *Handbuch Sozialisationsforschung* (S. 713–732). Weinheim: Beltz.

Lucas, R. E., Clark, A. E., Georgellis, Y. & Diener, E. (2003). Reexamining adaptation and the set point model of happiness: reactions to changes in marital status. *Journal of personality and social psychology, 84*(3), 527–539.

Luthar, S. S., Crossman, E. J. & Small, P. J. (2015). Resilience and Adversity. In R. M. Lerner (Hrsg.), *Handbook of Child Psychology and Developmental Science* (S. 1–40). New York: Wiley.

Luy, M. (2009). 10 Jahre Klosterstudie—Gewonnene Erkenntnisse und offene Fragen zu den Ursachen für die unterschiedliche Lebenserwartung von Frauen und Männern. In H. Ehlers, H. Kahlert, G. Linke, D. Raffel, B. Rudlof & H.Trappe (Hrsg.), *Geschlechterdifferenz—Und kein Ende? Sozial- und geisteswissenschaftliche Beiträge zur Genderforschung* (S. 251–273). Berlin: LIT Verlag.

Luy, M. (2011). Ursachen der Geschlechterdifferenz in der Lebenserwartung. Erkenntnisse aus der Klosterstudie. *Swiss Medical Forum, 11*(35), 580–583.

Mahne K., & Huxhold O. (2017). Nähe auf Distanz: Bleiben die Beziehungen zwischen älteren Eltern und ihren erwachsenen Kindern trotz wachsender Wohnentfernungen gut? In K. Mahne, J. Wolff, J. Simonson, C. Tesch-Römer (Hrsg.), *Altern im Wandel* (S. 215–230). Wiesbaden: Springer.

Mahne, K. & Klaus, D. (2017). Zwischen Enkelglück und (Groß)elternpflicht-die Bedeutung und Ausgestaltung von Beziehungen zwischen Großeltern und Enkelkindern. In K. Mahne, J. Wolff, J. Simonson & C. Tesch-Römer (Hrsg.), *Altern im Wandel* (S. 231–246). Wiesbaden: Springer.

Mahne, K., Wolff, J., Simonson, J., & Tesch-Römer, C. (2017). *Altern im Wandel*. Wiesbaden: Springer.

Main, K. & Solomon, J. (1990). Procedures for identifying infants as disorganized/disoriented during the Ainsworth Strange Situation. In M. Greenberg, D. Cicchetti. & E. Cummmings (Hrsg.), *Attachment in the preschool year* (S.121–160). Chicago: University of Chicago Press.

Malti, T., Häcker, T. H. & Nakamura, Y. (2009). *Kluge Gefühle? Sozial-emotionales Lernen in der Schule*. Baltmannsweiler: Schneider-Verlag Hohengehren.

Mangelsdorf, S. & Frosch, C. (2000). Temperament and attachment: One or two constructs? In H. W. Reese (Hrsg.), *Advances in child development and behavior* (S. 181–220). San Diego: CA: Academic Press.

Marcia, J. (1980). Identity in Adolescence. In J. Adelson (Hrsg.), *Handbook of Adolescent Psychology* (S. 159–187). New York: Wiley.

Marshall, W. A. & Tanner, J. M. (1969). Variations in pattern of pubertal changes in girls. *Archives of Disease in Childhood, 44*(235), 291–303.

Martire, L. M., Lustig, A. P., Schulz, R., Miller, G. E. & Helgeson, V. S. (2004). Is it beneficial to involve a family member? A meta-analysis of psychosocial interventions for chronic illness. *Health Psychology, 23*, 599–611.

Maslow, A. H. (2018). *Motivation und Persönlichkeit*. Reinbek bei Hamburg: Rowohlt.

Mathersul, D., McDonald, S. & Rushby, J. A. (2013). Understanding advanced theory of mind and empathy in high-functioning adults with autism spectrum disorder. *Journal of Clinical Experimental Neuropsychology, 35*, 655–668.

Maxwell, R. & Lynn, W. (2015). *Exercise: a path to physical and psychological well-being: Better living through psychological science*. Thousand Oaks: Sage.

Mayer, K. U., Baltes, P. B., Baltes, M. M., Borchelt, M., Delius, J. A. M. & Helmchen, H. (2010). Wissen über das Alter(n): Eine Zwischenbilanz der Berliner Altersstudie. In U. Lindenberger, J. Smith, K. U. Mayer & P. B. Baltes (Hrsg.), *Die Berliner Altersstudie* (S. 623–658). Berlin: Akademie Verlag.

Mayer, K. U. & Wagner, M. (2010). Lebenslagen und soziale Ungleichheit im hohen Alter. In U. Lindenberger, J. Smith, K. U. Mayer & P. B. Baltes (Hrsg.), *Die Berliner Altersstudie*, (S.275–299). Berlin: Akademie Verlag.

Mayring, P. (2000). Pensionierung als Krise oder Glücksgewinn? – Ergebnisse aus einer quantitativ-qualitativen Längsschnittuntersuchung. *Zeitschrift für Gerontologie und Geriatrie, 33*(2), 124–133.

McCabe, M. P. & Ricciardelli, L. A. (2001a). Body image and body change techniques among young adolescent boys. *European Eating Disorders Review, 9*(5), 335–347.

McCabe, M. P. & Ricciardelli, L. A. (2001b). Parent, peer, and media influences on body image and strategies to both increase and decrease body size among adolescent boys and girls. *Adolescence, 36*(142), 225–240.

McCabe, M. P. & Ricciardelli, L. A. (2003). Sociocultural Influences on Body Image and Body Changes Among Adolescent Boys and Girls. *The Journal of Social Psychology, 143*(1), 5–26.

McGoldrick, M., Carter, E. A. & Garcia-Preto, N. (2011). *The expanded family life cycle: Individual, family, and social perspectives.* Boston: Pearson Allyn & Bacon.

McHale, J. P. & Rotman, T. (2007). Is seeing believing? *Infant Behavior and Development, 30*(1), 63–81.

McMunn, A., Kelly, Y., Cable, N. & Bartley, M. (2012). Maternal employment and child socioemotional behaviour in the UK: Longitudinal evidence from the UK Millennium Cohort Study. *Journal of Epidemiology and Community Health, 66*(7), 1–19.

Melzoff, A. & Moore, M. (1977). Imitation of facial and manual gestures by human neonates. *Science, 198,* 75–78.

Milne, A. (1987). *Pu, der Bär.* Hamburg: Dressler.

Mischel, W. (2014). *The Marshmallow Test: Mastering Self-Control.* New York: Little Brown Spark.

Mitchell, B. & Lovegreen, L. (2009). The Empty Nest Syndrome in Midlife Families. *Journal of family issues, 30*(12), 1651–1670.

Moffitt, T. E. (1993). Adolescence-limited and life-course-persistent antisocial behavior: A developmental taxonomy. *Psychological Review, 100*(4), 674–701.

Möller-Leimkühler, A. M. (2010). Higher comorbidity of depression and cardiovascular disease in women: A biopsychosocial perspective. *The World Journal of Biological Psychiatry, 11*(8), 922–933.

Möller-Leimkühler, A. (2020). Psychische Gesundheit und psychische Störungen. In H. Jürges, J. Siegrist & M. Stiehler (Hrsg.), *Männer und der Übergang in die Rente* (S. 45–56). Gießen: Psychosozial-Verlag.

Montada, L., Lindenberger, U. & Schneider, W. (2018). Fragen, Konzepte, Perspektiven. In W. Schneider & U. Lindenberger (Hrsg.), *Entwicklungspsychologie* (S. 27–60). Weinheim: Beltz.

Montgomery, M. J. (2005). Psychosocial Intimacy and Identity: From Early Adolescence to Emerging Adulthood. *Journal of Adolescent Research, 20*(3), 346–374.

Monyk, E. (2007). *Lieber alleine oder zu zweit? Die individualistische Lebensweise von Singles und kinderlosen Paaren.* Wien: LIT Verlag.

Moore, K. & Persaud, T. (1998). *Before we are born. Essenteials of Embryology and Birth Defects.* Philadelphia: W. B. Saunders Company.

Morse, D. R., Marin, J. & Moshonov, J. (1991). Psychosomatically induced death relative to stress, hypnosis, mind, control, and voodoo. *Stress Medicine, 7,* 213–232.

Mrazek, J. (1987). Struktur und Entwicklung des Körperkonzepts im Jugendalter. *Zeitschrift für Entwicklungspsychologie und pädagogische Psychologie, 1,* 1–13.

Müller, M. & Zililien, N. (2016). Das Rätsel der Retraditionalisierung – Zur Verweiblichung von Elternschaft in Geburtsvorbereitungskursen. *Kölner Zeitschrift für Soziologie und Sozialpsychologie, 68,* 409–433.

Muffels, R. & Kemperman, B. (2011). *Does a better job match make women happier? Work orientations, work-care choices and subjective well-being in Germany* (SOEPpaper 361). Berlin: DIW.

Mummendey, H. (2006). *Psychologie des »Selbst«: Theorien, Methoden und Ergebnisse der Selbstkonzeptforschung.* Göttingen: Hogrefe.

Mutwill, A. & Krauth, C. (2015). Renteneintritt-vom kritischen Lebensereignis zur neuen Lebensphase mit Potential. *Public Health Forum, 23*(4), 252–254.

Myers, D. (2014). *Psychologie.* Berlin: Springer.

Niederbacher, A. & Zimmerman, P. (2011). *Grundwissen Sozialisation.* Wiesbaden: VS Verlag.

Obrock, M. (2008). *Körperwahrnehmung: Einstellungen zum Körper bei Mädchen mit Anorexia nervosa in der Adoleszenz eine vergleichende, qualitative Fragebogenerhebung.* Bonn: Psychiatrie-Verlag.

Oerter, R. & Dreher, E. (2002). Jugendalter. In R. Oerter & L. Montada (Hrsg.), *Entwicklungspsychologie* (S. 258–318). Weinheim: Beltz PVU.
Ohring, R., Graber, J. A. & Brooks-Gunn, J. (2002). Girls' recurrent and concurrent body dissatisfaction: Correlates and consequences over 8 years. *International Journal of Eating Disorders, 31*(4), 404–415.
Olbrich, E. (1987). Kompetenz im Alter. *Zeitschrift für Gerontologie, 20*, 319–330.
Olson, D. H. L. (1989). *Families, what makes them work.* Newbury Park, CA: Sage Publications.
Olson, D. H. L. (1993). Circumplex Model of Marital and Family Systems: Assessing family functioning. In F. Walsh (Hrsg.), *Guilford family therapy series. Normal family processes* (S. 104–137). New York: Guilford Press.
Ong, A. D., Bergeman, C. S., Bisconti, T. L. & Wallace, K. A. (2006). Psychological resilience, positive emotions, and successful adaptation to stress in later life. *Journal of personality and social psychology, 91*(4), 730–749.
Ong, A. D., Fuller-Rowell, T. E. & Bonanno, G. A. (2010). Prospective predictors of positive emotions following spousal loss. *Psychology and Aging, 25*(3), 653–660.
Orth, U., Erol, R. & Luciano, E. (2018). Development of Self-Esteem from age 4 to 94 years: A Meta-Analysis of Longitudinal Studies. *Psychological Bulletin, 144*(10), 1045–1080.
Orth, U. & Robins, R. W. (2014). The Development of Self-Esteem. *Current Directions in Psychological Science, 23*(5), 381–387.
Pai, M. & Carr, D. (2010). Do personality traits moderate the effect of late-life spousal loss on psychological distress? *Journal of health and social behavior, 51*(2), 183–199.
Palmore E. (1998). *The Facts on Aging Quiz.* New York: Springer.
Panova, R., Sulak, H., Bujard, M., & Wolf, L. (2017). Die Rushhour des Lebens im Familienzyklus: Zeitverwendung von Männern und Frauen. In: Statistisches Bundesamt (Hrsg.), *Wie die Zeit vergeht – Analysen zur Zeitverwendung in Deutschland. Beiträge zur Ergebniskonferenz der Zeitverwendungserhebung 2012/13 am 5./6. Oktober 2016 in Wiesbaden* (S. 45–64). Wiesbaden: Statistisches Bundesamt.
Papoušek, M. (1999). Regulationsstörungen der frühen Kindheit: Entstehungsbedingungen im Kontext der Eltern-Kind-Beziehungen. In H. Oerter (Hrsg.), *Klinische Entwicklungspsychologie* (S. 148–169). Weinheim: Beltz.
Papoušek, M. (2008). *Vom ersten Schrei zum ersten Wort: Anfänge der Sprachentwicklung in der vorsprachlichen Kommunikation.* Bern: Huber.
Papoušek, M. (2014). »Null Bock« in früher Kindheit: Regulationsprobleme von Aufmerksamkeit und Spiel. In M. Cierpka (Hrsg.), *Frühe Kindheit 0–3—Beratung und Psychotherapie für Eltern mit Säuglingen und Kleinkindern* (S. 285–297). Heidelberg: Springer.
Papoušek, H., & Papoušek, M. (1987). Intuitive parenting: A dialectic counterpart to the infant's integrative competence. In J. D. Osofsky (Hrsg.), *Handbook of infant development* (S. 669–720). New York: Wiley.
Papoušek, H. & Papoušek, M. (2002). Intuitive Parenting. In M. H. Bornstein (Hrsg.), *Handbook of parenting Vol. 2 Biology and ecology of parenting* (S. 183–203). New York: Psychology Press.
Papoušek, H. & Papoušek, M. (2013). Symbolbildung, Emotionsregulation und soziale Interaktion. In M. Holodynski & W. Friedlmeier (Hrsg.), *Emotionale Entwicklung. Funktion, Regulation und soziokultureller Kontext von Emotionen* (S. 135–155). Heidelberg: Spektrum.
Pauen, S. & Roos, J. (2020). *Entwicklung in den ersten Lebensjahren (0–3 Jahre)* (2., aktualisierte Aufl.). München: Ernst-Reinhardt.
Perrig-Chiello, P. (2011). *In der Lebensmitte: Die Entdeckung der zweiten Lebenshälfte.* Zürich: NZZ Libro.
Perrig-Chiello, P., Höpflinger, F. & Suter, C. (2008). *Generationen – Strukturen und Beziehungen. Generationenbericht Schweiz.* Zürich: Seismo.
Perrig-Chiello, P. & Margelisch, K. (2015). *Partnerschaft in der zweiten Lebenshälfte – Herausforderungen, Verluste und Gewinne: Studiendesign und methodisches Vorgehen.* Bern: University of Bern.
Perrig-Chiello, P. & Perren, S. (2005). Biographical transitions from a midlife perspective. *Journal of Adult Development, 12*(4), 169–181.

Petermann, F. (2005). Zur Epidemiologie psychischer Störungen im Kindes- und Jugendalter: Eine Bestandsaufnahme. *Kindheit und Entwicklung, 14*(1), 48–57.
Petermann, F., Niebank, K. & Scheithauer, H. (2004). *Entwicklungswissenschaft: Entwicklungspsychologie – Genetik – Neuropsychologie.* Berlin: Springer.
Petermann, U. & Petermann, F. (2006). Erziehungskompetenz. *Kindheit und Entwicklung, 15*(1), 1–8.
Petersen, A. C. & Crockett, L. (1985). Pubertal timing and grade effects on adjustment. *Journal of Youth and Adolescence, 14*(3), 191–206.
Peuckert, R. (2019). *Familienformen im sozialen Wandel.* Wiesbaden: VS Verlag für Sozialwissenschaften.
Piaget, J. (1966). *Das Erwachen der Intelligenz beim Kinde.* Zürich: Rascher.
Piaget, J. (1994). *Die Entwicklung des Zahlbegriffs beim Kinde.* Stuttgart: Klett-Cotta.
Piaget. J. (2009). *Nachahmung, Spiel und Traum* (6. Aufl.). Stuttgart: Klett-Cotta.
Piaget, J. (2017). *Das Weltbild des Kindes* (2. Aufl.). Stuttgart: Klett-Cotta.
Piaget, J. & Inhelder, B. (1977). *Die Psychologie des Kindes* (5. Aufl.). DTV: München.
Pinquart, M., Schwarzer, G. & Zimmermann, P. (2019). *Entwicklungspsychologie des Kindes- und Jugendalters* (2., überarbeitete Aufl.). Göttingen: Hogrefe.
Pinquart, M. & Silbereisen, R. K. (2000). Das Selbst im Jugendalter. In W. Greve (Hrsg.), *Psychologie des Selbst* (S. 75–95). Weinheim: Beltz.
Pinquart, M. & Silbereisen, R. K. (2018). Prävention und Gesundheitsförderung im Jugendalter. In K. Hurrelmann, M. Richter, T. Klotz & S. Stock (Hrsg.), *Referenzwerk Prävention und Gesundheitsförderung. Grundlagen, Konzepte und Umsetzungsstrategien* (S. 89–100). Bern: Hogrefe.
Pratt, M. W., Norris, J. E., Hebblethwaite, S. & Arnold, M. L. (2008). Intergenerational transmission of values: Family generativity and adolescents' narratives of parent and grandparent value teaching. *Journal of Personality, 76*(2), 171–198.
Premack, D. & Premack, A. (1983). *The mind of an ape.* New York: Norton.
Prigerson, H. G., Maciejewski, P. K. & Rosenheck, R. A. (2000). Preliminary explorations of the harmful interactive effects of widowhood and marital harmony on health, health service use, and health care Costs. *The Gerontologist, 40*(3), 349–357.
Pulakos, J. (1989). Young adult relationship: Siblings and friends. *Journal of Psychology, 123*(3), 237–244.
Quenzel, G. (2015). *Entwicklungsaufgaben und Gesundheit im Jugendalter.* Weinheim: Beltz Juventa.
Raithel, J. (2011). *Jugendliches Risikoverhalten.* Wiesbaden: VS Verlag für Sozialwissenschaften.
Rasbash, J., Jenkins, J., O'Connor, T. G., Tackett, J. & Reiss, D. (2011). A social relations model of observed family negativity and positivity using a genetically informative sample. *Journal of Personality and Social Psychology, 100*(3), 474–491.
Rauh, H. (2008). Der kompetente Säugling. In R. Orter & R. Montada (Hrsg.), *Entwicklungspsychologie* (6., vollständig überarbeitete Aufl., S. 180–210). Weinheim: Beltz.
Rauprich, O., Berns, E. & Vollmann, J. (2011). Information provision and decision-making in assisted reproduction treatment: Results from a survey in Germany. *Human Reproduction, 26*(9), 2382–2391.
Ray, V. & Gregory, R. (2001). School experiences of the children of lesbian and gay parents. *Family Matters, 59*, 28–34.
Regitz-Zagrosek, V. & Schmid-Altringer, S. (2020). *Gendermedizin: Warum Frauen eine andere Medizin brauchen.* München: Scorpio.
Reich, G. & Bötticher, A. (2017). *Hungern, um zu leben—Die Paradoxie der Magersucht. Psychodynamische und familientherapeutische Konzepte.* Gießen: Psychosozial-Verlag.
Reichle, B. (1999). *Wir werden Familie: Ein Kurs zur Vorbereitung auf die erste Elternschaft.* Weinheim: Juventa.
Reichle, B. (2002). Partnerschaftsentwicklung junger Eltern: Wie sich aus der Bewältigung von Lebensveränderungen Probleme entwickeln. *Zeitschrift für Familienforschung, Sonderheft 2*, 75–93.

Reischies, F. & Lindenberger, U. (2010). Grenzen und Potentiale kognitiver Leistungsfähigkeit im Alter. In U. Lindenberger, J. Smith, K. U. Mayer & P. B. Baltes (Hrsg.), *Die Berliner Altersstudie* (S. 375–400). Berlin: Akademie Verlag.
Richards, M. H., Boxer, A. W., Petersen, A. C. & Albrecht, R. (1990). Relation of weight to body image in pubertal girls and boys from two communities. *Developmental Psychology, 26*(2), 313–321.
Richell, R. A., Mitchell, D. G. V., Newman, C., Leonard, A., Baron-Cohen, S. & Blair, R. J. R (2003). Theory of mind and psychopathy: Can psychopathic individuals read the ›language of the eyes‹? *Neuropsychologia, 41*(5), 523–526.
Richter, H. (2007). *Eltern, Kind, Neurose.* Reinbek bei Hamburg: Rowohlt.
Richter, H. (2012). *Patient Familie: Entstehung, Struktur und Therapie von Konflikten in Ehe und Familien.* Gießen: Psychosozial-Verlag.
Riemann, F. (2019). *Grundformen der Angst: Eine tiefenpsychologische Studie* (44. Aufl.). München, Basel: Ernst Reinhardt.
Rierdan, J., Koff, E. & Stubbs, M. L. (1989). A Longitudinal Analysis of Body Image as a Predictor of the Onset and Persistence of Adolescent Girls' Depression. *The Journal of Early Adolescence, 9*(4), 454–466.
Robins, R. W. &. Trzesniewski, K. H. (2005). Self-Esteem Development Across the Lifespan. *Current Directions in Psychological Science, 14*(3), 158–162.
Robins, R. W., Trzesniewski, K. H., Tracy, J. L., Gosling, S. D. & Potter, J. (2002). Global self-esteem across the life span. *Psychology and Aging, 17*(3), 423–434.
Roesler, C. (2016). Paarbeziehung als Bindung und Emotionsfokussierte Paartherapie. *Psychotherapeut, 61*(1), 43–48.
Rosenberg, M. B. (2016). *Eine Sprache des Lebens.* Paderborn: Junfermann.
Rosenstein, D. & Oster, H. (1988). Differential facial responses to four basic tastes in newborns. *Child Development, 59*, 1555–1568.
Rotter, J. B. (1966). Generalized expectancies for internal versus external control of reinforcement. *Psychological Monographs: General and Applied, 80*(1), 1–28.
Rovee-Collier, C. (1997). Dissociations in infant memory: Rethinking the development of implicit and explicit memory. *Psychological review, 104*, 467–498.
Rubin, D. M., Downes, K. J., O'Reilly, A. L., Mekonnen, R., Luan, X. & Localio, R. (2008). Impact of kinship care on behavioral well-being for children in out-of-home care. *Archives of Pediatrics & Adolescent Medicine, 162*(6), 550–556.
Rudy, D. & Grusec, J. E. (2006). Authoritarian parenting in individualist and collectivist groups: Associations with maternal emotion and cognition and children's self-esteem. *Journal of Family Psychology, 20*(1), 68–78.
Rupp, M. (2005). Kinderlosigkeit in stabilen Ehen. *Zeitschrift für Familienforschung, 17*(1), 22–40.
Rupp, M. (2009). *Die Lebenssituation von Kindern in gleichgeschlechtlichen Lebenspartnerschaften.* Köln: Bundesanzeiger.
Rupp, M. & Haag, C. (2016). Gleichgeschlechtliche Partnerschaften: Soziodemographie und Lebenspläne. In Y. Niephaus, M. Kreyenfeld & R. Sackmann (Hrsg.), *Handbuch Bevölkerungssoziologie* (S. 327–345). Wiesbaden: Springer.
Rupp, M. & Eggen, B. (2011). *Partnerschaft und Elternschaft bei gleichgeschlechtlichen Paaren: Verbreitung, Institutionalisierung und Alltagsgestaltung.* Opladen: Budrich.
Ryff, C. D. & Davidson, R. J. (2009). *Midlife in the United States (MIDUS 2): Neuroscience Project, 2004–2009: Version 4.* Ann Arbor: Inter-University Consortium for Political and Social Research.
Sabbagh, M. (2004). Understanding orbitofrontal contributions to theory-of-mind reasoning: Implications for autism. *Brain and cognition, 55*(1), 209–219.
Salisch, M. von & Seiffge-Krenke, I. (2008). Entwicklung von Freundschaften und romantische Beziehungen. In R. K. Silbereisen & M. Hasselhorn (Hrsg.), *Entwicklungspsychologie des Jugendalters (Bd. 5)* (S. 421–451). Göttingen: Hogrefe.
Sanders, M. R. (1999). Triple P – Positive Parenting Program: Towards an Empirically alidated Multilevel Parenting and Family Support Strategy for the Prevention of Behavior and Emotional Problems in Children. *Clinical Child and Family Psychology Review, 2*(2), 71–90.

Saudino, K. J. & Wang, M. (2012). Quantitative and molecular genetic studies of temperament In M. Zentner & R. L. Shiner (Hrsg.), *Handbook of temperament* (S. 315–346). New York: Guilford Press.

Schaan, B. (2009). Verwitwung, Geschlecht und Depression im höheren Lebensalter. In A. Börsch-Supan, H. Karsten, J. Hendrik & M. Schröder (Hrsg.), *50plus in Deutschland und Europa: Ergebnisse des Survey of Health, Ageing and Retirement in Europe* (S. 115–131). Wiesbaden: VS Verlag.

Schaie, K. (2005). *Developmental influences on adult intelligence: The Seattle Longitudinal Study.* New York: Cambridge University Press.

Scheithauer, H., & Petermann, F. (1999). Zur Wirkungsweise von Risiko- und Schutzfaktoren in der Entwicklung von Kindern und Jugendlichen. *Kindheit und Entwicklung, 8*(1), 3–14.

Schlechter, D. (2003): Gewaltbedingte Traumata in der Generationenfolge. In K. Brisch & T. Hellbrügge (Hrsg.), *Bindung und Trauma* (S.224–234). Stuttgart: Klett Cotta.

Schlenger, W. E., Caddell, J. M., Ebert, L., Jordan, B. K., Rourke, K. M. & Wilson, D. (2002). Psychological reactions to terrorist attacks: Findings from the National Study of Americans' Reactions to September 11. *Journal of the American Medical Association, 288*, 581–588.

Schmahl, F. (2012). *Verbundenheit und Autonomie in Paarbeziehungen: Bedingungen und Folgen partnerschaftlicher Bedürfniserfüllung.* Berlin: Köster.

Schmidt, G., Matthiesen, S., Dekker, A. & Starke, K. (2006). Spätmoderne Beziehungswelten: Report über Partnerschaft und Sexualität in drei Generationen. Wiesbaden: VS Verlag.

Schmidt-Denter, U. (2000). Entwicklung von Trennungs- und Scheidungsfamilien: Die Kölner Längsschnittstudie. In K. A. Schneewind, (Hrsg.), *Familienpsychologie im Aufwind. Brückenschläge zwischen Forschung und Praxis* (S. 203–221). Göttingen: Hogrefe.

Schmidt-Denter, U. & Spangler, G. (2005). Entwicklung von Beziehungen und Bindungen. In J. B. Asendorpf (Hrsg.), *Soziale, emotionale und Persönlichkeitsentwicklung* (S. 425–523). Göttingen: Hogrefe.

Schneewind, K. A. (2010). *Familienpsychologie.* Stuttgart: Kohlhammer.

Schneewind, K. A. (2018). *Freiheit in Grenzen: Praktische Erziehungstipps für Eltern von Kindern im Vorschulalter.* München: Bayerisches Staatsministerium für Arbeit und Soziales, Familie und Integration.

Schneewind, K. A. (2019). *Familienpsychologie und systemische Familientherapie.* Göttingen: Hogrefe.

Schneewind, K. A., Graf, J. & Gerhard, A.-K. (2000). Entwicklung von Paarbeziehungen. In P. Kaiser (Hrsg.), *Partnerschaft und Paartherapie* (S. 97–111). Göttingen: Hogrefe.

Schneewind, K. A. & Grandegger, C. (2005). Familienbeziehungen im mittleren Erwachsenenalter. In S. Fillip & U. Staudinger (Hrsg.), *Entwicklungspsychologie des mittleren und höheren Erwachsenenalters. Enzyklopädie der Psychologie, Band C* (S.457–499). Göttingen: Hogrefe.

Schneider, N. F. & Ruckdeschel, K. (2003). Partnerschaften mit zwei Haushalten: Eine moderne Lebensform zwischen Partnerschaftsideal und beruflichen Erfordernissen. In W. Bien & J. H. Marbach (Hrsg.), *Partnerschaft und Familiengründung* (S. 245–258). Wiesbaden: VS Verlag für Sozialwissenschaften.

Schneider, N. F., Limmer, R. & Ruckdeschel, K. (2002). *Mobil, flexibel, gebunden: Familie und Beruf in der mobilen Gesellschaft.* Frankfurt am Main: Campus.

Schneider, N. F., & Rüger, H. (2007). Wert der Ehe/Value of Marriage. *Zeitschrift für Soziologie, 36*(2), 131–152.

Schoppe-Sullivan, S. J., Brown, G. L., Cannon, E. A., Mangelsdorf, S. C. & Sokolowski, M. S. (2008). Maternal gatekeeping, coparenting quality, and fathering behavior in families with infants. *Journal of Family Psychology, 22*(3), 389–398.

Schulz von Thun, F. (2010). *Miteinander reden: Störungen und Klärungen: Psychologie der zwischenmenschlichen Kommunikation.* Reinbek bei Hamburg: Rowohlt.

Schwab, D. (2011). Die Begriffe der genetischen, biologischen, rechtlichen und sozialen Elternschaft (Kindschaft) im Spiegel der rechtlichen Terminologie. In D. Schwab & L. Vaskovics (Hrsg.), *Pluralisierung von Elternschaft und Kindschaft* (S. 41–59). Opladen: Budrich.

Schwarz, N., & Schwahn, F. (2016). Entwicklung der unbezahlten Arbeit privater Haushalte. Bewertung und Vergleich mit gesamtwirtschaftlichen Größen. *Wirtschaft und Statistik*, 2, 35–51.
Schwarz, S. & Hassebrauck, M. (2012). Sex and Age Differences in Mate-Selection Preferences. *Human Nature*, 23(4), 447–466.
Schwarzer, G. (2015a). Körperwachstum und Motorik. In G. Schwarzer & B. Jovanovic (Hrsg.), *Entwicklungspsychologie der Kindheit* (S.112–137). Stuttgart: Kohlhammer.
Schwarzer, G. (2015b). Wahrnehmung. In G. Schwarzer & B. Jovanovic (Hrsg.), *Entwicklungspsychologie der Kindheit* (S.138–164). Stuttgart: Kohlhammer.
Schwarzer, R. (2000). *Stress, Angst und Handlungsregulation*. Stuttgart: Kohlhammer.
Schwarzer, R. & Jerusalem, M. (Hrsg.) (1999). *Skalen zur Erfassung von Lehrer- und Schülermerkmalen: Dokumentation der psychometrischen Verfahren im Rahmen der wissenschaftlichen Begleitung des Modellversuchs Selbstwirksame Schulen.* Berlin: Freie Universität Berlin.
Seery, B. L. & Crowley, M. S. (2000). Women's Emotion Work in the Family: Relationship Management and the Process of Building Father-Child Relationships. *Journal of Family Issues*, 21(1), 100–127.
Seiffge-Krenke, I. (2009). *Psychotherapie und Entwicklungspsychologie: Beziehungen: Herausforderungen, Ressourcen, Risiken mit 7 Tabellen* (2., vollständig überarbeitete Aufl.). Heidelberg: Springer.
Seiffge-Krenke, I. (2016). *Väter, Männer und kindliche Entwicklung: Ein Lehrbuch für Psychotherapie und Beratung*. Berlin: Springer.
Seiffge-Krenke, I. (2018). Freundschaften und romantische Beziehungen. In B. Gniewosz & P. Titzmann (Hrsg.), *Handbuch Jugend* (S. 107–125). Stuttgart: Kohlhammer.
Selye, H. (1976). *The stress of life* (2. überarbeitete Aufl.). McGraw-Hill.
Shapka, J. D. & Keating, D. P. (2005). Structure and Change in Self-Concept During Adolescence. *Canadian Journal of Behavioural Science/Revue Canadienne Des Sciences Du Comportement*, 37(2), 83–96.
Shroff, H. & Thompson, J. K. (2006). Peer Influences, Body-image Dissatisfaction, Eating Dysfunction and Self-esteem in Adolescent Girls. *Journal of Health Psychology*, 11(4), 533–551.
Siegler, R., Eisenberg, N., DeLoache & Saffran, J. (2016a). Pränatale Entwicklung, Geburt und das Neugeborene. In R. Siegler, N. Eisenberg, J. DeLoache, J. Saffran & S. Pauen, *Entwicklungspsychologie im Kindes- und Jugendalter* (S. 37–76). Heidelberg: Springer.
Siegler, R., Eisenberg, N., DeLoache & Saffran, J. (2016b). Theorien der kognitiven Entwicklung. In R. Siegler, N. Eisenberg, J. DeLoache, J. Saffran & S. Pauen, *Entwicklungspsychologie im Kindes- und Jugendalter* (S. 117–154). Heidelberg: Springer.
Siegler, R., Eisenberg, N., DeLoache & Saffran, J. (2016c). Die Entwicklung von Konzepten. In R. Siegler, N. Eisenberg, J. DeLoache, J. Saffran & S. Pauen, *Entwicklungspsychologie im Kindes- und Jugendalter* (S. 239–244). Heidelberg: Springer.
Siegler, R., Eisenberg, N., DeLoache & Saffran, J. (2016d). Emotionale Entwicklung In R. Siegler, N. Eisenberg, J. DeLoache, J. Saffran & S. Pauen, *Entwicklungspsychologie im Kindes- und Jugendalter* (S. 353–396). Heidelberg: Springer.
Siegler, R., Eisenberg, N., DeLoache, J. & Saffran, J. (2016e). Bindung und die Entwicklung des Selbst. In R. Siegler, N. Eisenberg, J. DeLoache, J. Saffran & S. Pauen, *Entwicklungspsychologie im Kindes- und Jugendalter* (S. 397–438). Heidelberg: Springer.
Siegler, R., Eisenberg, N., DeLoache, J. & Saffran, J. (2016f). Beziehungen zu Gleichaltrigen. In R. Siegler, N. Eisenberg, J. DeLoache, J. Saffran & S. Pauen, *Entwicklungspsychologie im Kindes- und Jugendalter* (S. 483–528). Heidelberg: Springer.
Siegrist J. & Möller-Leimkühler, A. (2020). Berentung als kritisches Lebensereignis? In H. Jürges, J. Siegrist & M. Stiehler (Hrsg.), *Männer und der Übergang in die Rente* (S. 165–176). Gießen: Psychosozial-Verlag.
Sieverding, M. (2004). Achtung! Die männliche Rolle gefährdet Ihre Gesundheit. *Psychomed: Zeitschrift für Psychologie und Medizin*, 16(1), 25–30.
Sieverding, M. (2005). Geschlecht und Gesundheit. In R. Schwarzer (Hrsg.), *Gesundheitspsychologie (Enzyklopädie der Psychologie) Bd. D* (S. 55–70). Göttingen: Hogrefe.

Sieverding, M. (2010). Genderforschung in der Gesundheitspsychologie. In G. Steins (Hrsg.), *Handbuch Psychologie und Geschlechterforschung* (S. 189–201). Wiesbaden: VS Verlag für Sozialwissenschaften.
Simpson, J., Collins, A., Tran, S., Hayden, K. (2007). Attachment and the experience and expression of emotions in romantic relationships: a developmental perspective. *Journal of Personal and Social Psychology*, 92, 355–367.
Singh, J. (1961). *Die »Wolfskinder« von Midnapore*. Heidelberg: Meyer.
Slaughter, V., Imuta, K., Peterson, C. C., & Henry, J. D. (2015). Meta-analysis of theory of mind and peer popularity in the preschool and early school years. *Child development*, 86(4), 1159–1174.
Smith, J. & Baltes, P. B. (2010). Altern aus psychologischer Perspektive: Trends und Profile im hohen Alter. In U. Lindenberger, J. Smith, K. U. Mayer & P. B. Baltes (Hrsg.), *Die Berliner Altersstudie* (S. 245–274). Berlin: Akademie Verlag.
Smith, J., Fleeson, W., Geiselmann, R. Settersten, J. & Kunzmann, U. (2010). Wohlbefinden im Alter. Vorhersagen aufgrund objektiver Lebensbedingungen und subjektiver Bewertung. In U. Lindenberger, J. Smith, K. Mayer & P. Baltes (Hrsg.), *Die Berliner Altersstudie* (S. 521–528). Berlin: Akademie Verlag.
Solga, H., & Wimbauer, C. (Hrsg.) (2005). *»Wenn zwei das Gleiche tun…«: Ideal und Realität sozialer (Un-)Gleichheit in Dual Career Couples*. Opladen: Budrich.
Spangler, G. & Zimmermann, P. (Hrsg.) (2015). *Die Bindungstheorie: Grundlagen, Forschung und Anwendung* (7. Aufl.). Stuttgart: Klett-Cotta.
Spitz, R. (1980). *Vom Säugling zum Kleinkind: Naturgeschichte der Mutter-Kind-Beziehungen im 1. Lebensjahr*. Stuttgart: Klett-Cotta.
Spork, P. (2014). *Der zweite Code* (6. Aufl.). Reinbek bei Hamburg: Rowohlt.
Sroufe, L. A., & Rutter, M. (1984). The Domain of Developmental Psychopathology. *Child development*, 55(1), 17–29.
Stanford, J. N. & McCabe, M. P. (2005). Sociocultural influences on adolescent boys' body image and body change strategies. *Body Image*, 2(2), 105–113.
Statista (2019). *Verteilung der Ehescheidungen nach Ehejahren in Deutschland im Jahr 2019*. Zugriff am 3.12.2020 unter https://de.statista.com/statistik/daten/studie/229/umfrage/anteil-der-ehescheidungen-nach-ehejahren/#professional.
Statista (2020a). *Bildungsstand. Verteilung der Bevölkerung in Deutschland nach höchstem Schulabschluß*. https://de.statista.com/statistik/daten/studie/1988/umfrage/bildungsabschluesse-in-deutschland/
Statista (2020b). *Entwicklung der Lebenserwartung bei Geburt in Deutschland nach Geschlecht in den Jahren von 1950 bis 2060*. Zugriff am 3.12.2020 unter https://de.statista.com/statistik/daten/studie/273406/umfrage/entwicklungder-ebenserwartung-bei-geburt–in-deutschland-nach-geschlecht/.
Statistisches Bundesamt (2018). *Alleinerziehende in Deutschland 2017*. https://www.destatis.de/DE/Presse/Pressekonferenzen/2018/Alleinerziehende/pressebroschuere-alleinerziehende.pdf?__blob=publicationFile
Statistisches Bundesamt (2019). *Jede fünfte Frau zwischen 45–49 Jahren war 2018 kinderlos*. https://www.destatis.de/DE/Presse/Pressemitteilungen/2019/12/PD19_475_122.html.
Statistisches Bundesamt (2020a). *Ehescheidungen und betroffene minderjährige Kinder*. Zugriff am 6.4.2021 unter https://www.destatis.de/DE/Themen/Gesellschaft-Umwelt/Bevoelkerung/Eheschliessungen-Ehescheidungen-
Statistisches Bundesamt (2020b). *Alleinstehende nach Alter, Geschlecht und Gebietsstand*. https://www.destatis.de/DE/Themen/Gesellschaft-Umwelt/Bevoelkerung/Haushalte-Familien/Tabellen/4-1-alleinstehende.html
Staudinger, U. (2000). Viele Gründe sprechen dagegen, und trotzdem geht es vielen Menschen gut: Das Paradox des subjektiven Wohlbefindens. *Psychologische Rundschau*, 51(4), 185–197.
Staudinger, U. M. & Bowen, C. E. (2010). Life-span perspectives on positive personality development in adulthood and old age. In R. M. Lerner, M. Lamb & A. M. Freund (Hrsg.), *The Handbook of Life-Span Development* (S. 254–297). Hoboken, NJ: Wiley.
Staudinger, U. M. & Freund, A. (1998). Krank und »arm« im hohen Alter und trotzdem guten Mutes? *Zeitschrift für Klinische Psychologie*, 27, 78–85.

Staudinger, U. M. & Kessler, E.-M. (2018). Produktives Leben im Alter. In W. Schneider & U. Lindenberger (Hrsg.), *Entwicklungspsychologie* (S. 762–776). Weinheim: Beltz.
Steadman, P., Tremont, G., & Duncan Davis, J. (2007). Premorbid relationship satisfaction and caregiver burden in dementia caregivers. *Journal of geriatric psychiatry and neurology, 20*(2), 115–119.
Stein, M. (2013). Wertetransmission als Aufgabe der Familie. In A. Erbes, C. Giese, H. Rollik & Deutsches Rotes Kreuz (Hrsg.), *Werte und Wertebildung in Familien, Bildungsinstitutionen, Kooperationen. Beiträge aus Theorie und Praxis* (S. 11–24). Berlin: Deutsches Rotes Kreuz e.V.
Steinberg, L. (2001). We Know Some Things: Parent-Adolescent Relationships in Retrospect and Prospect. *Journal of Research on Adolescence, 11*(1), 1–19.
Steiner, J. E. (1997). Human facial expressions in response to taste and smell stimulation. In. H. W. Reese & L. P. Lipsitt (Hrsg.), *Advances in Child Behavior and Development*. (Vol. 13) New York: Academic Press (S. 257–295)
Stern, D. (1985). *Die zwischenmenschliche Welt des Säuglings*. New York: Basic Books.
Sternberg, R. J. (2006). A Duplex Theory of Love. In R. J. Sternberg & K. Weis (Hrsg.), *The new psychology of love* (S. 184–199). Yale University Press.
Stiehler, M. (2020). Fazit für Gesellschaft und Politik. In H. Jürges, J. Siegrist & M. Stiehler (Hrsg.), *Männer und der Übergang in die Rente* (S. 287–292). Gießen: Psychosozial-Verlag.
Stierlin, H. (1978). *Delegation und Familie. Beiträge zum Heidelberger familiendynamischen Konzept*. Frankfurt am Main: Suhrkamp.
Stierlin, H. (1980). *Eltern und Kinder: Das Drama von Trennung und Versöhnung*. Frankfurt am Main: Suhrkamp.
Stierlin, H. (1989). *Individuation und Familie: Studien zur Theorie und therapeutischen Praxis*. Frankfurt am Main: Suhrkamp.
Straubhaar, T. (2016). *Der Untergang ist abgesagt. Wider die Mythen des demographischen Wandels*. Köln: Edition Kölber.
Strazdins, L. & Broom, D. H. (2004). Acts of Love (and Work): Gender Imbalance in Emotional Work and Women's Psychological Distress. *Journal of Family Issues, 25*(3), 356–378.
Striegel-Moore, R., Robert, P., McMahon, F., Biro, G., Schreiber, P., Crawford, C., Voorhees, C. (2001). Exploring the relationship between timing of menarche and eating disorder symptoms in black and white adolescent girls. *The international journal of eating disorders, 30*, 421–433.
Stroebe, M. S., Hansson, R. O., Schut, H. E. & Stroebe, W. E. (Hrsg.) (2008). *Handbook of bereavement research and practice: Advances in theory and intervention*. Washington, DC: American Psychological Association.
Stroebe, M. S. & Schut, H. (1999). The dual process model of coping with bereavement: Rationale and description. *Death Studies, 23*(3), 197–224.
Stroebe, M. S., Schut, H. & Stroebe, W. (2007). Health outcomes of bereavement. *The Lancet, 370*(9603), 1960–1973.
Stroebe, M., Stroebe, W. & Schut, H. (2001). Gender differences in adjustment to bereavement: An empirical and theoretical review. *Review of general psychology, 5*(1), 62–83.
Stroebe, W. & Stroebe, M. (1996). The social psychology of social support. In E. T. Higgins & A. W. Kruglanski (Hrsg.), *Social Psychology: Handbook of basic Principles* (S. 597–621). New York: Guilford Press.
Tai, T. O., Baxter, J. & Hewitt, B. (2014). Do co-residence and intentions make a difference? Relationship satisfaction in married, cohabiting and living apart together couples in four countries. *Demographic Research, 31*, 71–104.
Tartler, R. (1961). Das Alter in der Modernen Gesellschaft. In C. Jantke, L. Neundörfer & H. Schelsky (Hrsg.), *Soziologische Gegenwartsfragen* (Heft 13, S. 1–169). Stuttgart: Ferdinand Enke Verlag.
Taylor, S., Klein, L., Lewis, B., Gruenewald, T., Gurung, R. & Updegraff, J. (2000). Biobehavioral response to stress in females: tend-and-befriend, not fight-or-flight. *Psychological Review, 107*(3), 411–429.
Tesch-Römer, C. & Albert, I. (2018). Kultur und Sozialisation. In W. Schneider & U. Lindenberger (Hrsg.), *Entwicklungspsychologie*, (S. 139–159). Weinheim, Basel: Beltz.

Teubner, M. (2005). Brüderchen komm tanz mit mir... Geschwister als Entwicklungsressource für Kinder? In C. Alt (Hrsg.), *Kinderleben – aufwachsen zwischen Familie, Freunden und Institutionen, Band 1* (S. 63–98). Wiesbaden: Springer.
Textor, M. (1993). Stieffamilien: Entwicklung, Charakteristika, Probleme. *Unsere Jugend, 45*, 33–44
Thiel-Bonney, C. & Cierpka, M. (2012). Exzessives Schreien. In M. Cierpka (Hrsg.), *Frühe Kindheit, 0–3 Jahre* (S. 219–248). Heidelberg: Springer.
Thomae, H. (1980). Auf dem Weg zum Selbst. *Psyche, 34*(3), 221–245.
Thomae, H. (1983). *Altersstile und Alternsschicksale – Ein Beitrag zur Differentiellen Gerontologie.* Bern: Huber.
Thompson, C., Spilsbury, K. & Hall, J. (2007). Systematic review of information and support interventions for caregivers of people with dementia. *BMC Geriatrics, 7*(1), 1–12.
Thompson, J. K., Coovert, M., Richards, K., Johnson, S. & Cattarin, J. (1995). Development of Body Image, Eating Disturbance, and General Psychological Functioning in Female Adolescents: Covariance Structure Modeling and Longitudinal Investigations. *International Journal of Eating Disorders, 18*(3), 221–236.
Thomsen T., Lessing N., Greve W. & Dresbach, S. (2018). Selbstkonzept und Selbstwert. In A. Lohaus (Hrsg.), *Entwicklungspsychologie des Jugendalters* (S. 91–112). Berlin: Springer.
Tiggemann, M. (2005). Body dissatisfaction and adolescent self-esteem: Prospective findings. *Body Image, 2*(2), 129–135.
t-online (2020). *DPA. So viele Menschen wohnen in Deutschland allein.* Zugriff am 16.2.2021 unter https://www.t-online.de/leben/liebe/id_88926436/singlehaushalte-in-deutschland-zahl-der-alleinlebenden-ist-2019-gestiegen.html.
Trappe, H. (2016). Reproduktionsmedizin: Rechtliche Rahmenbedingungen, gesellschaftliche Relevanz und ethische Implikationen. In Y. Niephaus, M. Kreyenfeld, R. Sackmann (Hrsg.), *Handbuch Bevölkerungssoziologie* (S. 393–413). Wiesbaden: Springer.
Traub, A. (2005). *Neue Liebe in getrennten Haushalten: Zur Bedeutung von Living-apart-together-Partnerschaften für das Wohlbefinden und Stresserleben alleinerziehender Mütter.* Berlin: Logos.
Trautner, M. (2007). Prägung. In W. Hasselhorn & W. Schneider (Hrsg.), *Handbuch der Entwicklungspsychologie* (S. 107–119). Göttingen: Hogrefe.
Trzesniewski, K. H., Donnellan, M. B., Moffitt, T. E., Robins, R. W., Poulton, R. & Caspi, A. (2006). Low self-esteem during adolescence predicts poor health, criminal behavior, and limited economic prospects during adulthood. *Developmental Psychology, 42*(2), 381–390.
Tschöpe-Scheffler, S. (Hrsg.) (2006). *Konzepte der Elternbildung: Eine kritische Übersicht.* Opladen: Verlag Barbara Budrich.
Tschöpe-Scheffler, S. (2020). *Fünf Säulen der Erziehung: Wege zu einem entwicklungsfördernden Miteinander von Erwachsenen und Kindern.* Ostfildern: Patmos.
Twenge, J. M., Zhang, L. & Im, C. (2004). It's Beyond My Control: A Cross-Temporal Meta-Analysis of Increasing Externality in Locus of Control, 1960–2002. *Personality and Social Psychology Review, 8*(3), 308–319.
Umberson, D. & Williams, K. (2005). Marital quality, health, and aging. Gender equality? *Journal of Gerontology, 60*, 109–112.
Van den Berg, P., Wertheim, E. H., Thompson, J. K. & Paxton, S. J. (2002). Development of body image, eating disturbance, and general psychological functioning in adolescent females: A replication using covariance structure modeling in an Australian sample. *International Journal of Eating Disorders, 32*(1), 46–51.
Van den Boom, D. C. (1997). Sensitivity and Attachment: Next Steps for Developmentalists. *Child Development, 68*(4), 592–594.
Van Hiel, A. & Vansteenkiste, M. (2009). Ambitions fulfilled? The effects of intrinsic and extrinsic goal attainment on older adults' ego-integrity and death attitudes. *The International Journal of Aging and Human Development, 68*(1), 27–51.
Verhage, M., Schuengel, C., Madigan, S., Fearon, R., Oosterman, M., Cassibba, R., Bakermans-Kranenburg, M. & van IJzendoorn, M. (2016). Narrowing the transmission gap: A synthesis of three decades of research on intergenerational transmission of attachment. *Psychological Bulletin, 142*(4), 337–366.

Voelcker-Rehage, C. (2018). Gesundheit. In W. Schneider & U. Lindenberger (Hrsg.), *Entwicklungspsychologie* (S. 745–759). Weinheim, Basel: Beltz.
Voelcker-Rehage, C. & Niemann, C. (2013). Structural and functional brain changes related to different types of physical activity across the life span. *Neuroscience & Biobehavioral Reviews*, 37(9), 2268–2295.
Voland, E., Chasiotis, A. & Schiefenhövel (Hrsg.) (2005). *Grandmotherhood – The evolutionary significance of the second half of female life*. New Jersey: Rutgers University Press.
Vonderlin, E. & Pauen, S. (2013) Von Null bis Drei: Entwicklungsrisiken und Entwicklungsabweichungen. In F. Petermann (Hrsg.), *Lehrbuch der klinischen Kinderpsychologie* (S.77–101). Göttingen: Hogrefe.
Voos, P. & Rothermund, K. (2019). Altersdiskriminierung in institutionellen Kontexten. In B. Kracke & P. Noack (Hrsg.), *Handbuch Entwicklungs- und Erziehungspsychologie* (S. 509–539). Berlin: Springer.
Wagner, M., Schütze, Y. & Lang, F. (2010). Soziale Beziehungen alter Menschen. In U. Lindenberger, J. Smith, K. U. Mayer & P. B. Baltes (Hrsg.), *Die Berliner Altersstudie* (S. 325–343). Berlin: Akademie Verlag.
Wahl, H.-W. & Schilling, O. (2010). Hohes Alter. In W. Schneider & U. Lindenberger (Hrsg.), *Entwicklungspsychologie* (S. 311–332). Weinheim: Beltz.
Wallerstein, J. S. & Blakeslee, S. (1989). *Gewinner und Verlierer: Frauen, Männer, Kinder nach der Scheidung; eine Langzeitstudie*. München: Droemer Knaur.
Walper, S. & Beckh, K. (2006). Adolescents' Development in High-Conflict and Separated Families: Evidence from a German Longitudinal Study. In A. Clarke-Stewart & J. Dunn (Hrsg.), *Families Count* (S. 238–270). Cambridge: Cambridge University Press.
Walper, S., Entleitner-Phleps, C. & Witte, S. (2019). Geschwisterbeziehungen in Stieffamilien. *Neue Zeitschrift für Familienrecht*, 6(7), 287–292.
Walper, S. & Krey, M. (2009). Familienbeziehungen nach Trennungen. In K. Lenz & F. Nestmann (Hrsg.), *Handbuch Persönliche Beziehungen* (S. 715–744). Weinheim: Juventa.
Walper, S., Langmeyer-Tornier, A. & Wendt, E.-V. (2015). Erziehungsstile – Was ist das?. *Recht der Jugend und des Bildungswesens*, 63, 390–404.
Walper, S. & Lien, S. (2018). Routinebetreuung und interaktive »Quality Time«: Was beeinflusst, wieviel Zeit Väter wie mit ihren Kindern verbringen? *Zeitschrift für Familienforschung*, 1, 29–49.
Walper, S. & Lux, U. (2016). Das Wechselmodell nach Trennung und Scheidung in der Diskussion. *Frühe Kindheit*, 19(2), 6–15.
Walper, S., Lux, U. & Witte, S. (2018). Sozialbeziehungen zur Herkunftsfamilie. In A. Lohaus (Hrsg.), *Entwicklungspsychologie des Jugendalters* (S. 113–130). Berlin, Heidelberg: Springer.
Walper, S. & Wendt, E.-V. (2011). Die Bedeutung der Abstammung für die Identitätsfindung und Persönlichkeitsentwicklung in der Adoleszenz: Adoption, Samenspende und frühe Vaterabwesenheit nach Trennung der Eltern. *Zeitschrift für Familienforschung*, 8, 211–237.
Walper, S., Wendt, E.-V. & Langmeyer-Tornier A. N. (2016). Familiale Sozialisation und Erziehung. In H. W. Bierhoff & D. Frey (Hrsg.), *Kommunikation, Interaktion und soziale Gruppenprozesse* (Enzyklopädie der Psychologie Bd. 3, S. 213–242). Göttingen: Hogrefe.
Waters, E., Merrick, S., Treboux, D., Crowell, J. & Albersheim, L. (2000). Attachment Security in Infancy and Early Adulthood: A Twenty-Year Longitudinal Study. *Child Development*, 71(3), 684–689.
Waters, E. & Sroufe, L. (1983). Social Competence as a Developmental Construct. *Developmental Review*, 3(1), 79–97.
Weichold, K. & Silbereisen, R. K. (2014). *Suchtprävention in der Schule: IPSY – ein Lebenskompetenzprogramm für die Klassenstufen 5–7*. Göttingen: Hogrefe.
Weichold, K. & Silbereisen, R. K. (2018). Jugend (10–20 Jahre). In W. Schneider & U. Lindenberger (Hrsg.), *Entwicklungspsychologie* (8. Aufl.) (S. 239–261). Weinheim: Beltz.
Weinert, S. & Grimm, H. (2018). Sprachentwicklung. In W. Schneider & U. Lindenberger (Hrsg.), *Entwicklungspsychologie* (S. 433–456). Weinheim: Beltz.
Wellmann, H., Cross, D. & Watson, J. (2001). Meta-analysis of Theory of Mind development: The truth about false belief. *Child development* 72, 655–684.

Wengler, A., Schmitt, C. & Trappe, H. (2008). *Partnerschaftliche Arbeitsteilung und Elternschaft. Analysen zur Aufteilung von Hausarbeit und Elternaufgaben auf Basis des Generations and Gender Survey.* Wiesbaden: Bundesinstitut für Bevölkerungsforschung.
Werner, E. E. (2000). Protective factors and individual resilience. In J. P. Shonkoff & S. J. Meisels (Hrsg.), *Handbook of early childhood intervention* (S. 115–132). Cambridge: Cambridge University Press.
Werner, E. E. (2008). Resilienz: Ein Überblick über internationale Längsschnittstudien. In G. Opp & D. Bender (Hrsg.), *Was Kinder stärkt: Erziehung zwischen Risiko und Resilienz* (S. 20–31). München: Ernst-Reinhardt.
Werner, E. E. & Smith, R. S. (1977). *Kauai's children come of age.* University Press of Hawaii.
Werner, E. E. & Smith, R. S. (1982). Vulnerable, but invincible: A longitudinal study of resilient children and youth. McGraw-Hill.
Werner, E. E., & Smith, R. S. (1992). *Overcoming the odds: High risk children from birth to adulthood.* Ithaca: Cornell University Press.
Werner, E. E. & Smith, R. S. (2001). *Journeys from childhood to midlife: Risk, resilience, and recover.* Ithaca: Cornell University Press.
Westermeyer, J. F. (2004). Predictors and characteristics of Erikson's life cycle model among men: A 32-year longitudinal study. *The International Journal of Aging and Human Development*, *58*(1), 29–48.
Wethington, E. (2000). Expecting Stress: Americans and the »Midlife Crisis«. *Motivation and Emotion*, *24*(2), 85–103.
Wettig, J. (2019). Transgenerationale Weitergabe kindlicher Traumatisierung. *Der Neurologe und Psychiater*, *20*, 35–39.
Wetzel, M., Huxhold, O. & Tesch-Römer, C. (2016). Transition into retirement affects life satisfaction: Short-and long-term development depends on last labor market status and education. *Social Indicators Research*, *125*(3), 991–1009.
Wiesner, M. & Ittel, A. (2002). Relations of Pubertal Timing and Depressive Symptoms to Substance Use in Early Adolescence. *The Journal of Early Adolescence*, *22*(1), 5–23.
Wilgenbusch, T. & Merrell, K. W. (1999). Gender differences in self-concept among children and adolescents: A meta-analysis of multidimensional studies. *School Psychology Quarterly*, *14*(2), 101–120.
Williams, J. M. & Currie, C. (2000). Self-Esteem and Physical Development in Early Adolescence: Pubertal Timing and Body Image. *The Journal of Early Adolescence*, *20*(2), 129–149.
Wilms, E. (2004). Das Programm »Erwachsen werden« von Lions-Quest als Beitrag zum sozialen Lernen in der Schule. In W. Melzer & H.D. Schwind (Hrsg.), *Gewaltprävention in der Schule. Grundlagen – Praxismodelle – Perspektiven. Dokumentation des 15. Mainzer Opferforums* (S. 101–112). Baden-Baden: Nomos.
Wimmer, H. & Perner, J. (1983). Beliefs about beliefs: Representaion and consraining function of wrong beliefs in young children's understanding of deception. *Cognition*, *13*(1), 103–128.
Wippermann, C. (2016a). *Männer-Perspektiven. Auf dem Weg zu mehr Gleichstellung?* Berlin: Bundesministerium für Familie, Senioren, Frauen und Jugend.
Wippermann, C. (2016b). *Mitten im Leben. Wünsche und Verwirklichungschancen von Frauen zwischen 30 und 50 Jahren.* Berlin: Bundesministerium für Familie, Senioren, Frauen und Jugend.
Wiseman, C., Gray, J., Mosimann, J. & Ahrens, A. (1992). Cultural expectations of thinness in women: An update. *International Journal of Eating Disorders*, *11*(1), 185–189.
World Health Organization – WHO (Hrsg.) (1994). *Life skills education in schools.* Genf: WHO.
World Health Organization – WHO (Hrsg.) (1997). *Life skill education in school. Program on mental health, division of mental health and prevention of substance abuse.* Genf: WHO.
Wunderlich, H., Helfferich, C., & Klindworth, H. (2004). Im Westen nichts Neues–und im Osten? Ergebnisse der Studie »männer leben«. *Bundeszentrale für gesundheitliche Aufklärung*, *3*, 19–25.
Wustmann, C. (2016). *Resilienz. Widerstandsfähigkeit von Kindern in Tageseinrichtungen fördern.* Weinheim: Beltz.

Zacher, H., Rosing, K., Henning, T. & Frese, M. (2011). Establishing the next generation at work: Leader generativity as a moderator of the relationships between leader age, leader-member exchange, and leadership success. *Psychology and Aging, 26*(1), 241–252.

Zentner, M. & Eagly, A. H. (2015). A sociocultural framework for understanding partner preferences of women and men: Integration of concepts and evidence. *European Review of Social Psychology, 26*(1), 328–373.

Zimmerman, M. A., Copeland, L. A., Shope, J. T. & Dielman, T. E. (1997). A Longitudinal Study of Self-Esteem: Implications for Adolescent Development. *Journal of Youth and Adolescence, 26*(2), 117–141.

Zimmermann, P. & Scheurer-Englisch, H. (2003). Das Bindungsinterview für die Späte Kindheit (BISK). In H. Scheurer-Englisch, G. Suess & W. Pfeifer (Hrsg.), *Wege zur Sicherheit – Bindungswissen in Diagnostik und Intervention* (S. 241–276). Gießen: Psychosozial-Verlag

Zink, G. & Jall, H. (2009). Eltern-Kind-Beziehung im Erwachsenenalter. In K. Lenz & F. Nestmann (Hrsg.), *Handbuch persönlicher Beziehungen* (297–310) Weinheim: Juventa.

Glossar

Akkommodation	Die Anpassung an die spezielle Situation oder den Gegenstand nennt Piaget Akkommodation. Akkommodation ist der Prozess, bei dem Menschen ihr vorhandenes Konzept verändern und erweitern aufgrund neuer Informationen.
Altern und Alter	Altern ist ein lebenslanger Entwicklungsvorgang. Er ist ein Veränderungsprozess zentraler Bereiche, aus dem relativ überdauernde Veränderungen im Erleben und Verhalten resultieren. Das Alter ist eine Zeitspanne im individuellen Lebenslauf (Faltermaier et al., 2014, S. 230) und beginnt mit ca. 60 Jahren.
Animismus	Der Glaube, dass die unbelebte Welt belebt ist; man schreibt ihr menschliche Eigenschaften zu: Alles ist beseelt (lat. animus, dt. die Seele).
Apgar-Index	Der Apgar-Index ist ein Punkteschema, mit dem sich der klinische Zustand von Neugeborenen standardisiert beurteilen lässt.
Äquilibration	Äquilibration stellt ein Gleichgewicht zwischen Assimilation und Akkommodation her
Assimilation	Die Anwendung eines Schemas auf einen Gegenstand nennt Piaget in Anlehnung an die Biologie Assimilation: Die Einverleibung des Gegenstands in ein vorhandenes Konzept.
Bewältigung	Bewältigung ist das Bemühen, mit einer internen oder externen Anforderung, die die Mittel einer Person beanspruchen oder überfordern, fertig zu werden
Bindung	Unter Bindung versteht man ein lang andauerndes affektives Band zu ganz bestimmten Personen, die nicht ohne weiteres auswechselbar sind.
Bindungstheorie	Die Bindungstheorie verbindet sowohl biologische und soziale als auch kognitive und emotionale Elemente miteinander. Sie geht von einem grundlegenden Bedürfnis des Kindes nach Geborgenheit, Kontakt und Liebe aus, sowie der angeborenen Neigung auf Seiten des Säuglings, die Nähe einer vertrauten Person aufzusuchen.
Deprivation	Deprivation ist ein Mangelzustand aufgrund des Entzugs von notwendigen Umweltreizen.
Dezentrierung	Dezentrierung meint das Einbeziehen einer zweiten Dimension.

Glossar

Diskontinuierliche Entwicklung	Die Diskontinuierliche Entwicklung verläuft sprunghaft, manchmal kommt es zu großen Entwicklungssprüngen (über Nacht wird die Raupe zur Puppe).
Egozentrismus	Die Welt wird ausschließlich vom eigenen Standpunkt wahrgenommen. Die Perspektive eines Gegenübers kann nicht eingenommen werden.
Elterliche Feinfühligkeit	Elterliche Feinfühligkeit ist das zentrale Bestimmungsstück für die Entwicklung einer sicheren Bindung des Kindes zur Bezugsperson: »Sich auf die Entwicklung und die Erfahrungswelt des eigenen Kindes einlassen; sich von seinen Signalen, Interessen, Vorlieben, Freuden und Kümmernissen leiten lassen; sich dabei auf die eigenen intuitiven Kompetenzen verlassen; sich zu Spiel und Erfindungslust mit dem Baby verführen lassen und bei all dem mit dem Baby sprechen« (*Papoušek*, 2008, S. 168).
Elternidentität	Mutter- oder Vateridentität ist die innere, subjektive Sicht von sich selbst als Mutter bzw. Vater; ihre Entwicklung besteht in dem wachsenden Bewusstsein Vater/Mutter zu werden und dessen emotionalem Erleben. Es ist ein Schlüssel zur Empathie mit der Persönlichkeit des Kindes. Die Elternidentität ist das gemeinschaftliche Gefühl eine Lebensgemeinschaft zu sein, die solidarisch, kooperativ und unterstützend ist.
Embryonalstadium	Im Embryonalstadium (von der dritten bis achten Woche) entwickeln sich die Körperstrukturen und die inneren Organe des Fötus.
Emotionsregulation	Emotionsregulation ist eine wichtige personale Kompetenz und bezeichnet das Bemühen eines Kleinkindes, seine negativen Emotionen zu beherrschen.
Engelskreis	Mit Engelskreis wird ein positiver Feedback-Kreislauf beschrieben: Unterstützende, positive Handlungen lösen positive Faktoren bei anderen Personen aus, die wiederum positiv auf die handelnde Person zurückwirken und diese in ihrem Handeln stärken. So entsteht eine positive Feedbackschleife oder ein Engelskreis.
Entwicklung	Entwicklung wird definiert als Veränderung und wird damit zu einem lebenslangen Prozess. Die Veränderungen sind individuell und von Umwelt- und Persönlichkeitsfaktoren abhängig.
Entwicklungsaufgabe	Unter einer Entwicklungsaufgabe werden prototypische Anforderungen oder Lernaufgaben verstanden, die in einer bestimmten Lebensphase zu bewältigen sind.
Entwicklungspsychopathologie	Die Entwicklungspsychopathologie beschäftigt sich mit dem Ursprung und dem Verlauf individueller Muster fehlangepassten Verhaltens über die gesamte Lebensspanne.
Epigenetik	Dass durch die Umwelt (z. B. im Mutterleib) Erbgut beeinflusst und verändert werden kann, nennt man Epigenetik.
Erziehung	Erziehung ist die soziale Interaktion zwischen Menschen, bei der ein Erwachsener planvoll und zielgerichtet versucht, bei einem Kind unter Berücksichtigung der Bedürfnisse und der persönlichen Eigenart des Kindes erwünschtes Verhalten zu entfalten oder zu stärken.

Familie	Eine Gruppe von Menschen, die sich nahesteht und durch dauerhafte Beziehungen miteinander verbunden ist. Sie besteht aus mindestens zwei Generationen und stellt einen erzieherischen und sozialisatorischen Kontext für die Entwicklung der Mitglieder bereit (Hofer, 2002, S. 6). Familien zeichnen sich durch das Erleben von Nähe und Verbundenheit aus und durch Sorge für die nachfolgende Generation. Die Elternschaft ist biologisch oder sozial.
Familiendynamik	Mit Familiendynamik bezeichnet man das komplexe Muster an Beziehungen und Interaktionen innerhalb einer Familie. Die Familiendynamik ist Veränderungen unterworfen.
Feinfühligkeit	Feinfühligkeit bezeichnet die Fähigkeit zum Verstehen der kindlichen Signale, die realistische Wahrnehmung und Interpretation der kindlichen Äußerungen und die Bereitschaft zu prompter und angemessener Reaktion.
Fremdeln	Als Fremdeln bezeichnet man das Phänomen, dass viele Kinder ca. ab dem achten Lebensmonat eine verstärkte Zurückhaltung gegenüber unbekannten Menschen zeigen.
Gerontologie	Die Lehre vom Älterwerden des alten Menschen wird als Gerontologie bezeichnet.
Gestationszeit	Die Zeit von der Konzeption bis zur Geburt heißt auch Gestationszeit und beträgt 40 Wochen.
Geteilte Aufmerksamkeit	Geteilte Aufmerksamkeit ist ein Prozess, bei dem die Interaktionspartner ihre Aufmerksamkeit gemeinsam bewusst auf denselben Gegenstand in der Umwelt richten.
Habituation	Habituation (Gewöhnung) ist die verminderte Reaktion auf einen wiederholt dargebotenen Reiz.
Identität	Mit Identität ist die einzigartige Kombination von persönlichen, unverwechselbaren Daten des Individuums wie Name, Alter, Geschlecht und Beruf gemeint. Durch sie ist die einzelne Person gekennzeichnet und von anderen Personen unterschieden.
Internalisierende, externalisierende Störungen	Internalisierendes Verhalten ist nach innen gerichtet. Ängstlichkeit, Gehemmtheit, Somatisierungen, Depressionen, Suizidalität, Essstörungen und selbstverletzendes Verhalten gehören dazu. Externalisierendes Verhalten ist nach außen gerichtet. Aggressionen, delinquentes Verhalten, Vandalismus und Hyperaktivität gehören dazu.
Invarianz	Invarianz bedeutet, dass ein Gegenstand seine grundlegenden Eigenschaften behält, wenn sein Erscheinungsbild geändert wird.
Jugendtypischer Egozentrismus	Der jugendtypisch erhöhte Egozentrismus bedeutet ein intensives Beschäftigen mit der eigenen Person und steht im Dienste der Identitätsfindung.

Glossar

Körperliche Misshandlung	Eine körperliche Misshandlung liegt vor, wenn Kindern durch körperliche Gewaltanwendung ernsthafte vorübergehende oder bleibende Verletzungen zugefügt werden. Diese führen u. a. durch Entwürdigung, Bedrohung und Vertrauensverlust in der Regel auch zu seelischen Schäden. Körperliche Misshandlungen äußern sich durch Schlagen, Schleudern, Schütteln, Würgen, Verbrennungen zufügen.
Kognitive Entwicklung	Kognitive Entwicklung ist die Entwicklung des Denkens, des Schlussfolgerns, des Problemlösens, der Wahrnehmung und der Sprache.
Kognitive Kontrolle	Mit kognitiver Kontrolle sind übergeordnete kognitive Prozesse gemeint, die sensorische, motorische, emotionale und kognitive Prozesse in Gang setzen und beeinflussen. Das Ziel ist eine optimale Anpassung an die Umwelt (Kray & Schneider, 2018).
Kontinuierliche Entwicklung	Kontinuierliche Entwicklung verläuft in kleinen Schritten (der Baum wächst jedes Jahr ein wenig).
Kompensation	Kompensation bedeutet, dass nicht mehr vorhandene Fähigkeiten durch andere Fähigkeiten oder Hilfsmittel kompensiert werden.
Konstrukt	Ein Konstrukt ist ein Sachverhalt, der nicht unmittelbar beobachtbar ist. So lässt sich Intelligenz nicht direkt beobachten, wohl aber über den Intelligenzquotienten messen.
Lebenskompetenzen-Ansatz	Der Lebenskompetenzen-Ansatz wurde durch die WHO (1997) propagiert und strebt neben dem Verhindern von Problemverhalten eine Förderung positiver, kompetenter Entwicklung an.
Magisches Denken	Eigene Wünsche und Gedanken nehmen Einfluss auf Ereignisse, die ursächlich nicht in Verbindung stehen. Unbekannte Mächte sind z. B. für Naturereignisse verantwortlich. Die Regeln von Ursache und Wirkung werden ignoriert.
Maternal Gatekeeping	Maternal Gatekeeping beschreibt das mütterliche Zulassen und Bestärken oder das Verhindern des väterlichen Zugangs zum Kind in der ersten Zeit nach der Geburt. Das Gatekeeping beeinflusst wesentlich das väterliche Engagement.
Menarche	Der Zeitpunkt der ersten Regelblutung.
Metakommunikation	Metakommunikation ist die Kommunikation über die Kommunikation, also eine Auseinandersetzung über die Art des Umgangs miteinander. Man tritt aus der Situation heraus und betrachtet sie von außen. Neben der Thematisierung des Kommunikationsverhaltens ist auch das Thematisieren von Beziehungsaspekten zwischen zwei Personen eine Metakommunikation.
Motherese	Die lehrende Sprache.
Objektpermanenz	Das Wissen, dass Objekte auch dann weiter existieren, wenn sie nicht zu sehen sind.
Optimierung	Optimierung bedeutet, die noch zur Verfügung stehenden Ressourcen optimal einzusetzen und zu trainieren.

Glossar

Parentifizierung	Bei der Parentifizierung wird das Kind in die Rolle eines Erwachsenen gedrängt. Es kommt zu einer Rollenumkehr, bei der die Generationengrenzen verschwimmen: Das Kind sorgt für die Eltern oder einen Elternteil, nicht umgekehrt.
Peergroup	Mit Peergroup wird die Gruppe der Gleichaltrigen bezeichnet.
Pollarche	Der erste Samenerguss (Pollarche bzw. Spermarche).
Prävention	Prävention ist der Oberbegriff für zielgerichtete Maßnahmen zur Vermeidung von Problemverhalten oder zur Reduzierung der Folgen bereits aufgetretener Probleme. Präventive Maßnahmen lassen sich nach dem Zeitpunkt, zu dem sie eingesetzt werden in primäre, sekundäre oder tertiäre Prävention unterteilen.
Pubertät	Die Pubertät ist die Entwicklung der Geschlechtsreife im Jugendalter. Sie endet mit dem Erreichen der Fortpflanzungsfähigkeit. Der Begriff der Pubertät meint also ausschließlich den Aspekt der körperlichen Entwicklung im Jugendalter.
Reflexe	Reflexe sind angeborene festgefügte Handlungsmuster. Sie treten als Reaktion auf eine bestimmte Stimulation auf.
Reifestand	Der Reifestand ist die emotionale, kognitive und biologische Voraussetzung für den Erwerb bestimmter Fähigkeiten.
Reifung	Reifung ist die gengesteuerte Entfaltung biologischer Strukturen und Funktionen.
Resilienz	Resilienz (lat. für Widerstandsfähigkeit, Anpassungsfähigkeit) ist die psychische Widerstandsfähigkeit gegenüber biologischen, psychischen und psychosozialen Entwicklungsrisiken.
Risikoverhalten	Risikoverhalten ist ein Verhalten, das zu einer Schädigung führen kann und deshalb eine konstruktive Entwicklung mit den Zielen der Individuation und Integration in die Gesellschaft gefährdet. Man kann gesundheitliche, delinquente, finanzielle und ökologische Risikoverhaltensweisen unterscheiden.
Rushhour	Mit Rushhour wird das enge Zeitfenster im frühen Erwachsenenalter bezeichnet, in dem zentrale Lebensentscheidungen getroffen werden (z. B. Berufswahl, Karriere, Heirat, Kinder bekommen).
Scaffolding	Die stützende Sprache (scaffold, engl. für Gerüst).
Selbstreflexion	Selbstreflexion ist ein Prozess der Selbstbeobachtung, ein kritisches und vergleichendes Nachdenken über das eigene Innenleben: die Gefühle, Motive und Gedanken.
Selbstwirksamkeit	Selbstwirksamkeit ist die Überzeugung, durch eigene Fähigkeiten und Mittel Ziele zu erreichen und Hindernisse auf dem Weg dahin erfolgreich zu überwinden.
Sensible Phase	Die sensible Phase, auch als Zeitfenster bezeichnet, ist eine Phase, in der bestimmte Erfahrungen besonders große Auswirkungen auf den Menschen haben.
Selbstwert	Der Selbstwert ist die affektive Einstellung einer Person zu sich selbst. Es ist die emotionale Bewertung der eigenen Person.

Sexuelle Gewalt	Sexuelle Gewalt ist jede Einbeziehung eines Kindes in eine sexuelle Handlung, für die es entwicklungsmäßig noch nicht reif ist, die es deshalb nicht überschauen kann und für die es keine Einwilligung geben kann. Man unterscheidet schweren sexuellen Missbrauch von sexuellem Missbrauch mit und sexuellem Missbrauch ohne Berührung.
Stress	Stress entsteht, wenn die Umwelt Anforderungen an das Individuum stellt, die vom Individuum in Hinblick auf sein Wohlergehen als bedeutsam bewertet werden und für die es keine adäquaten Bewältigungsstrategien besitzt.
Sozialisation	Sozialisation ist Prozess und Ergebnis der Entwicklung von Individuen in wechselseitiger Abhängigkeit von der gesellschaftlich vermittelten sozialen und materiellen Umwelt. Sozialisation vollzieht sich im Wechselspiel von Anlage und Umwelt.
Tannersche Kriterien	Die pubertätsbedingten körperlichen Veränderungen werden mit Hilfe der Tannerschen Kriterien ermittelt.
Teratogene	Schädigende pränatale Einflussfaktoren nennt man Teratogene (z. B. Alkohol, Drogen).
Theory of mind	Theory of Mind bezeichnet die Fähigkeit, eine Vermutung über Bewusstseinsvorgänge von anderen Personen zu haben, d. h. Bedürfnisse, Ideen, Absichten, Erwartungen und Meinungen bei anderen Personen zu vermuten. Voraussetzung dafür ist das Bewusstsein, dass andere Personen Gedanken, Motivationen und Informationen haben, die sich von den eigenen unterscheiden
Trauma	Wesentliches Kriterium eines Traumas ist das Gefühl der Lebensbedrohung: Eine Konfrontation (Erleben oder Beobachten) mit einer Situation, die Tod, Lebensgefahr oder starke Körperverletzung beinhaltet. Die körperliche Unversehrtheit der eigenen oder einer anderen Person ist bedroht.
Vernachlässigung	Bei körperlicher Vernachlässigung werden Kinder von ihren Eltern/ Betreuungspersonen unzureichend ernährt, gepflegt, gefördert, gesundheitlich versorgt, beaufsichtigt, vor Gefahren geschützt. Emotionale Vernachlässigung zeigt sich in fehlender Zuwendung, Liebe, Geborgenheit und Unterstützung.
Visuelle Präferenz	Ein Reiz wird länger betrachtet als ein anderer.
Vulnerabilität	Vulnerabilität (lat. vulnus, dt. für Wunde) bedeutet eine erhöhte Verletzlichkeit und eine herabgesetzte Widerstandsfähigkeit gegenüber Belastungen.
Zentrierung	Die Tendenz, sich auf ein einzelnes, auffälliges Merkmal eines Gegenstands oder Ereignisses zu konzentrieren und andere wichtige Merkmale außer Acht zu lassen.

Stichwortverzeichnis

A

Akkommodation 79
Aktives Zuhören 257
Aktivitätstheorie 275
Alleinerziehende Mütter 195
Alleinerziehende Väter 196
Alter 271, 324
– Erwartungen 290
– Feminisierung 291
– Frühes Erwachsenenalter 206
– funktionales 272
– kalendarisches 272
– Mittleres Erwachsenenalter 224
– Späteres Erwachsenenalter 289
– Stufen 272
Altern 270, 324
Altersarmut 291
Altersbedingte Defizite 287
Altersbilder 269
Animismus 83
Anlage-Umwelt-Frage 25
Anlagen 25
Apgar-Index 63
Äquilibration 79
Assimilation 78
Attributionsstile 55

B

Baby Blues 217
Bedürfnispyramide von Maslow 169
Besuchsväter 196
Bindung 116
– desorganisiert 118
– sicher 118
– unsicher-ambivalent 118
– unsicher-vermeidend 118
Bindungstheorie 116, 324
Bindungsverhalten 113, 116
Biologische Ebene 213
Biopsychosoziales Modell 217

C

Circumplexmodell 172
– Familiäre Adaptabilität 173
– Familiäre Kohäsion 173

D

Definitionen 10
– Akkommodation 79
– Alter 270
– Altern 270
– Animismus 83
– Äquilibration 79
– Assimilation 78
– Bewältigung 43
– Bindung 116
– Denken 80
– Deprivation 20
– Diskontinuierliche Entwicklung 76
– Egozentrismus 85
– Elterliche Feinfühligkeit 120
– Elternidentität 212
– Emotionsregulierung 125
– Empathie 121
– Entwicklung 24
– Entwicklungsaufgabe 34
– Erziehung 21
– Familie 168
– Familiendynamik 172
– Feinfühligkeit 121
– Finalismus 84
– Fremdeln 116
– Gerontologie 270
– Geteilte Aufmerksamkeit 100
– Habituation 66
– Identität 133
– Invarianz 87
– Jugendtypischer Egozentrismus 140
– Kognitive Entwicklung 76
– Kognitive Kontrolle 276
– Kontinuierliche Entwicklung 76
– Magisches Denken 84
– Maternal Gatekeeping 222

- Metakommunikation 255
- Objektpermanenz 82
- Optimierung, Selektion, Kompensation 287
- Parentifizierung 178
- Peergroup 142
- Prävention 151
- Pubertät 157
- Reflexe 70
- Reifestand 18
- Reifung 17
- Resilienz 48
- Risikofaktor 48
- Risikoverhalten 150
- Schema 78
- Schutzfaktor 48
- Selbstreflexion 255
- Selbstwert 136
- Selbstwirksamkeit 56
- Sensible Phase 19
- Sozialisation 21
- Spielfeinfühligkeit 128
- Störungen 147
- Stress 43
- Theory of Mind 96
- Visuelle Präferenz 66
- Vulnerabilität 33
- Zentrierung 86

Defizite
- altersbedingte 289

Delegation 176
Denken 80
Depression 161
Deprivation 20
Dezentrierung 90
Disengagement-Theorie 274
Doppelkarrierepaare 243
Dreieckstheorie 252
Dynamisch-interaktionistisches Modell 32

E

Egozentrismus 85
Elterliche Feinfühligkeit 120
Eltern
- Elterliche Feinfühligkeit 120
- Identität 212
- Intergenerationale Transmission 188
- Rollenvorbild 162
- Übergang zur Elternschaft 211

Embryonalstadium 61, 325
Emotionen
- Emotionsarbeit 241
- Emotionsregulation 125

Empty-Nest-Krise 226

Entwicklung 12–15, 17–25, 28, 29, 31–34, 36–38, 41, 48–50, 53–55, 59, 289, 325, 329
- differenziell 22
- diskontinuierlich 76, 325
- Gehirn 74
- Interindividuell 22
- Intraindividuell 23
- kognitiv 76
- kontinuierlich 76
- körperliche Reifeentwicklung 157
- multidimensional 24
- Pubertät 159

Entwicklungsaufgaben 32
- Akzeptanz des eigenen Körpers 164
- Alter 276, 290
- Modell 35
- nicht-normativ 33

Entwicklungsförderndes Familienklima 170
Entwicklungspsychopathologie, 108
Epigenetik 63, 325
Erziehung 21
- Erziehungsstile 183

F

Familiäre Individuation 174
- Überindividuierte Familien 175
- Unterindividuierte Familien 174

Familiäre Rollenzuweisungen 176
Familiendynamik 172
Familienentwicklungsaufgaben 171
Feinfühligkeit 121
Figurkritik 162
Finalismus 84
Folgefamilien 201
Fötus 61
Fremde-Situations-Test 117
Fremdeln 104, 116
Frühes Erwachsenenalter 206
Frühreife 158

G

Gehirn 73
Generativität 225
Geschlechtsdifferenzierung 61
Geschlechtsreifung 154
Gestationszeit 61, 326
Geteilte Aufmerksamkeit 100
Gewaltfreie Kommunikation 257, 258

H

Habituation 66

I

Ich-Botschaft 257
Ich-Integrität 38, 290
Identität 133
- Identitätszustände nach Marcia 134
- Individuelle Identität 40
Individuation 174
Innerer Bauplan 15
Insemination 246
Intergenerationale Transmission 188
Internalisierende und externalisierende Störungen 147
Intuitives Elternverhalten 106
Invarianzkonzept 87

J

Jugendtypischer Egozentrismus 140

K

Kinderlosenquote 209
Kognitive Funktionen 232
Kognitive Kontrolle 276
Kognitives Stress- und Bewältigungskonzept 42, 47
Kohorte 293
Kohorteneffekte 293
Kompensation 287
Kontinuierliche Entwicklung 327
Kontrollüberzeugungen 54
Körperliche Reifekriterien 157
Körperunzufriedenheit 162
Körperzufriedenheit
- geschlechtstypische 158
Krippenbetreuung 127
Kritische Lebensereignisse 32
Kulturen
- Individualistische 191
- kollektivistisch 191

L

Langjährige Paarbeziehung 251
Lebenserwartung 234
Lebenskompetenzen-Ansatz 153, 327
Lebensspannenkonzept 270
Liebesbeziehungen im Erwachsenenalter 126

Living-Apart-Together (LAT) 243
Loyalitätskonflikt 178

M

Magisches Denken 84
Maternal Gatekeeping 222
Mediation 194
Metaebene 93
Metakommunikation 255
Midlife-Crisis 226
Mittleres Erwachsenenalter 224
Motherese 101
Multiple Rollen 240

N

Nahrungsaufnahme
- Saugen 71

O

Objektpermanenz 82
Optimierung 287

P

Parentifizierung 178, 328
Peergroup 142
Phasen nach Piaget
- Formal-operationales Stadium 92
- Konkret-operationales Stadium 90
- Präoperationales Stadium 82
- Sensumotorisches Denken 79
Plastizität 18
Pollarche 158, 328
Postpartale Depression 217
Prävention 151
- Präventionsmaßnahmen 59
- Präventionsprogramme 44, 55, 59
Problem- und Kommunikationsfähigkeiten 54
Projektionen 177
Pubertät 157
Pubertätswachstumsschub 154

R

Reflexe 70
Regenbogenfamilien 246
Regulationsstörungen 108
Reifung 17
Resilienz 48

- Faktoren 54
- Forschung 59
Ressourcen 51
- des dritten Alters 292
- soziale 52, 56
Risikofaktoren 48
Risikoverhaltensweisen 148, 150
Rolle des Vaters 127
Romantische Beziehungen 144
Rushhour 205, 206, 222, 228

S

Sandwich-Generation 229
Scheidung 192
Schema 78
Schreien 72
Schreikinder 72, 120
Schutzfaktoren 48, 51, 52
Schwieriges kindliches Temperament 190
Selbstberuhigungsstrategien 107
Selbstkonzept 54
Selbstreflexion 255, 328
Selbstwert 136
- Veränderungen bei männlichen und weiblichen Jugendlichen 138
Selbstwirksamkeit 56
- Erwartung 48, 55–57
Selektion 287
Sensible Phase 19
Sinkende Partnerschaftszufriedenheit 218
Sorgerecht 197
Soziale Rückversicherung 106
Soziale Unterstützung 55, 58, 250
Soziales Widerlächeln 104
Sozialisation 20
Späteres Erwachsenenalter 289
Spielfeinfühligkeit 128
Sport 164
Sprachentwicklung 100
Stagnation 225
Stress 41
- Bewältigung 43
- Bewältigung nach Hampel und Petermann 44
- Bewältigung nach Lazarus 43
Studien
- Bielefelder Invulnerabilitätsstudie 51
- Generali-Hochaltrigenstudie 290

- Kauai-Längsschnittstudie 51, 53, 54
- Längsschnittstudien 294
- Mannheimer Risikokinderstudie 51
- Marlboro-Studie 236
Stufentheorie 77
Stützende Sprache 101
Systematische Klassifikationen 91

T

Tannersche Kriterien 157
Temperament 54
Teratogene 62
Theory of Mind 96, 121
Traditionalisierungseffekt 220
Trotz 104
Trotzverhalten 38

U

Übertragungen 177
Umweltfaktoren 27
Ungerechtigkeit
- Soziale Ungerechtigkeit der Geschlechter 249

V

Verdrängung 46
Verlaufsmodell 214
Verluste 276
Verzweiflung 290
Visuelle Klippe 67
Visuelle Präferenz 66

W

Wachstum 71, 131, 154, 155, 157, 158, 213, 214
Wochenbettpsychose 217

Z

Zentrierung 86
Zufriedenheitsparadox 286